ひと目でわかる

OneNote 2016

Windows版対応

門脇 香奈子 著

日経BP社

OneNote 2016 の画面構成

OneNoteの画面構成は、紙のノートと同じような構成になっています。画面各部の名称と役割を確認しておきましょう

タブ

リボンを表示したり、リボンに表示する内容を切り替える

リボン

機能を実行するボタンが表示される

ノート名

開いているノートの名前が表示される。クリックすると表示するノートを切り替えられる

セクションタブ

開いているノートに含まれているセクションがタブに分かれて表示される

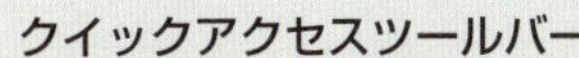

クイックアクセスツールバー

［元に戻す］や［デスクトップの端に表示］のボタンなどが表示される。ボタンを追加することも可能

ユーザー名

サインインしているユーザー名が表示される

検索ボックス

ノート内の情報を検索するときに使う

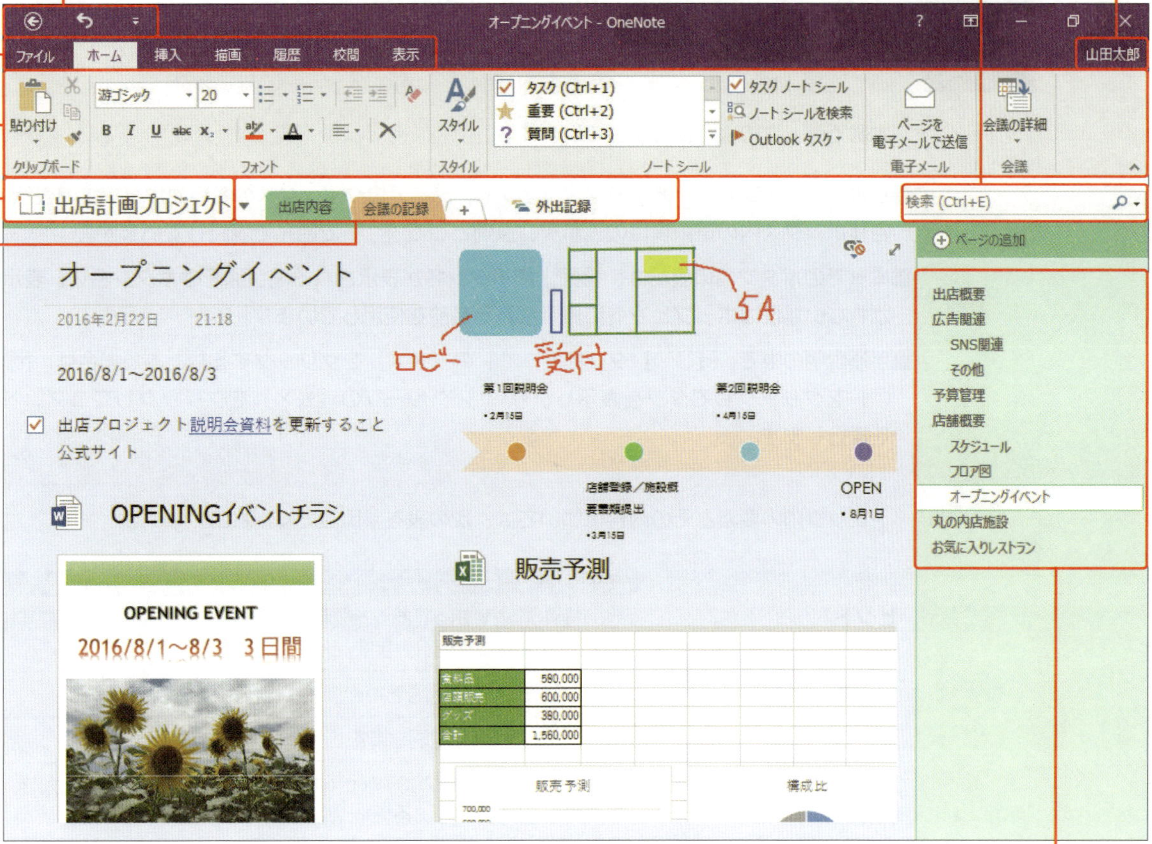

ページタブ

開いているセクションに含まれているページがタブに分かれて表示される

はじめに

「ひと目でわかるシリーズ」は、“知りたい機能がすばやく探せるビジュアルリファレンス”というコンセプトのもとに、Microsoft Officeアプリケーションの優れた機能を体系的にまとめあげ、操作方法をわかりやすく解説しました。なお、本書の説明は、Windows版に基づいています。

本書の表記

本書では、次のように表記しています。

■リボン、ウィンドウ、アイコン、コマンド、ダイアログボックスの名称やボタン上の表示、各種ボックス内の選択項目の表示を、原則として［　］で囲んで表記しています。

■本書でのボタン名の表記は、画面上にボタン名が表示される場合はそのボタン名を、表示されない場合はポップヒントに表示される名前を使用しています。

■手順説明の中で、「［○○］タブの［△△］の［××］をクリックする」とある場合は、［○○］をクリックしてタブを表示し、［△△］グループの［××］をクリックしてコマンドを実行します。

トピック内の要素とその内容については、次の表を参照してください。

要素	内容
ヒント	他の操作方法や知っておくと便利な情報など、さらに使いこなすための関連情報を紹介します。
用　語	初出の用語や専門用語をわかりやすく説明します。
注　意	操作上の注意点を説明します。
以前のOfficeからの変更点	Office 2013/2010/2007などの以前のOfficeとの間で、大きな変更が加えられている機能や操作について説明します。
参　照	関連する機能や情報の参照先を示します。 ※その他、特定の手順に関連し、ヒントの参照を促す「ヒント参照」、参照先を示す「手順内参照」もあります。

本書編集時の環境

使用したソフトウェアと表記

本書の編集にあたり、次のソフトウェアを使用しました。なお、Office 365の個人向けサービスであるOffice 365 SoloからOffice 2016をインストールした状態です。

Windows 10 Pro..**Windows 10、Windows**
Microsoft Office 365 ProPlus ....**Office 2016、Office**
Microsoft OneNote 2016................................**OneNote 2016、OneNote**
Microsoft Outlook 2016..................................**Outlook 2016、Outlook**
Internet Explorer 11..**Internet Explorer 11、Internet Explorer**

本書に掲載した画面

本書に掲載した画面は、デスクトップ領域を1024×768ピクセルに設定しています。ご使用のコンピューターやソフトウェアのパッケージの種類、セットアップの方法、ディスプレイの解像度などの状態によっては、画面の表示が本書と異なる場合があります。また、Officeのリボンのボタンは、ディスプレイの解像度やウィンドウのサイズなどによっては、形状が本書と異なる場合があります。あらかじめご了承ください。

ご注意

本書の内容について

本書の内容は2015年12月現在の情報に基づいています。本書の発行後にOfficeのアップデートやWebサイトの変更が行われることにより、提供される機能や、操作手順および画面が、本書と異なる場合があります。あらかじめご了承ください。

訂正情報の掲載ついて

本書の内容については細心の注意を払っておりますが、発行後に判明した訂正情報については日経BP社のWebサイトに掲載いたします。URLについては、本書巻末の奥付をご覧ください。

本書のサンプルファイルについて

本書で使用しているサンプルファイルを、日経BP社のWebサイトからダウンロードすることができます。本書巻末の奥付に記載したURLにアクセスし、本書の紹介ページに移動してください。[関連リンク] の [サンプルファイルのダウンロード] をクリックすると、ダウンロードページに移行します。ダウンロード方法の詳細や、サンプルファイルを使用する際の注意事項を確認したうえでご利用ください。

第3章 ノートにメモを書く 45

第4章 画像や図形、音声や動画情報などを入れる 73

第5章 ドキュメントやネットの情報と連携して活用する 97

第1章 OneNoteとは

OneNoteは、さまざまなメモやアイデアを1つの場所に集約して管理できる高機能な電子ノートソフトです。この章では、OneNoteを使うとどのようなことができるのか、OneNoteの概要を紹介します。また、OneNoteの起動方法や画面構成など、基本的な事柄を紹介します。まずは、OneNoteを使う前の準備をしましょう。

1 OneNoteとは

OneNoteは、誰でも簡単に利用できる電子ノートソフトです。会議や打ち合わせなどでメモを取ったり、とりあえず保存しておきたい情報を書き留めたりするのに手軽に利用できます。ノートには、文字だけでなくさまざまなデータを貼り付けられますので、関連する情報を1か所にまとめられます。

ノートの内容をあとで整理するのも簡単です。どこに何を書いたのか忘れてしまった場合も、検索機能を使えば、すぐに見つけられます。

さらに、ノートをネット上のスペースに保存しておけば、外出先や移動中など、いつでもどこでもノートの情報を確認できます。OneNoteなら、紙のノートの便利さはそのままに、紙のノートでは真似のできないさまざまな情報整理術を利用できるのです。

ここでは、OneNoteを使うとどのようなことができるのか、その一部を紹介します。

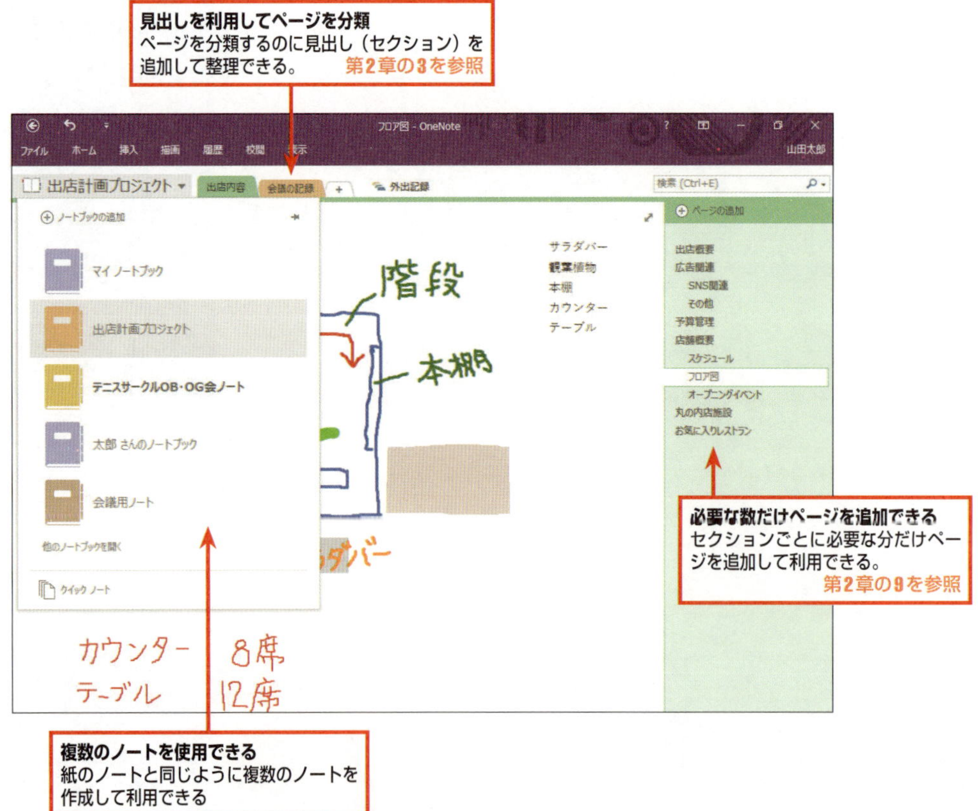

さまざまな情報を1か所にまとめられる

OneNoteでは、ドキュメントや画像ファイル、Webの情報、音声や動画ファイルなど、ノートに貼り付けることができます。また、タブレットペンやマウスを使用すれば、手書きのメモも追加できます。

情報を1か所にまとめられるので、必要なファイルをあちこち探し回ることもなくなります。また、重要な内容に目印を付けるシール機能、ノートにメモを取ったときに見ていた資料への自動リンク機能などを利用すれば、関連する情報を素早く表示できます。

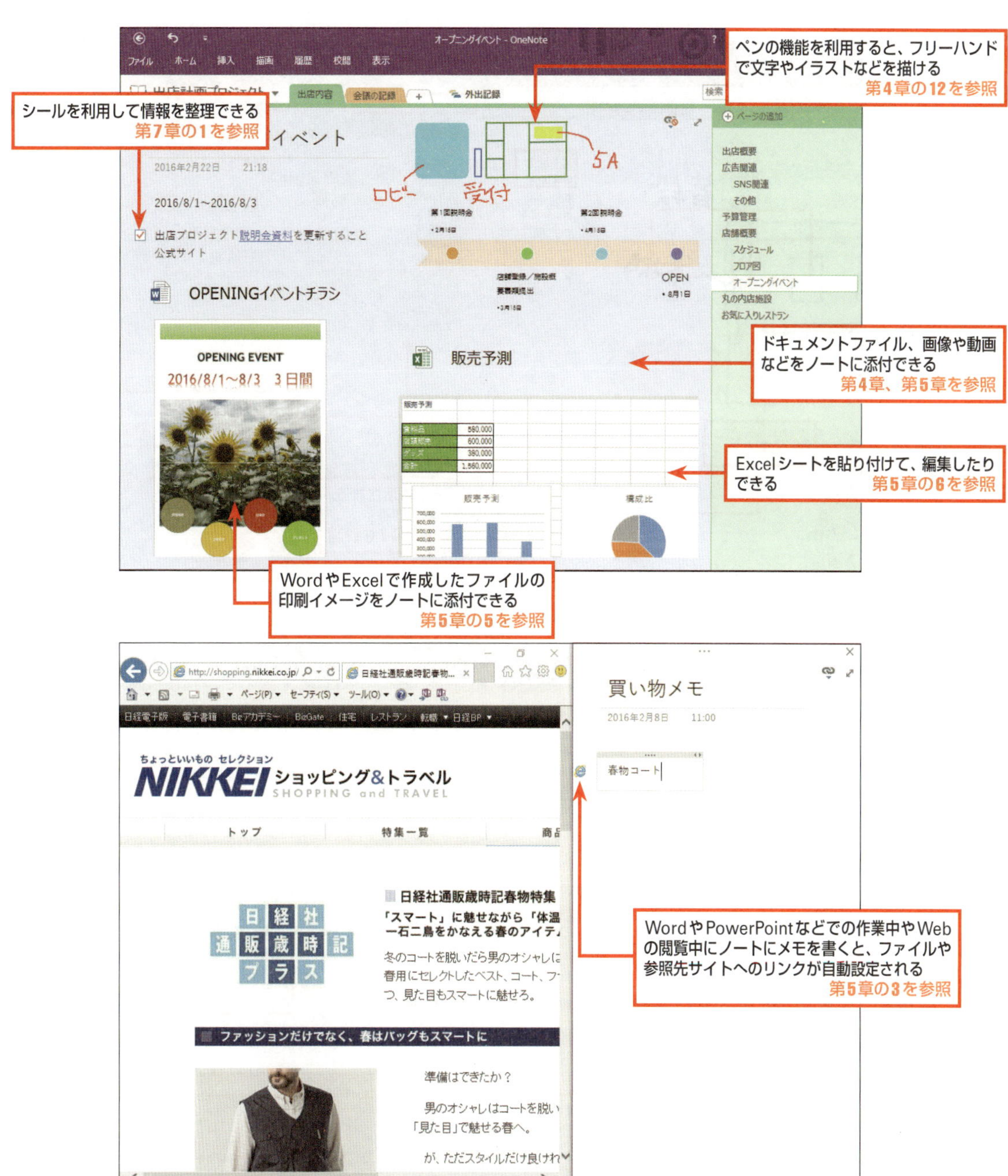

描画や音声など幅広い検索に対応

OneNoteでは、文字の情報だけでなく、画像内の文字や音声に含まれる言葉、手書き文字なども検索できます。また、メモに貼り付けたシールやメモを書いた日を手掛かりに情報を検索することもできます。どのページに書いたのか忘れてしまった内容も、すぐに見つけることができて便利です。

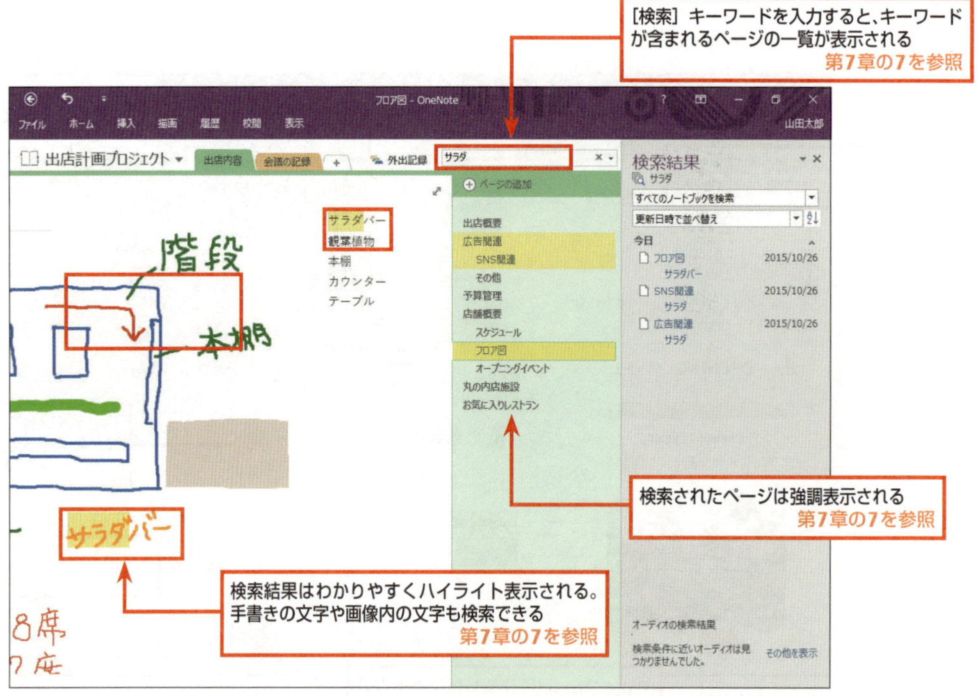

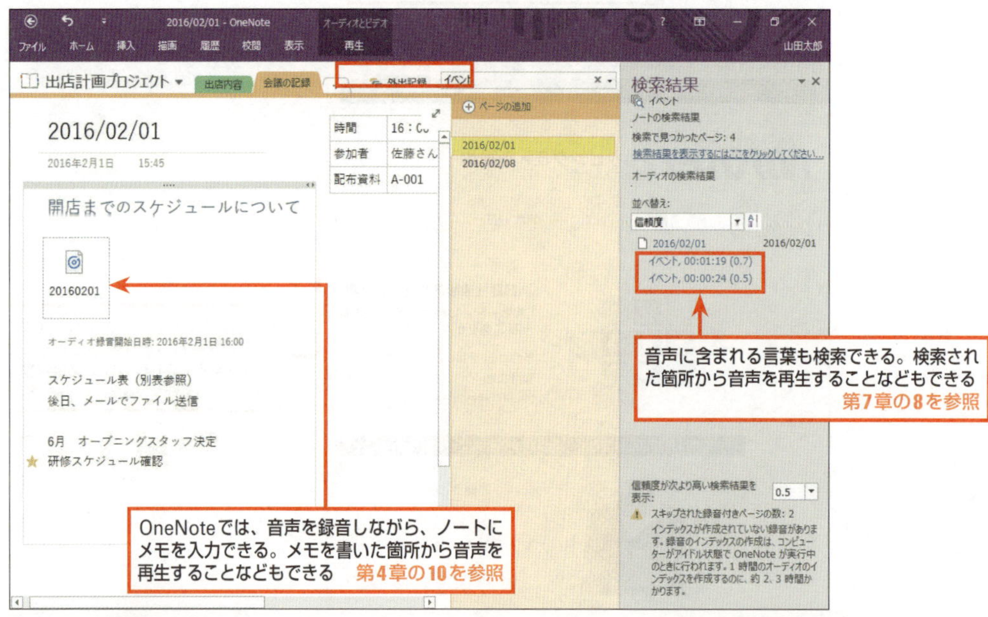

いつでもどこにいてもノートを見られる

ノートをOneDriveというインターネット上のスペースに保存すれば、外出先のパソコンからもノートを見ることができます。また、OneNoteアプリを利用すれば、タブレットPCやiPad、スマートフォンからもOneDriveのノートを見たり編集したりできます。いつでもどこにいても手軽にノートの情報を確認できて便利です。

また、OneDriveに保存したノートは、他の人と共有することもできます。ノートの内容を変更した場合は、いつ誰がどの部分を変更したのかなども記録されます。複数のユーザーでノートを介して情報のやり取りができます。

第8章の1を参照

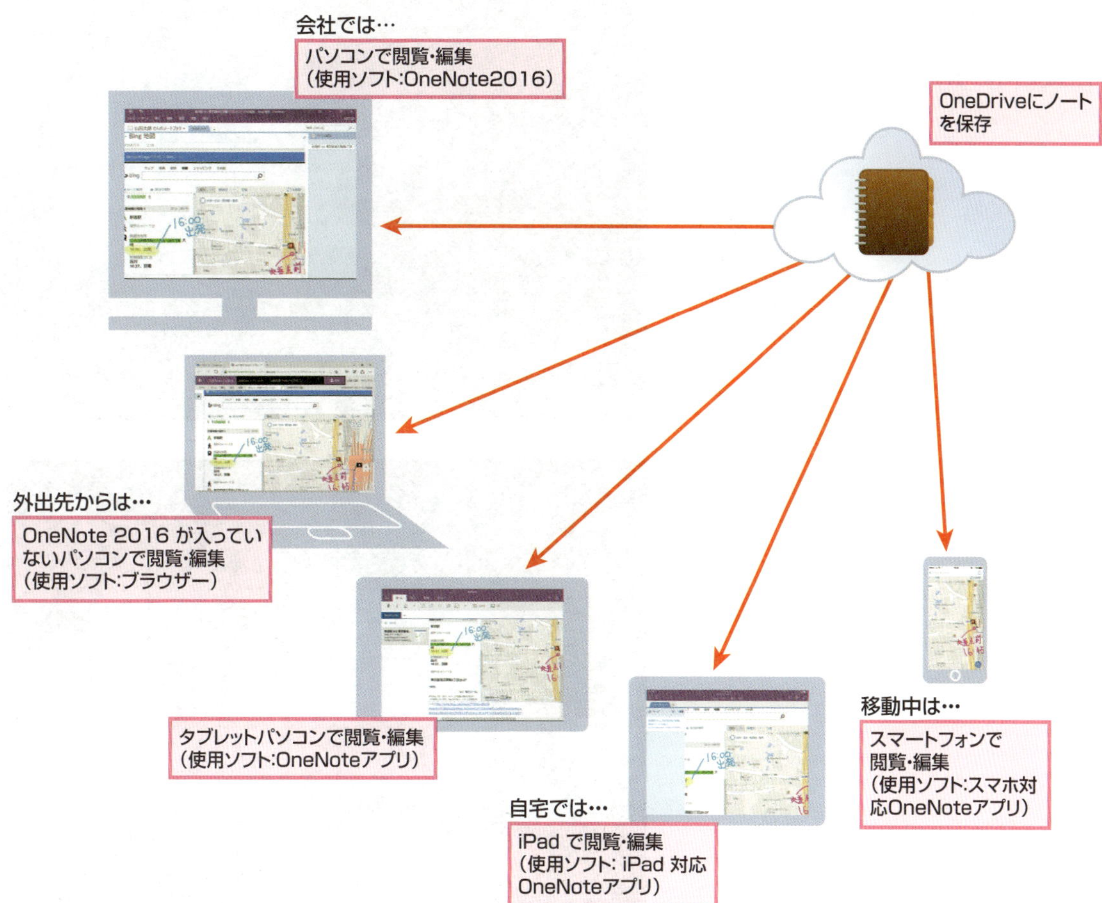

2 OneNoteを起動するには

OneNoteを起動する

❶ スタートボタンをクリックする。

➡スタートメニューが表示される。

❷ [すべてのアプリ] をクリックする。

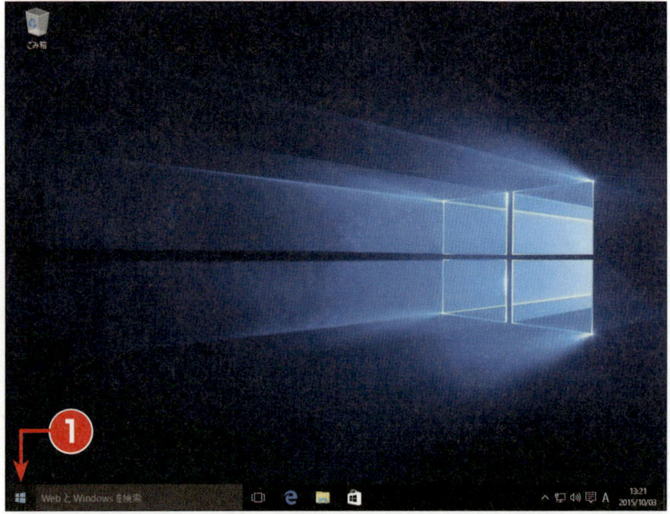

❸ 画面をスクロールする

❹ ［OneNote 2016］をクリックする。

➡OneNoteが起動する。

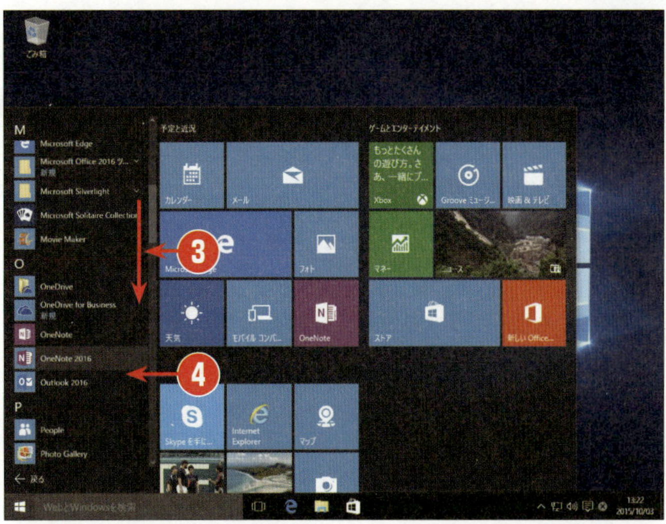

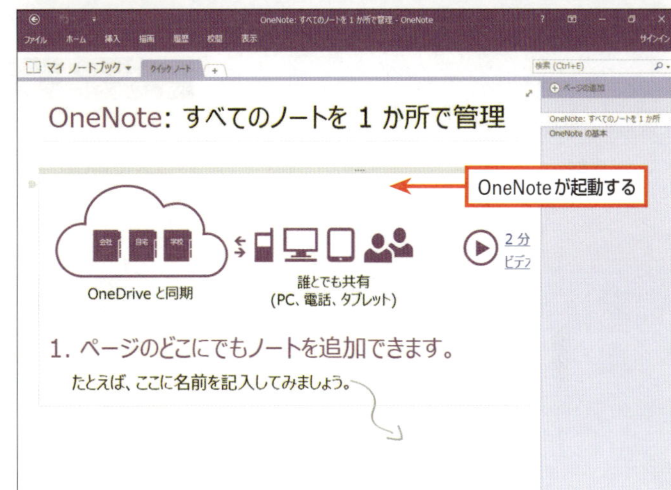

ヒント

サインイン画面について

OneNoteを初めて起動したときに、サインイン画面が表示される場合があります。

ヒント

とっさにメモを取りたい場合は

OneNoteが起動していないときに、すばやくメモをとりたいときは、タスクバーの通知領域に表示されている［OneNoteアイコン］を利用する方法があります。

第2章の14を参照

Officeにサインインする

❶ [サインイン] をクリックする。

➡[サインイン] 画面が表示する。

❷ Microsoftアカウントを入力する。

❸ [次へ] をクリックする。

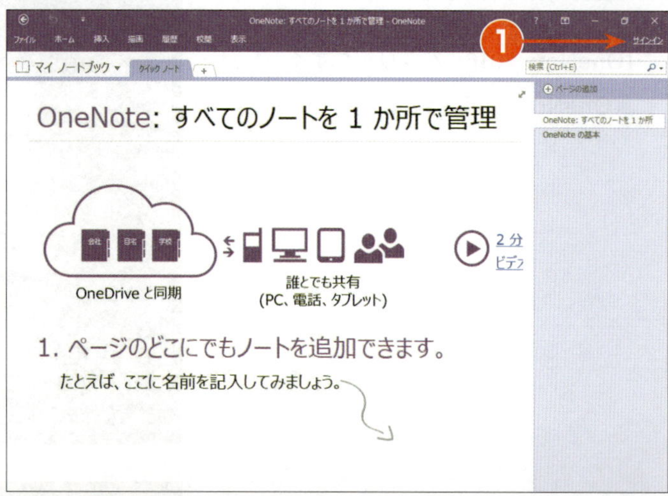

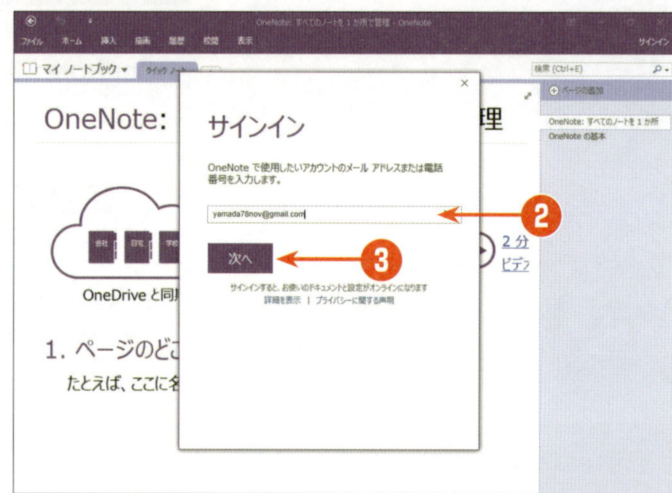

用語

Microsoftアカウント

Microsoftアカウントとは、マイクロソフト社が提供しているさまざまなインターネットサービスを利用するのに必要なアカウントです。無料で取得できます。

第8章の2を参照

用語

OneDrive

OneDriveとは、マイクロソフト社が提供しているインターネット上のデータ保存スペースです。Microsoftアカウントを取得すると、無料で利用できます。

❹ パスワードを入力する。

❺ [サインイン] をクリックする。

➡画面右上にユーザー名が表示される。

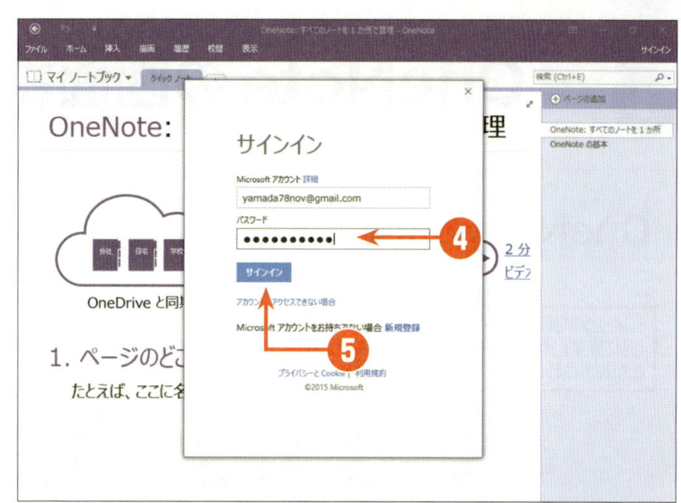

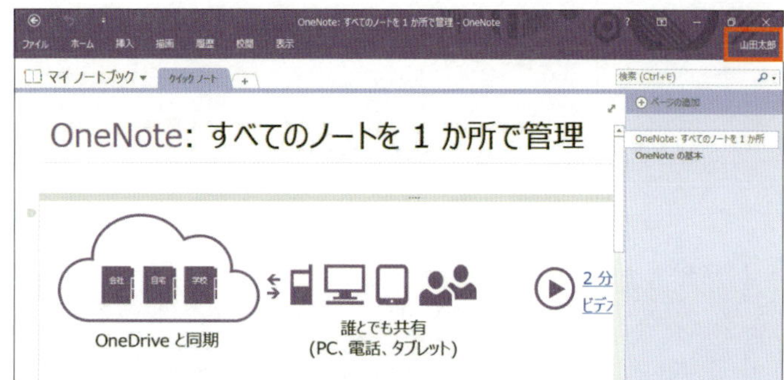

以前のOfficeからの変更点

Office 2013以降では、Microsoftアカウントで Officeにサインインすると、簡単にOneDriveのファイルにアクセスしたりすることができます。

ヒント

Officeにサインインするとは

Officeは、Officeにサインインしなくても使用できますが、サインインをすると（Office 2013以降）、自分のOfficeからOneDriveのファイルを直接開いたり保存したりできます。また、ファイルを開くときに選択できる「最近使ったファイル」の一覧情報などの個人用の設定を、どのパソコンからでも共有して利用することなどができます。なお、Officeにサインインする操作は、OneNoteを初めて起動したときに表示される画面で行うこともできます。

ヒント

アカウントを切り替えるには

サインインしているMicrosoftアカウントを切り替えるには、画面右上のユーザー名をクリックし、[アカウントの切り替え] を選択します。表示される画面で切り替えたいアカウントを指定します。

ヒント

サインアウトするには

サインインしている状態からサインアウトするには、[ファイル] タブをクリックし、[アカウント] を選択します。続いて、[ユーザー情報] の [サインアウト] をクリックします。

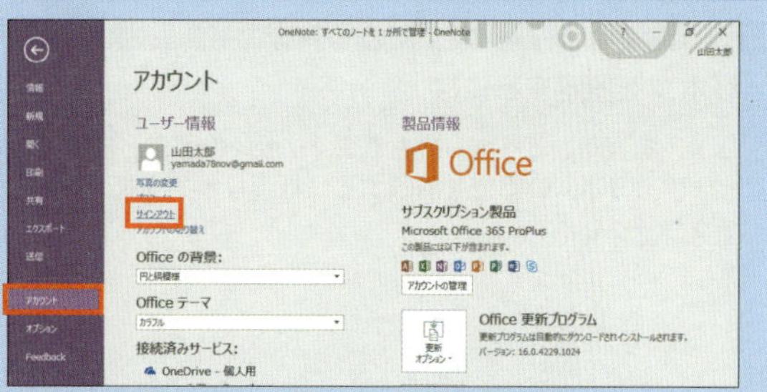

OneNoteの画面構成について

OneNoteの画面

ヒント

リボンを表示するには

タブをクリックすると、リボンが表示されます。タブをもう一度クリックしたり、リボンのボタンをクリックすると、リボンが非表示になります。

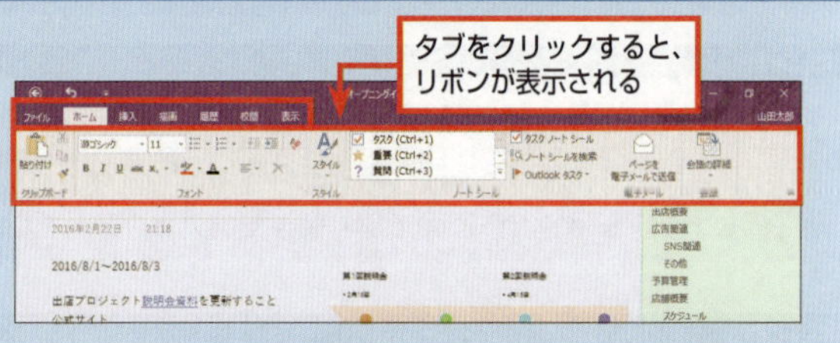

ヒント

リボンを固定するには

リボンを表示してリボンの右端の [リボンの固定] をクリックします。リボンの固定を解除するには、[リボンを折りたたむ] をクリックします。

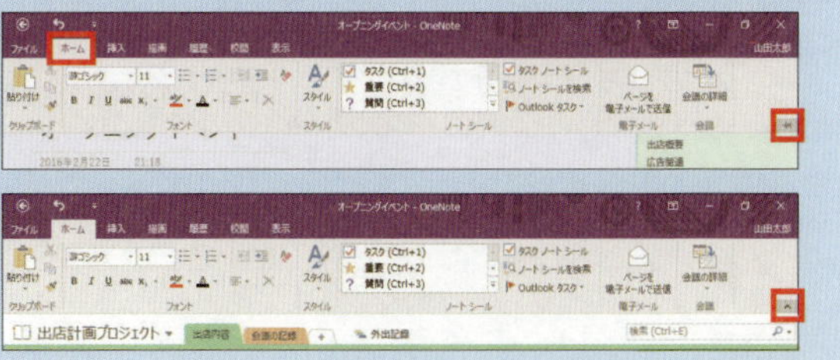

ヒント

タッチ対応パソコンの場合

タッチ対応パソコンの場合、クイックアクセスツールバーにタッチ操作とマウス操作のモードを切り替えるボタンが表示されます。タッチ操作のモードにすると、リボンのボタンが大きく表示されますのでタッチ操作がしやすくなります。また、パソコンの機種によっては、［タッチ］タブが表示され、手書きメモを書くペンなどのボタンが表示されます。

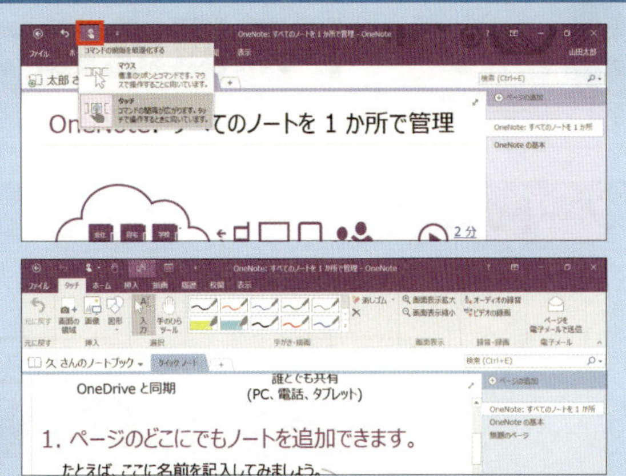

Microsoft Office Backstageビューを表示する

❶ ［ファイル］タブをクリックする。

➡Microsoft Office Backstageビューが表示される。

❷ ⊖ をクリックする。

➡元の画面に戻る。

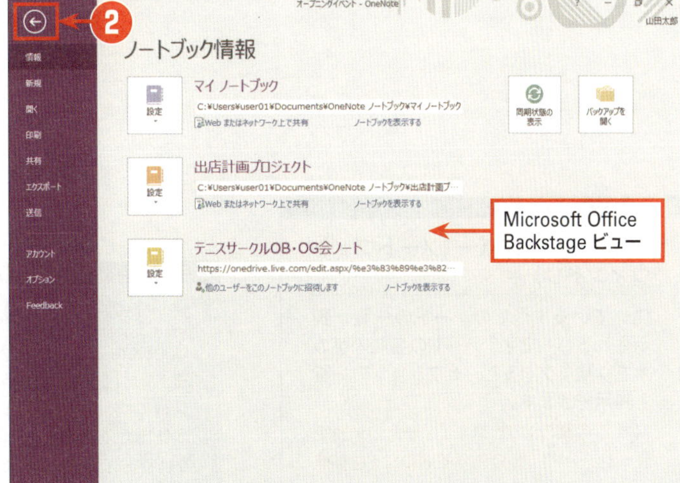

用語

Microsoft Office Backstageビュー

Microsoft Office Backstageビューは、OneNote全体の設定を行ったり、ノートを開いたり保存するなどの基本的な機能を実行するところです。また、各ノートの設定を変更できます。

4 ノートの構成について

ノートの構成

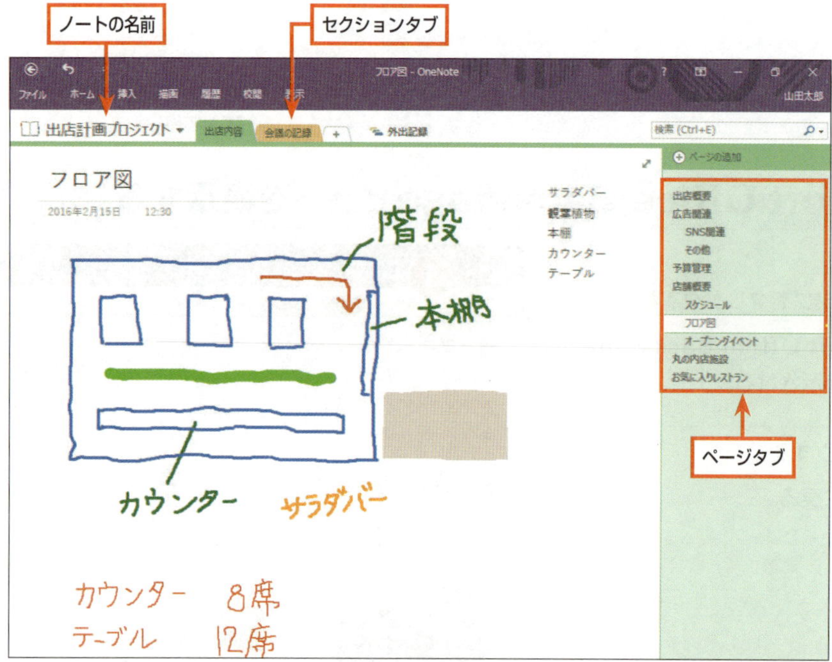

用語

ナビゲーションバー(ノートブックウィンドウ)

開いているすべてのノートの一覧が表示されるバーです。ノートの名前の横の▼をクリックすると、セクションの一覧を表示できます。

この章の4のヒント「ノートの一覧を固定表示するには」を参照

ヒント

ノートの見方について

OneNoteでは、複数のノートを利用できます。表示するノートは、画面左上の[クリックすると、他のノートブックが表示されます]をクリックして切り替えられます。また、ノート内のページは、セクションという見出しを入れて分類できます。セクションは上部にあるセクションタブ、ページは右にあるページタブをクリックして切り替えます。

ヒント

ノートの一覧を固定表示するには

表示するノートを選択する画面で、[ノートブックウィンドウを横に固定] をクリックすると、ナビゲーションバーが表示されてノートの一覧が表示されます。ナビゲーションバーを非表示にするには、[ノートブックウィンドウの固定を解除] をクリックします。

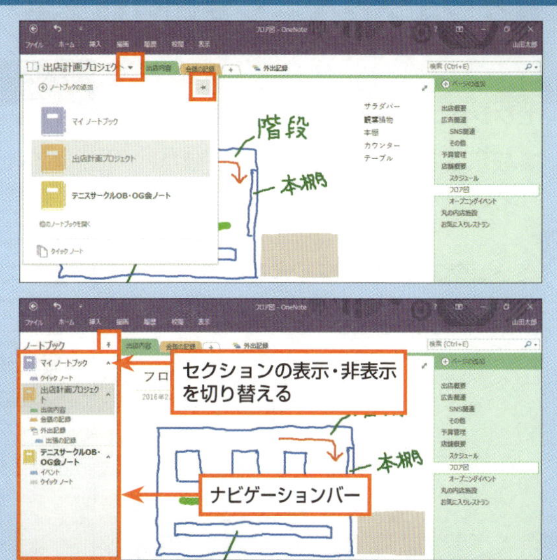

ヒント

ページタブを非表示にするには

ノートの画面を広く表示するには、[全体表示] をクリックし、ページタブを折りたたむ方法があります。元の表示に戻すには、[標準表示] をクリックします。また、ページタブとノートのページの境界線部分を左右にドラッグすると、ページタブの表示幅を変更できます。

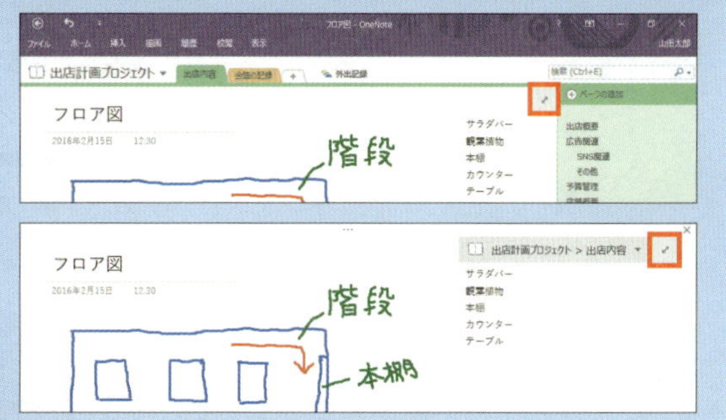

ヒント

ナビゲーションバーやページタブの配置を変更するには

ナビゲーションバーやページタブの配置を変更するには、[ファイル] タブをクリックし、[オプション] をクリックします。表示される [OneNoteオプション] ダイアログで [表示] をクリックし、[表示] オプションで設定を行います。

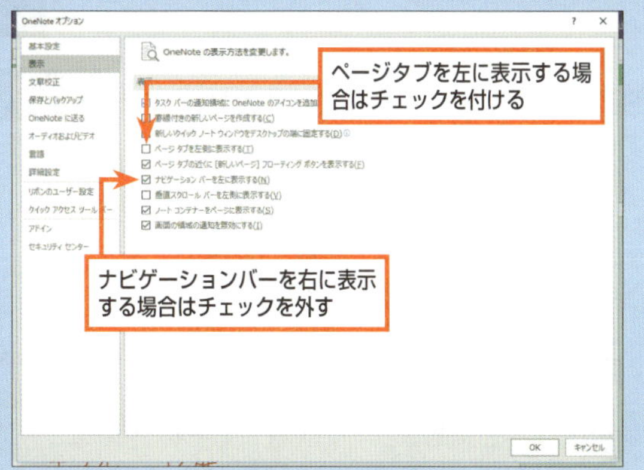

セクションやページを切り替える

❶ セクションタブをクリックします。

➡表示されるセクションが切り替わる。

❷ ページタブをクリックします。

➡表示されるページが切り替わる。

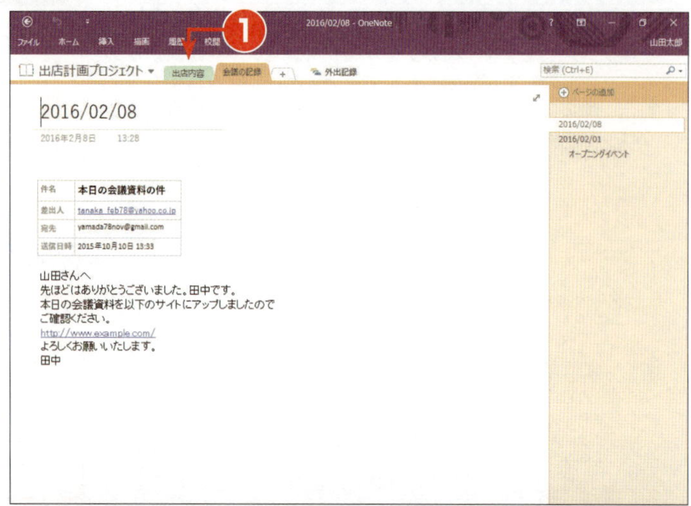

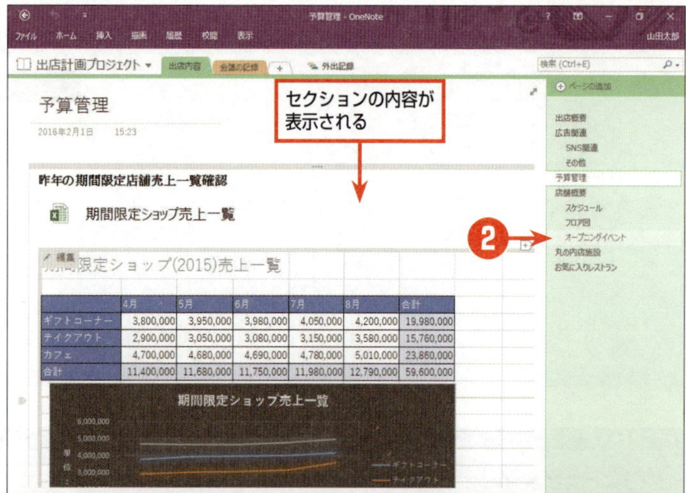

	4月	5月	6月	7月	8月	合計
ギフトコーナー	3,800,000	3,950,000	3,980,000	4,050,000	4,200,000	19,980,000
テイクアウト	2,900,000	3,050,000	3,080,000	3,150,000	3,580,000	15,760,000
カフェ	4,700,000	4,680,000	4,690,000	4,780,000	5,010,000	23,860,000
合計	11,400,000	11,680,000	11,750,000	11,980,000	12,790,000	59,600,000

ヒント

ナビゲーションバーから切り替える

ナビゲーションバーが表示されているときは、セクション名をクリックして表示するセクションを切り替えることができます。

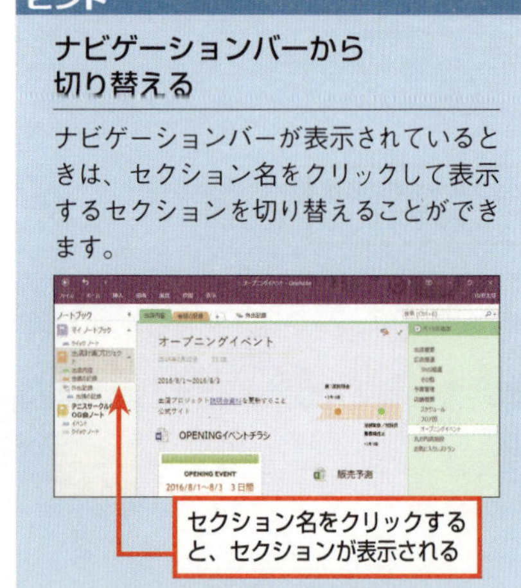

5 わからないことを調べるには

ヘルプ機能を使用する

❶ [ヘルプ] をクリックする。

➡ [ヘルプ] ウィンドウが表示される。

❷ キーワードを入力する。

➡ 検索結果が表示される。

❸ 見たい項目をクリックする。

➡ 内容が表示される。

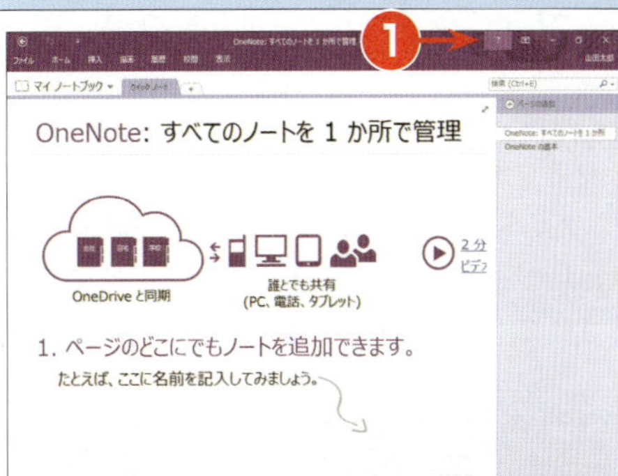

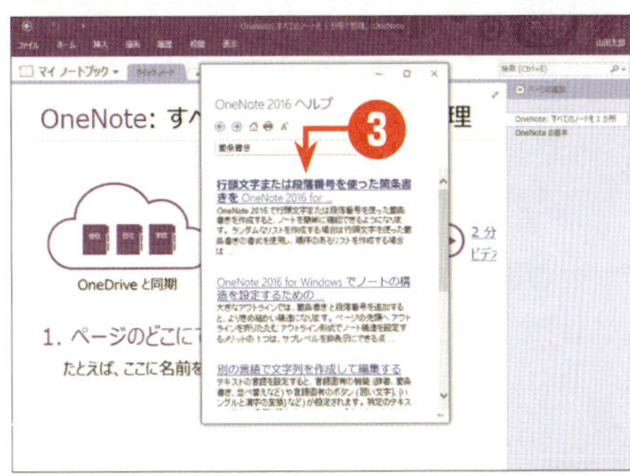

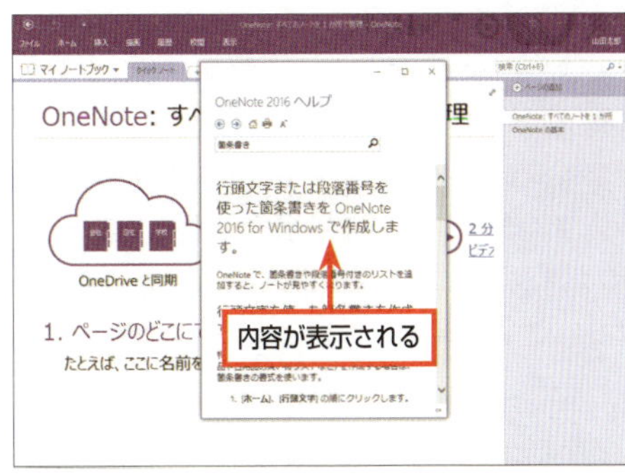

ヒント

ヘルプについて

ヘルプ機能を利用すると、目次やキーワードを手がかりにしてわからないことを調べることができます。

「マイノートブック」について

OneNote2013以降では、既存のノートがない場合「マイノートブック」というノートが作成されています。「マイノートブック」の「クイックノート」セクションにある「OneNote：すべてのノートを1か所で管理」ページには、OneNoteの使い方のヒントが書かれています。OneNoteを初めて使用するときは、一度目を通しておくとよいでしょう。

クイックアクセスツールバーやリボンのカスタマイズ

クイックアクセスツールバーやリボンには、機能を実行するボタンを追加できます。自分の利用スタイルに合わせてカスタマイズできますので、頻繁に使用する機能のボタンなどを利用しやすいように配置しておけば、スムーズに操作を進めることができて便利です。

設定画面の表示

クイックアクセスツールバーやリボンにボタンを追加するには、［ファイル］タブをクリックしてMicrosoft Office Backstageビューを表示し、［オプション］をクリックします。表示される［OneNoteオプション］ダイアログで設定を行います。 この章の3のヒントを参照

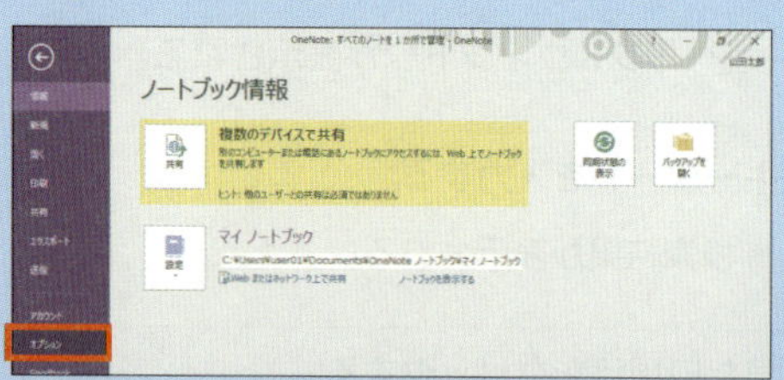

クイックアクセスツールバーのカスタマイズ

クイックアクセスツールバーにボタンを追加するには、［OneNoteオプション］ダイアログの［クイックアクセスツールバー］をクリックし、追加するコマンドを選択します。続いて［追加］をクリックし、［OK］をクリックします。

コマンドの分類を選択する

追加するコマンドをクリックする

リボンのカスタマイズ

リボンにボタンを追加するには、［OneNoteオプション］ダイアログの［リボンユーザー設定］をクリックし、追加するコマンドを選択します。続いて、コマンドの追加先のタブやグループを選択し、［追加］をクリックし、［OK］をクリックします。コマンドは、ユーザー設定のグループに追加できます。 このコラムの「タブやグループの追加」を参照

タブやグループの追加

リボンには、タブやグループを追加できます。タブを追加するには、［新しいタブ］をクリックします。グループを追加するには、［リボンのカスタマイズ］ボックスの一覧でグループを追加するタブをクリックし、［新しいグループ］をクリックします。なお、追加したタブやグループの名前を変更するには、［リボンのカスタマイズ］ボックスの一覧で名前を変更するタブやグループを選択し、［名前の変更］をクリックします。また、タブを表示する順番を変更するには、［リボンのカスタマイズ］ボックスの一覧で順番を変更するタブをクリックし、▲▼をクリックし、指定します。

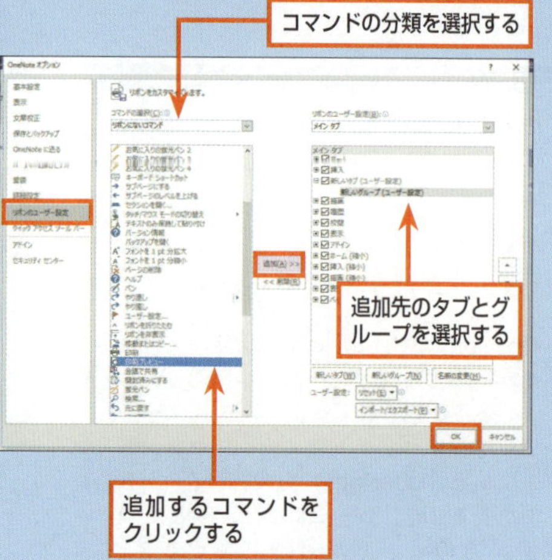

第2章 ページを準備する

OneNoteでは、テーマごとにノートを分けて使うことができます。ノートには、必要なだけページを追加できます。ページは、セクション見出しを使ってわかりやすいように分類できます。ノートやセクション、ページの追加方法を知っておきましょう。

1 ノートを作成するには

ノートを作成する

1. [ファイル] タブをクリックする。
   ➡Microsoft Office Backstageビューが表示される。
2. [新規] をクリックする。
3. [このPC] をクリックする。
4. [ノートブック名]にノートの名前を入力する。
5. [ノートブックの作成] をクリックする。
   ➡ノートが作成される。

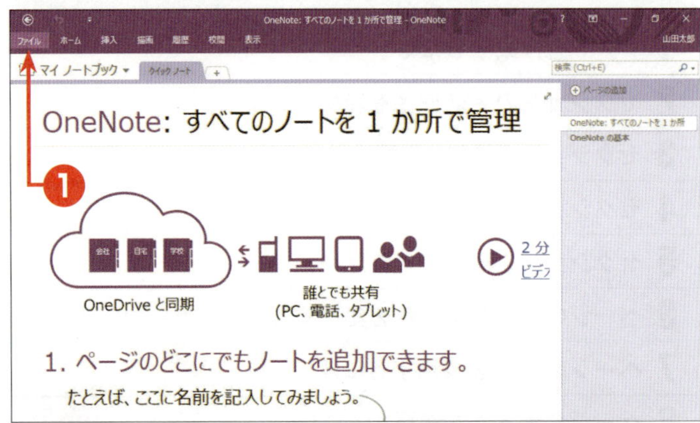

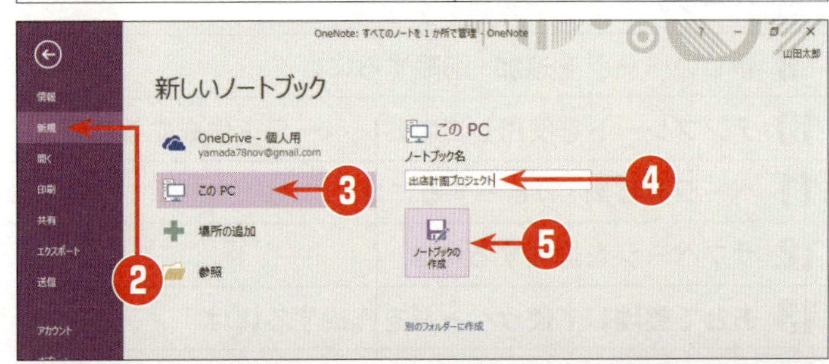

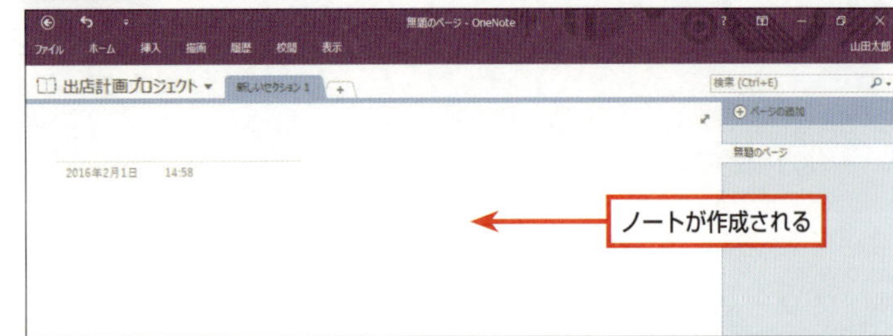

ヒント
OneDriveにノートを作成するには

Officeにサインインしていると、新規ノートを作成するときにOneDriveが選択されます。OneDriveの指定したフォルダーにノートを作成するには、[別のフォルダーに作成] をクリックし、OneDrive上の別のフォルダーを指定します。OneDrive上にノートを保存すると、同期状態を示すマークが表示される場合があります。

第8章の3を参照

ヒント
自分のコンピューターに保存するには

自分のコンピューターにノートを保存するには、保存先の場所として [このPC] を選択します。既定の保存先は、[ドキュメント] フォルダーの [OneNote ノートブック] フォルダーです。他の場所に保存する場合は、[別のフォルダーに作成] をクリックして保存先を指定します。

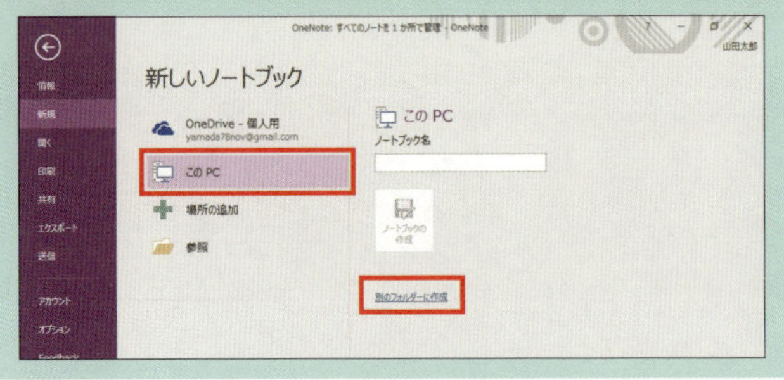

表紙の色を選択する

❶ [ファイル] タブをクリックする。

➡Microsoft Office Backstage ビューが表示される。

❷ [情報] をクリックする。

❸ 表紙の色を変えるノートの [設定] をクリックする。

❹ [プロパティ] をクリックする。

➡[ノートブックのプロパティ] ダイアログが表示される。

❺ [色] ボックスの▼をクリックし、任意の色をクリックする。

❻ [OK] をクリックする。

❼ ▼をクリックする。

➡ノートブックの表紙の色が変わる。

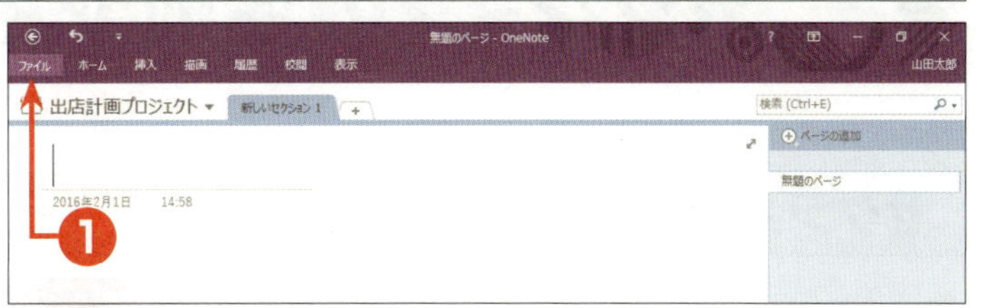

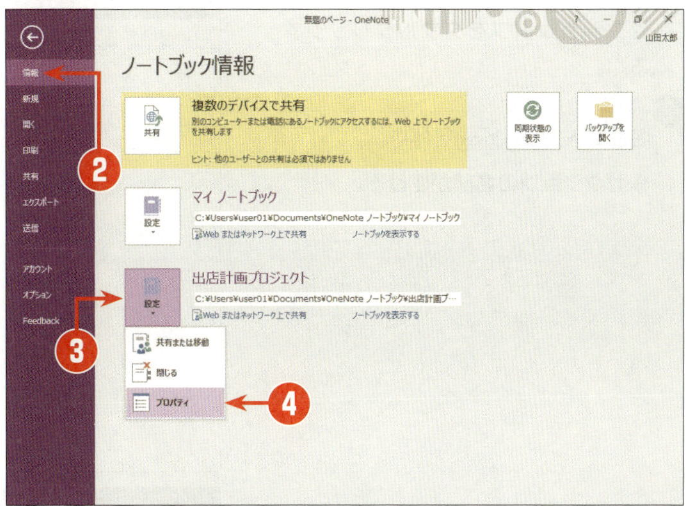

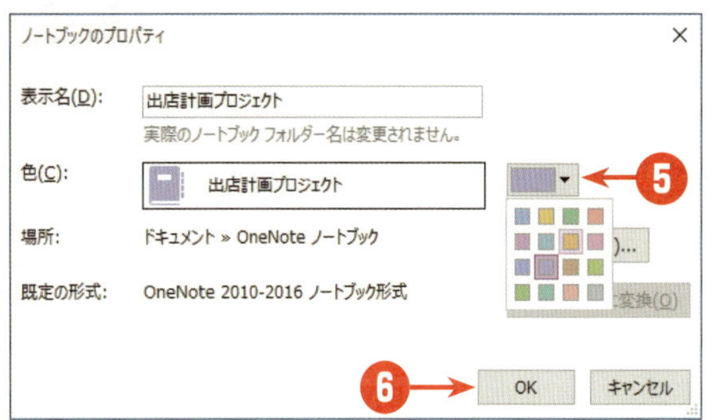

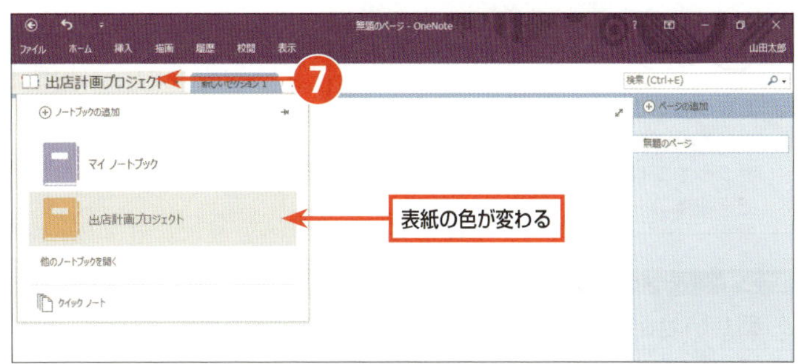

ヒント

表紙の色を確認するには

セクションタブの左の▼をクリックすると、ノートの一覧が表示されます。ノートの一覧にはノートの表紙の色が表示されます。ナビゲーションバーが表示されている場合は、常にノートの表紙が表示されます。

ヒント

ノートの表示名について

ナビゲーションバーのノートアイコンに表示されるノートの表題を変更するには、[ノートブックのプロパティ] ダイアログの [表示名] ボックスに表示名を入力します。表示名を変更してもノートのファイル名は変わりません。

2 セクションの名前や色を変更するには

セクションのタイトルを変更する

❶ セクションタブをダブルクリックする。

❷ 名前を入力し、Enterを押す。

➡セクションの名前が変わる。

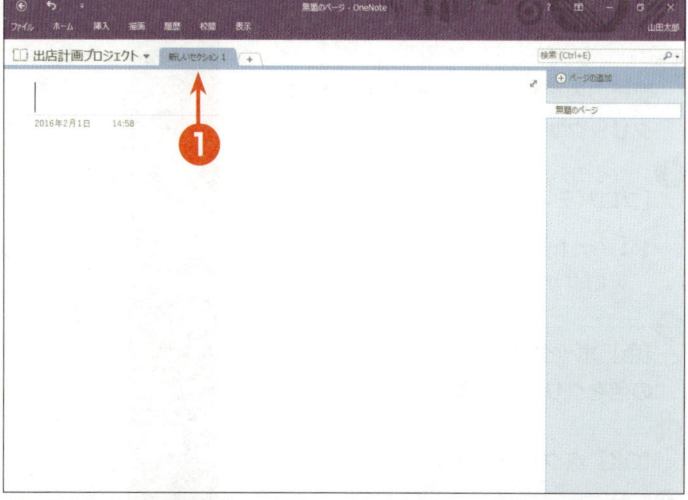

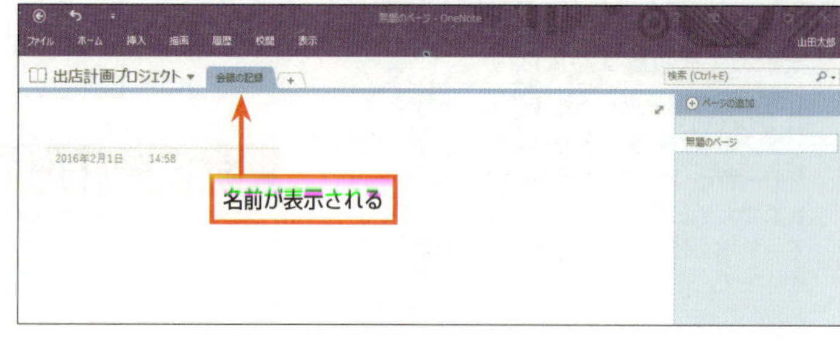

用語

セクション

セクションとは、ノートのページを分類して整理するための見出しのことです。セクションは、あとから追加することもできます。

ヒント

新しいセクションについて

ノートを作成すると、「新しいセクション1」という名前のセクションが1つ用意されます。ページの分類がわかりやすいように名前を付けましょう。

セクションの色を変更する

❶ セクションタブを右クリックする。

❷ ショートカットメニューの［セクションの色］をポイントする。

❸ 表示される色の一覧から目的の色をクリックする。

➡セクションの色が変わる。

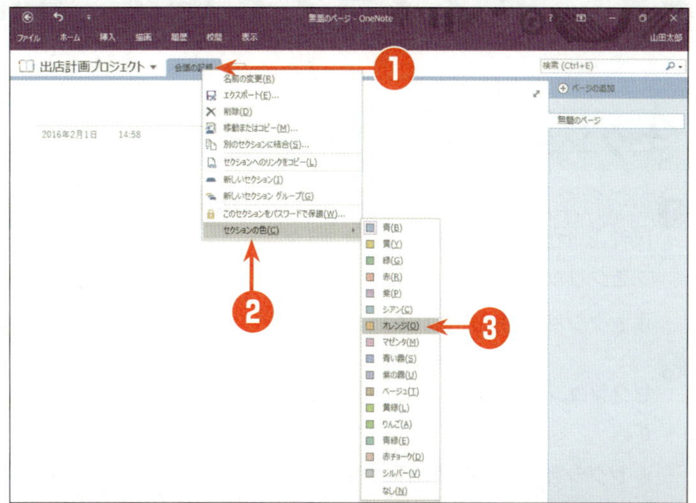

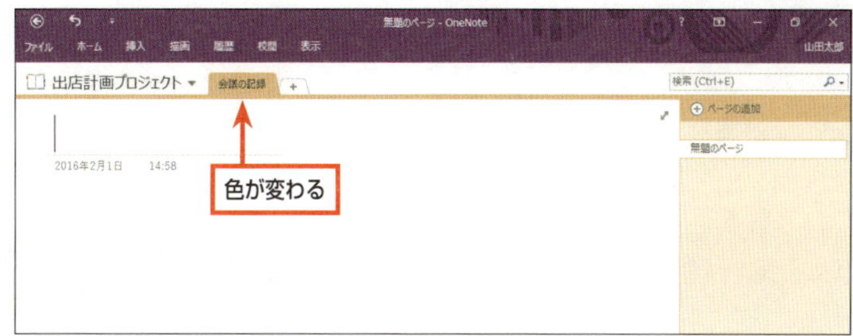

ヒント

ナビゲーションバーで色を指定する

ナビゲーションバーからセクションの色を変更するには、ナビゲーションバーを表示し、ノートのセクションを右クリックし、ショートカットメニューの［セクションの色］をポイントし、目的の色をクリックします。

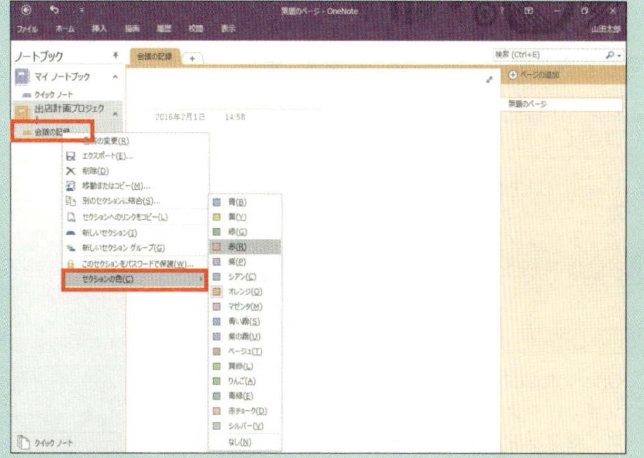

3 セクションを追加・削除するには

セクションを追加する

❶ [新しいセクションが作成されます]タブをクリックする。

➡セクションが追加される。

❷ セクションの名前を入力し、Enterを押す。

➡セクションに名前が表示される。

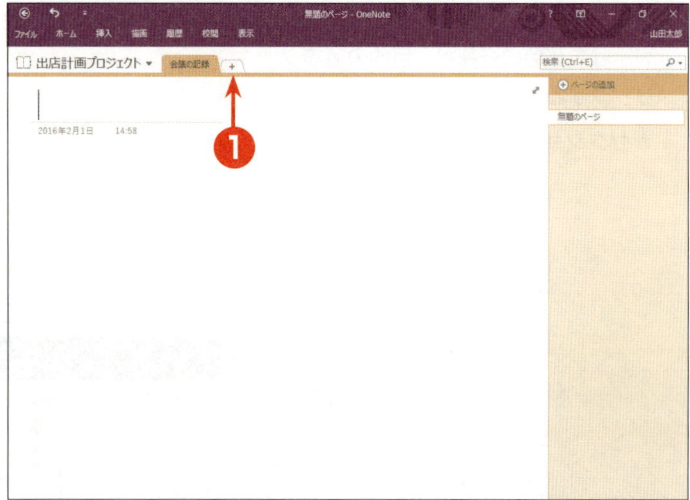

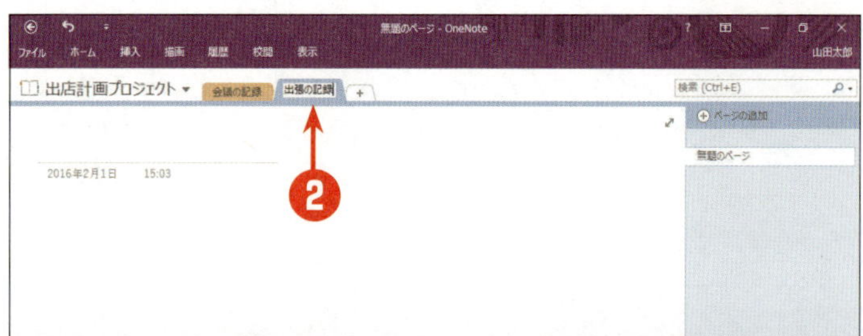

ヒント

セクションファイルの保存先について

セクションを追加すると、ノートの保存先にセクションファイルが作成されます。セクションファイルは、「.one」という拡張子がつきます。

以前のOfficeとの変更点

OneNote2010以降では、[新しいセクション]タブをクリックするだけで、手早くセクションを追加できます。

セクションを削除するには

❶ セクションタブを右クリックする。

❷ ショートカットメニューの［削除］をクリックする。

➡確認メッセージが表示される。

❸［はい］をクリックする。

➡セクションが削除される。

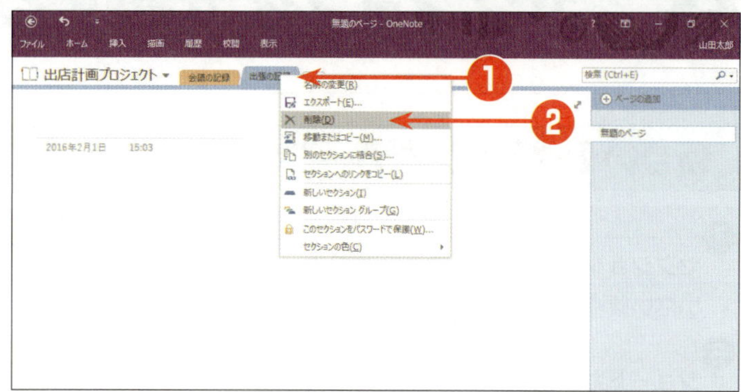

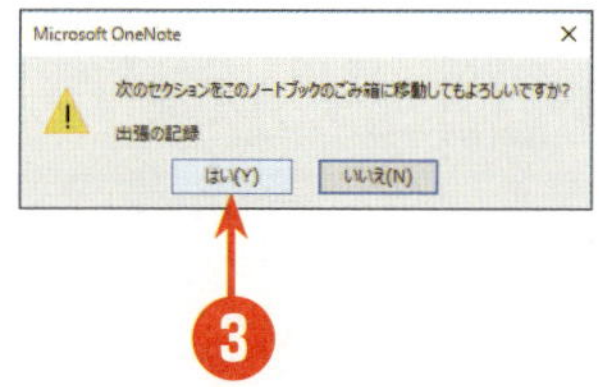

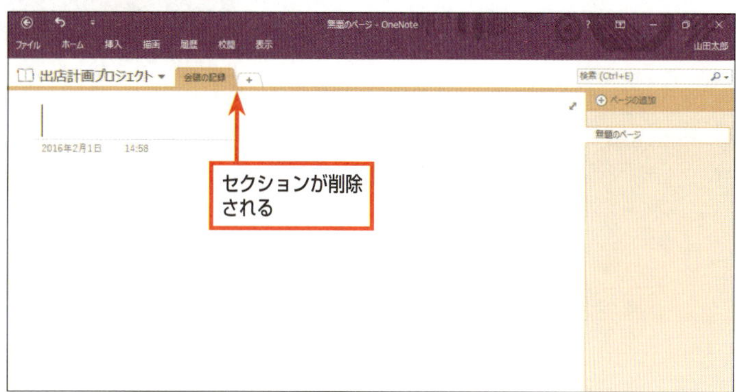

ヒント

セクション内のページも削除される

セクションを削除すると、セクション内のページも削除されます。必要なページは、セクションを削除する前に、他のセクションに移動しておきましょう。

この章の11を参照

以前のOfficeとの変更点

OneNote2010以降では、セクションやページを削除するとごみ箱に入ります。

4 セクションを分類するには

新しいセクショングループを作成する

❶ セクションタブの横の何も表示されていない領域を右クリックする。

❷ ショートカットメニューの［新しいセクショングループ］をクリックする。

➡セクショングループが追加される。

❸ セクショングループの名前を入力し、Enterを押す。

➡セクショングループに名前が付く。

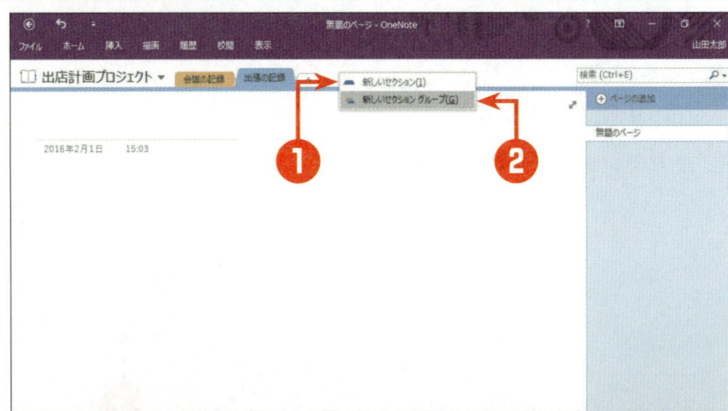

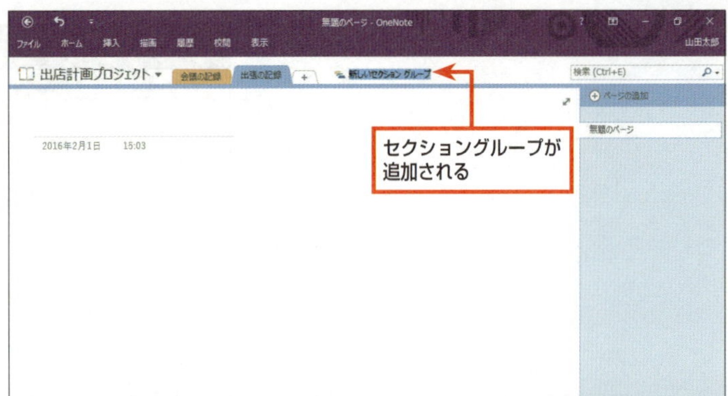

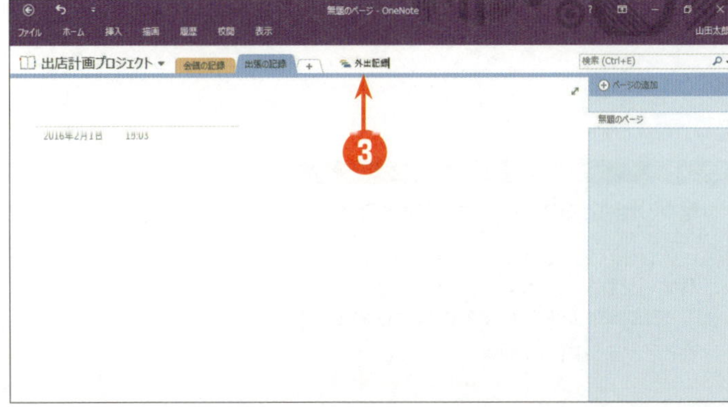

参照

セクションをセクショングループに移動するには

この章の5

ヒント

セクショングループについて

セクショングループは、複数のセクションをまとめるときに利用します。セクションの数が増えてきたら、関連するセクションを同じグループにまとめて整理すると見やすくなります。

セクショングループのセクションを表示する

❶ セクショングループの名前をクリックする。

➡セクショングループの中が表示される。

❷ [親セクショングループへ移動] をクリックする。

➡元の表示に戻る。

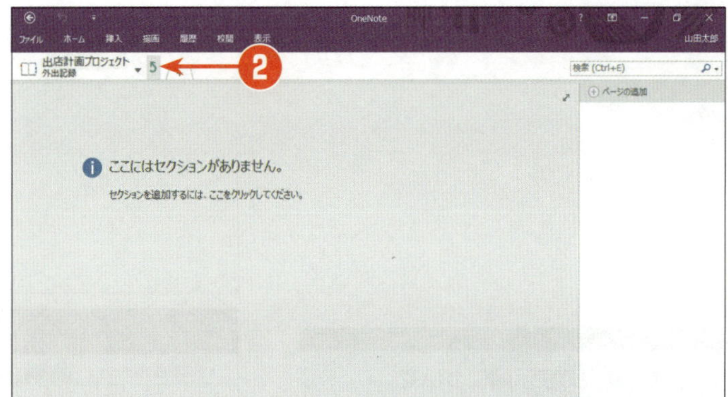

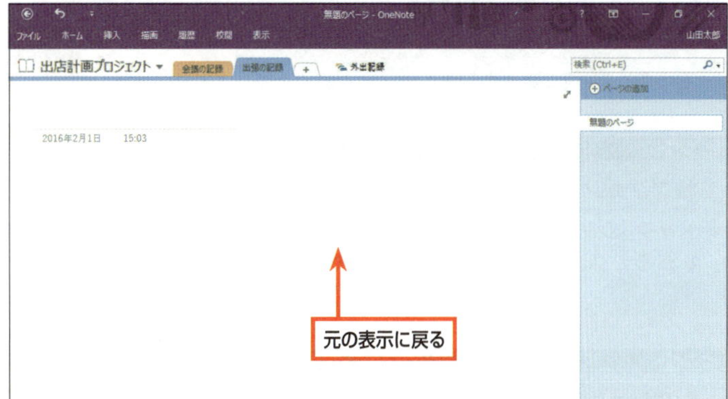

5 セクションを移動するには

セクションを移動する

1 セクションタブを移動先へドラッグする。

➡セクションが移動する。

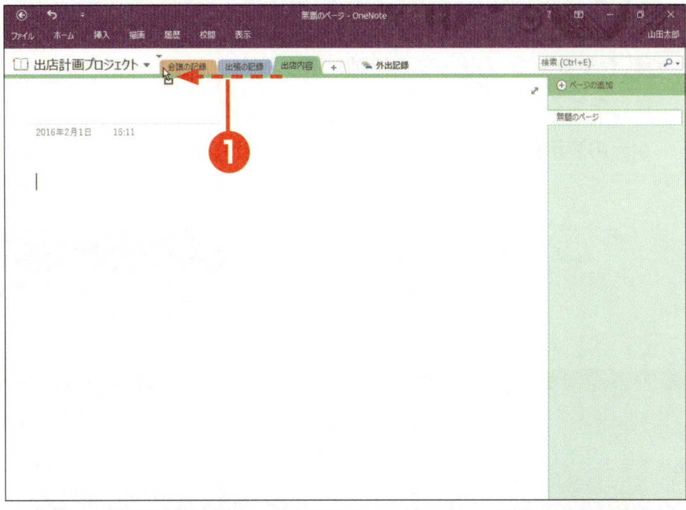

ヒント

セクションの表示順について

セクションの並び順は自由に変更できます。よく見るページが含まれるセクションは、すぐに開けるように左側に移動しておくとよいでしょう。

ヒント

セクションをコピーするには

セクションをコピーするには、Ctrlを押しながらセクションタブをドラッグします。

ヒント

セクションをセクショングループに移動するには

セクションをセクショングループに移動するには、セクションタブを移動先のセクショングループにドラッグします。また、セクショングループが見えていないときは、［残りのセクションが表示されます］タブをポイントし、表示されるセクション一覧のセクショングループにドロップします。

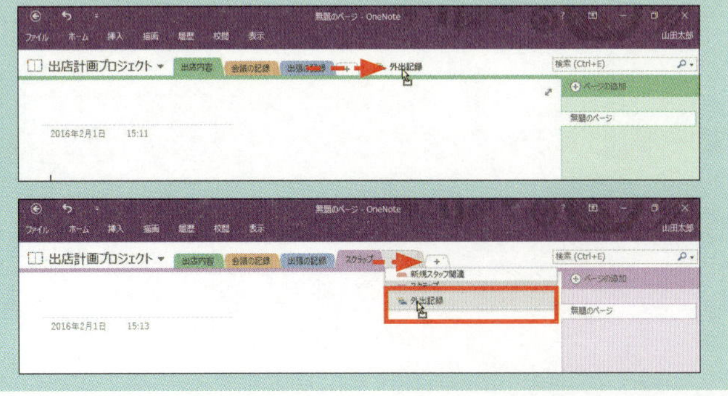

セクションを他のノートに移動する

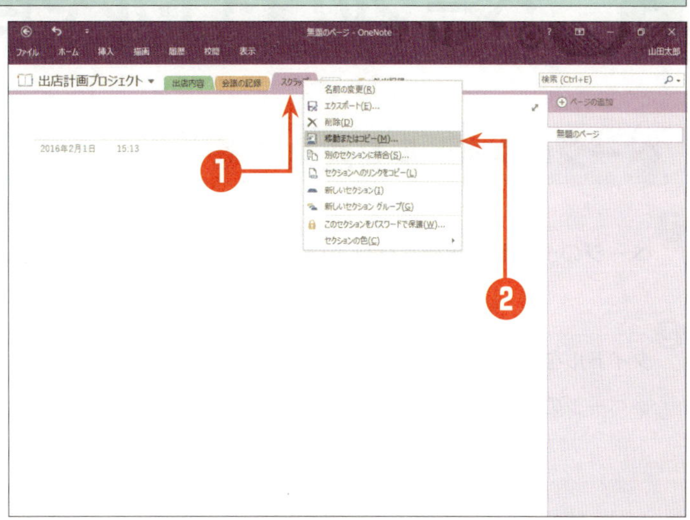

❶ 移動するセクションのセクションタブを右クリックする。

❷ ショートカットメニューの［移動またはコピー］をクリックする。

❸ ［セクションの移動またはコピー］ダイアログで移動先のセクションをクリックする。

❹ ［移動］をクリックする。

➡指定したセクションの後ろにセクションが移動する。

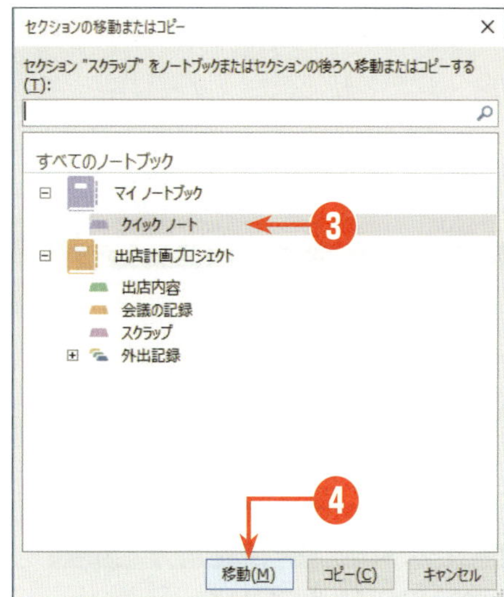

ヒント

セクションの移動について

ノートのセクションやページは、システム手帳のリフィルを差し替えるように自由に移動できます。セクションを移動すると、セクションに含まれるページも一緒に移動します。

ヒント

セクションをコピーするには

セクションをコピーするには、コピーするセクションタブを右クリックし、ショートカットメニューの［移動またはコピー］をクリックします。［セクションの移動またはコピー］ダイアログで、コピー先のセクションを選択し、［コピー］をクリックすると、選択したセクションの後ろに指定したセクションのコピーが表示されます。

ヒント

ナビゲーションバーでセクションを移動するには

ナビゲーションバーを表示しているときは、移動するセクションタブをナビゲーションバーの移動先へドラッグすると、セクションが移動します。なお、Ctrlを押しながらセクションタブをドラッグすると、セクションがコピーされます。

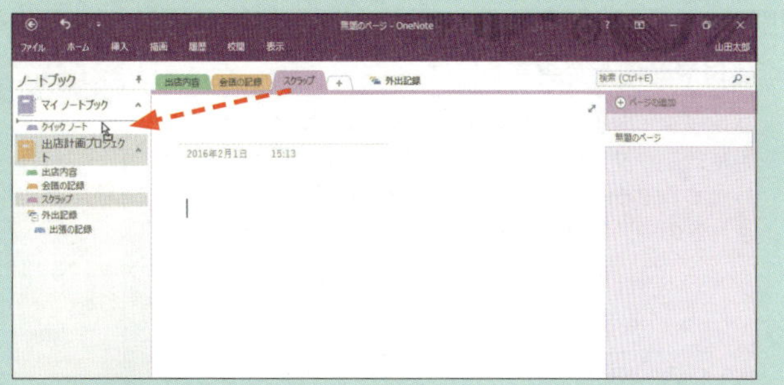

ページのタイトルや色を変更するには

ページのタイトルを入力する

1 ページのタイトル領域をクリックする。

2 タイトルを入力し、Enterを押す。

➡ページのタイトルが表示される。

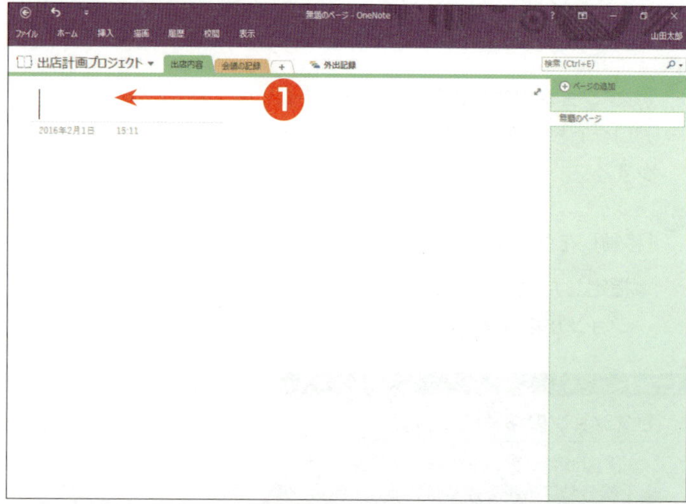

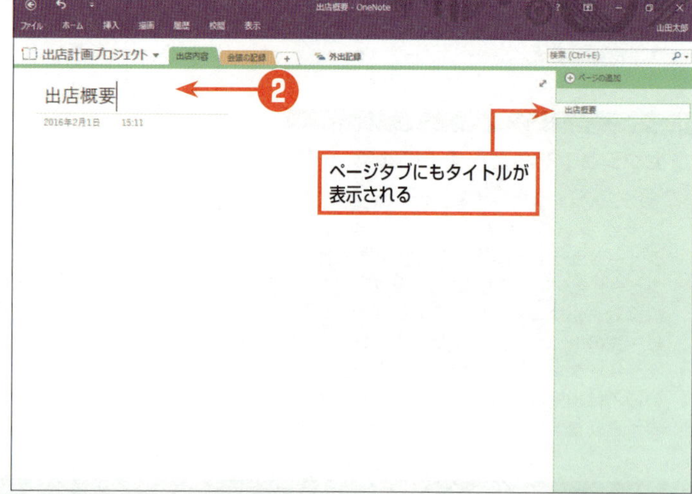

用語

ページ

ページは、紙のノートのページと同じように情報を追加するところです。文字だけでなく、ドキュメントファイルや写真、イラスト、音声や動画などさまざまなものを入れることができます。

ヒント

ページタイトルについて

ページのタイトルは、ページタブに表示されます。タイトルをつけない場合は、ノートの1行目の内容がページタブに表示されます。

ヒント

日付や時刻を変更するには

ページタイトルの下の日付や時刻を変更するには、日付や時刻クリックし、表示されるアイコンをクリックします。すると、カレンダーや時刻の選択画面が表示されるので、日付や時刻を選択します。

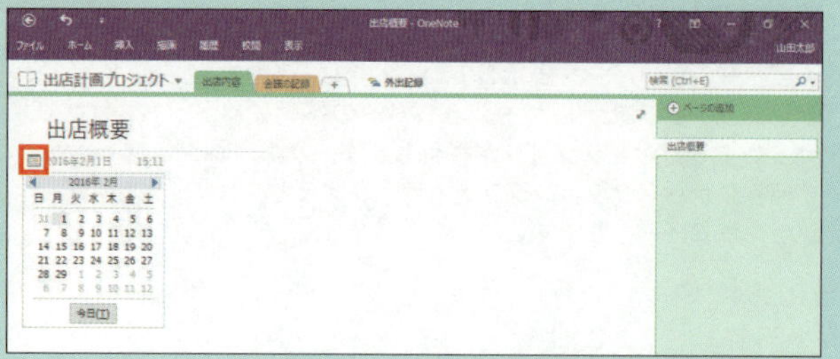

ページの色を変更する

1 ページの色を変更するページのページタブをクリックする。

2 ［表示］タブをクリックする。

➡リボンが表示される。

3 ［ページ設定］の［ページの色］をクリックし、任意の色をクリックする。

➡ページの色が変わる。

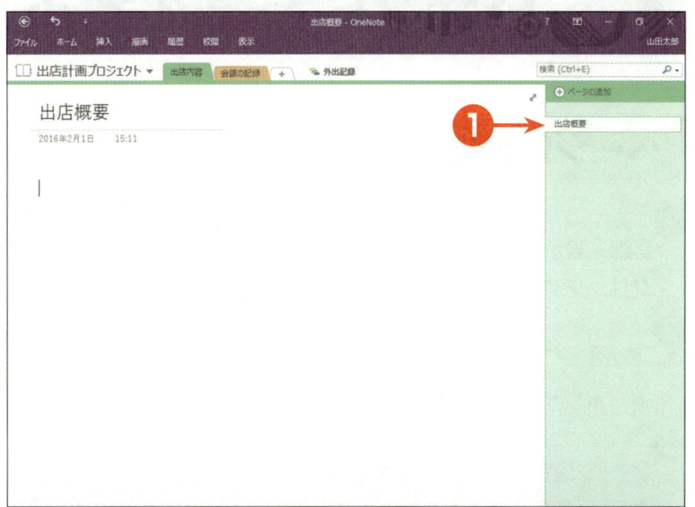

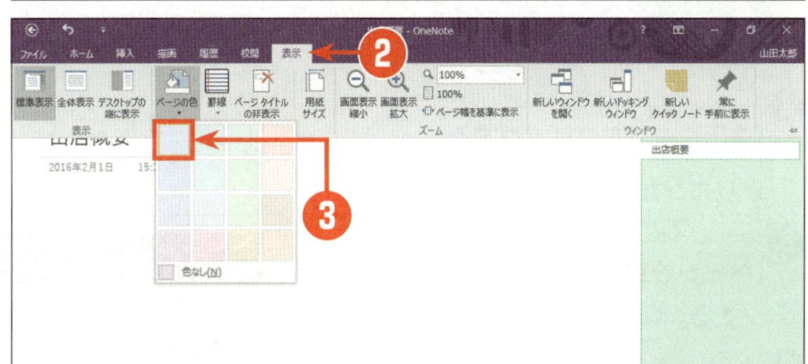

ヒント

ページの色をなしにするには

ページの色を元の白にするには、ページを選択し、［ページ］タブの［ページ設定］の［ページの色］をクリックし、［色なし］をクリックします。

7 ページに罫線を表示するには

ページに罫線を表示する

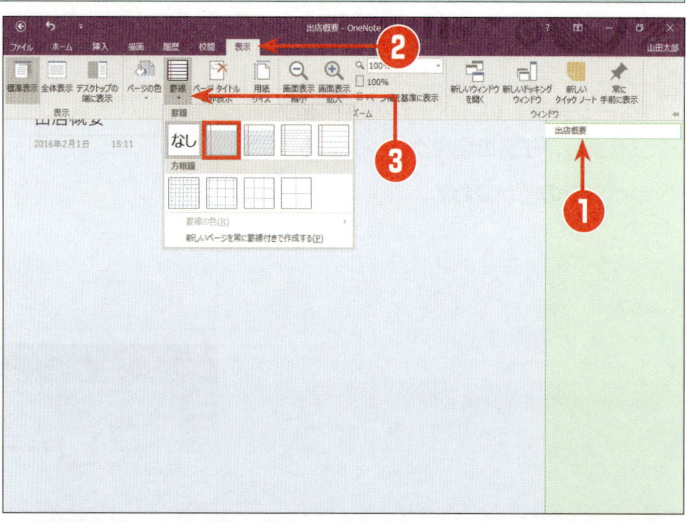

❶ 罫線を表示するページのページタブをクリックする。

❷ [表示] タブをクリックする。

➡リボンが表示される。

❸ [ページ設定] の [罫線] の▼をクリックし、任意のスタイルをクリックする。

➡罫線が引かれる。

❹ [表示] タブをクリックする。

➡リボンが表示される。

❺ [ページ設定] の [罫線] の▼をクリックする。

❻ [罫線の色] をポイントし、線の色を選択する。

➡線の色が変わる。

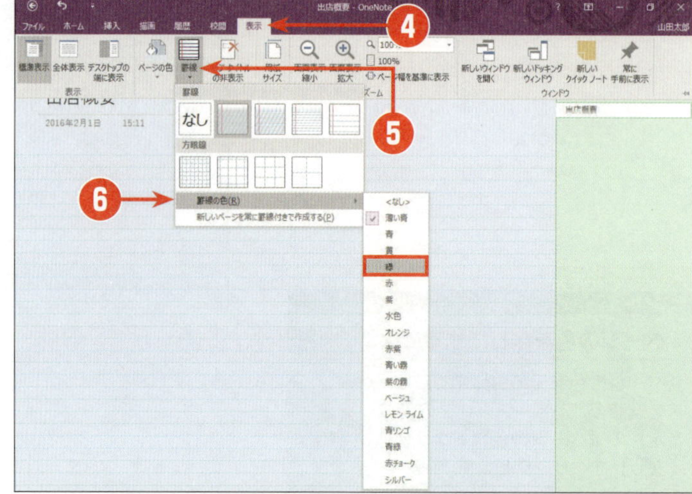

ヒント

ページをテンプレートとして保存するには

ページの色や罫線の種類を指定すると、オリジナルのページができあがります。同じデザインのページをこれから頻繁に使用する可能性があるときは、そのページをテンプレートとして保存しておくと便利です。現在のページをテンプレートとして保存するには、[テンプレート] 作業ウィンドウで [現在のページをテンプレートとして保存] をクリックします。すると、[テンプレートとして保存] ダイアログが表示されるので、[テンプレートの名前] ボックスにテンプレートの名前を入力し、[保存] をクリックします。

この章の10を参照

ページの大きさを変更するには

用紙サイズや余白を指定する

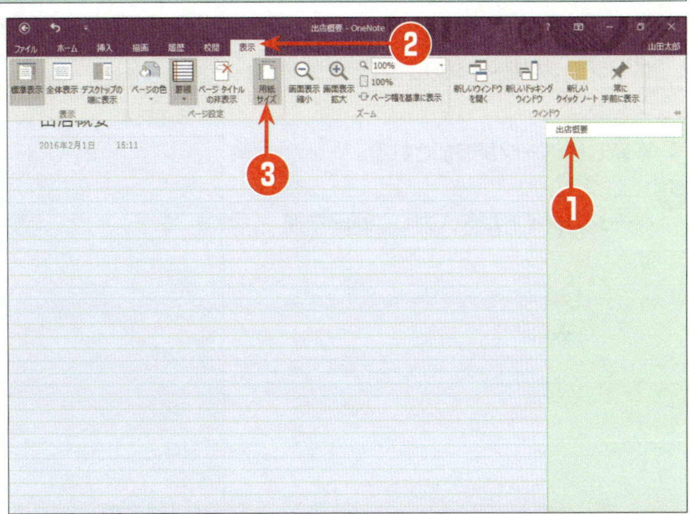

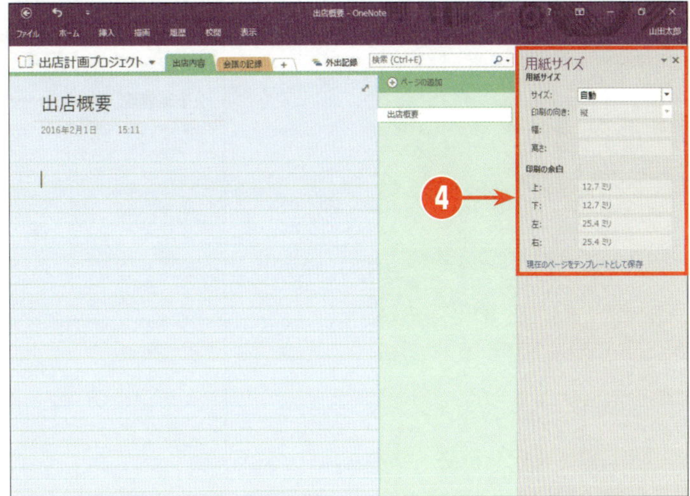

❶ 大きさを変更するページのページタブをクリックする。

❷ ［表示］タブをクリックする。

➡リボンが表示される。

❸ ［ページ設定］の［用紙サイズ］をクリックする。

❹ ［用紙サイズ］作業ウィンドウで、［用紙サイズ］や［印刷の余白］を指定する。

➡用紙サイズや余白の位置が変わる。

ヒント

ページの大きさについて

ノートのページの大きさは変更できます。ページを印刷して使用する場合などは、用紙サイズや余白の大きさなどをあらかじめ指定するとよいでしょう。［用紙サイズ］作業ウィンドウで指定します。

9 新しいページを追加・削除するには

ページを追加する

❶ ページタブの[ページの追加]をクリックする。

➡新しいページが追加される。

❷ ページのタイトルを入力し、Enterを押す。

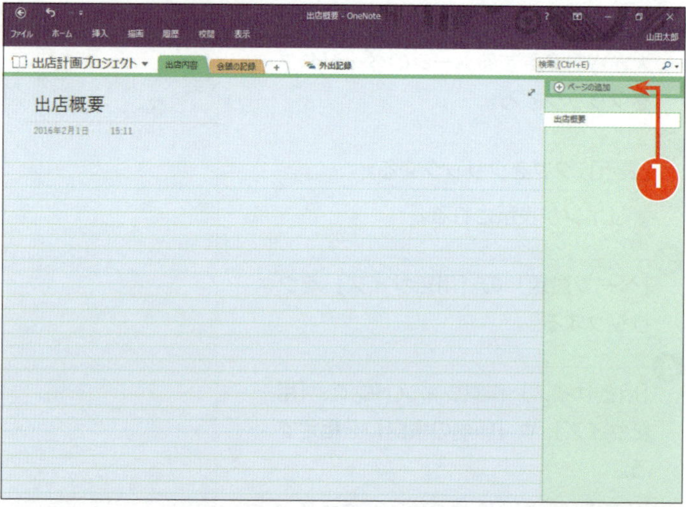

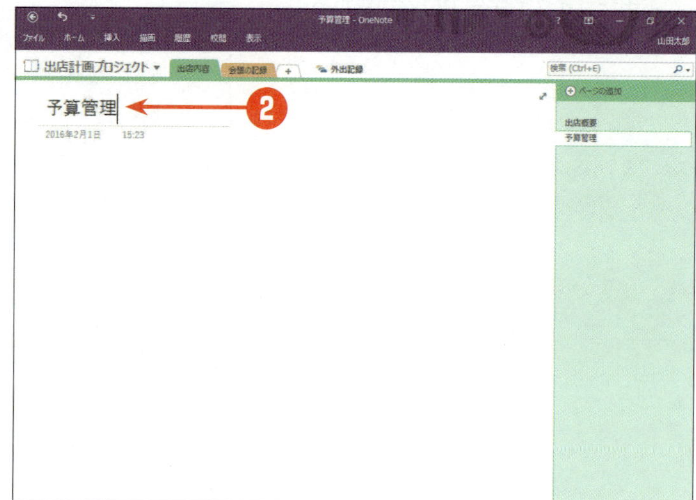

ヒント

指定した場所にページを追加するには

既存のページの間にページを作成するには、ページタブをポイントし、表示される［+］をポイントします。マウスポインタを上下に動かすと、ページの作成場所を示す水平線が表示されます。［+］をクリックすると、水平線の場所にページが作成されます。

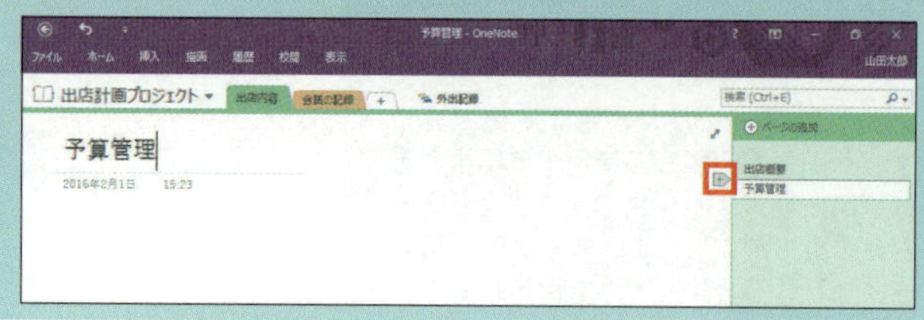

ページを削除する

❶ 削除するページタブを右クリックする。

❷ ショートカットメニューの［削除］をクリックする。

➡ページが削除される。

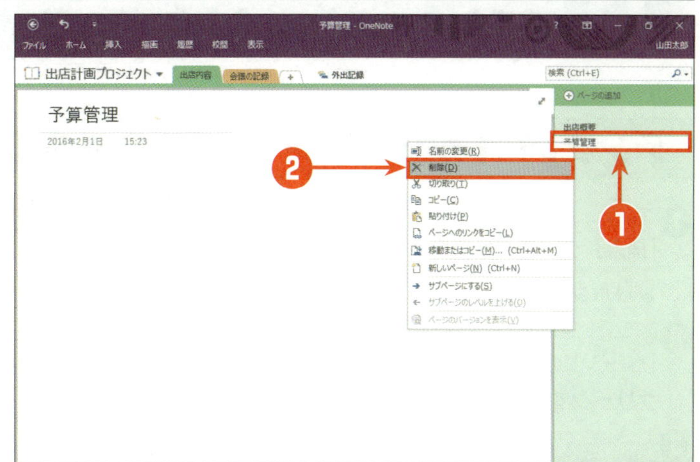

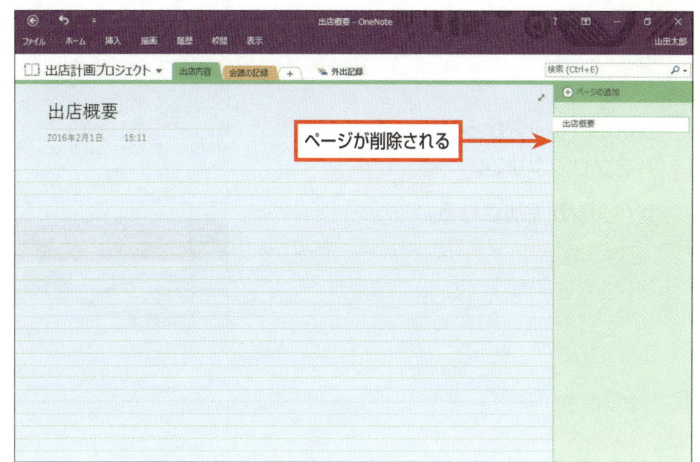

以前のOfficeとの変更点

OneNote2010以降では、セクションやページを削除するとごみ箱に入ります。

第7章の11を参照

ヒント

複数のページを選択して削除するには

ページタブを使用して複数のページを同時に選択できます。連続したページを選択する場合は、まず、一番上のページタブをクリックし、Shiftを押しながら最後のページタブをクリックします。また、連続していない複数のページを選択する場合は、Ctrlを押しながら、選択するページのページタブをクリックします。複数のページを選択したあと、ページを削除するとページをまとめて削除できます。

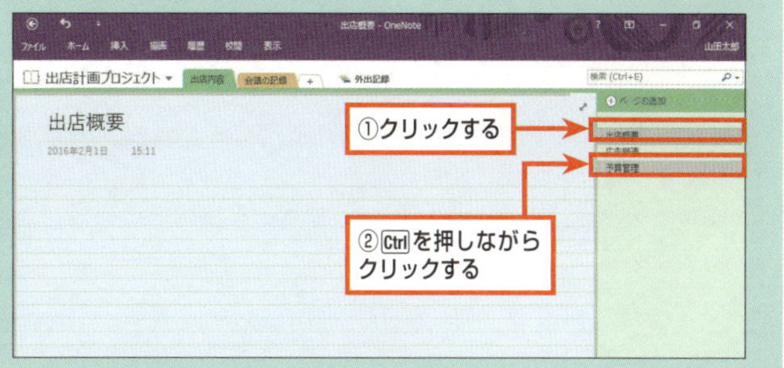

10 テンプレートを使用して新しいページを作成するには

テンプレートから新しいページを作成する

❶

[挿入] タブをクリックする。

➡リボンが表示される。

❷

[ページ] の [ページテンプレート] をクリックする。

❸

[テンプレート]作業ウィンドウで使用するテンプレートの分類をクリックする。

❹

表示される一覧から目的のテンプレートをクリックする。

➡ページが追加される。

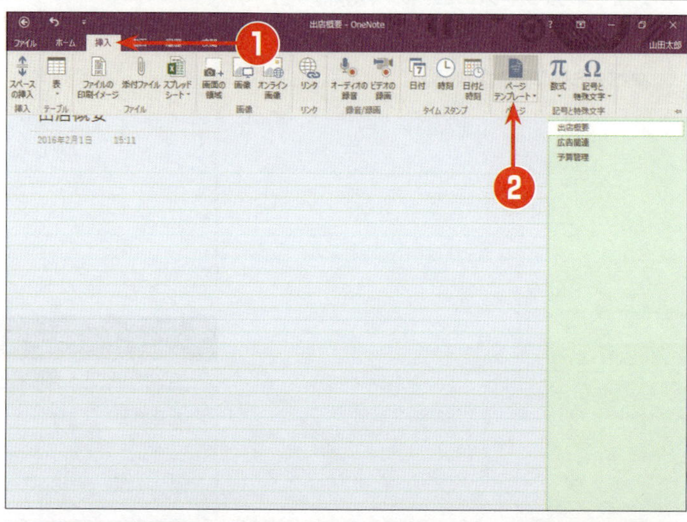

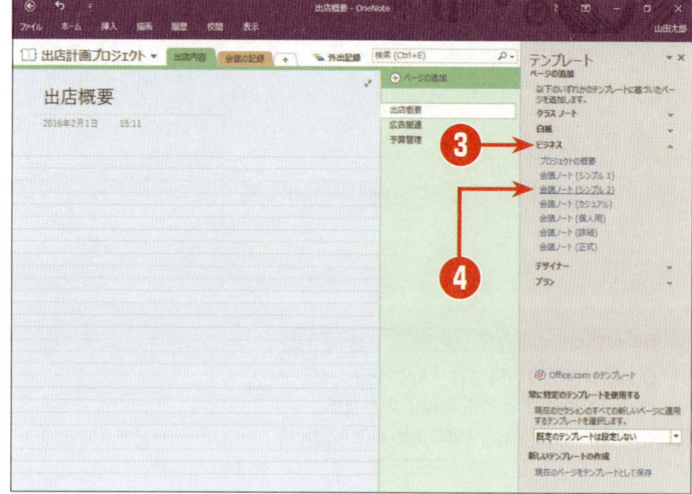

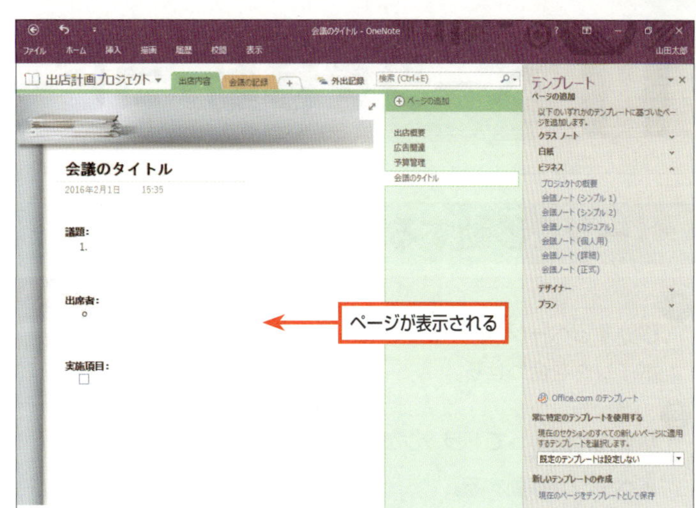

用語

テンプレートについて

テンプレートとは、ノートのページのデザインやレイアウトの組み合わせパターンを登録したひな型のことです。OneNoteには、複数のテンプレートがあらかじめ用意されています。

ヒント

既定のテンプレートを指定するには

新規にページを追加するときの既定のテンプレートを選択するには、［テンプレート］作業ウィンドウの［既定のテンプレートの選択］ボックスでテンプレートの種類を選択します。次回から新しいページを追加するときは、指定したテンプレートを元にページが作成されます。

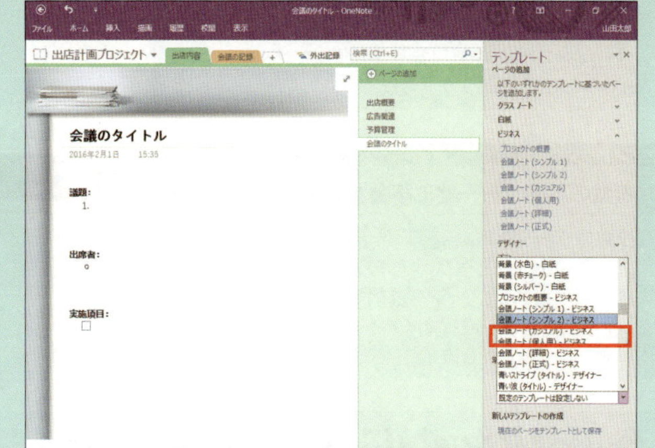

ヒント

よく使うテンプレートを元にページを作成するには

最近利用したテンプレートを元にページを作成するには、［挿入］タブの［ページ］の［ページテンプレート］の▼をクリックして、使用するテンプレートを選択します。すると、指定したテンプレートを元に新しいページが作成されます。

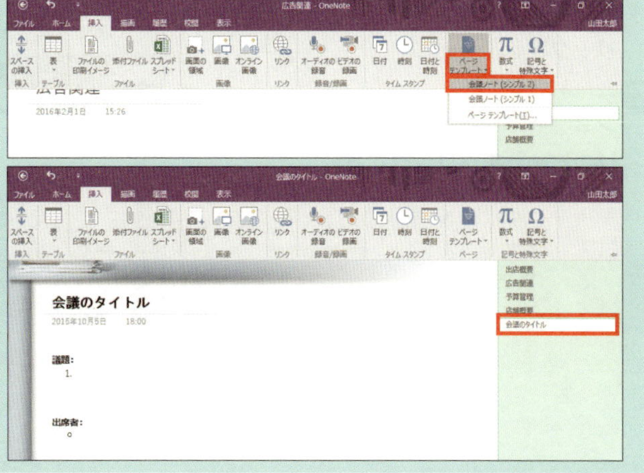

11 ページを移動・コピーするには

ページを移動する

❶ 移動するページのページタブにマウスポインタを合わせる。

❷ 移動先に向かってドラッグする。

➡ページが移動する。

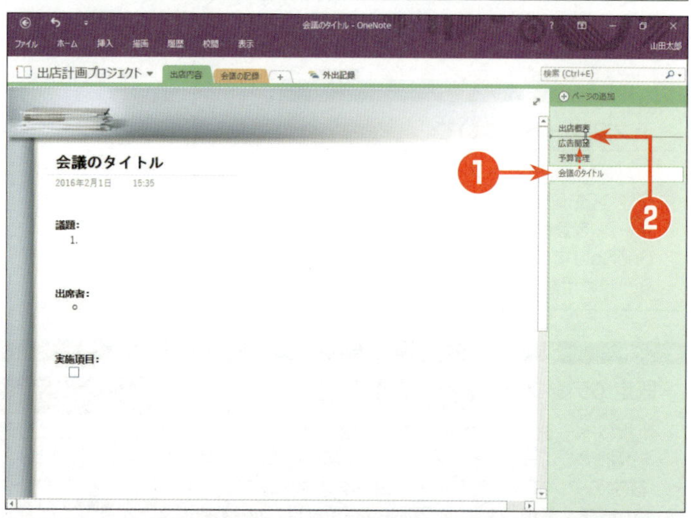

ヒント

ページをコピーするには

ページをコピーするには、Ctrlを押しながらページタブをドラッグします。

ヒント

複数のページを一緒に移動するには

複数のページを移動するには、あらかじめ複数のページを選択してからドラッグします。複数のページを選択するには、Ctrlを押しながら選択するページのページタブをクリックします。

他のセクションにページを移動する

❶ 移動するページのページタブを右クリックする。

❷ ショートカットメニューの［移動またはコピー］をクリックする。

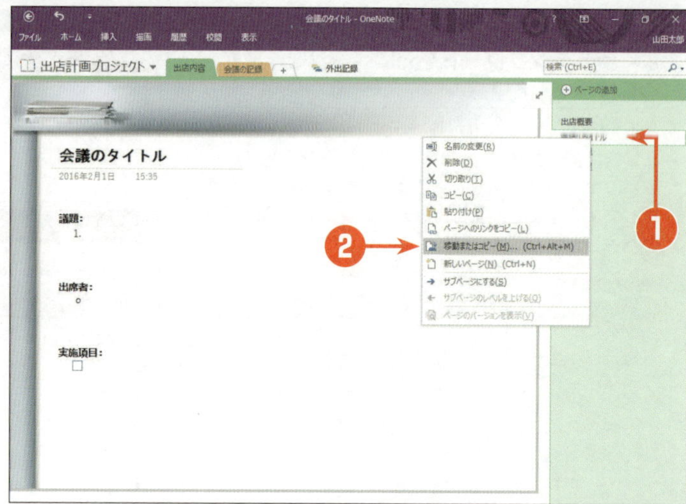

3 ［ページの移動またはコピー］ダイアログで移動先のセクションをクリックする。

4 ［移動］をクリックする。

➡ページが移動する。

ヒント

セクションを結合してページをまとめるには

2つのセクションを1つのセクションにまとめるには、まず、移動するページが含まれるセクションタブを右クリックし、ショートカットメニューの［別のセクションに結合］をクリックします。表示される［セクションの結合］ダイアログで、結合先のセクションをクリックし、［差し込み印刷］をクリックします。表示されるメッセージボックスの［セクションの結合］をクリックすると、2つのセクションが1つにまとめられます。なお、元のセクションを削除する場合は、表示されるメッセージボックスの［削除］をクリックします。

ヒント

ページを他のセクションにコピーするには

ページをコピーするときは、［ページの移動またはコピー］ダイアログでページのコピー先を選択したあと、［コピー］をクリックします。

12 サブページを追加するには

サブページを追加する

❶ ページタブをポイントし、表示される［+］をポイントする。

❷ マウスポインタを上下に動かし、サブページの作成場所に水平線を合わせ、［+］をクリックする。

▶新しいページが追加される。

❸ サブページにするページのタブにマウスポインタを移動し、右にドラッグする。

▶サブページが表示される。

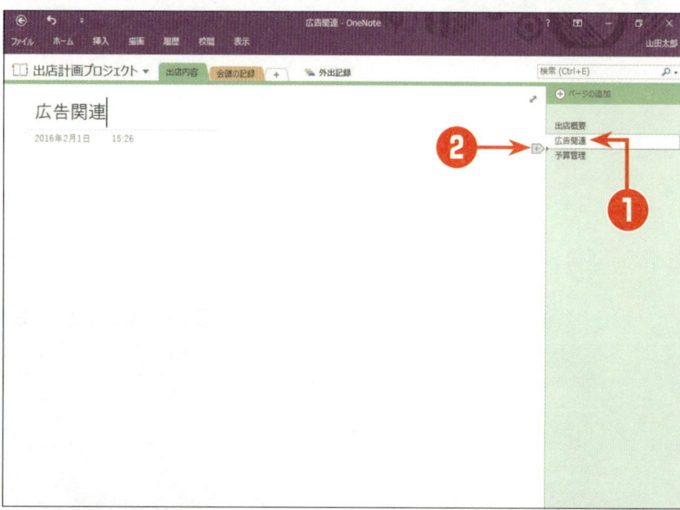

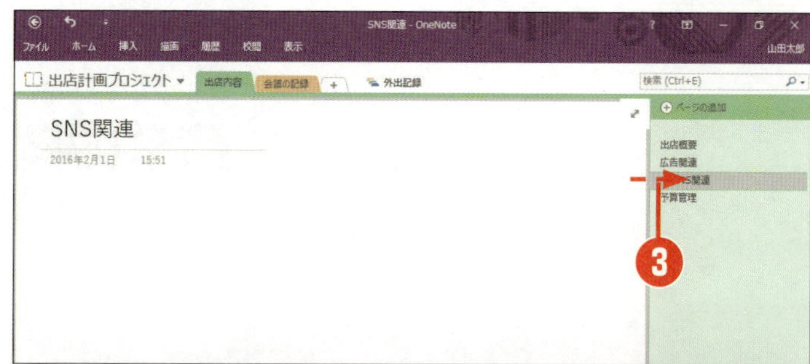

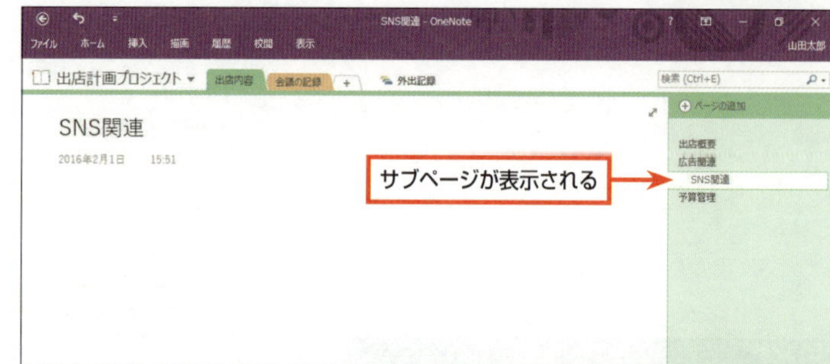

ヒント

サブページを削除するには

サブページを削除するには、削除するページタブを右クリックし、ショートカットメニューの［削除］をクリックします。

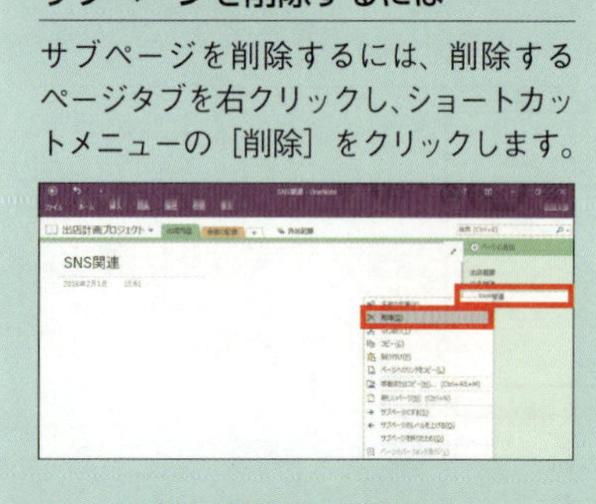

ページの作成場所について

新しいページを作成するとき、親ページとサブページの間にページを作成したり、サブページの下にページを作成したりすると、追加されるページは自動的にサブページになります。

用語

サブページ

ページの下の階層に追加するページをサブページといいます。サブページを利用すると関連するページをまとめてグループごとに整理できます。

サブページにレベルを設定する

❶ サブページのページのタブにマウスポインタを移動し、左にドラッグする。

➡サブページが個々のページになる。

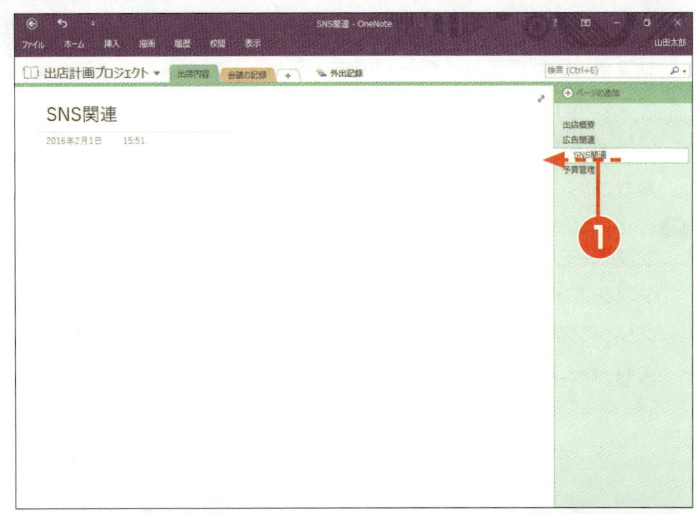

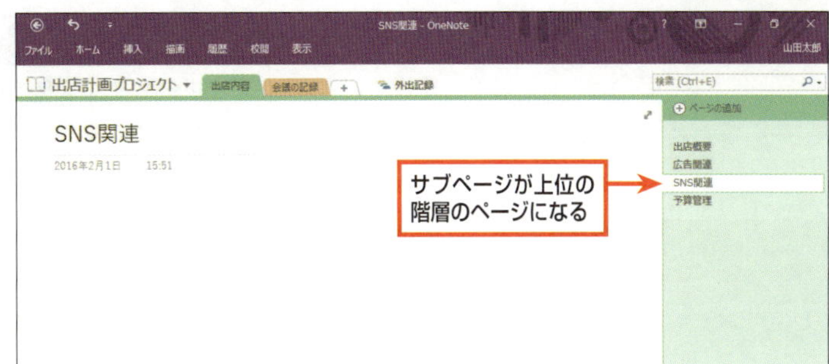

ヒント
ページのレベルをさらに下げるには

サブページの下にさらにサブページを作成することもできます。その場合、サブページのページタブを右にドラッグします。または、ページタブを右クリックし、ショートカットメニューの［サブページにする］をクリックします。

以前のOfficeとの変更点

OneNote2010以降では、サブページの下にサブページを作成できます。また、サブページのレベルをドラッグ操作で簡単に変更できます。

ヒント
ショートカットメニューでレベルを変更するには

個々のページをサブページに変更するには、サブページにするページのページタブを右クリックし、ショートカットメニューの［サブページにする］をクリックします。サブページを個々のページにするには、サブページのページタブを右クリックし、ショートカットメニューの［サブページのレベルを上げる］をクリックします。

サブページの表示方法を変更する

❶ サブページが含まれるページのページタブをポイントすると表示される▲をクリックする。

➡サブページが折りたたまれる。

❷ サブページが含まれるページのページタブをポイントすると表示される▼をクリックする。

➡サブページが表示される。

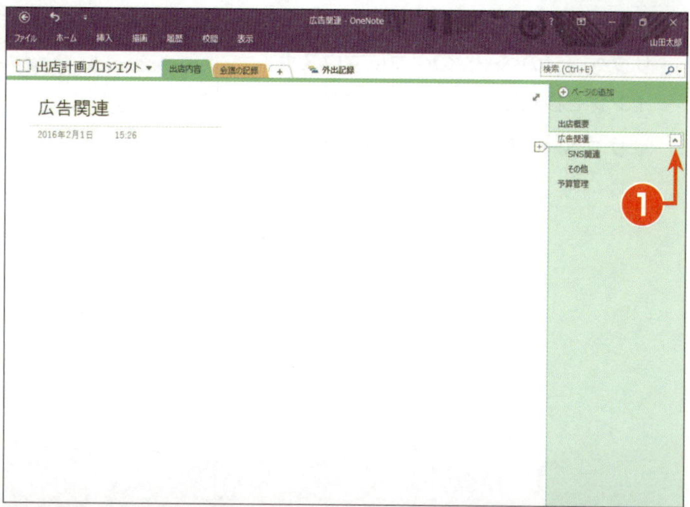

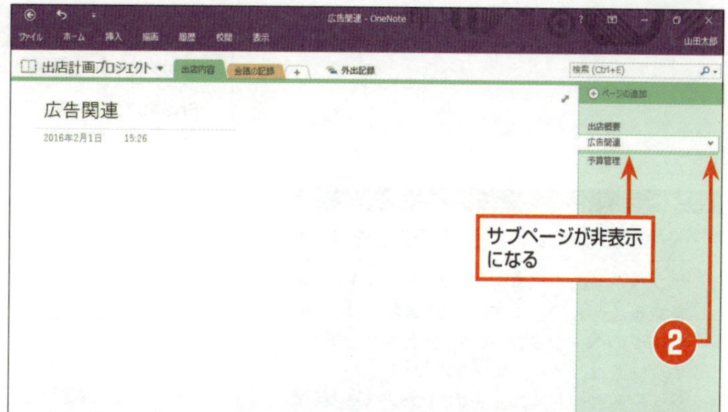

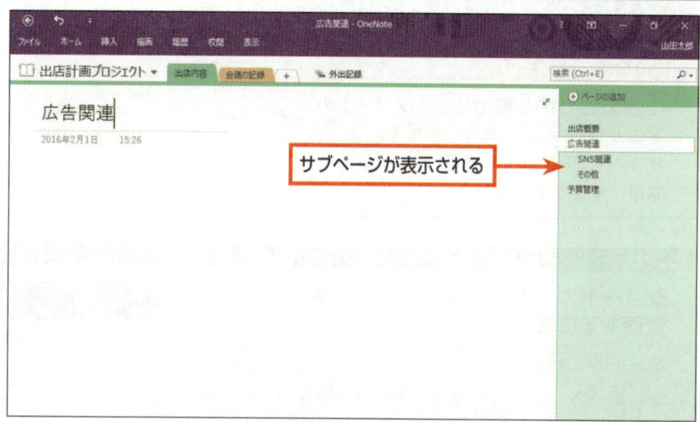

以前のOfficeとの変更点

OneNote2010以降では、サブページを折りたたんで表示できます。

13 あとで整理して使うページを作成するには

クイックノートを表示する

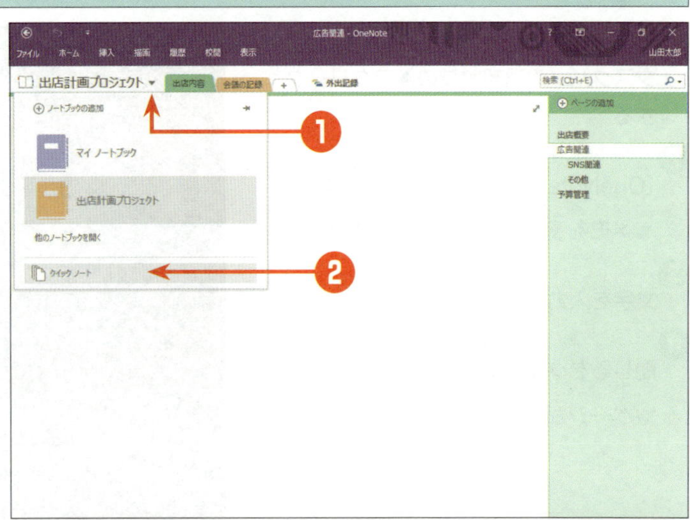

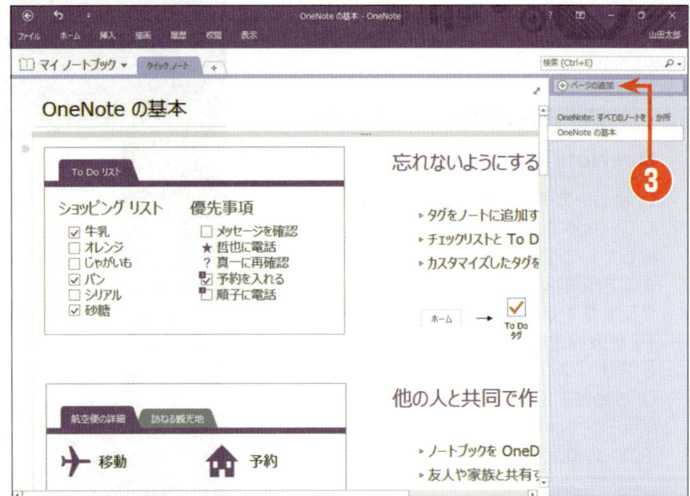

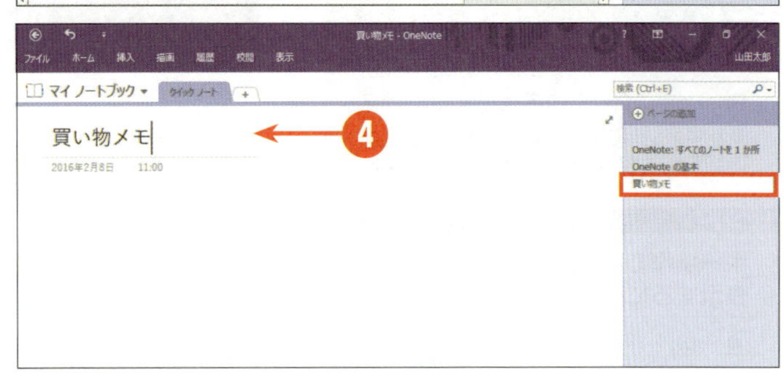

1 セクションタブの左の▼をクリックする。

2 ［クイックノート］をクリックする。

➡クイックノートが表示される。

3 ページタブの［ページの追加］をクリックする。

➡ページが追加される。

4 ページタイトルを入力し、Enterを押す。

➡ページのタイトルが表示される。

用語

クイックノート

クイックノートは、「マイノートブック」に含まれるセクションで、とりあえず何かをメモしておくときに使用します。ここに書いた内容は、後で別の場所に移動して整理します。

以前のOfficeとの変更点

OneNote2010以前では、とりあえず何かをメモしておくときに落書きノートを使います。OneNote2013以降は、クイックノートを使います。

14 思いついたアイディアをとっさにメモするには

OneNoteツールを使用する

❶ タスクバーの通知領域の▲をクリックする。

❷ [OneNoteアイコン] をクリックする。

➡メモを書くスペースが表示される

❸ 文字を入力する。

❹ 閉じるをクリックする。

➡ページが閉じる。

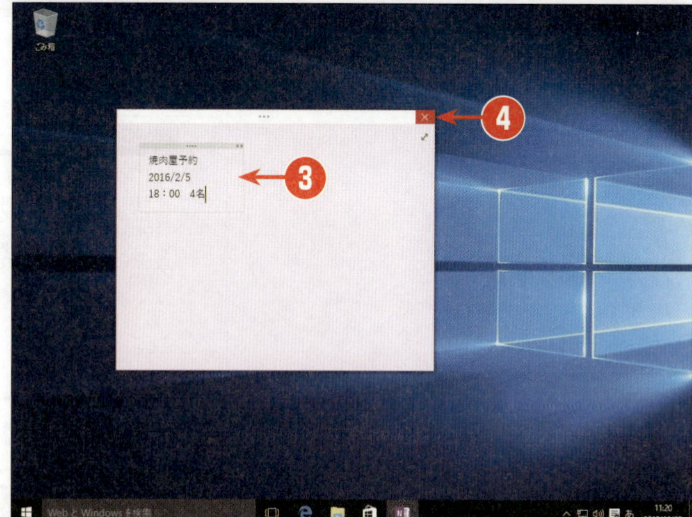

用語

OneNoteアイコン

OneNoteアイコンは、OneNoteを起動していなくても、メモや画面の領域、選択している文字などをノートに追加できるアイコンです。OneNoteアイコンをクリックすると、[新しいクイックノート] が追加されます。OneNoteアイコンをクリックしたときの既定の動作は、OneNoteアイコンを右クリックして、ショートカットメニューの [OneNoteアイコンの既定値] から指定できます。

ヒント

保存について

OneNoteに書いた内容は、自動的に保存されます。[新しいクイックノート] から追加した内容も自動的に保存されます。

ヒント

キー操作で新しいクイックノートを表示するには

[⊞]+[N]を押します。

以前のOfficeとの変更点

OneNote2010以前では、とっさにメモする内容はミニノートを使います。OneNote2013では、OneNoteアイコンをクリックすると、[OneNoteに送る] ダイアログが表示され、何をノートに追加するか最初に選択します。

クイックノートを確認する

❶ OneNoteを起動する。

❷ クイックノートを表示する。

❸ クイックノートで追加したページをクリックする。

➡追加した内容が表示される。

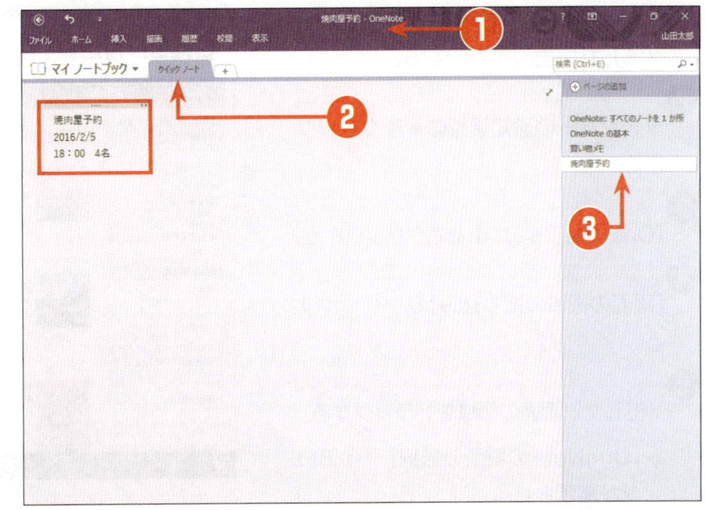

参照

セクションをセクショングループに移動するには

この章の5

ヒント

クイックノートから追加先を指定するには

クイックノートにメモを入力したあと、移動するページを指定するには、上部のクイックノートの上部の［…］をクリックし、表示されるページの［ページ］タブの［ページ］の［ページの移動］をクリックします。表示される［ページの移動またはコピー］ダイアログで移動先を指定します。

ヒント

新しいクイックノートのページをOneNoteで開く

クイックノートを追加してメモを書いているとき、OneNoteを起動してクイックノートのページを表示するには、［標準表示］をクリックします。すると、OneNoteが起動してクイックノートのページが表示されます。

画面をコピーしてメモする

1. メモしたい画面を表示する。
2. タスクバーの通知領域の▲をクリックする。
3. [OneNoteアイコン] を右クリックする。
4. [画面の領域の取り込み]をクリックする。
5. メモしたい画面の領域をドラッグする。
   - [OneNoteの場所の選択] ダイアログが表示される。
6. メモした内容を保存するノートやセクションをクリックする。
7. [指定した場所に送信] をクリックする。
   - 指定したセクションにメモした内容が保存される。

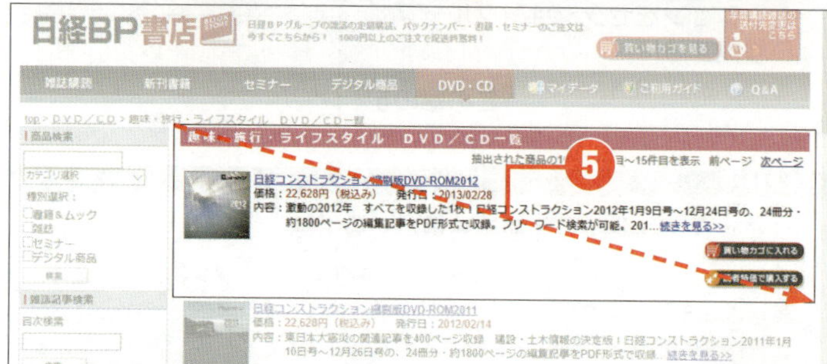

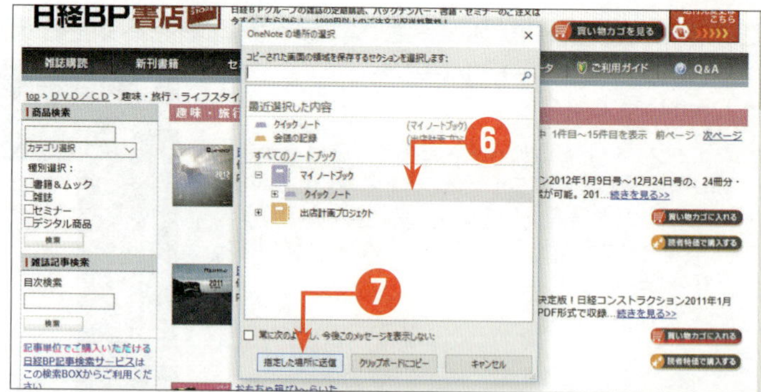

用語

画面の領域の取り込み

画面の領域の取り込みは、パソコンの画面に表示されている内容の一部を画像として貼り付ける機能です。[画面の領域の取り込み] を選択したあと、貼り付ける範囲を選択します。

ヒント

保存されたメモを確認する

画面の領域を保存したページは、OneNoteの指定したセクションに保存されます。セクションを選択すると、画面を取り込んだページを確認できます。

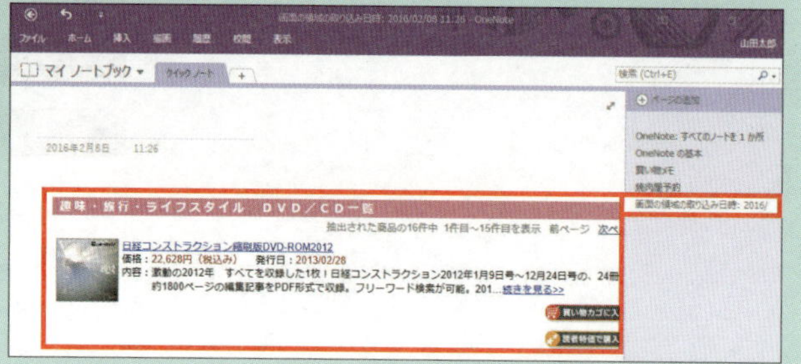

第3章 ノートにメモを書く

ノートにメモを書いてみましょう。メモは、ページの任意の場所に入力できます。メモの内容は、あとで移動したりコピーしたりすることもできます。また、細かな情報をまとめるときは、表を使って内容を整理します。

1 文字を入力するには

文字を入力する

❶ メモを書く場所をクリックする。

❷ 文字を入力する。

➡ノートコンテナーが追加されて文字が表示される。

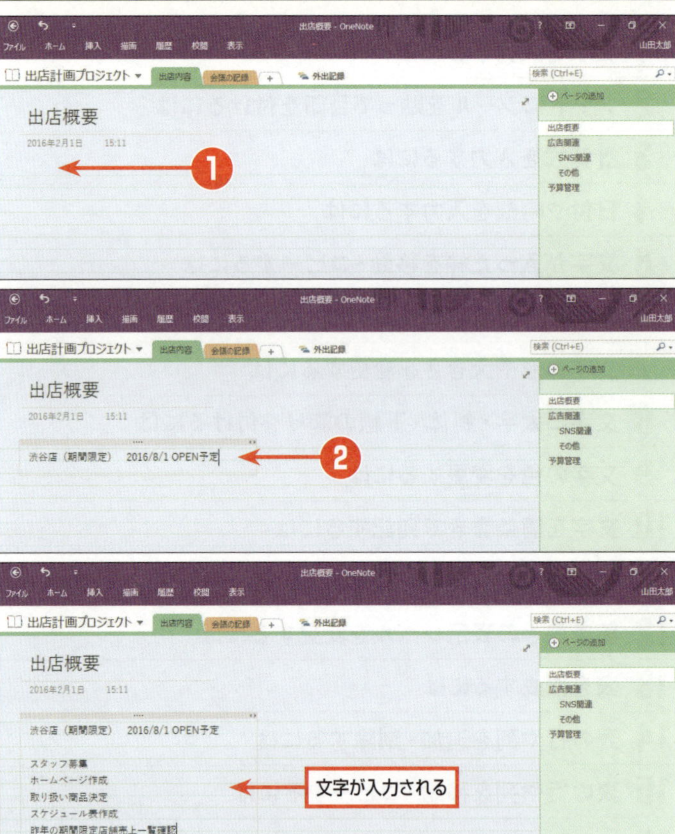

用語

ノートコンテナー

ノートコンテナーとは、文字や画像などが入る枠のことです。ノート内の任意の位置をクリックし、文字を入力すると、自動的にノートコンテナーが追加されてその中に文字が入ります。

ヒント

保存について

ノートに入力した内容は、自動的に保存されます。他のアプリケーションソフトのように作業内容を保存する必要はありません。

ヒント

英単語の意味や発音方法を確認するには

ミニ翻訳ツールを利用すると、外国語の言葉の意味を手軽に調べることができます。ミニ翻訳ツールを利用するには、[校閲] タブの [翻訳] の [ミニ翻訳ツール] をクリックします。翻訳結果を表示するには、わからない言葉を選択します。翻訳結果には、言葉の意味が表示されます。また、発音を聞くこともできます。

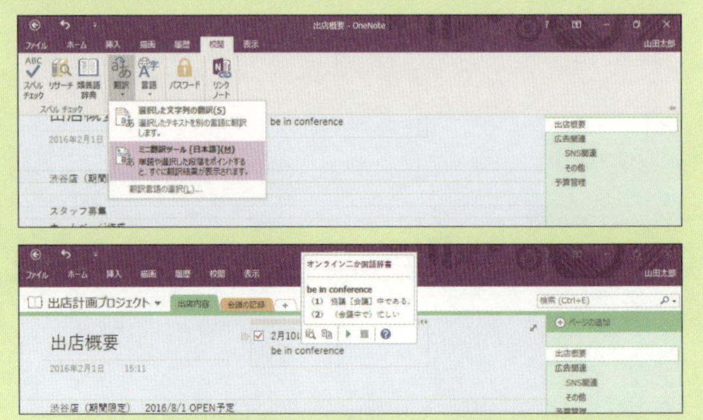

2 ノートにシールを貼って目印を付けるには

シールを貼る

❶ シールを付ける箇所をクリックする。

❷ ［ホーム］タブをクリックする。

➡リボンが表示される。

❸ ［ノートシール］の［その他］をクリックする。

❹ 任意のシールをクリックする。

➡段落の先頭にシールが付く。

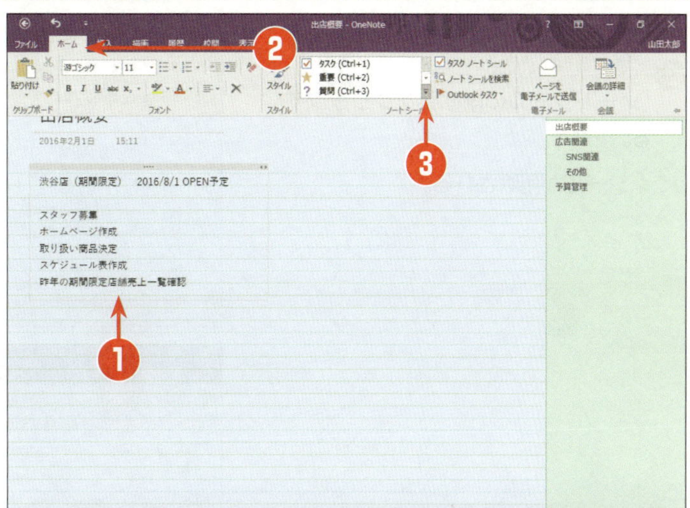

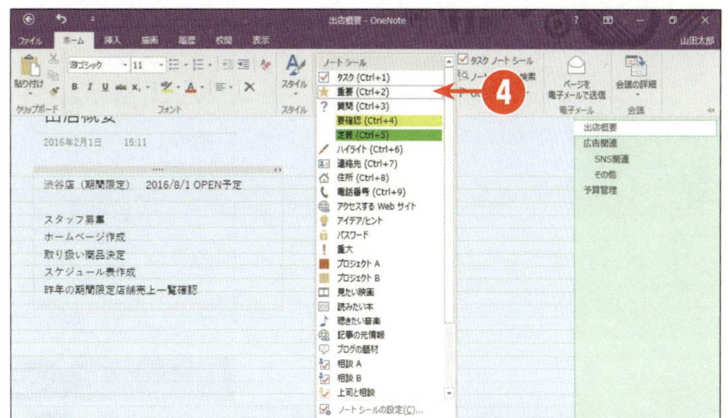

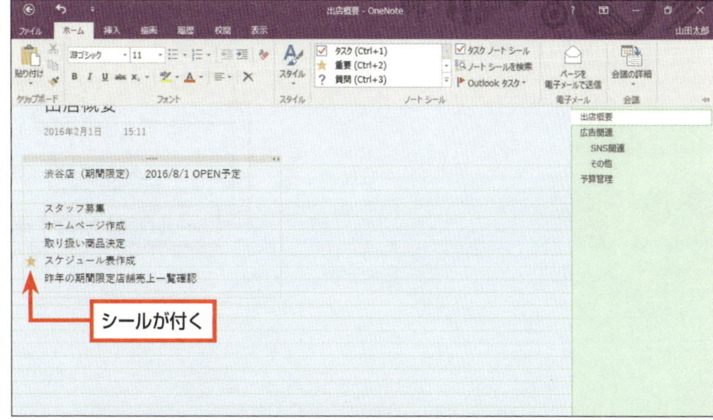

ヒント

シールについて

OneNoteでは、メモの内容に応じて目印のシールを貼ることができます。シールには、★や？などさまざまな種類があります。シールを貼っておくと、あとからノートを見たときに、重要事項や質問事項などをひと目で区別できて便利です。

シールを削除する

1. シールが貼られている段落をクリックする。
2. ［ホーム］タブの［ノートシール］の［その他］をクリックする。
3. ［ノートシールの削除］をクリックする。

➡ シールが削除される。

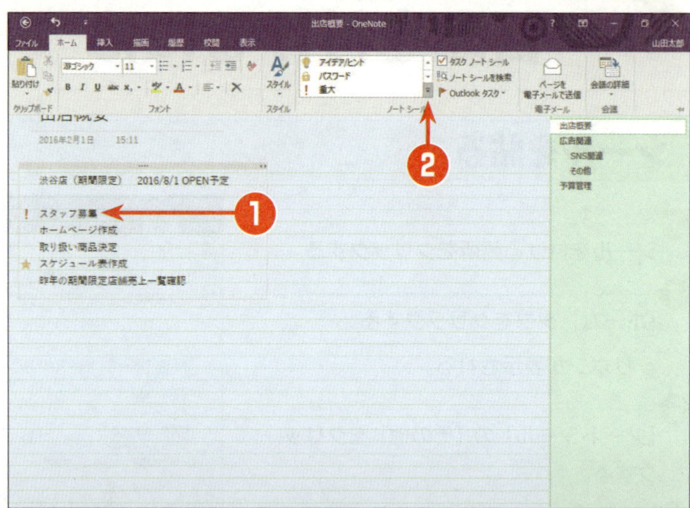

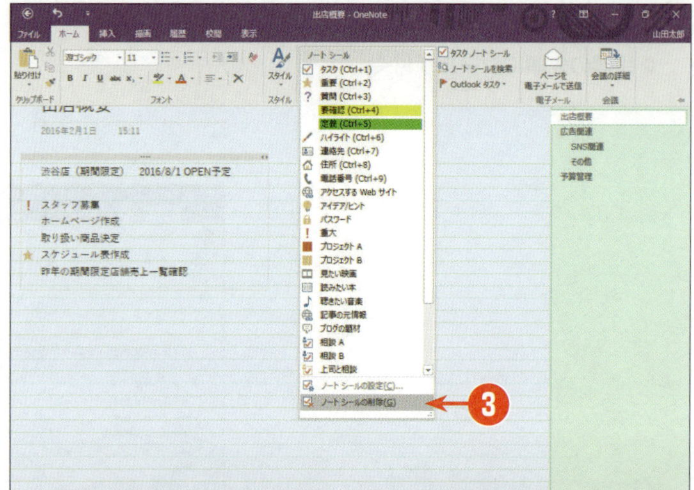

ヒント

タスクのシールを付けるには

タスクのシールを使用すると、タスクを終了したものとそうでないものと、チェックを入れて区別できます。また、未チェックのものを後でまとめて表示することもできます。

7章の3の［一覧の表示方法を変更する］のヒントを参照

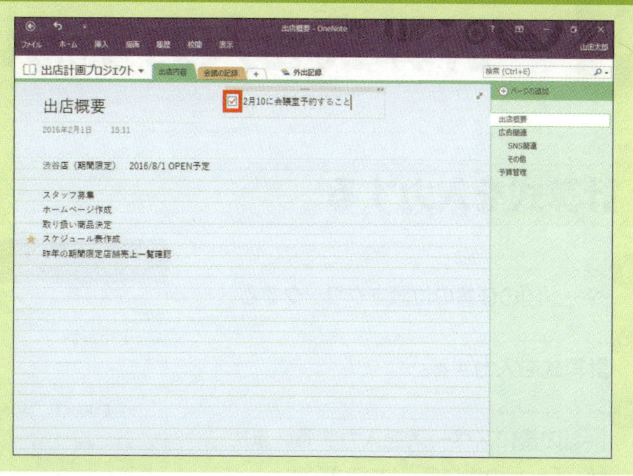

ヒント

ミニツールバーからシールを貼るには

ミニツールバーからシールを貼るには、シールを貼る場所を右クリックし、ミニツールバーの［ノートシール］の▼をクリックし、シールの種類を選びます。

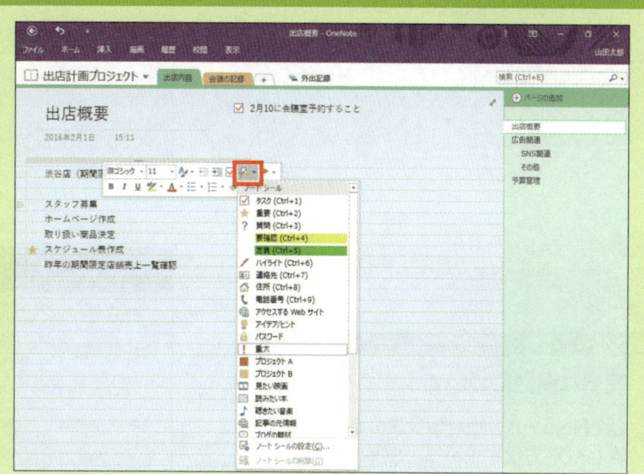

ヒント

ショートカットメニューからシールを削除するには

シールの場所を右クリックし、ショートカットメニューの［ノートシールを削除］をクリックします。

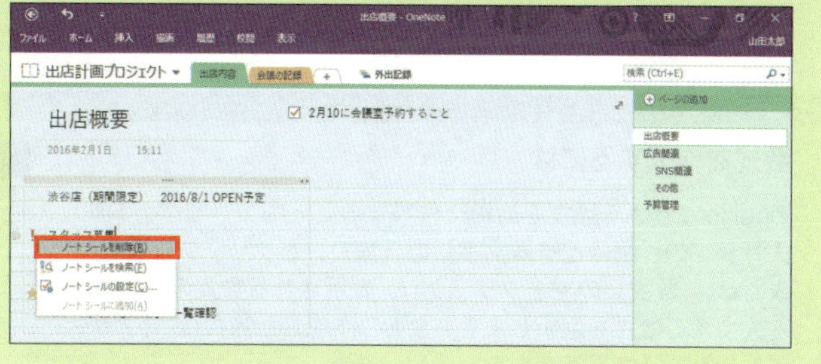

3 計算式を入力するには

計算式を入力する

❶ ページ内の任意の位置をクリックする。

❷ 計算式を入力する。

❸ 「＝」の後にスペースを入力する。または、「＝」の後にEnterを押す。

➡ 計算結果が表示される。

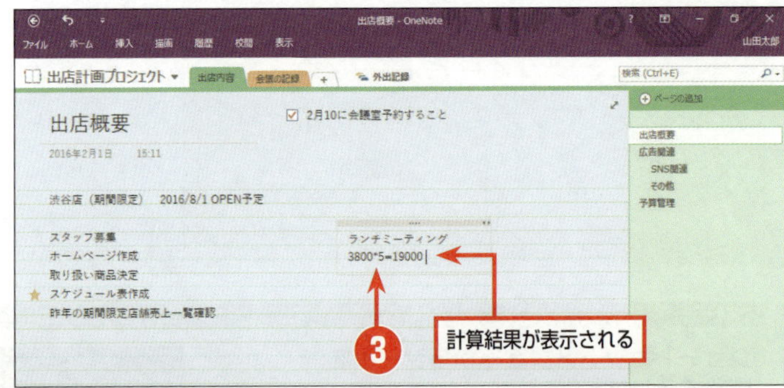

ヒント

簡単な関数について

OneNoteでは、絶対値を求める「ABS関数」や平方根を求める「SQRT関数」などの関数を使用して計算式を作成することもできます。たとえば、16の平方根を求めるには、「SQRT（16）＝」と入力してspaceを押すと、答えの4が得られます。

ヒント

数式を作成するには

OneNoteでは、数式を簡単に作成することもできます。［挿入］タブの［記号と特殊文字］の［数式］をクリックします。または、［数式］の▼をクリックし、表示される数式の一覧から入力する数式を選択します。なお、作成した数式は、［デザイン］タブで修正できます。

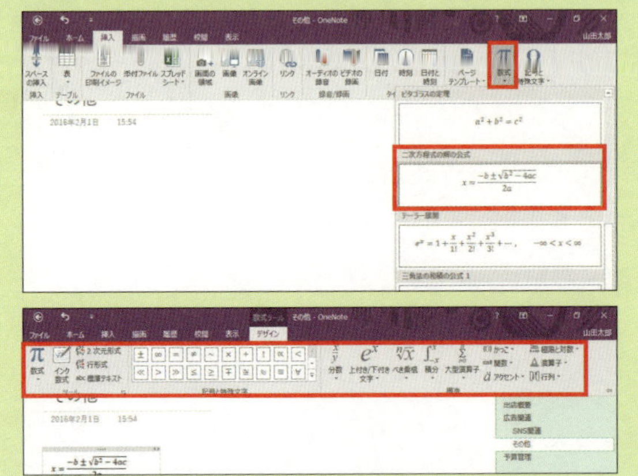

4 日付や時刻を入力するには

日付を入力する

❶ 日付を入力する箇所をクリックする。

❷ [挿入] タブをクリックする。

➡リボンが表示される。

❸ [タイムスタンプ] の [日付] をクリックする。

➡日付が入力される。

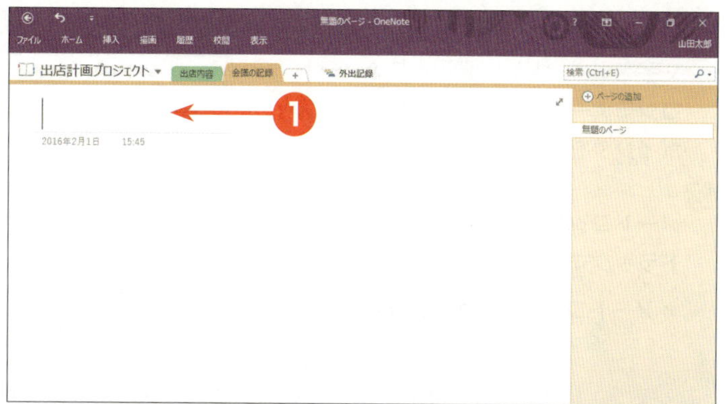

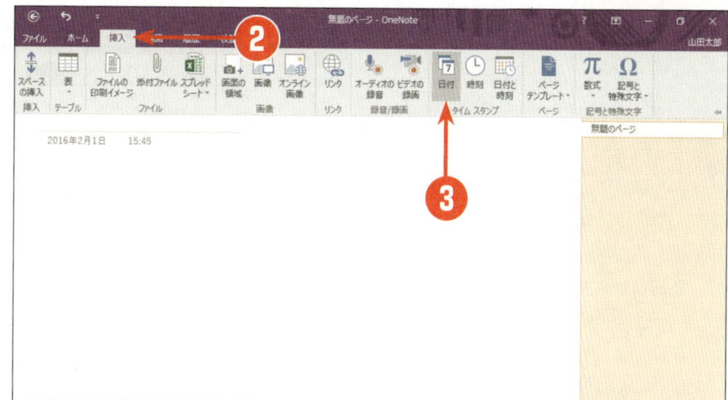

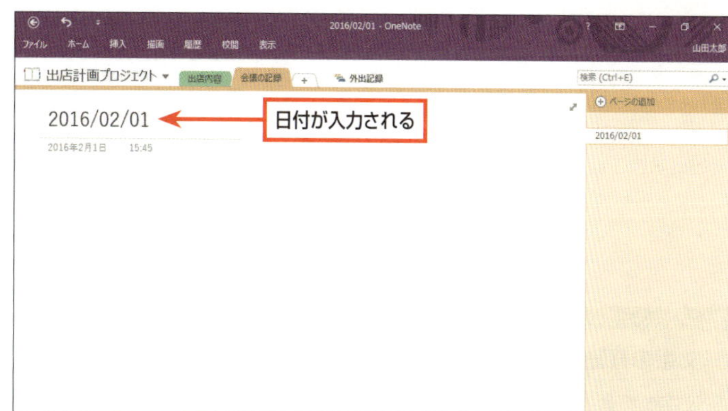

ヒント

時刻などを入力するには

[挿入] タブの [タイムスタンプ] の [時刻] をクリックすると現在の時刻、[日付と時刻] をクリックすると、今日の日付と時刻を自動入力できます。

5 文字が入った枠を移動・コピーするには

ノートコンテナーを移動する

1. 文字をポイントし、表示されるノートコンテナーの上部のハンドルにマウスポインタを合わせる。

2. ノートコンテナーを移動先に向かってドラッグする。

➡ノートコンテナーが移動する。

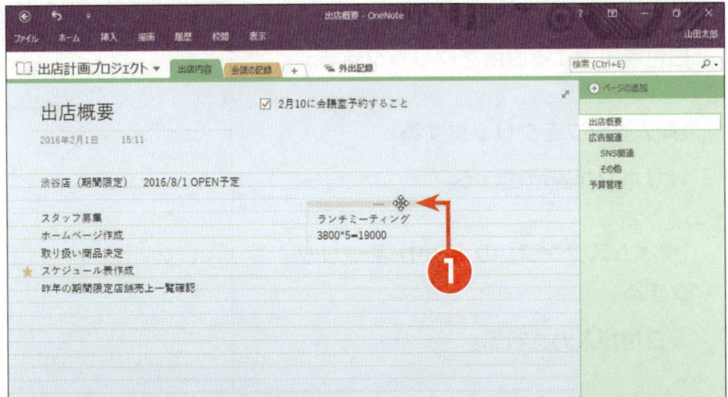

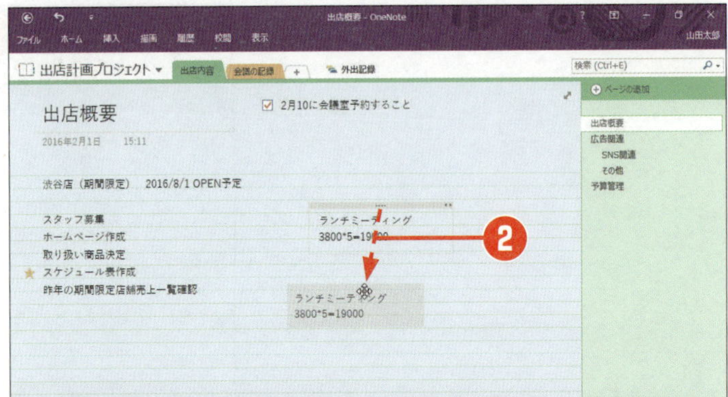

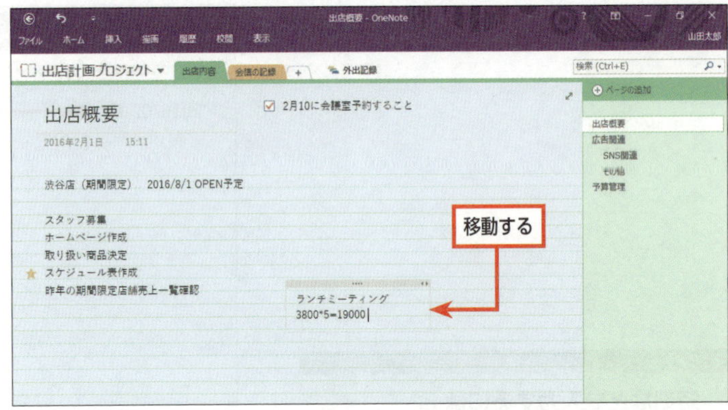

ヒント

文字の移動について

文字を移動するにはノートコンテナーごと移動する方法の他に、文字列の一部を他のノートコンテナーに移動したり、ノートコンテナーを他のノートコンテナーに結合したりする方法があります。

この章の6を参照

ノートコンテナーをコピーする

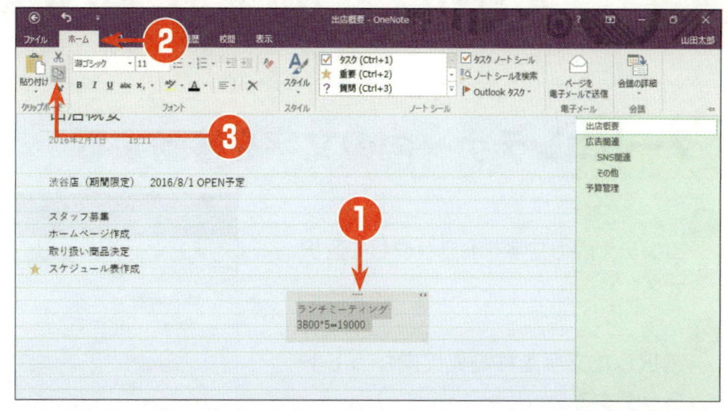

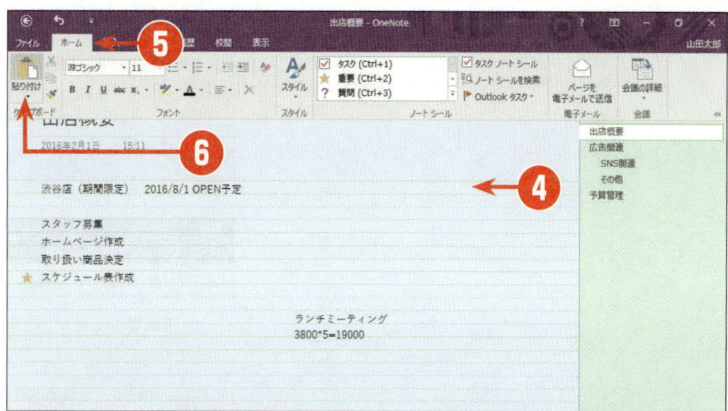

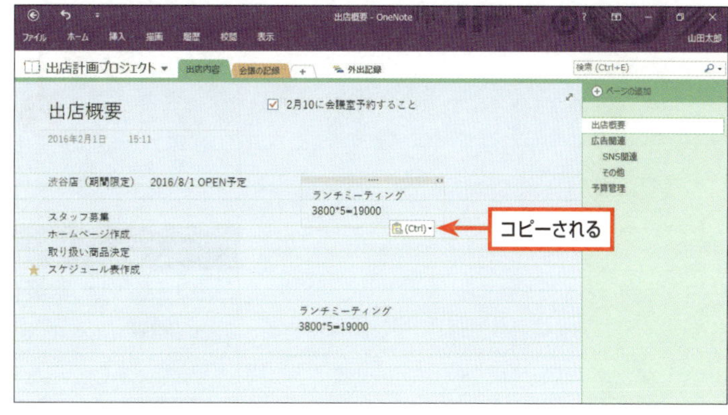

❶ コピーするノートコンテナーの文字をポイントし、表示されるノートコンテナーの上部のハンドルをクリックする。

❷ ［ホーム］タブをクリックする。

➡リボンが表示される。

❸ ［クリップボード］の［コピー］をクリックする。

❹ コピー先をクリックする。

❺ ［ホーム］タブをクリックする。

➡リボンが表示される。

❻ ［クリップボード］の［貼り付け］をクリックする。

➡コピーされる。

ヒント

別のページに移動するには

ノートコンテナーを別のページに移動するには、まず、ノートコンテナー上部のハンドルをクリックしてノートコンテナーを選択し、［ホーム］タブの［クリップボード］の［切り取り］をクリックします。次に、移動先のページの任意の場所をクリックし、［ホーム］タブの［クリップボード］の［貼り付け］をクリックします。

6 文字の一部を移動するには

ノートコンテナー内の文字を移動する

❶ コンテナ内の文字をドラッグして選択する。

❷ 選択した文字を移動先に向かってドラッグする。

➡新しいコンテナが作成されて文字が表示される。

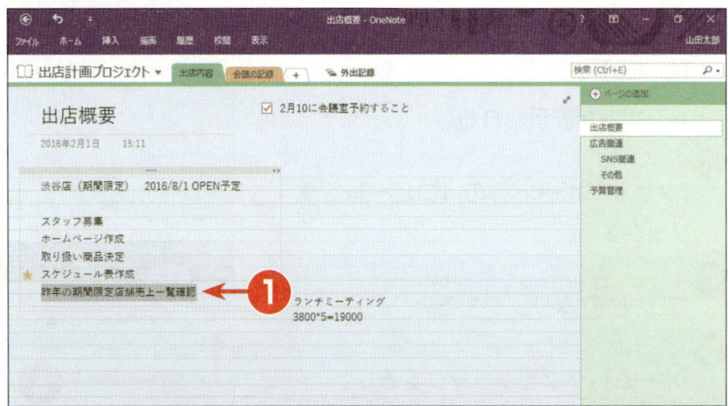

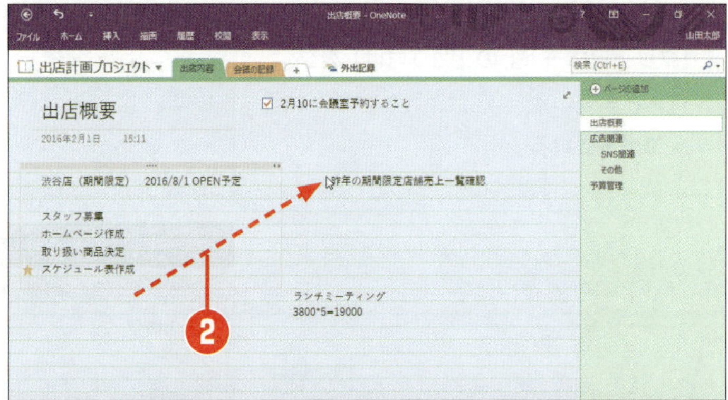

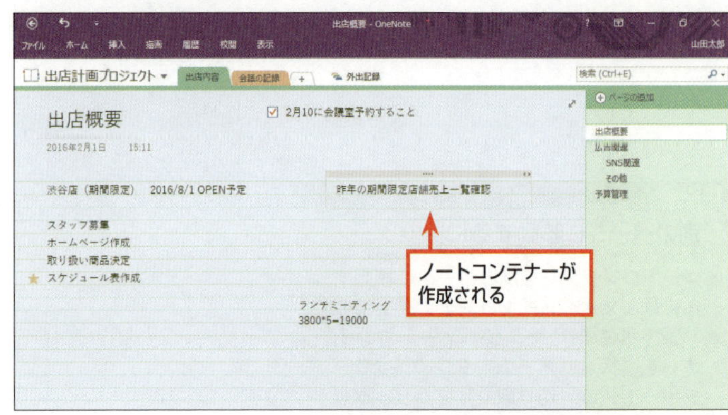

ヒント

文字列を他のノートコンテナーに移動するには

文字列を他のノートコンテナーに移動するには、まず、移動する文字を選択します。続いて、選択した文字を移動先のコンテナ内の目的の場所にドラッグします。

ノートコンテナーを他のノートコンテナーと結合する

❶ ノートコンテナー上部のハンドルにマウスポインタを合わせる。

❷ Shift を押しながら結合先のノートコンテナーに向かってドラッグする。

➡ 他のノートコンテナーと結合する。

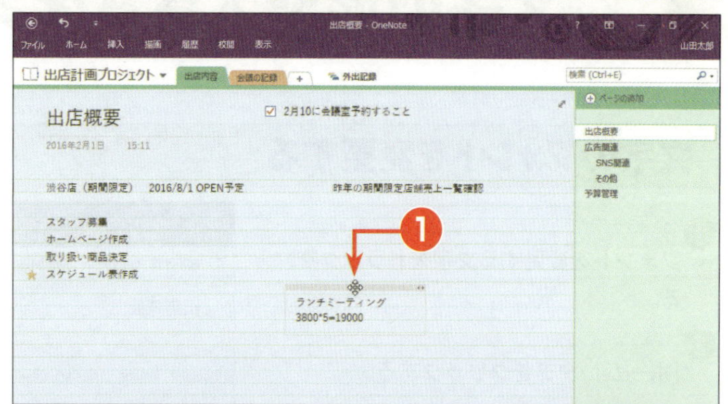

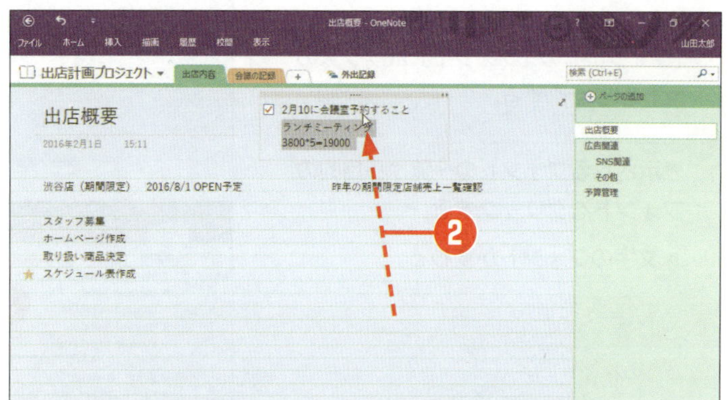

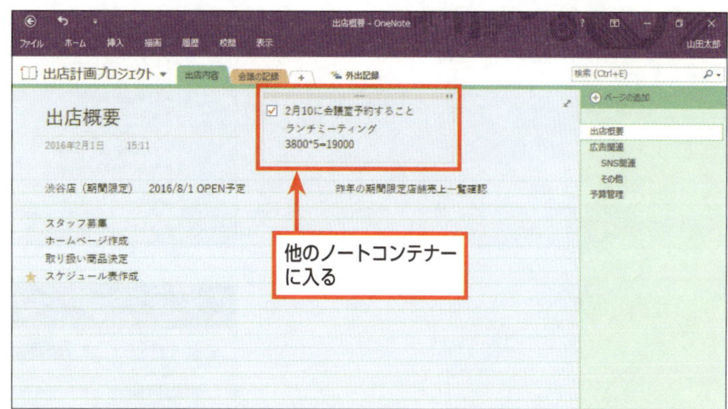

ヒント

別のページに文字を移動するには

別のページに文字を移動するには、まず、文字を選択し、[ホーム] タブの [クリップボード] の [切り取り] をクリックします。次に、移動先のページのページタブをクリックし、移動先をクリックし、[ホーム] タブの [クリップボード] の [貼り付け] をクリックします。

7 文字の形や大きさを変更するには

文字のフォントを変更する

❶ フォントを変更する文字をドラッグする。

❷ ［ホーム］タブをクリックする。

➡リボンが表示される。

❸ ［フォント］の［フォント］ボックスの▼をクリックする。

❹ 表示されるフォントの一覧から目的のフォントをクリックする。

➡文字のフォントが変わる。

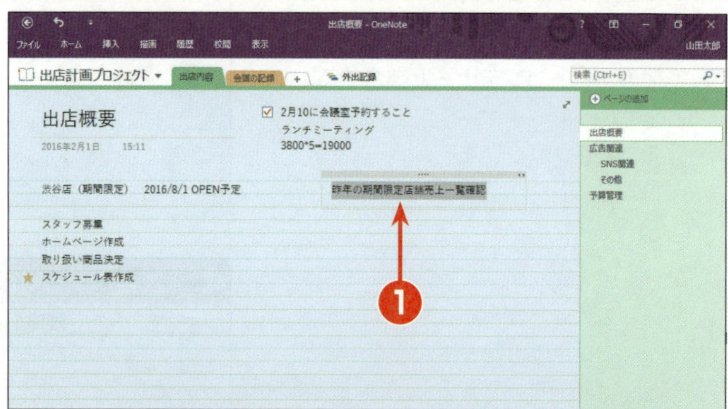

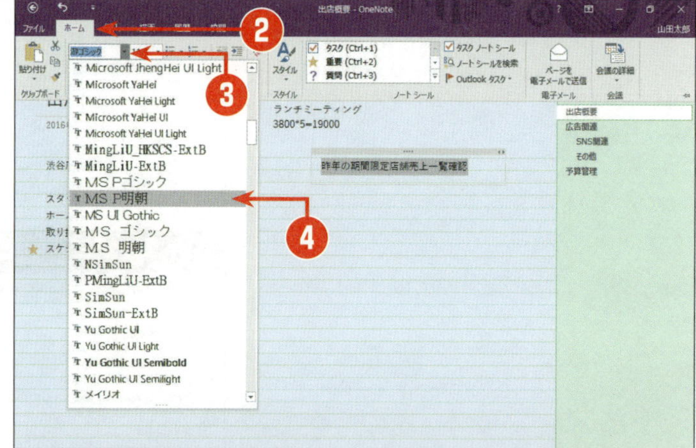

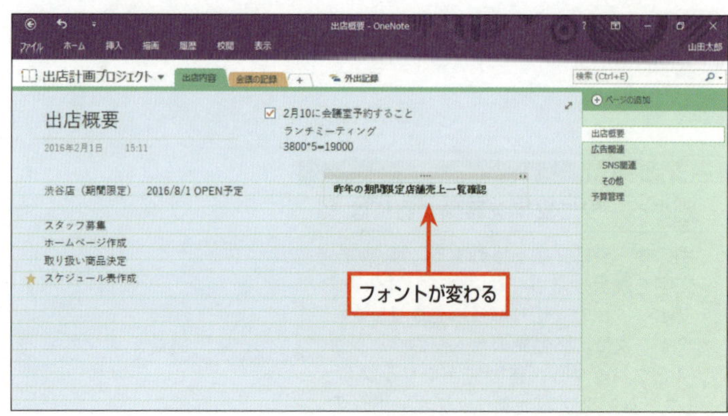

文字の大きさを変更する

❶ フォントサイズを変更する文字をドラッグする。

❷ ［ホーム］タブをクリックする。

➡リボンが表示される。

❸ ［フォント］の［フォントサイズ］ボックスの▼をクリックする。

❹ 表示されるフォントのサイズから目的のサイズをクリックする。

➡文字の大きさが変わる。

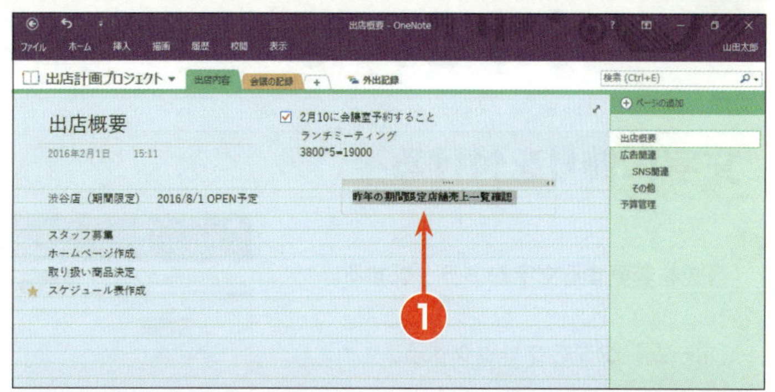

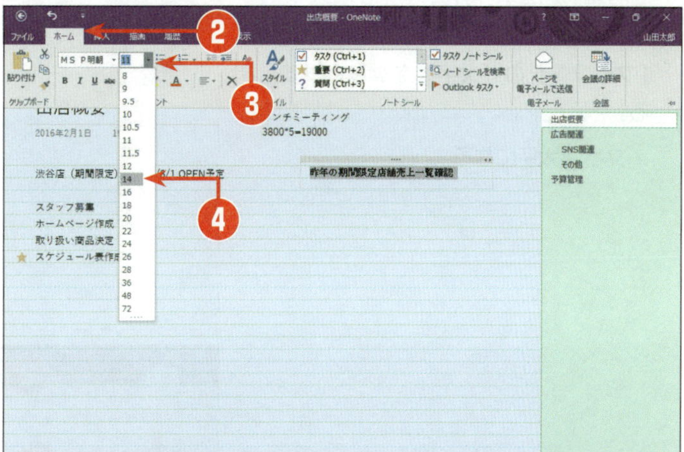

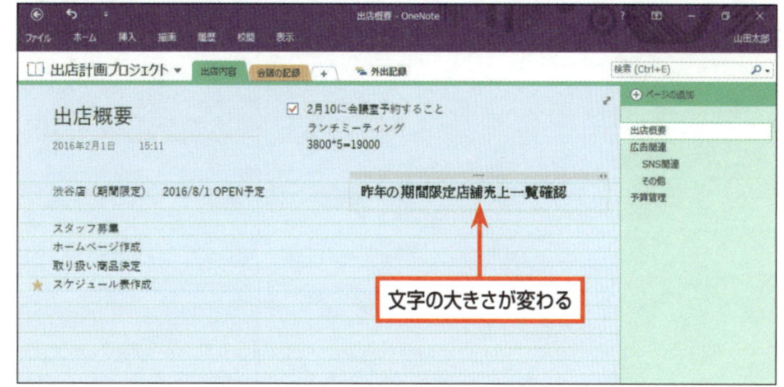

ヒント

離れた場所にある文字を選択して同じ書式を設定するには

離れた場所にある複数の文字列に同じ書式を設定するには、まず、複数の文字列を選択してから書式を設定します。複数の文字列を選択するには、1つ目の文字列をドラッグしたあと、Ctrlを押しながら他の文字列をドラッグします。

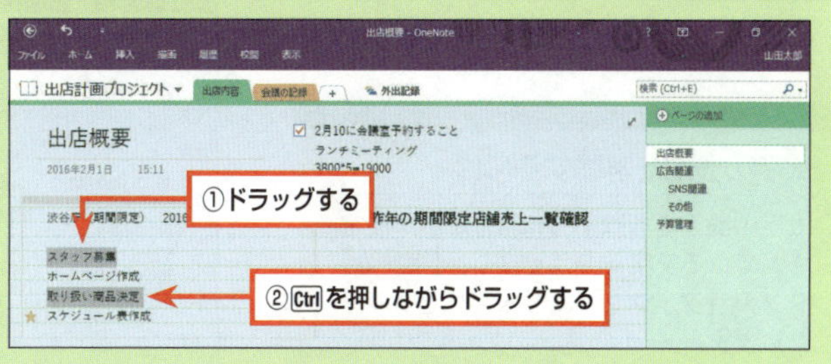

8 文字に太字・斜体・下線の飾りを付けるには

文字に飾りを付ける

1 書式を変更する文字をドラッグする。

2 ［ホーム］タブをクリックする。

➡リボンが表示される。

3 ［フォント］の［太字］をクリックする。

➡文字が太字になる。

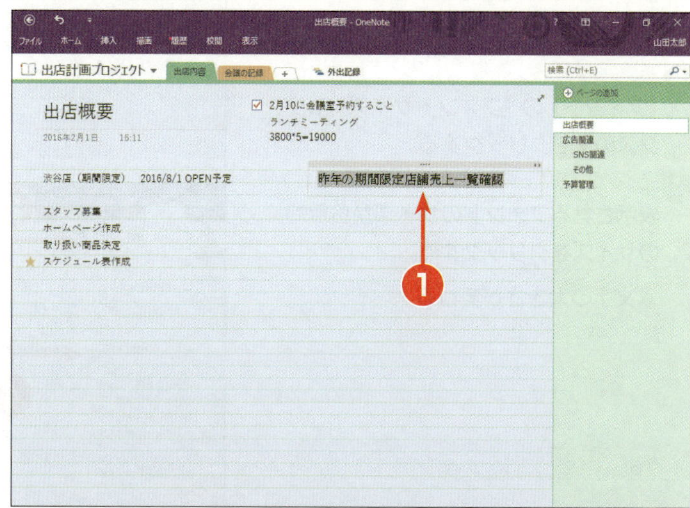

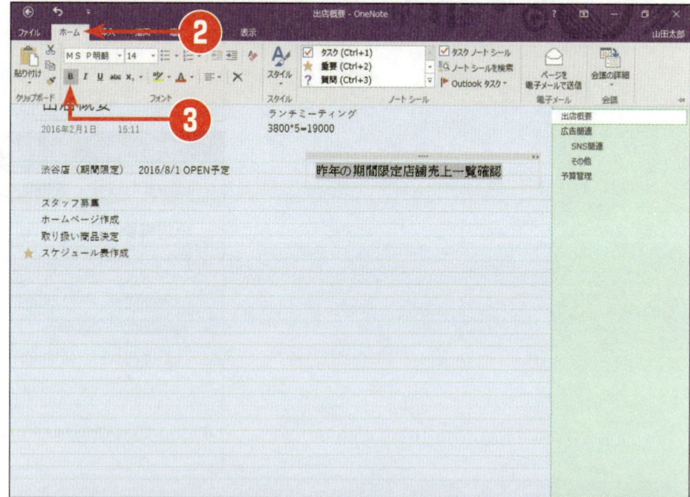

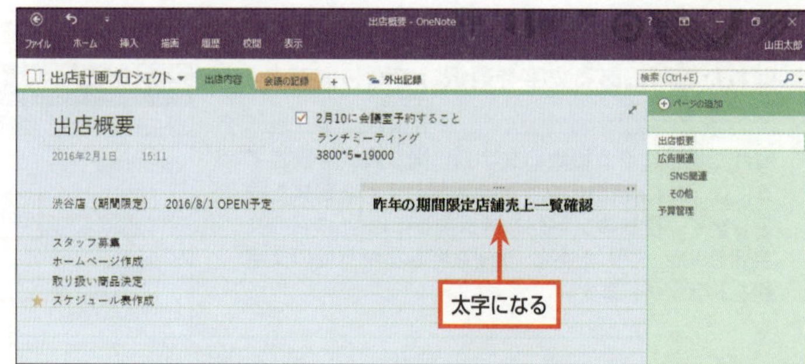

ヒント

太字の設定を解除するには

太字の設定を解除するには、太字が設定されている文字をドラッグし、［ホーム］タブの［フォント］の［太字］をクリックします。

ヒント

斜体や下線の飾りをつけるには

選択している文字を斜体にするには、[ホーム] タブの [フォント] の [斜体] をクリックします。下線を引くには、[ホーム] タブの [フォント] の [下線] をクリックします。

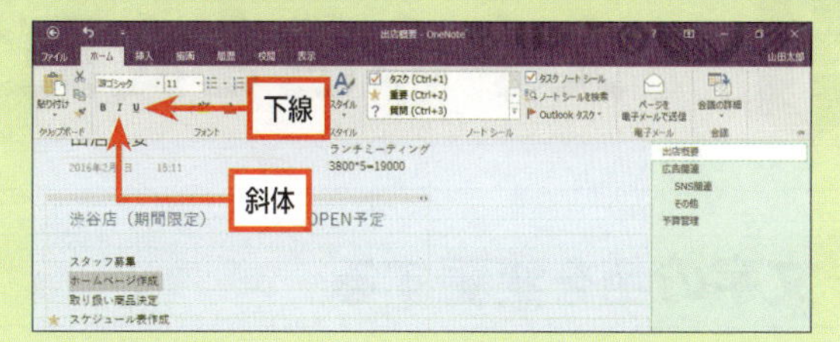

文字のスタイルを変更する

1. スタイルを設定する段落をクリックする。

2. [ホーム] タブをクリックする。
   ▶リボンが表示される。

3. [スタイル] の [スタイル] をクリックする。
   ●画面の解像度によっては、[スタイル] の [その他] ボタンをクリックしてスタイルを選択できます。
   ▶スタイルの一覧が表示される。

4. 任意のスタイルをクリックする。
   ▶スタイルが設定される。

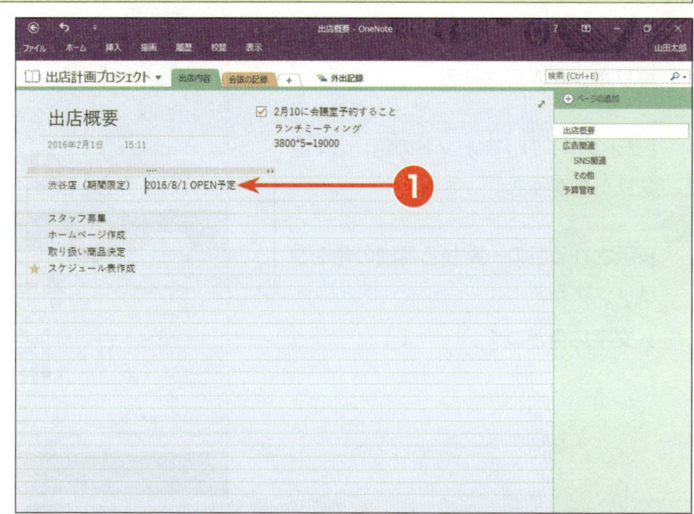

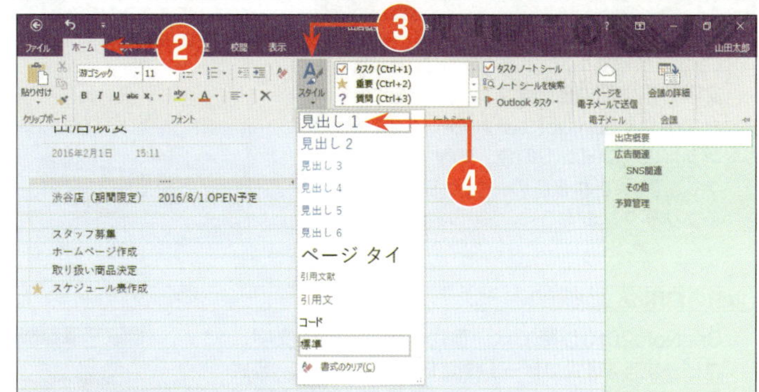

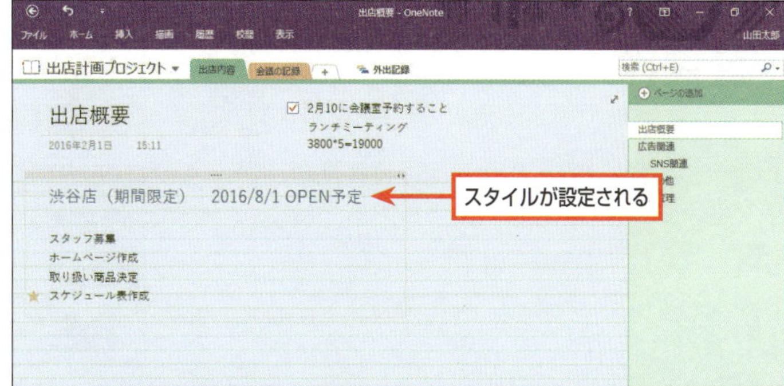

以前のOfficeとの変更点

OneNote2010以降では、スタイルを利用して見出しを整理できます。このとき、Wordでスタイルを適用するときと同じショートカットキーを使用できます。たとえば、「見出し1」のスタイルを適用するときは、スタイルを適用する段落を選択し、Ctrl＋Alt＋1を押します。

9 文字の色を変更するには

文字の色を変更する

1 書式を変更する文字をドラッグする。

2 [ホーム] タブをクリックする。

➡リボンが表示される。

3 [フォント] の [フォントの色] の▼をクリックする。

4 表示される色の一覧から目的の色をクリックする。

➡文字に色がつく。

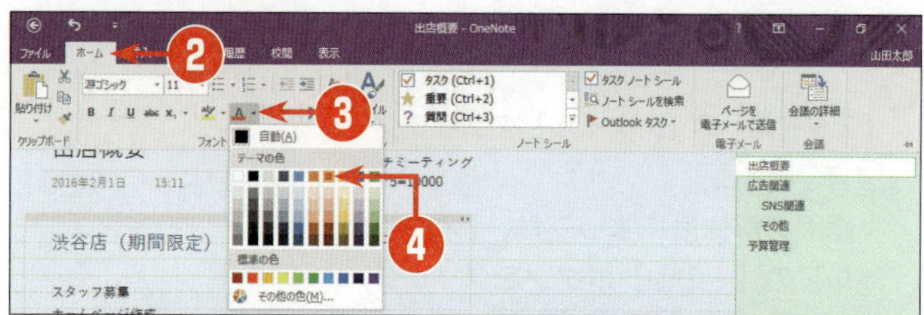

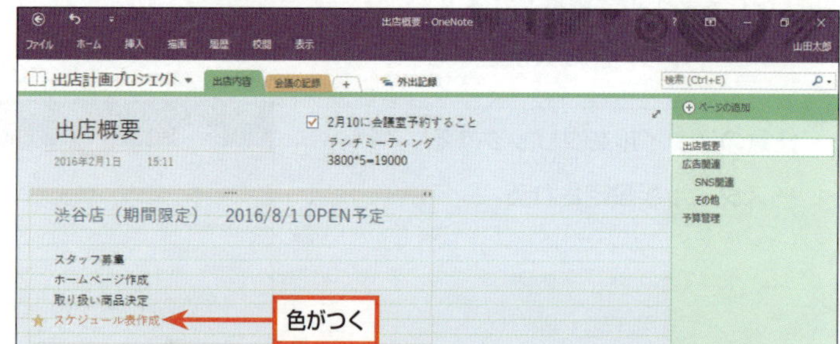

色がつく

ヒント

文字の色を元の色に戻すには

文字の色を元の色に戻すには、色をつけた文字列を選択し、[ホーム]タブの[フォント] の [フォントの色] の▼をクリックし、表示される色の一覧から [自動] をクリックします。

以前のOfficeとの変更点

OneNote2010以降では、書式の設定を他の文字にコピーする「書式コピー」機能を利用できます。書式をコピーするには、まず、コピー元の文字列を選択し、[ホーム] タブの [クリップボート] の [書式のコピー貼り付け] をクリックします。次に、コピー先の文字列をドラッグします。

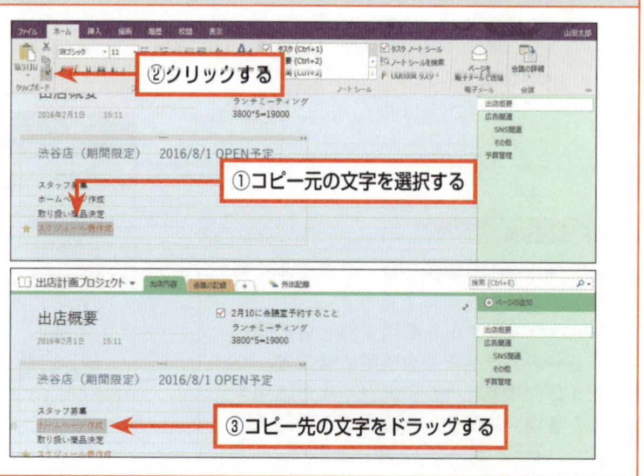

文字に蛍光ペンで印をつける

1. 蛍光ペンでマークする文字をドラッグする。
2. ［ホーム］タブをクリックする。
   ➡リボンが表示される。
3. ［フォント］の［蛍光ペンの色］の▼をクリッする。
4. 表示される色の一覧から目的の色をクリックする。
   ➡文字が蛍光ペンでマークされる。

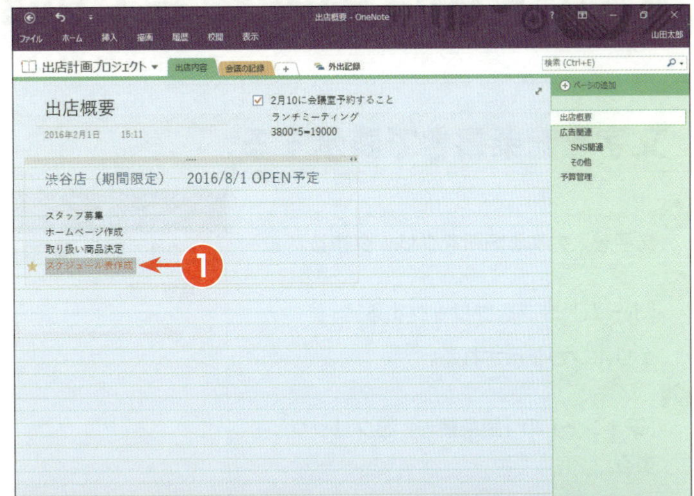

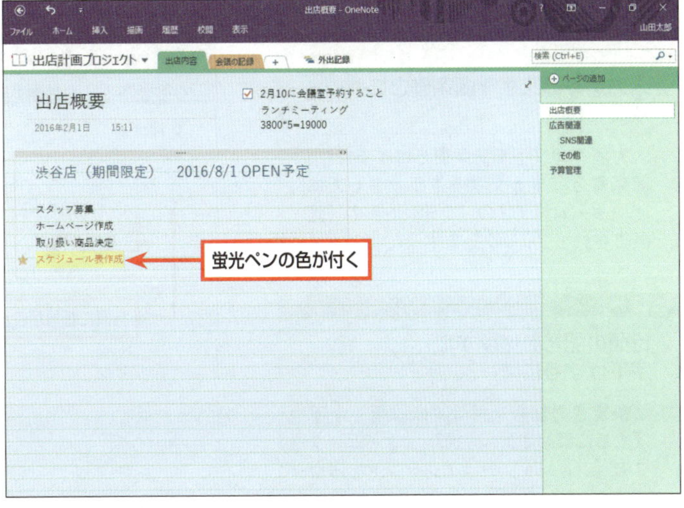

ヒント

表示されている色の蛍光ペンを使用するには

蛍光ペンの色を選択したあと、同じ色で文字をマークする場合は、文字列を選択したあと、［ホーム］タブの［フォント］の［蛍光ペンの色］をクリックします。すると、ボタンに表示されている色で文字がマークされます。

ヒント

蛍光ペンを消すには

蛍光ペンのマークを消すには、まず、蛍光ペンでマークされている文字をドラッグします。次に、［ホーム］タブの［フォント］の［蛍光ペンの色］の▼をクリックし、表示される色の一覧から［色なし］をクリックします。

10 文字を箇条書きで列記するには

文字を箇条書きで表示する

1. 文字を入力する箇所をクリックする。

2. [ホーム] タブをクリックする。

   ➡リボンが表示される。

3. [フォント] の [箇条書き] をクリックする。

   ➡文字の先頭に行頭文字が付く。

4. 項目を入力し、Enterを押す。

   ➡文字の先頭に行頭文字が付く。

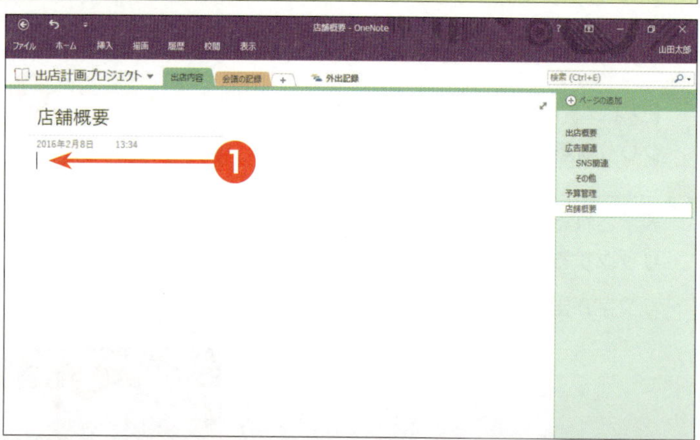

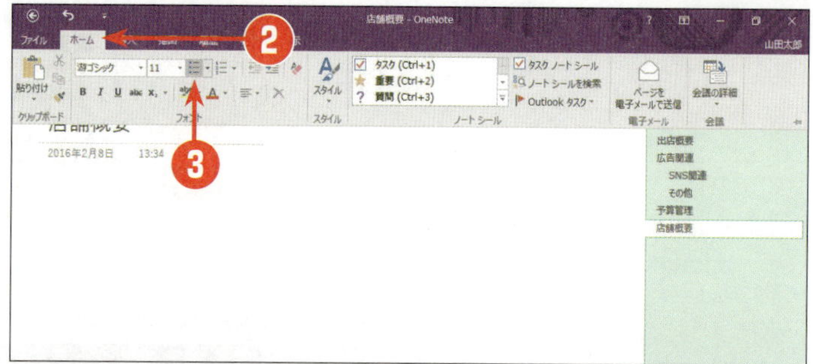

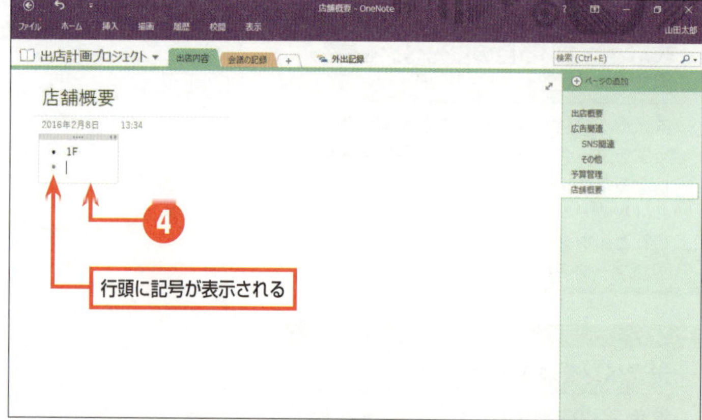

ヒント

箇条書きの設定を解除するには

Enterを押すと、次の行の行頭に記号が表示されます。項目の列記をやめるときは、文字を入力せずにもう一度Enterを押すと、行頭記号が消えて箇条書きの設定が解除されます。

ヒント

入力済みの文字を箇条書きにするには

入力済みの文字を箇条書きにするには、箇条書きにする文字をドラッグしたあと、[ホーム] タブの [フォント] の [箇条書き] をクリックします。

ヒント

行頭の記号を付けずに字下げするには

箇条書きの記号を付けずに段落を字下げするには、段落を選択し、[ホーム] タブの [フォント] の [インデントを増やす] をクリックします。字下げを解除するには、段落を選択し、[ホーム] タブの [フォント] の [インデントを減らす] をクリックします。

以前のOfficeとの変更点

OneNote2010以降では、箇条書きや段落番号のスタイルを設定すると、項目を入力する場所が自動的に字下げされます。

文字に段落番号を付けて表示する

1. 文字を入力する箇所をクリックする。

2. ［ホーム］タブをクリックする。
   ➡リボンが表示される。

3. ［フォント］の［段落番号］をクリックする。
   ➡文字の先頭に段落番号が付く。

4. 文字を入力し、Enterを押す。
   ➡次の番号が表示される。

5. 続いて、次の項目を入力していく。
   ➡連番が振られる。

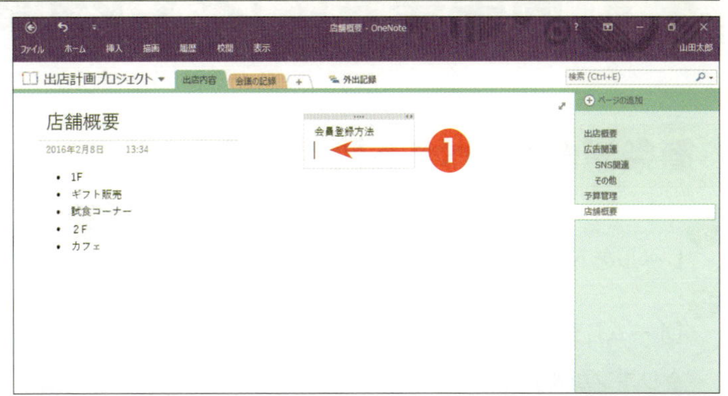

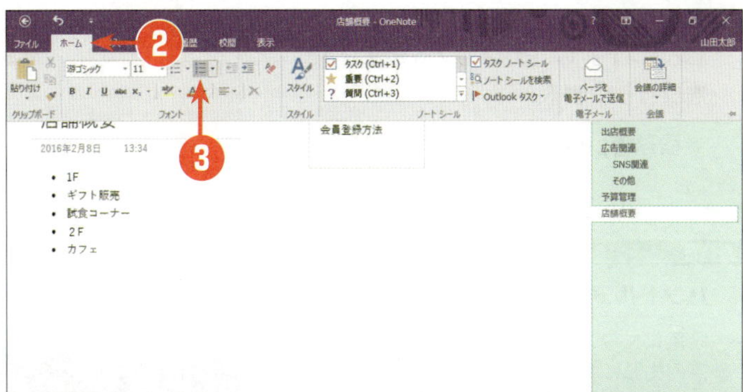

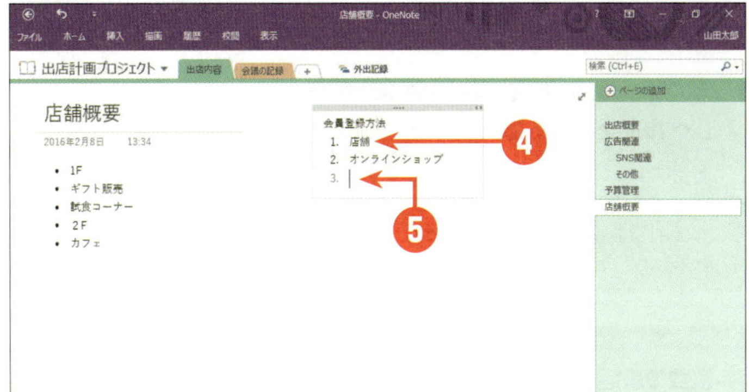

ヒント

箇条書きや段落番号の記号を変更するには

箇条書きや段落番号の記号を変更するには、［ホーム］タブの［フォント］の［箇条書き］や［段落番号］の▼をクリックし、表示される記号の一覧から目的の記号をクリックします。

11 箇条書きにレベルを設定するには

箇条書きのレベルを設定する

❶ レベルを下げる段落を選択する。

❷ ［ホーム］タブをクリックする。

➡リボンが表示される。

❸ ［フォント］の［インデントを増やす］をクリックする。

➡段落のレベルが下がる。

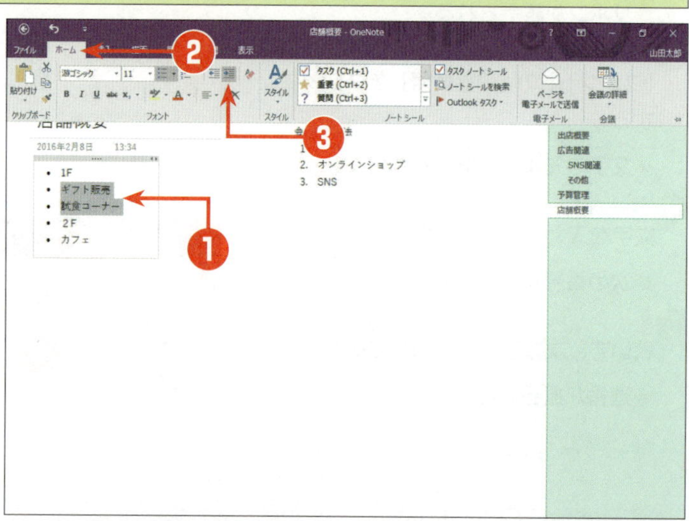

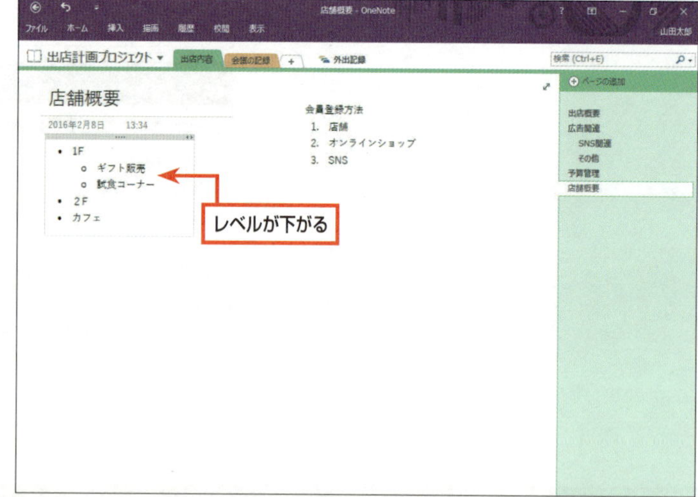

用語

ハンドルアイコン

段落にマウスポインタを合わせると段落の先頭に ▶ のハンドルアイコンが表示されます。▶ をクリックすると、段落を選択できます。

ヒント

レベルを上げるには

項目のレベルを上げるには、段落をクリックし、［ホーム］タブの［フォント］の［インデントを減らす］をクリックします。

ヒント

複数の段落をまとめて選択するには

離れた場所にある複数の段落を選択するには、ひとつ目の段落を選択したあと、Ctrl を押しながら次の段落を選択します。

ヒント

段落を選択するには

上下に並んでいる同じレベルの段落すべてを選択するには、段落の行頭文字をクリックします。また、離れた場所にある段落を含めて同じレベルの段落を選択するには、ハンドルアイコンを右クリックし、ショートカットメニューの［選択］をポイントし、表示される一覧から選択するレベルをクリックします。

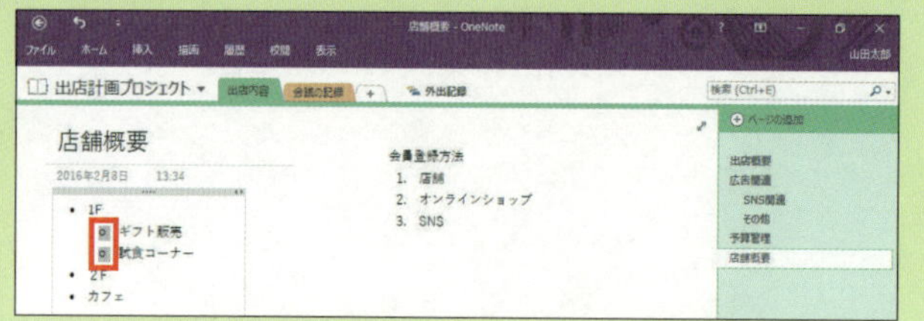

階層のレベルをマウスで指定する

❶ 段落の行頭のハンドルアイコンにマウスポインタを合わせる。

❷ ハンドルアイコンをドラッグし、段落のレベルを変更する。

➡段落のレベルが変わる。

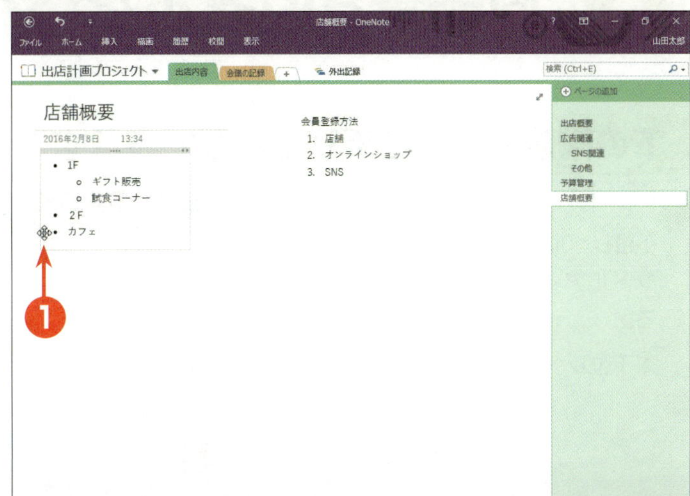

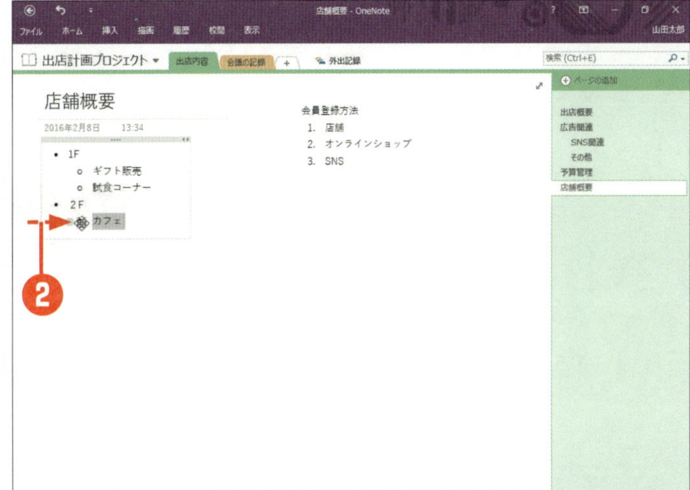

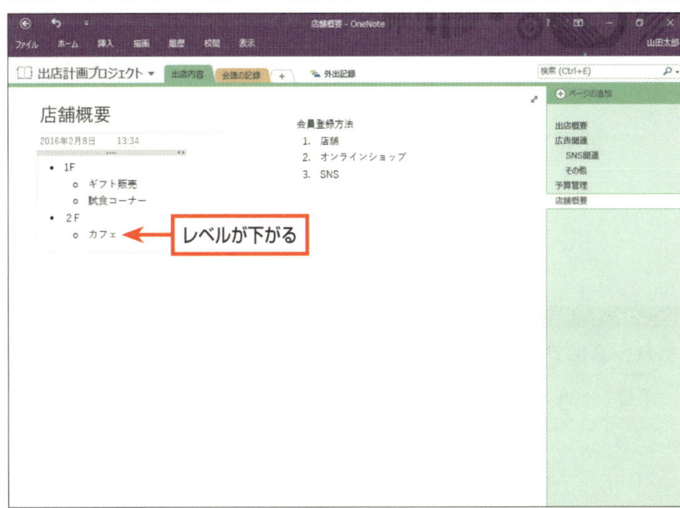

ヒント

キー操作でレベルを変更するには

段落を選択し、Tabを押すと段落のレベルが下がります。また、段落を選択し、Shift＋Tabを押すと、段落のレベルが上がります。

12 箇条書きの表示レベルを変更するには

下の階層の段落を折りたたんで表示する

1. 下位レベルの項目が含まれる段落のハンドルアイコンをダブルクリックする。

   ➡下位レベルの段落が非表示になる。

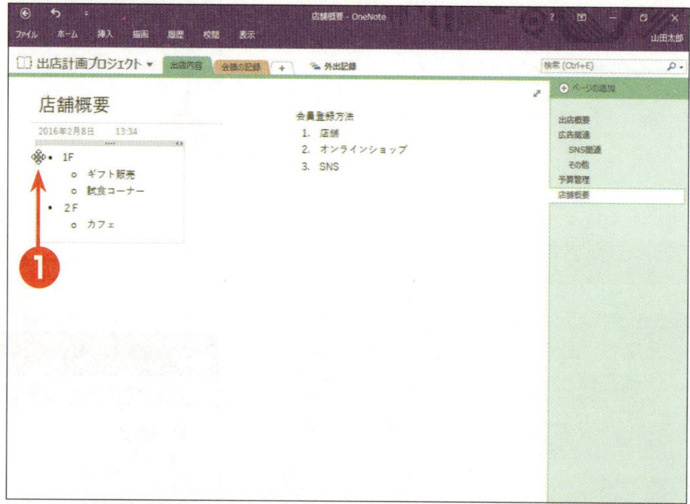

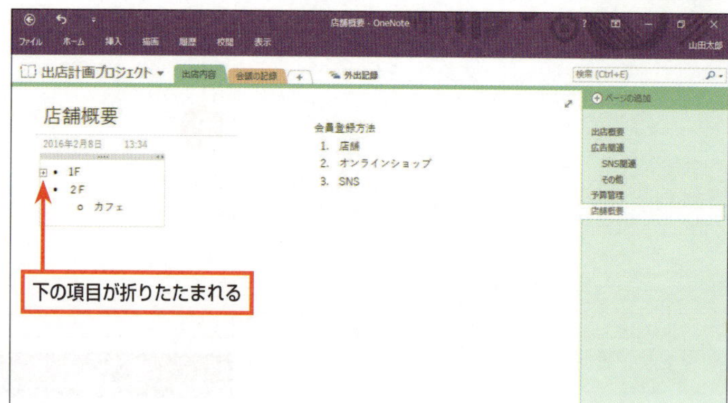

ヒント

ハンドルアイコンの形について

下位レベルが隠れている段落のハンドルアイコンは、⊞の形になります。下位レベルがすべて表示されている段落のハンドルアイコンは ▶ の形です。

下の階層の段落を展開する

❶ 下の階層を含む項目の段落のハンドルアイコンをダブルクリックする。

➡下位レベルの段落が表示される。

ヒント

下の階層の項目ごと項目を入れ替える

下の階層を含む項目の段落のハンドルアイコンをクリックすると、下の階層を含む項目全体が選択されます。段落のハンドルアイコンを上下にドラッグすると、下の階層ごと項目を入れ替えられます。

13 表を作成するには

表を作成する

❶ 表を入れる場所をクリックする。

❷ ［挿入］タブをクリックする。

➡リボンが表示される。

❸ ［テーブル］の［表］をクリックする。

❹ 作成する表の行数と列数を決めて、行と列が交差するセルをクリックする。

➡表が作成される。

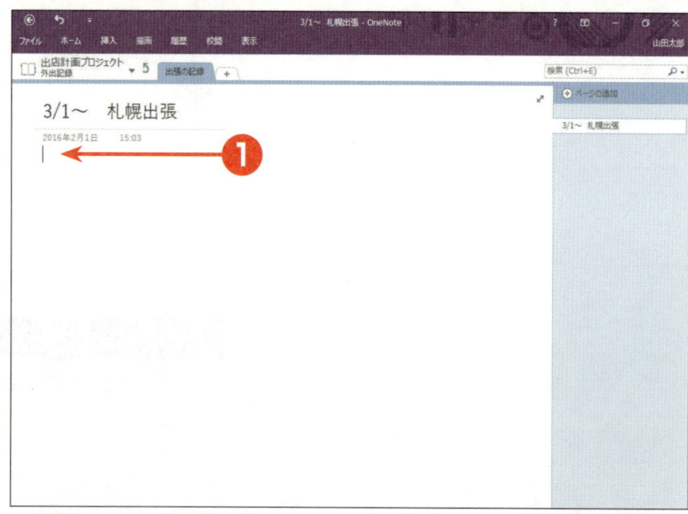

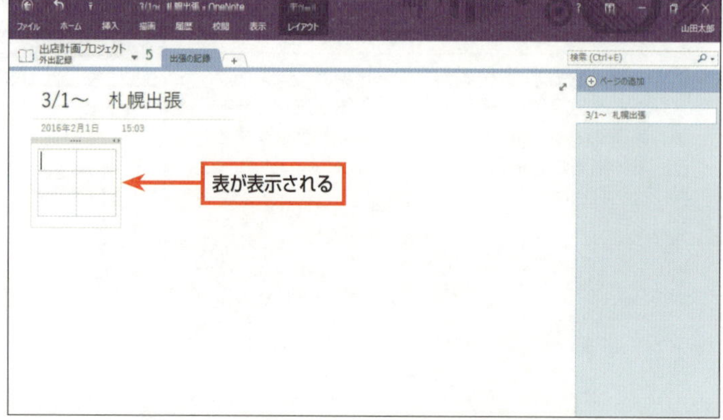

ヒント

行数と列数を数字で指定するには

表を入れるときに、作成する表の行と列の数を数値で指定するには、［挿入］タブの［テーブル］の［表］をクリックし、［表の挿入］をクリックします。表示される［表の挿入］ダイアログで列数や行数を入力し、［OK］をクリックします。

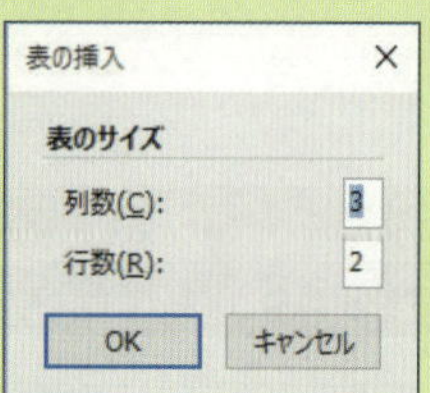

表の挿入

表のサイズ

列数(C): 3

行数(R): 2

OK キャンセル

文字の入力後にキー操作で表を作成するには

ページ内に文字を入力後、Tabを押すと、表が追加されます。さらにTabを押すと列が追加されます。必要な数だけ列を作成できたら、Enterを押します。すると、次の行が表示されます。表の右下隅のセルに文字を入力後、Tabを押すと、さらに行を追加できます。

表に文字を入力する

❶ 表内のセルをクリックする。

❷ 文字を入力する。

❸ Tabまたは→を押し、カーソルの位置を移動する。

❹ 同様にして、すべてのセルに文字を入力する。

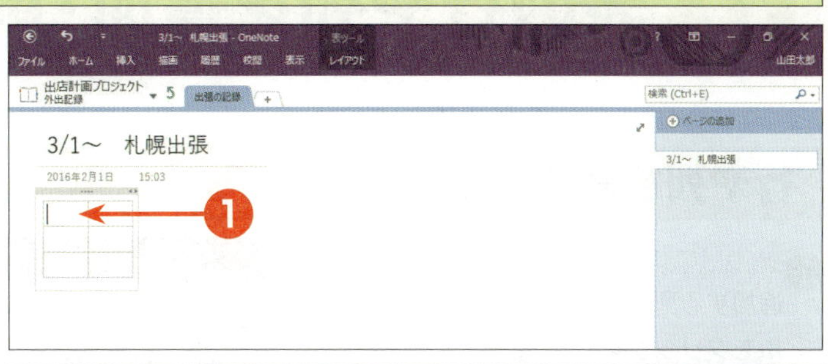

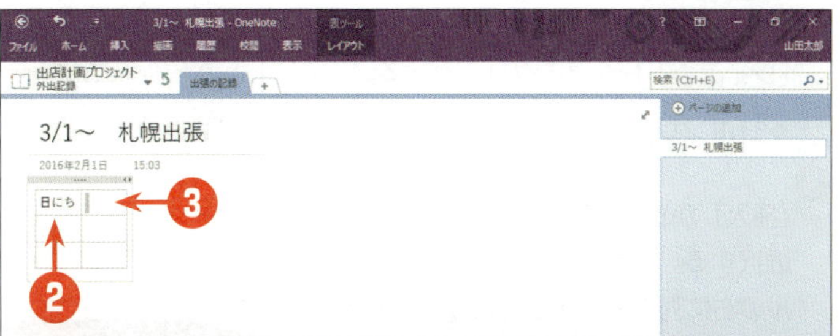

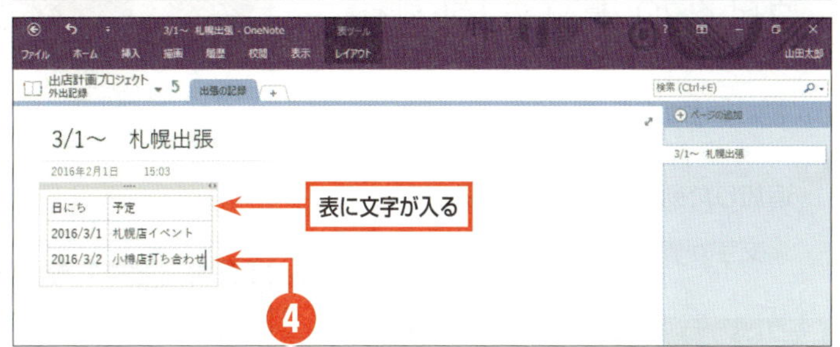

ヒント

文字を入力しながら行を増やすには

表の右下隅のセルに文字を入力したあと、Tabを押すと行が追加されます。

ヒント

セル内で改行するには

文字列の途中で改行するには、Enterを押します。

ヒント

表の罫線をなしにするには

セルを区切る罫線を表示しない場合は、表内をクリックし、[レイアウト]タブの[罫線]の[罫線を表示しない]をクリックします。

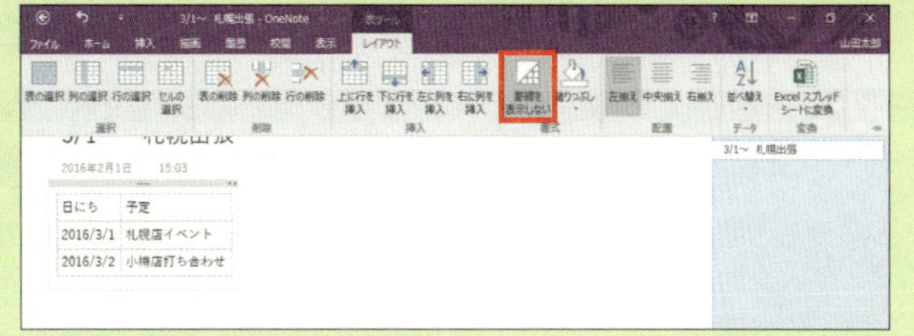

ヒント

文字をセルの中央に配置するには

文字をセルの中央に配置するには、セル内をクリックし、[レイアウト]タブの[配置]の[中央揃え]をクリックします。表の項目名など行や列単位で文字の配置を変更するには、行や列を選択して配置を指定します。行や列を選択するには、目的の行や列のセルをクリックし、[レイアウト]タブの[選択]の[列の選択]や[行の選択]をクリックします。

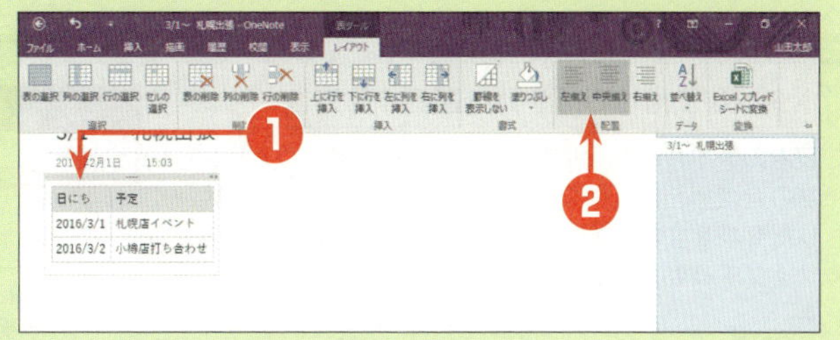

14 表の行や列を追加・削除するには

行や列を追加する

1. 追加する列（または行）が隣接するセルをクリックする。
2. ［レイアウト］タブをクリックする。
   - リボンが表示される。
3. ［挿入］から、追加する行や列の場所を選択する。たとえば、選択しているセルの右に列を追加する場合は、［レイアウト］タブの［挿入］の［右に列を挿入］をクリックする。
   - 列が追加される。
4. 追加した列に文字を入力する。
   - 文字が表示される

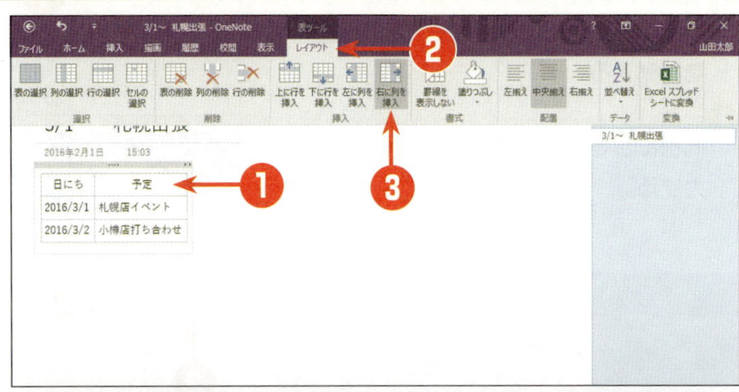

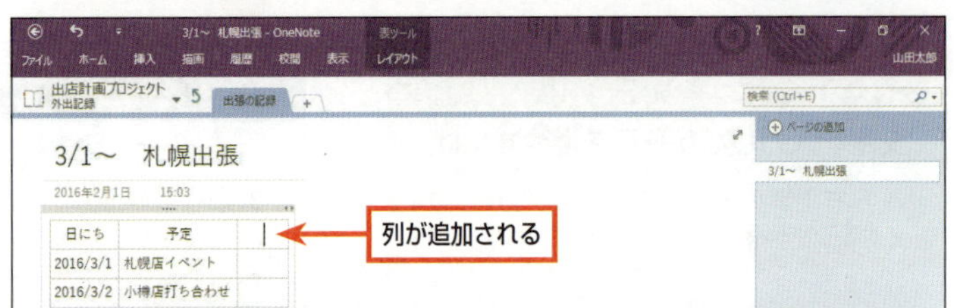

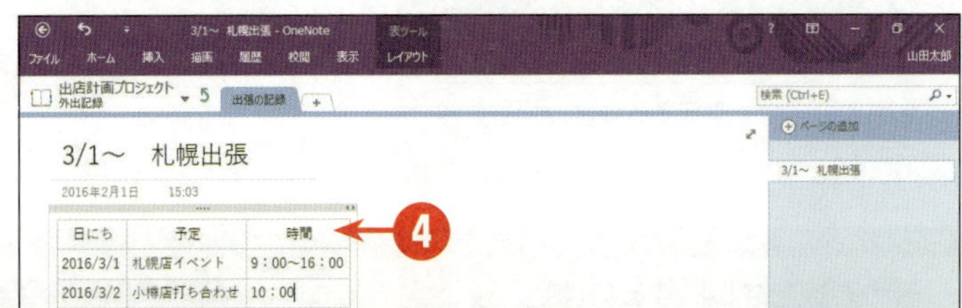

ヒント

表を削除するには

表を削除するには、表内をクリックし、［レイアウト］タブの［削除］の［表の削除］をクリックします。

ヒント

行や列を削除するには

行や列を削除するには、削除する列（または行）を含むセルをクリックし、［レイアウト］タブの［削除］で追加する行や列の場所を選択します。たとえば、選択している列を削除する場合は、［レイアウト］タブの［削除］の［列の削除］をクリックします。

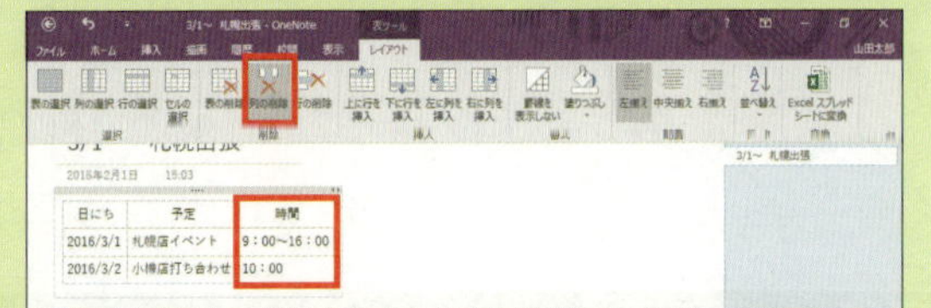

ヒント

ボタンを使用して行や列を選択するには

表内のいずれかのセルをクリックし、［レイアウト］タブの［選択］の［列を選択］をクリックすると、選択したセルを含む列を選択できます。［行を選択］をクリックすると、選択したセルを含む行を選択できます。

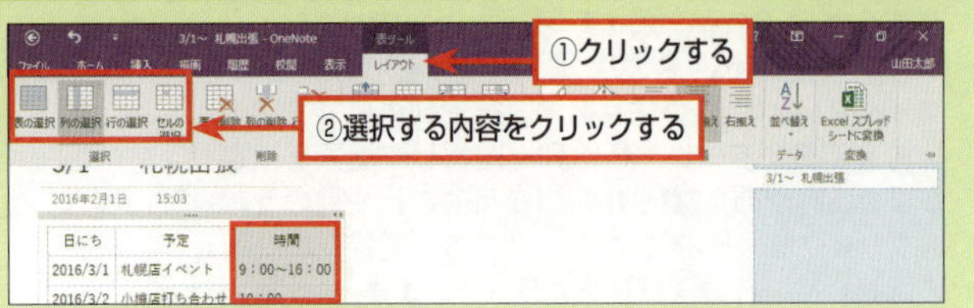

15 表の行や列を移動・コピーするには

列を移動する

1. 移動する列の上にマウスポインタを移動し、マウスポインタの形が↓に変わったらクリックする。

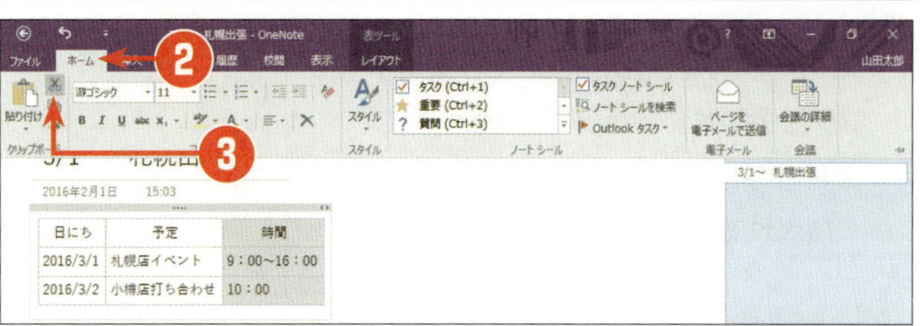

2. ［ホーム］タブをクリックする。
   - リボンが表示される。

3. ［クリップボード］の［切り取り］をクリックする。

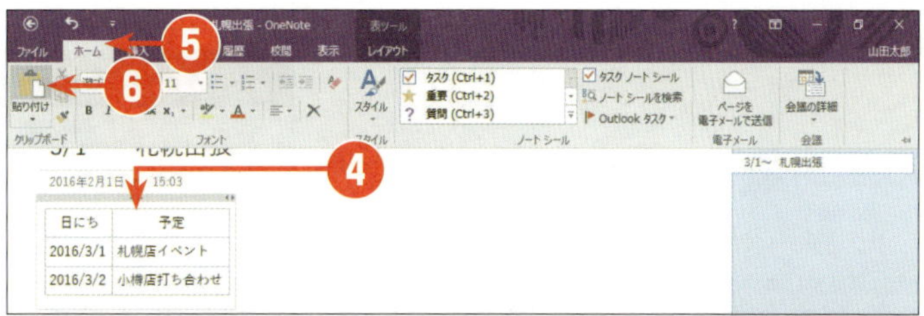

4. 移動先の列の1行目のセルの文字の左側をクリックする。

5. ［ホーム］タブをクリックする。
   - リボンが表示される。

6. ［クリップボード］の［貼り付け］をクリックする。
   - 列が移動する。

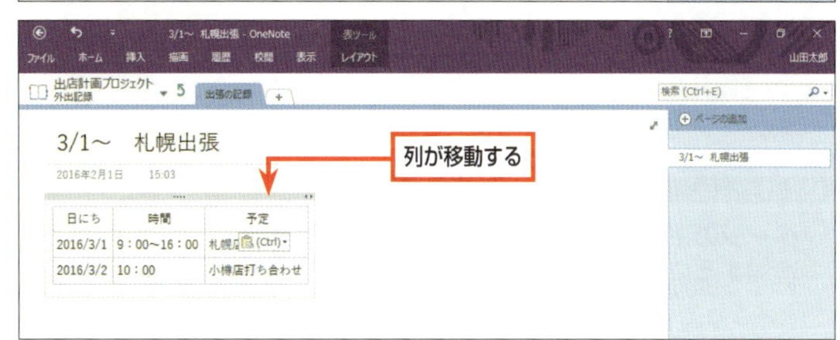

ヒント

一番右側に列を移動するには

表の列を一番右側に移動するには、移動する列を選択し、［ホーム］タブの［クリップボード］の［切り取り］をクリックしたあと、表の右下隅のセルの右端をクリックし、［ホーム］タブの［クリップボード］の［貼り付け］をクリックします。

ヒント

表の行を移動するには

行を移動するには、移動する行の行頭のハンドルアイコンにマウスポインタを合わせます。続いて、段落のハンドルアイコンを移動先に向かってドラッグします。

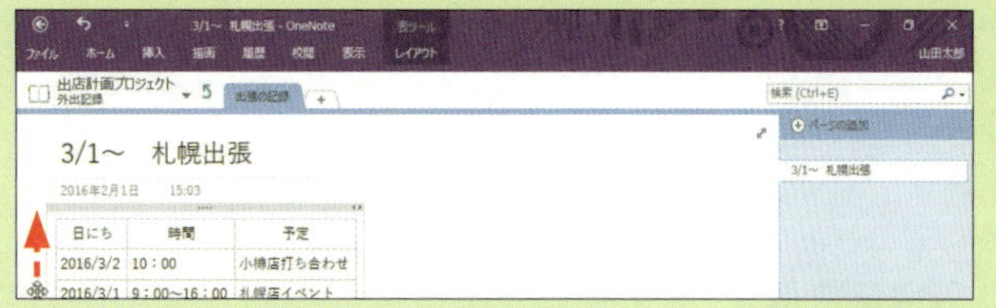

16 ノートの途中にスペースを入れるには

スペースを挿入する

1 ［挿入］タブをクリックする。

➡リボンが表示される。

2 ［挿入］の［スペースの挿入］をクリックする。

3 スペースを入れたい箇所にマウスポインタを合わせてドラッグする。

➡ドラッグした分だけスペースが追加される。

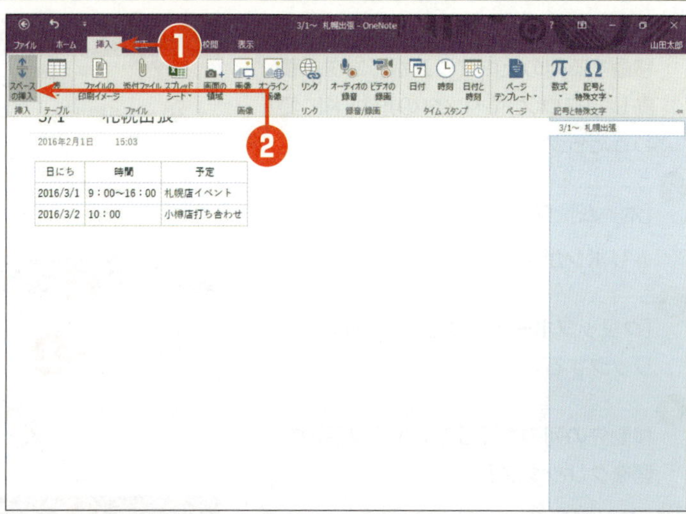

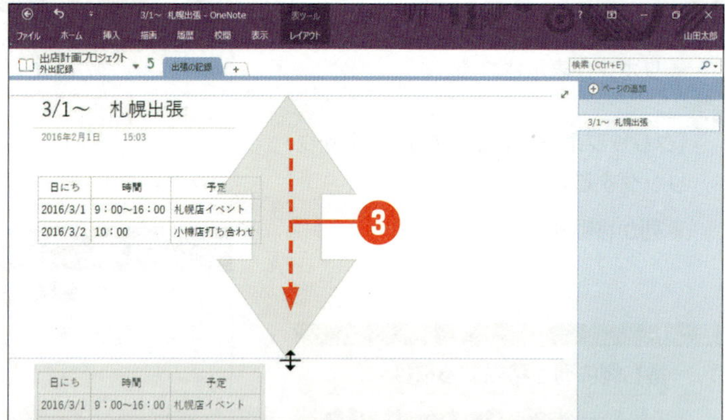

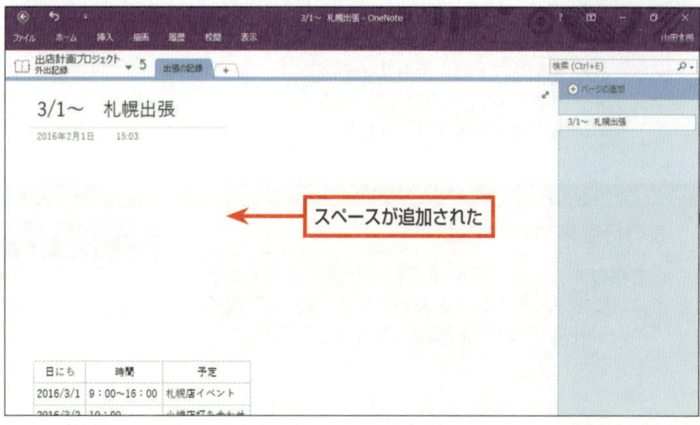

ヒント

ページの下にスペースを追加するには

各ページの下にスペースを追加するときは、スクロールバーの右下のボタンをクリックします。すると、ページの下にスペースが追加されます。

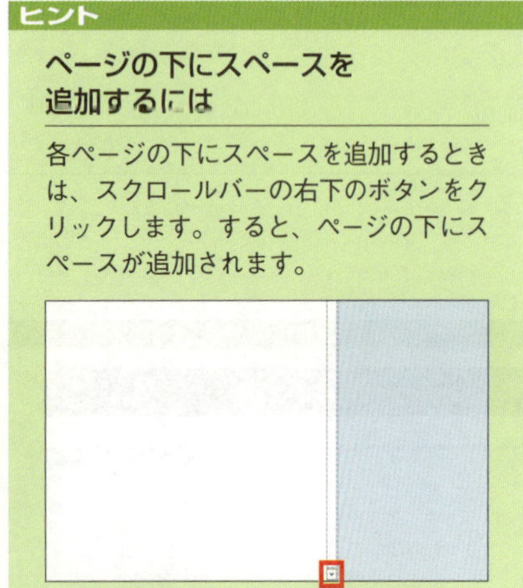

第4章 画像や図形、音声や動画情報などを入れる

OneNoteでは、文字だけでなく、画像や図形、音声や動画などをページに追加できます。また、手書きのメモも追加でき、これをテキストとして処理することもできます。さまざまな形式のデータを扱う方法を知っておきましょう。

1 画像を入れるには

画像を挿入する

❶ 画像を貼り付ける場所をクリックする。

❷ [挿入] タブをクリックする。

➡リボンが表示される。

❸ [画像] の [画像] をクリックする。

➡[図の挿入] ダイアログが表示される。

❹ 挿入するファイルを選択する。

❺ [挿入] をクリックする。

➡写真が表示される。

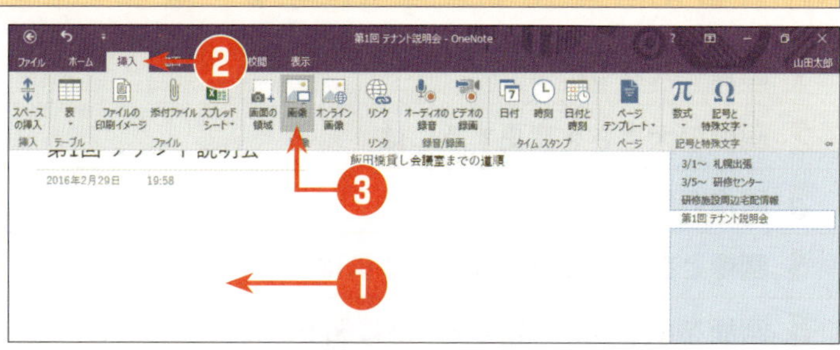

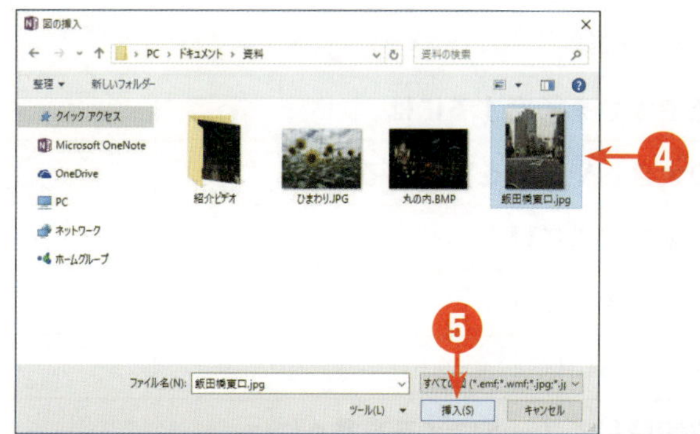

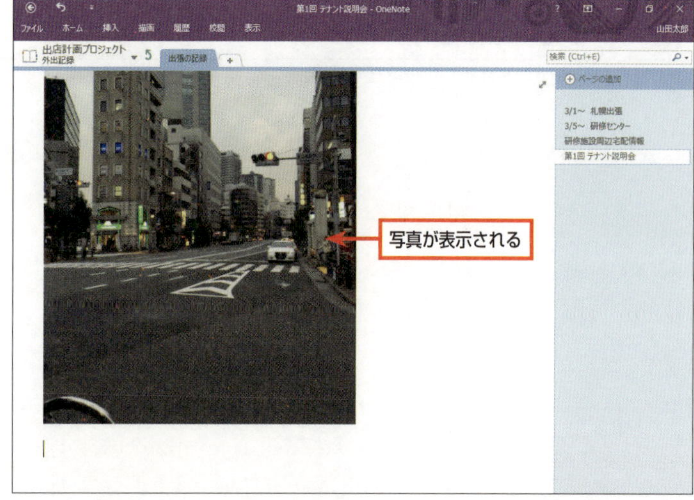

ヒント

オンラインの画像を入れるには

インターネット上の画像を探して入れるには、[挿入] タブの [画像] の [オンライン画像] をクリックします。[画像の挿入] ダイアログが表示されたら、検索する場所を指定し、画像を検索して挿入します。[Bingイメージ検索] は、検索エンジンのBingで画像を検索できます。[OneDrive] は、OneDriveに保存した画像を挿入できます。

画像を削除するには

画像を削除するには、画像をクリックして選択し、Deleteを押します。

以前のOfficeとの変更点

OneNote 2016でスキャナーから画像を取り込むには、「Windows FAXとスキャン」などを使用してあらかじめ画像をパソコンに取り込んで追加します。OneNote 2013以前では、スキャナーやデジタルカメラから画像を直接取り込むには、画像を貼り付ける場所をクリックし、[挿入] タブをクリックし、[画像] の [スキャンした画像] をクリックします。表示される [スキャナーまたはカメラから図を挿入] ダイアログで [デバイス] を選択して [挿入] をクリックします。

2 画像の大きさを変更するには

画像の大きさを変更する

❶ 画像をクリックし、画像を選択する。

❷ 画像の周りに表示されるハンドルにマウスポインタを合わせる。

➡マウスポインタの形が変わる。

❸ 画像の周りに表示されるハンドルをドラッグする。

➡画像の大きさが変わる。

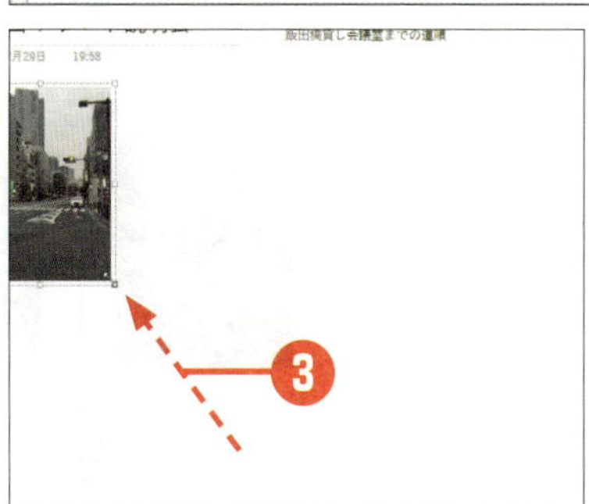

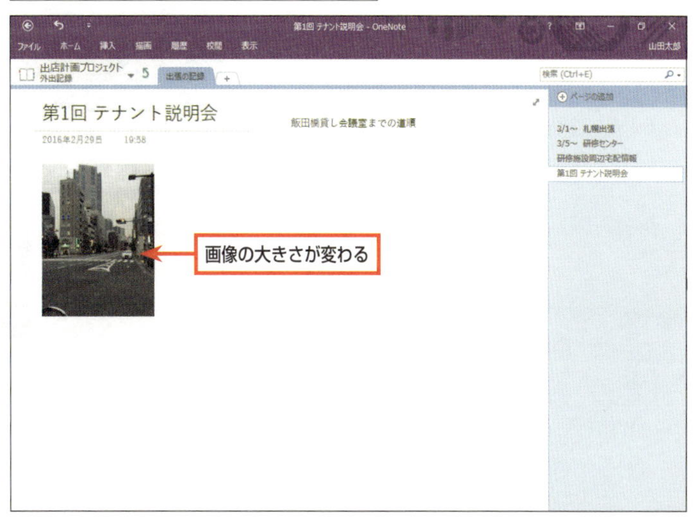

ヒント

画像を回転するには

画像を回転して表示するには、画像上を右クリックします。ショートカットメニューの［回転］から回転する方向を選択します。

以前のOfficeとの変更点

OneNote2007は、画像をクリックすると文字を入力するカーソルが表示されますが、OneNote2010以降は、画像をクリックすると画像が選択されます。画像の上に文字を入力するには、文字を入力する箇所をダブルクリックしてカーソルを表示します。

画像の位置を変更するには

画像の位置を変更する

❶ 画像をクリックし、画像を選択する。

❷ 画像を移動先に向かってドラッグする。

➡選択した画像が指定した位置に移動する。

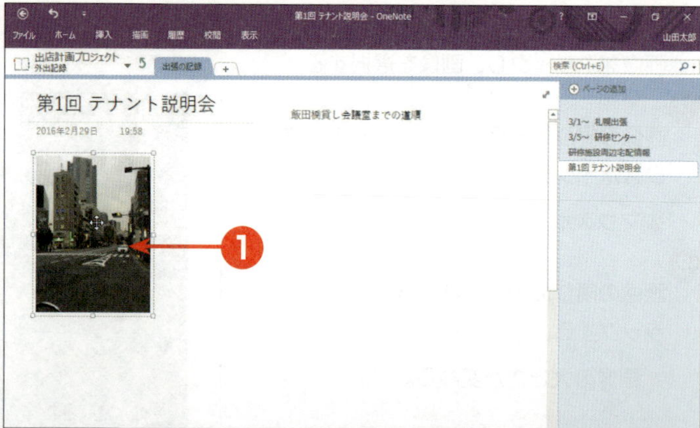

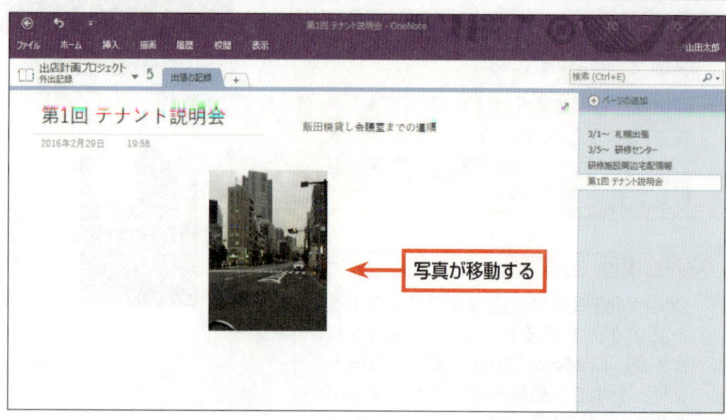

4　画像と文字の位置を調整するには

画像をノートコンテナー内に移動する

❶ 画像をクリックし、画像を選択する。

❷ Shift を押しながら画像をドラッグする。

➡ノートコンテナー内に画像が入る。

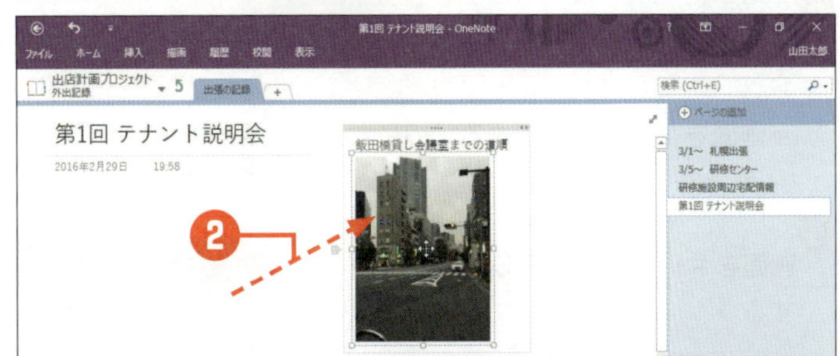

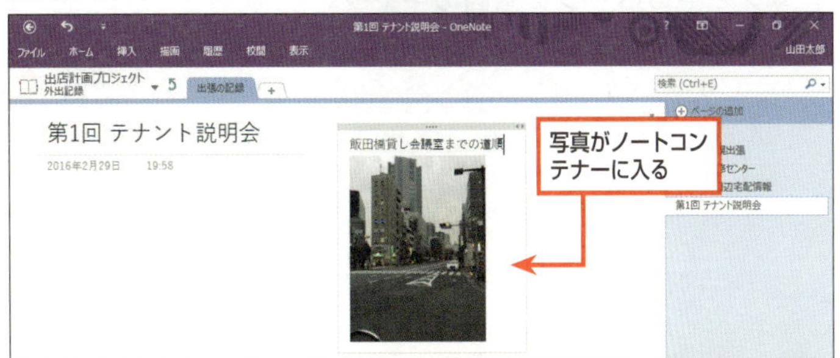

ヒント

ノートコンテナーの重なり順序を変更するには

複数の画像やノートコンテナーが重なっているときは、必要に応じて重なりの順序を調整します。たとえば、画像をノートコンテナーの後ろに表示するには、画像を右クリックし、ショートカットメニューの［順序］をポイントし、［最背面へ移動］をクリックします。

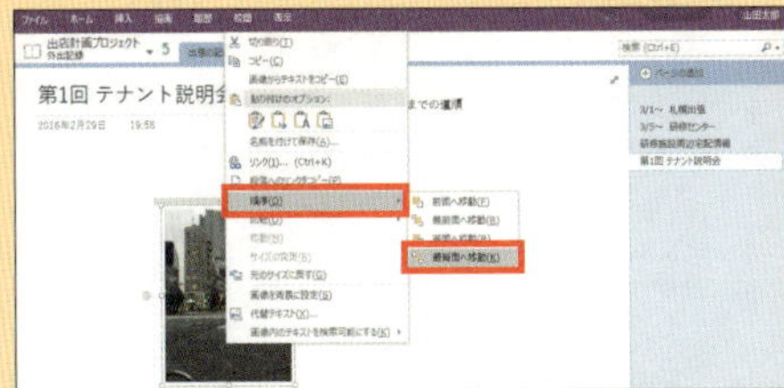

画面をキャプチャしてノートに貼るには

画面をキャプチャして挿入する

1. 取り込む画面を表示しておく。
2. 画像を貼り付ける場所をクリックする。
3. [挿入] タブをクリックする。
   - リボンが表示される。
4. [画像] の [画面の領域] をクリックする。
   - 画面をキャプチャできる状態になる。
5. 画面をキャプチャする部分をドラッグする。
   - ノートのページに画面のキャプチャが貼り付く。

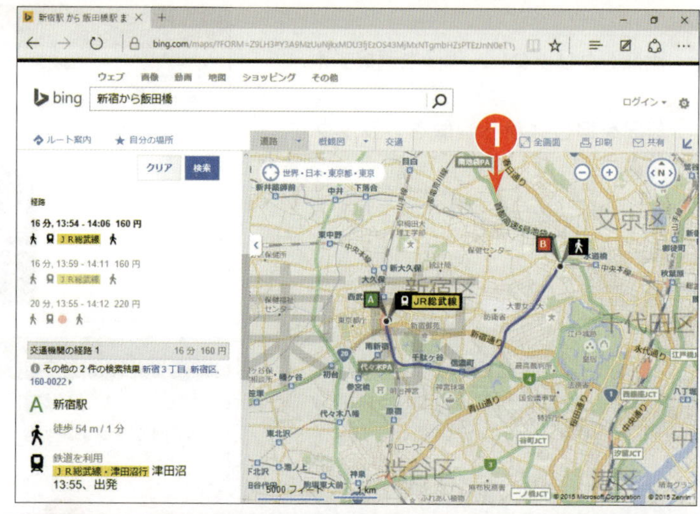

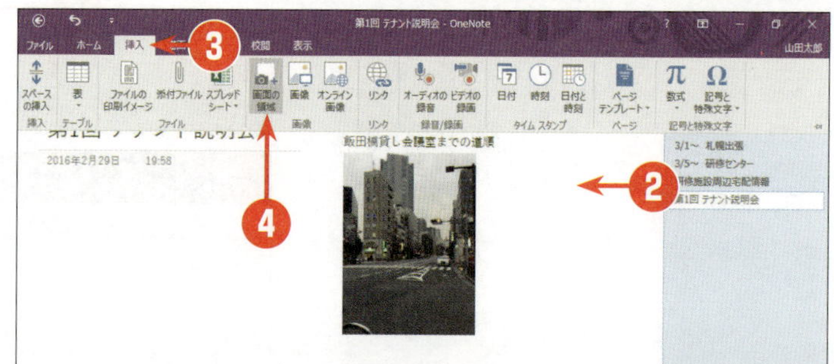

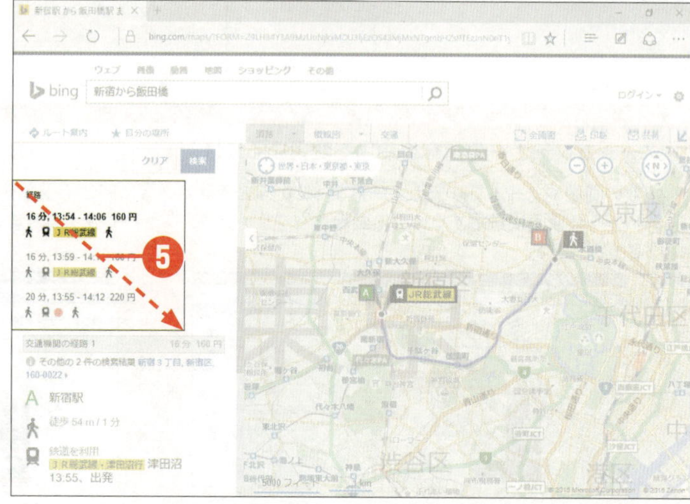

ヒント

画面のキャプチャについて

OneNoteでは、画面で見ている内容の一部分をコピーしてノートに貼り付けることができます。たとえば、ホームページに表示されている地図の部分や、パソコン画面の一部分を、ノートに手軽に取り込めます。

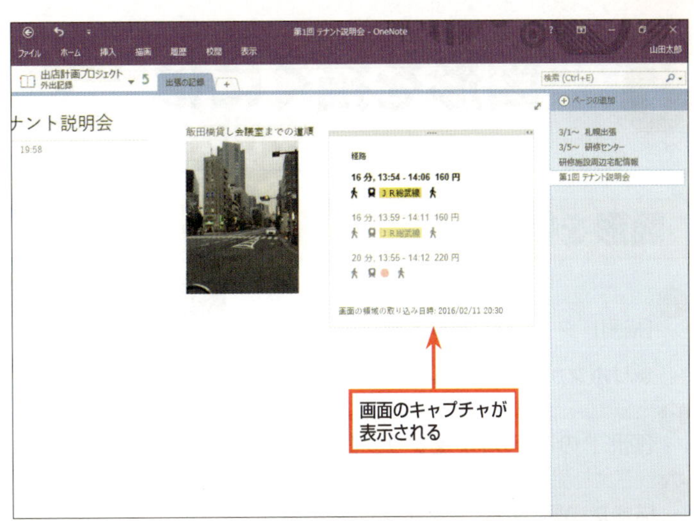

ヒント

OneNoteアイコンを使用して画面の領域を取り込むには

OneNoteが起動していないときでも、OneNoteアイコンから画面領域を取り込むことができます。それには、通知領域の［OneNoteアイコン］を右クリックします。［OneNoteに送る］ダイアログが表示されたら、［画面の領域の取り込み］をクリックし、続いて取り込む部分を選択します。すると、［OneNoteの場所の選択］ダイアログが表示されます。取り込んだ領域をノートに追加するときは、セクションやページを選択し、［指定した場所に送信］をクリックします。とりあえずクリップボードにコピーし、あとで他の場所に貼り付ける場合は、［クリップボードにコピー］をクリックします。

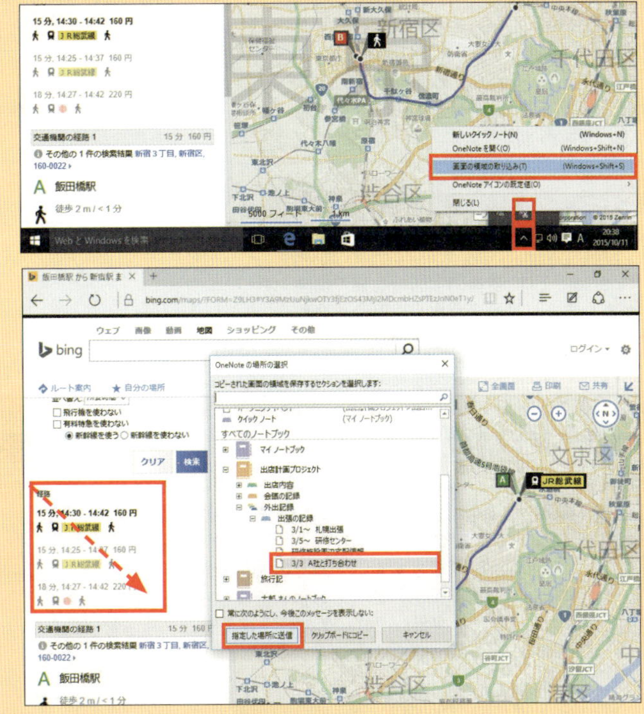

6 図形を描くには

図形を描く

❶ [描画] タブをクリックする。

➡リボンが表示される。

❷ [図形] の [その他] をクリックする。

❸ 描きたい図形のボタンをクリックする。

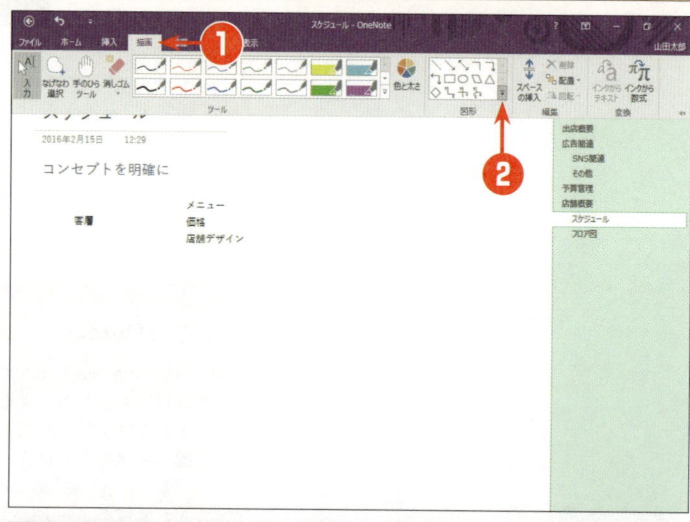

以前のOfficeとの変更点

OneNote2007では、[標準] ツールバーの [描画ツールバー] をクリックします。表示される描画ツールバーのボタンを使って図形を描きます。

ヒント

図形について

OneNoteでは、基本的な図形を描く機能があります。図形をうまく組み合わせれば、簡単な図を作成できます。

ヒント

同じ形の図形を続けて描くには

同じ形の図形をいくつも描く場合は、手順①②の操作を行った後、[描画] タブの [図形] の [その他] をクリックし、[描画モードのロック] をクリックします。そうすると、図形を描くことのできる状態が続きます。すべての図形を描き終わったら、[描画] タブの [図形] の [その他] をクリックし、[描画モードのロック] を選択し、ロックを解除します。

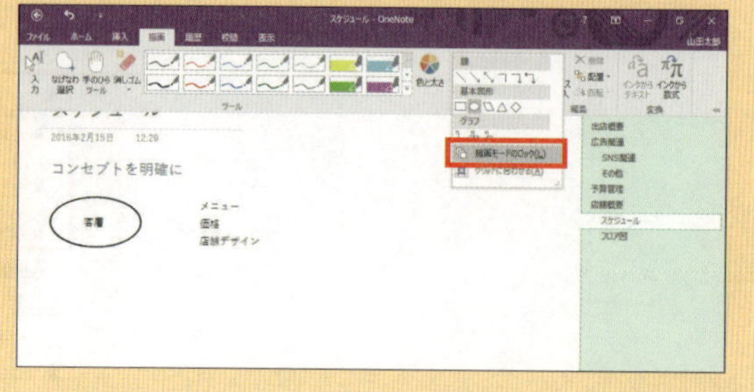

4
図形を描く場所にマウスポインタを移動し、ドラッグする。

➡図形が表示される。

図形を消す

1
消したい図形をクリックする。

2
[Delete]を押す。

➡図形が削除された。

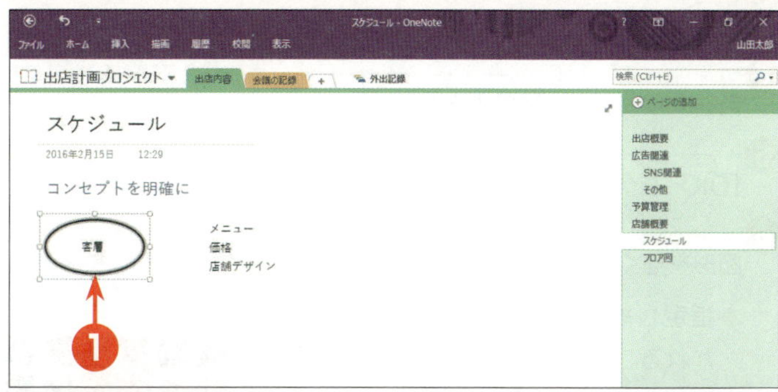

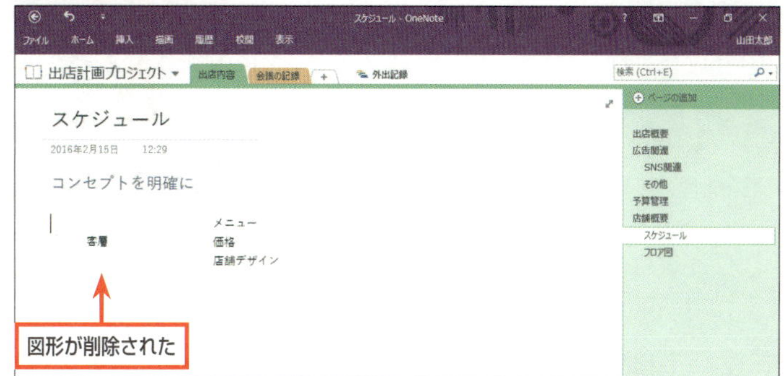

ヒント

消しゴムで図形を消すには

図形を消すには、[描画] タブの [ツール] の [消しゴム] を使用して消す方法もあります。消したい図形をクリックして消すことができます。

線の色や太さを指定するには

線の色や太さを選択する

❶ [描画] タブをクリックする。

➡リボンが表示される。

❷ [ツール] の [色と太さ] をクリックする。

➡[色と太さ] ダイアログが表示される。

❸ 線の太さをクリックし、選択する。

❹ 色をクリックし、選択する。

❺ [OK] をクリックする。

❻ 図形を描く。

➡指定した線の色や太さで図形が描かれる。

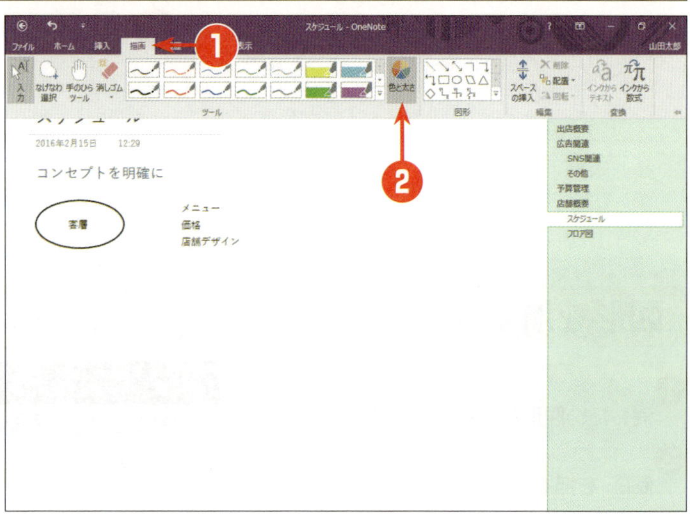

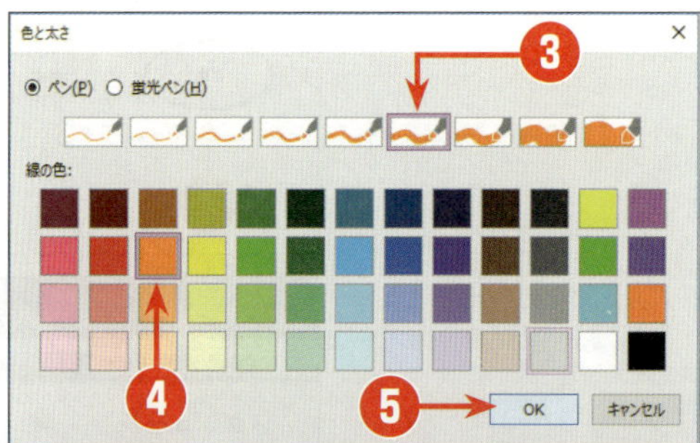

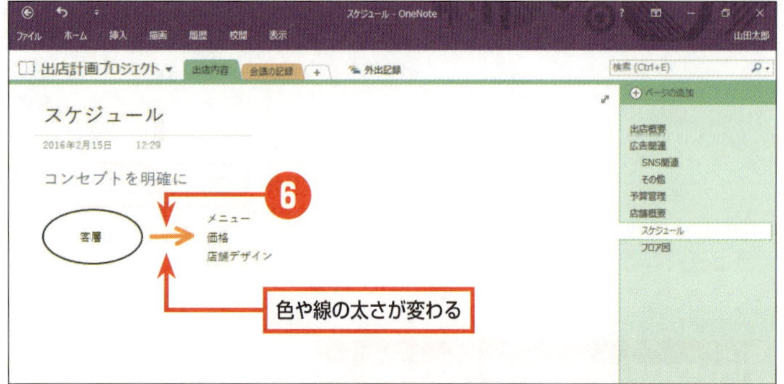

既存の図形の色や線の種類を変更する

1. 色や線の種類を変更する図形をクリックする。
2. 表示されるメニューの［ペンのプロパティ］をクリックする。
   ➡［色と太さ］ダイアログが表示される。
3. 線の太さを選択する。
4. 色を選択する。
5. ［OK］をクリックする。
   ➡色や線の太さが変わる。

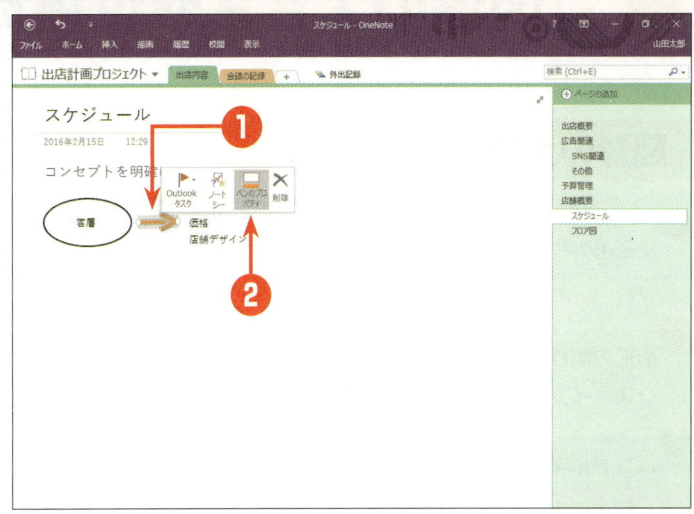

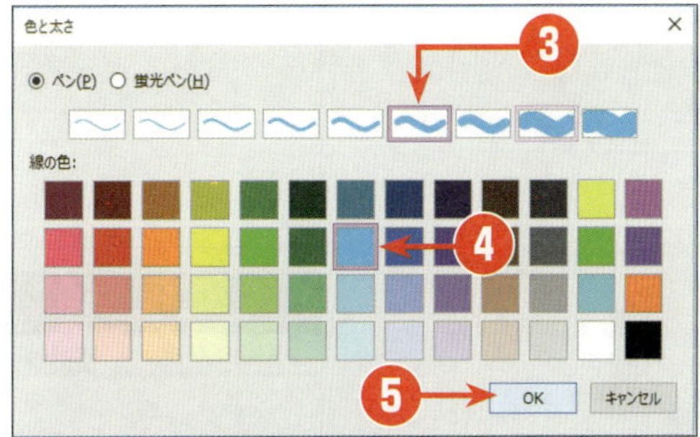

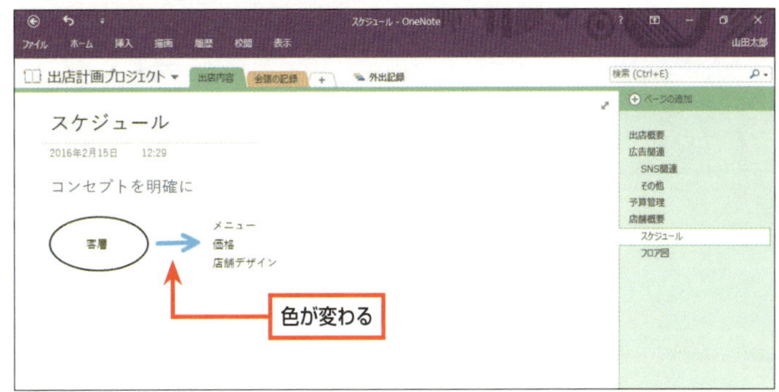

以前のOfficeとの変更点

OneNote2010以前では、図形を選択して［描画］タブの［ツール］の［色と太さ］をクリックし、色や線の種類を指定します。

図形の大きさや位置を変更するには

図形の大きさを変更する

1. 図形の外枠部分をクリックし、選択する。
2. 図形の周りに表示されるハンドルにマウスポインタを合わせる。
3. ハンドルをドラッグする。
   ➡図形の大きさが変わる。

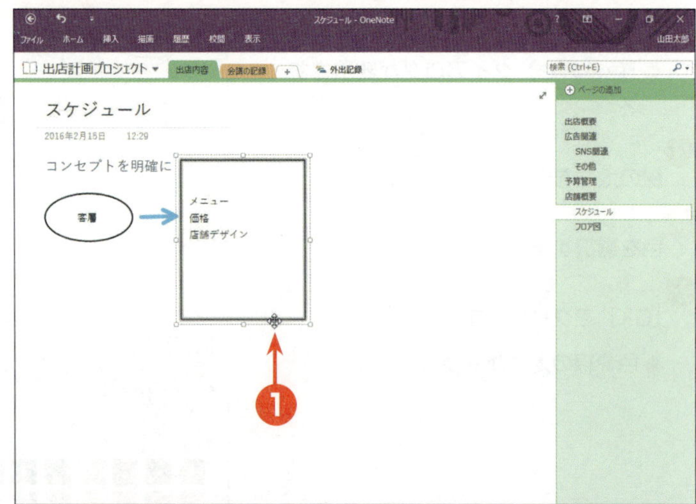

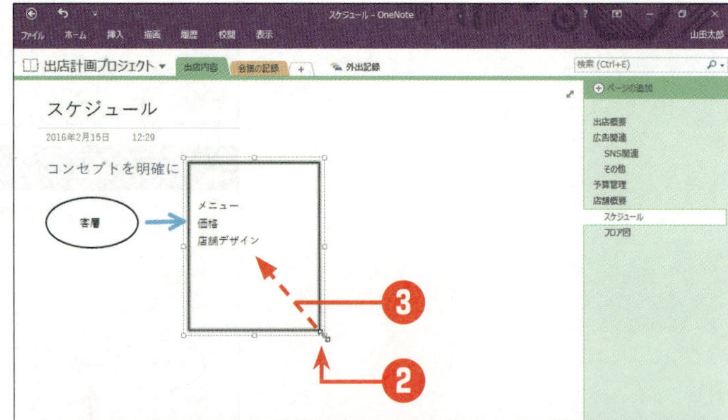

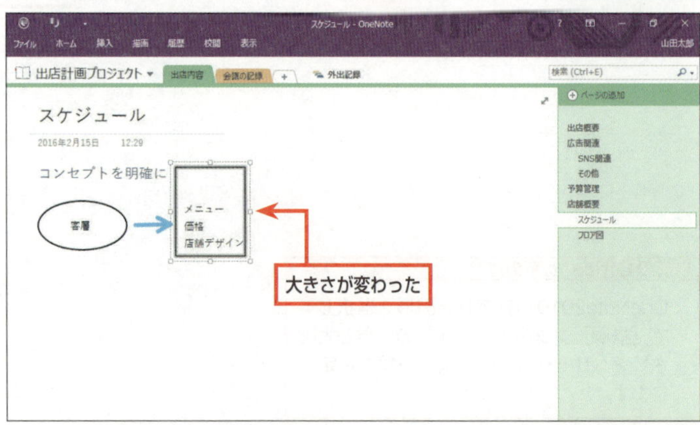

図形の位置を変更する

❶ 移動する図形の外枠部分をクリックし、選択する。

❷ 図形を移動する方に向かってドラッグする。

➡ 図形が移動する。

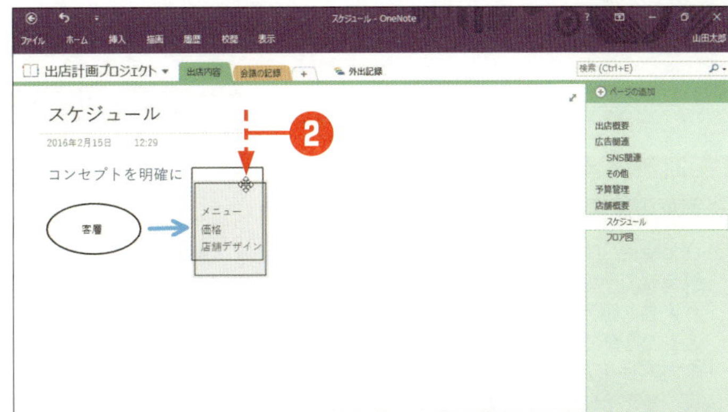

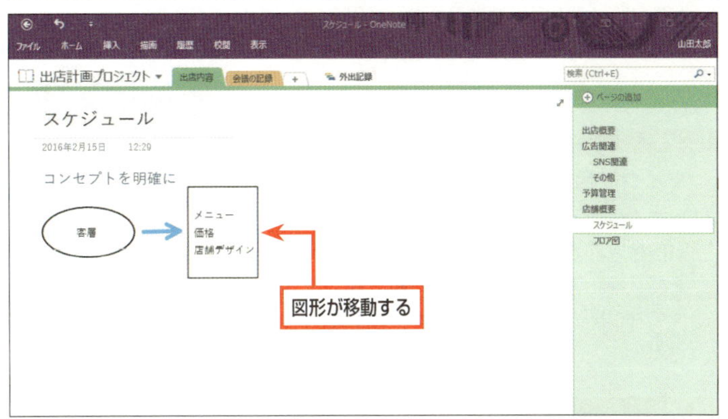

ヒント
線や矢印の図形を少しだけ移動するには

線や矢印の図形をドラッグすると、グリッドに合わせて図形が移動します。グリッドを無視して図形をほんの少しだけ移動するときは、Alt を押しながら図形をドラッグします。または、［描画］タブの［図形］の［その他］をクリックし、［グリッドに合わせる］をクリックし、図形を移動します。

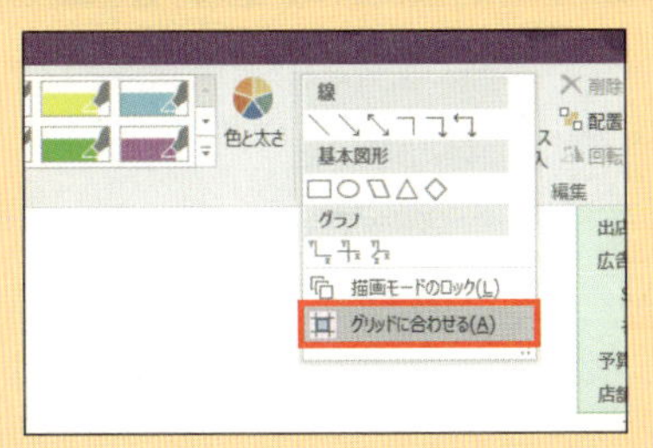

ヒント
図形をまとめて移動するには

複数の図形をまとめて移動するには、移動する図形を囲むようにドラッグして選択したあと、いずれかの図形をドラッグし、移動します。

音声を録音するには

音声録音をする

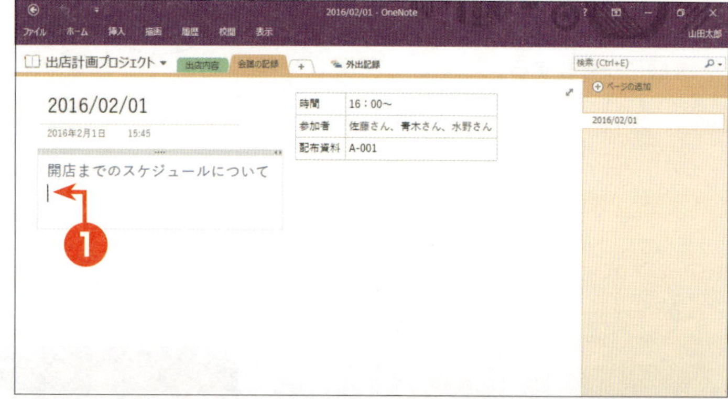

❶ 音声ファイルを貼り付ける場所をクリックする。

❷ ［挿入］タブをクリックする。

➡リボンが表示される。

❸ ［録音/録画］の［オーディオの録音］をクリックする。

➡録音が開始される。

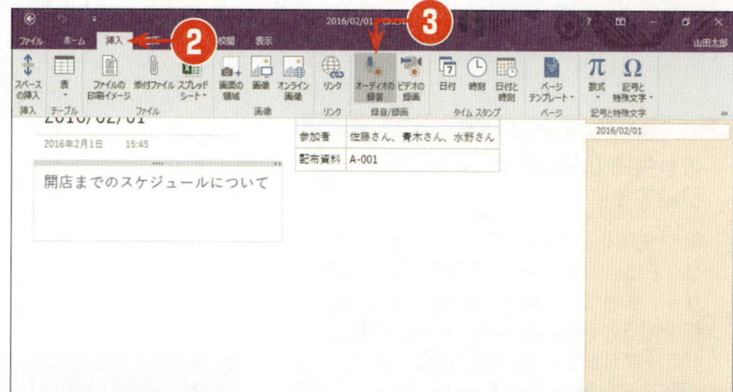

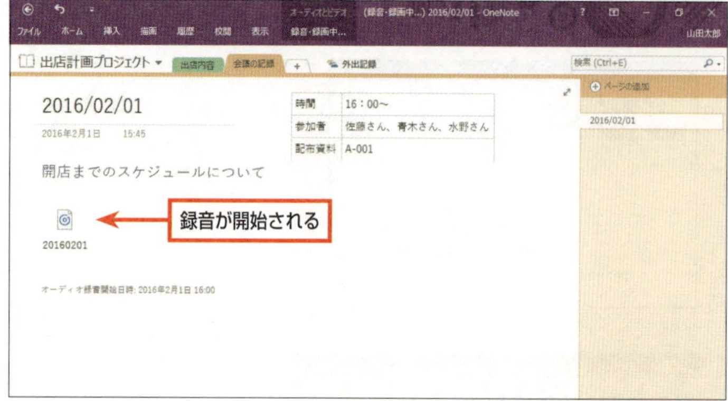

ヒント

音声の録音について

OneNoteでは、重要な会議の内容などを録音してその情報をノートに貼り付けられます。録音中は、内容についてメモをとることができます。メモの内容と音声の内容は相互に関連付けられますので、後で音声を聞きながらメモの内容を確認したり、メモを書いたところから音声を再生したりできます。

この章の10を参照

ヒント

マイクを用意しておく

音声を録音するには、パソコンにマイクが接続されている必要があります。ノートパソコンなどで、マイクが内蔵されているものは、それを利用することもできます。

ヒント

音声ファイルやビデオファイルのファイル形式について

録音した音声は、「.wma」のファイルとして保存されます。また、録画したビデオは、「.wmv」のファイルとして保存されます。

録音中にメモをとる

❶ 録音中にメモを書く場所をクリックする。

❷ メモの内容を入力する。

ヒント

録音時のメモの入力について

音声の録音中にメモを入力すると、どのタイミングでメモが入力されたのか情報が保存されます。あとで、音声を再生すると、メモを書いたタイミングでメモが反転表示されますので、何を話していたときにどんなメモを書いたのかがわかります。

参照

メモを入力した箇所の音声を再生する

この章の10

録音を停止する

❶ [録音・録画中] タブをクリックする。

➡ リボンが表示される。

❷ [再生] の [停止] をクリックする

➡ 録音が停止される。

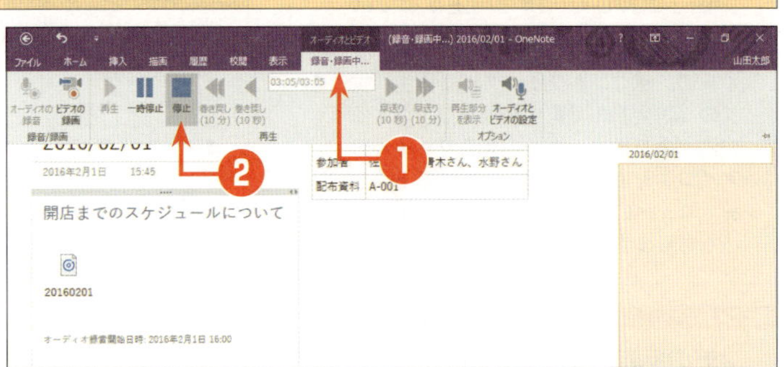

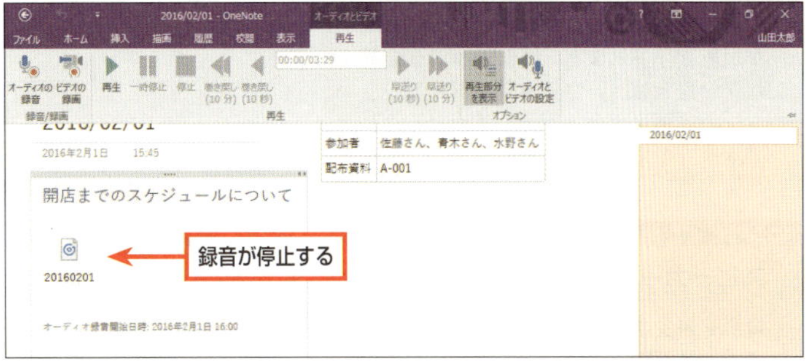

10 音声を再生するには

音声を始めから再生する

❶ 音声ファイルのアイコンをダブルクリックする。

➡音声が再生される。

❷ 音声の内容に合わせて、録音時に入力したメモが反転表示される。

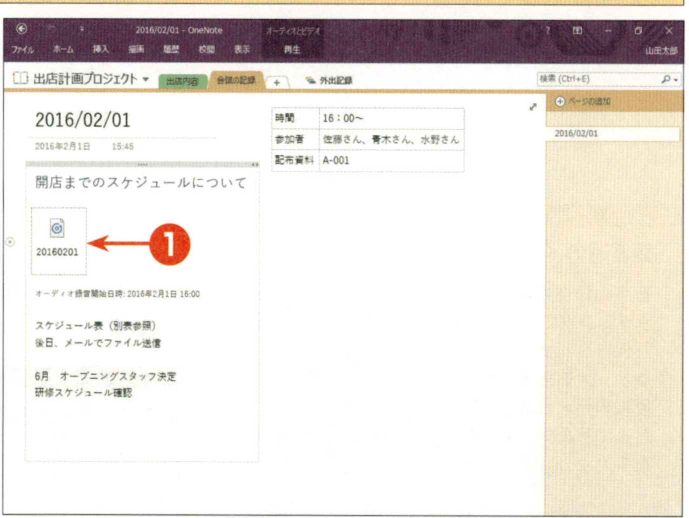

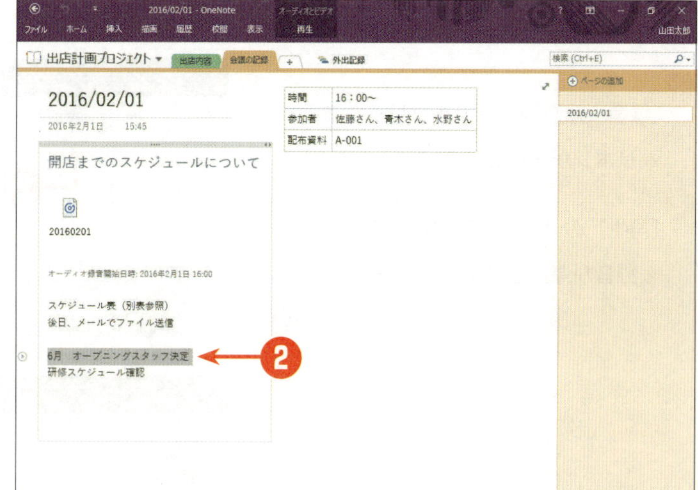

ヒント

[再生]を押して音声を再生するには

音声ファイルを再生するには、音声ファイルのアイコンをクリックし、[再生]タブの[再生]の[再生]をクリックする方法があります。また、音声ファイルのアイコンを右クリックし、ショートカットメニューの[再生]をクリックする方法もあります。

ヒント

メモの反転表示をやめるには

音声を再生すると、録音中に書いたメモが反転表示されます。反転表示する必要がない場合は、[再生]タブの[オプション]の[再生部分を表示]をクリックしてボタンをオフにします。

ヒント

スピーカーを用意する

音声を再生するには、スピーカーが必要です。音が聞こえない場合は、パソコンにスピーカーが接続されているか、またはパソコンに内蔵されているスピーカーが動作しているか、または音量が小さくなりすぎていないかなどを確認します。

参照

音声に含まれるキーワードを検索する

第7章の8

メモを書いた箇所から音声を再生する

❶ メモを入力した箇所をポイントする。

❷ 左側に表示されるアイコンをクリックする。

➡音声が再生される。

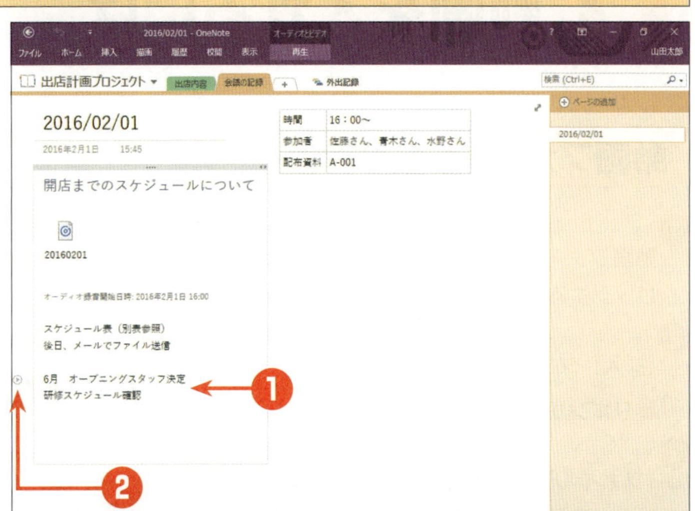

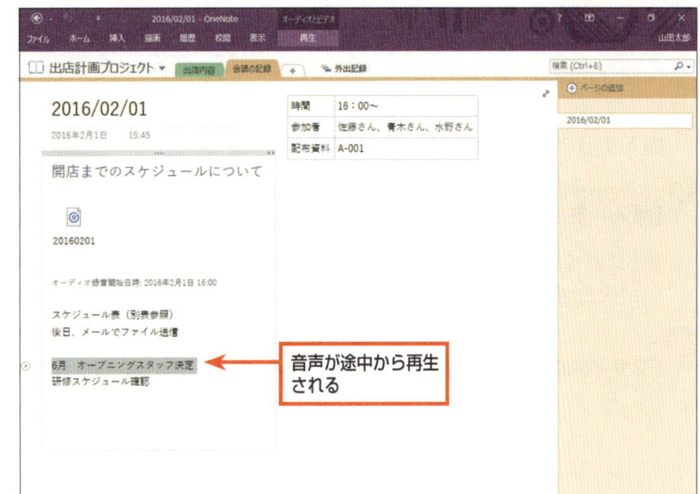

ヒント

巻き戻しや早送り、停止や一時停止をするには

音声ファイルを再生するときに、巻き戻しや早送りを行うには、[再生] タブに表示されているボタンを使用します。再生を途中でやめるには [再生] タブの [再生] の [停止] をクリックします。一時停止をするには [再生] タブの [再生] の [一時停止] をクリックします。

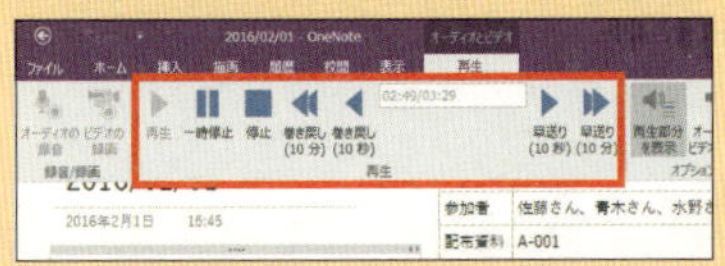

ヒント

ビデオ録画をするには

ビデオを取り込むカメラがパソコンに接続されている場合は、ビデオの録画をすることもできます。[挿入] タブの [録音/録画] の [ビデオの録画] をクリックすると、録画が開始されて録画される内容がウィンドウに表示されます。なお、音声録音と同様に、録画中にもメモをとることができます。メモを書いた箇所から動画を作成することなどもできます。

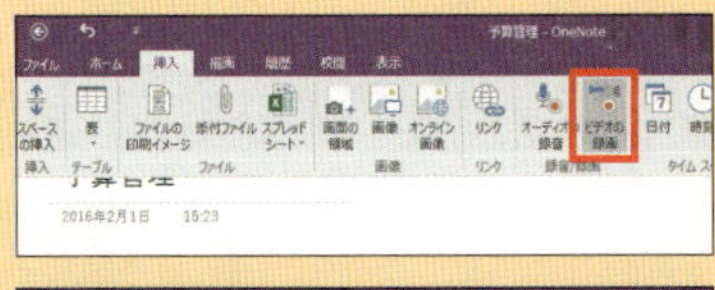

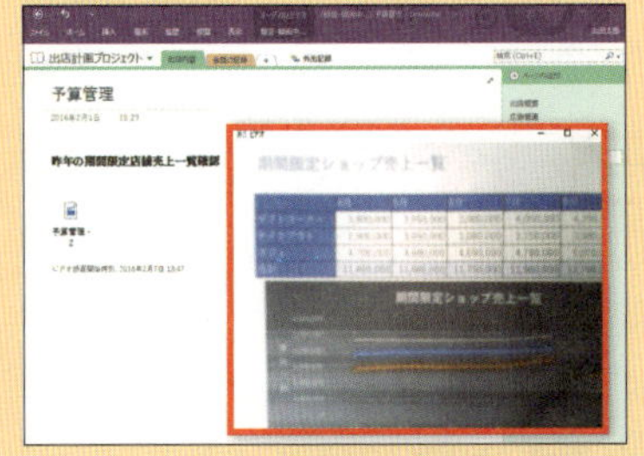

ヒント

音声を削除するには

音声ファイルを削除するには、音声ファイルのアイコンをクリックし、Delete を押します。

11 動画を入れるには

動画ファイルを貼り付ける

❶ 動画ファイルを貼り付ける場所をクリックする。

❷ [挿入] タブをクリックする。

➡リボンが表示される。

❸ [ファイル] の [添付ファイル] をクリックする。

➡[挿入するファイルの選択] ダイアログが表示される。

❹ 挿入するファイルを選択する。

❺ [挿入] をクリックする。

➡[ファイルの挿入] ダイアログが表示される。

❻ [ファイルの添付] をクリックする。

➡ファイルが貼り付く。

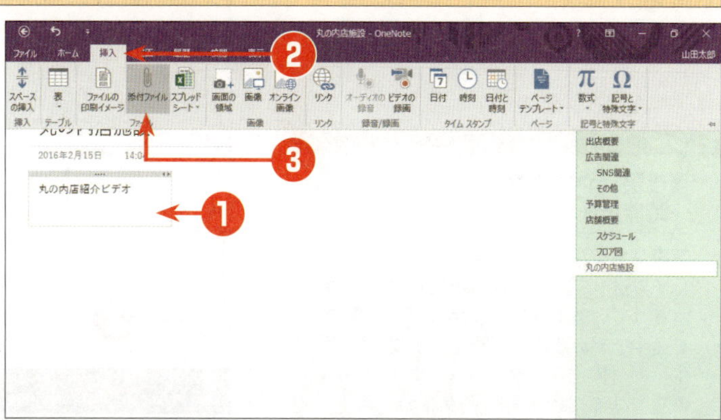

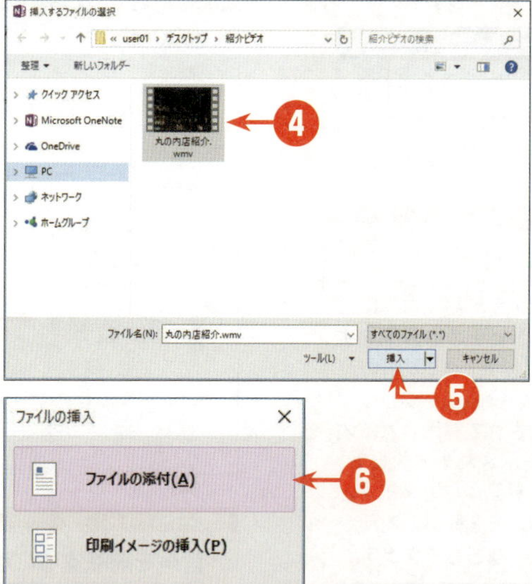

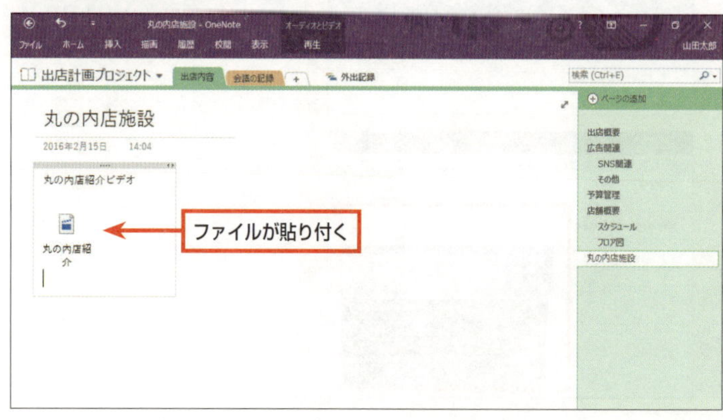

動画ファイルを再生する

❶ ファイルのアイコンをダブルクリックする。

➡挿入した動画ファイルが再生される。

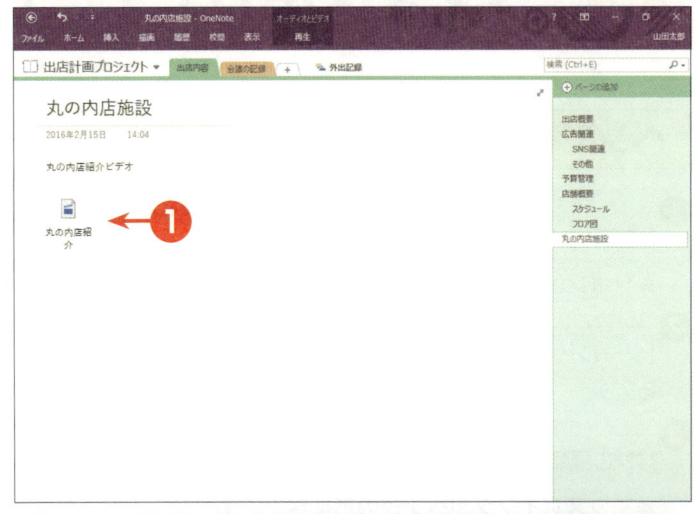

ヒント

ファイルのコピーとリンクについて

[挿入] タブの [ファイル] の [添付ファイル] をクリックし、動画ファイルをノートに貼り付けると、指定したファイルのコピーがノートに添付されます。コピーを貼り付けるのではなく、動画ファイルへのリンク情報をノートに貼り付けるには、[挿入] タブの [リンク] の [リンク] をクリックし、リンクする動画ファイルを指定する方法があります。

ヒント

ウィンドウの大きさを調整する

動画を再生すると、ウィンドウが開きます。ウィンドウの大きさを変更するには、ウィンドウの境界線上をドラッグします。ウィンドウを最大化するには、[最大化] をクリックします。なお、動画の形式によっては、表示されるウィンドウが異なります。

ヒント

巻き戻しや早送り、停止や一時停止をするには

動画ファイルを再生するときに、巻き戻しや早送りを行うには、[再生] タブに表示されているボタンを使用します。また、再生を途中でやめるには [再生] タブの [再生] の [停止] をクリックします。一時停止をするには [再生] タブの [再生] の [一時停止] をクリックします。

12 ペンを使用してノートにメモを書くには

ペンで線を描く

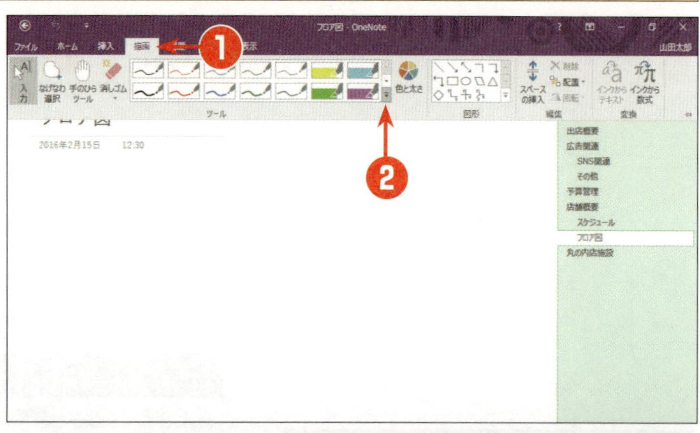

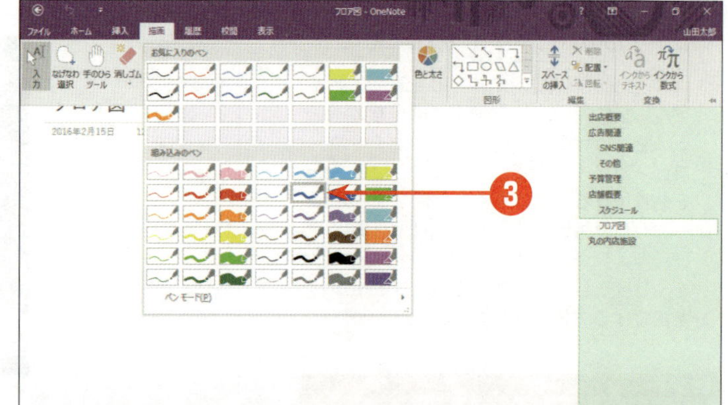

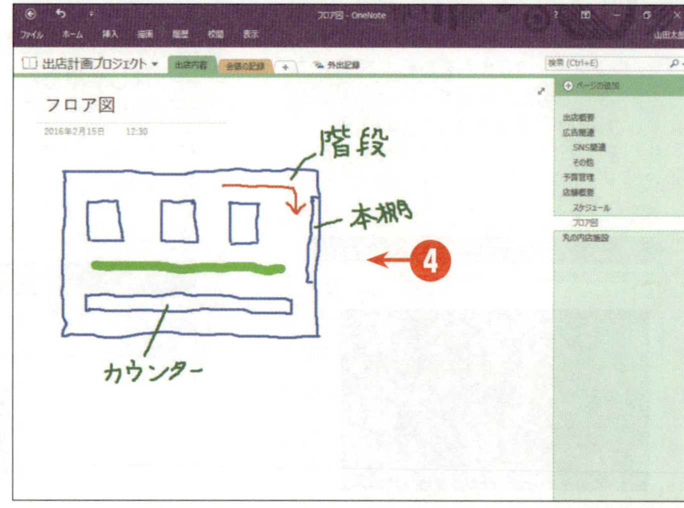

❶ ［描画］タブをクリックする。

➡ リボンが表示される。

❷ ［ツール］の［その他］をクリックする。

❸ ペンの種類をクリックし、選択する。

➡ マウスポインタがペン先の形になり、ペンを使用する準備ができる。

❹ ページ上をドラッグする。

➡ 線が表示される。

ヒント

描画機能について

OneNoteでは、マウスやタブレットペンなどを使用して文字やイラストを描けます。タッチパネル対応ディスプレイなら、指で文字やイラストを描くこともできるでしょう。紙のノートと同じように手書き感覚で自由な線を描けます。

ペンの種類や色の組み合わせを変える

❶ ［描画］タブをクリックする。

➡リボンが表示される。

❷ ［ツール］の［色と太さ］をクリックする。

➡［色と太さ］ダイアログが表示される。

❸ 線の種類を選択する。

❹ 線の太さを指定する。

❺ 線の色を指定する。

❻ ［OK］をクリックする。

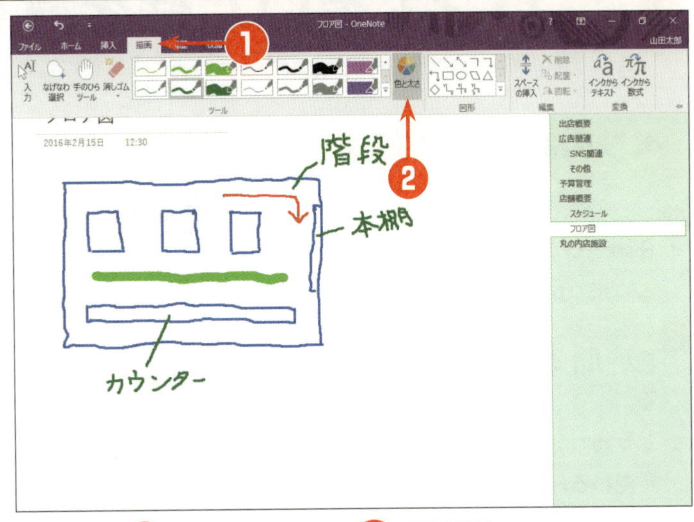

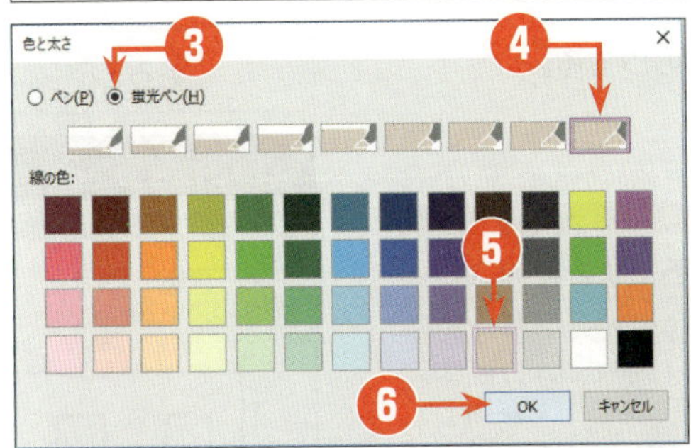

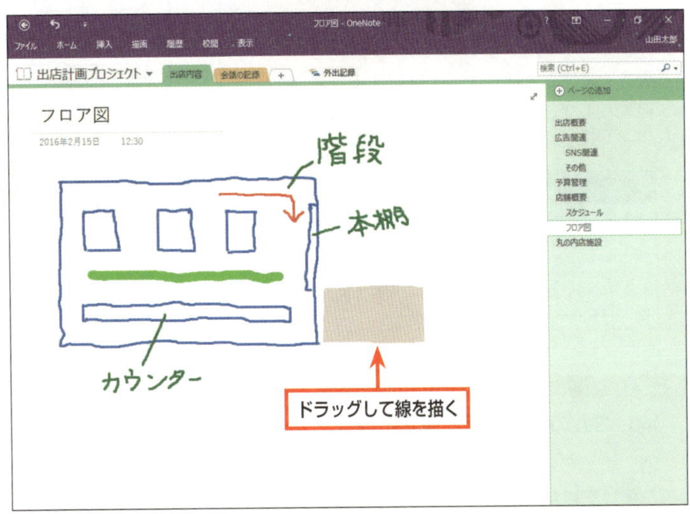

ヒント

手書きテキストと描画

ペンを使用して何かを描くと、手書きテキストまたは描画と認識されます。

この章のコラム「手書きテキストと描画について」を参照

ヒント

ペンの状態を元に戻すには

ペンを使用する状態から文字を書く状態に戻るには、Esc を押します。

13 ペンで描いた線を消すには

ペンの線を消す

❶ ［描画］タブをクリックする。

➡リボンが表示される。

❷ ［ツール］の［消しゴム］をクリックする。

➡マウスポインタの形が消しゴムに変わる。

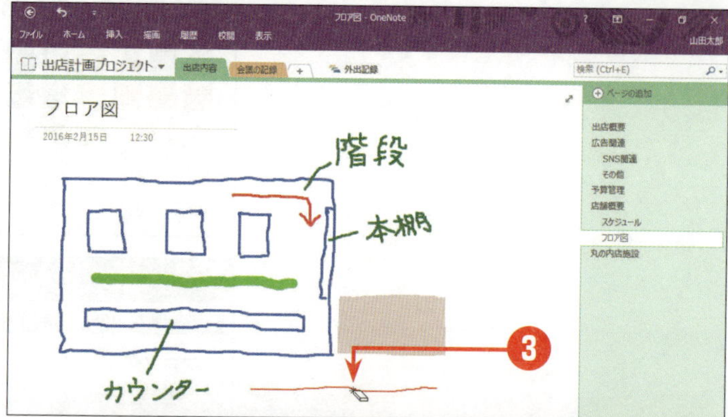

❸ 消去する線をクリックする。

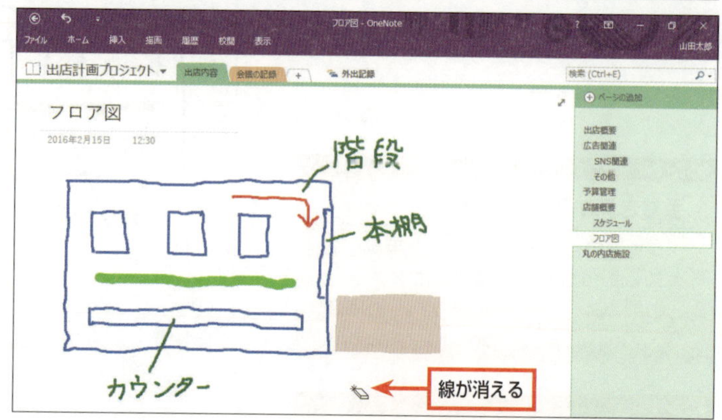

ヒント

ドラッグしたところだけを消すには

紙の上をごしごしと擦るような感覚で消しゴムを使用するには、消しゴムの種類を変更します。［描画］タブの［ツール］の［消しゴム］の▼をクリックし、「小」「中」「大」のいずれかを選択します。細かい部分を消すときは「小」、全体的に大きく消すときは「大」を選択するとよいでしょう。「ストローク」を選択すると、ペンで描いた一筆分を一度に消せます。

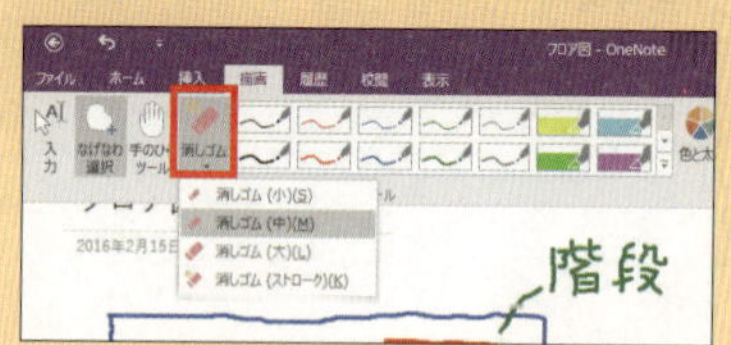

ヒント

消しゴムの状態を元に戻すには

消しゴムの状態から元の文字を入力する状態に戻るには、Escを押します。

ヒント

ペンで描いた内容を移動するには

ペンで描いた内容を移動するには、ペンで描いた部分を選択し、ドラッグします。

線で囲った範囲を削除するには

1. ［描画］タブをクリックする。
   ➡リボンが表示される。
2. ［ツール］の［なげなわ］をクリックする。
3. 選択する範囲を囲むようにドラッグする。
4. Deleteキーを押す。

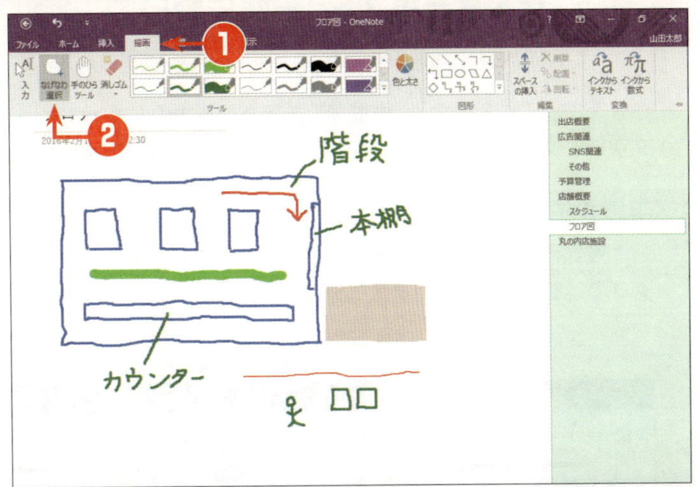

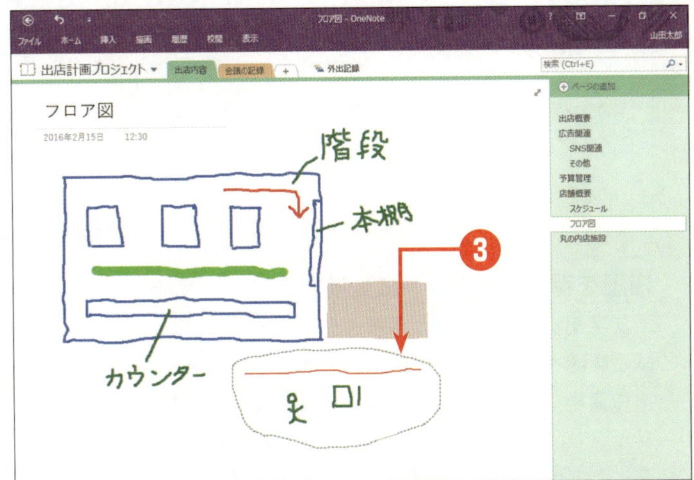

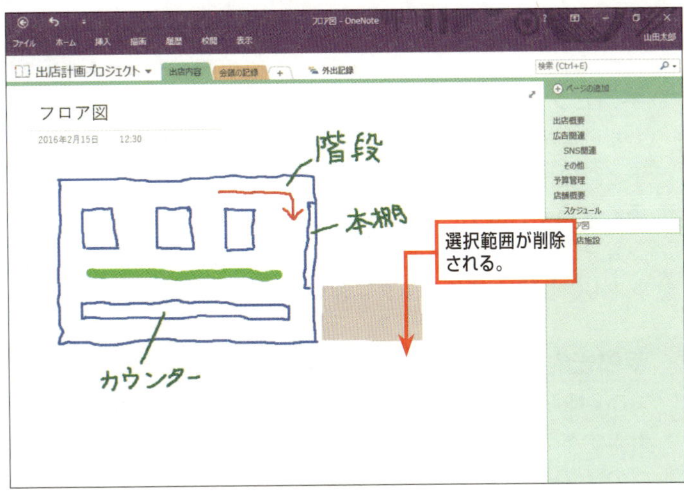

ヒント

なげなわ機能で選択範囲を指定する

なげなわを使用すると、ペンで描いた部分を囲むようにドラッグして選択できます。なげなわを使用する状態を解除して文字を入力する状態に戻るには、Escを押します。

コラム 手書きテキストと描画について

ペンを使って線を描くと、手書きテキストか描画のどちらかとして認識されます。手書きテキストは、あとで文字に変換することもできます。手書きの文字を扱う方法について知っておきましょう。

手書きテキストとは

手書きテキストを文字に変換するには、①なげなわを使用して変換する文字を選択したあとに、②［描画］タブの［変換］の［インクからテキスト］をクリックします。

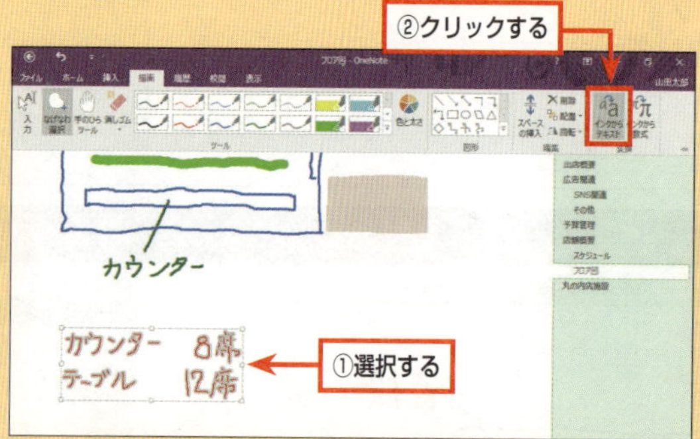

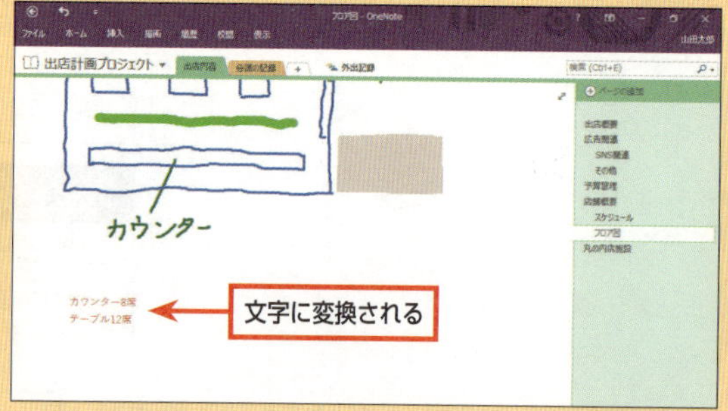

描画を手書きテキストに変換する

文字を描いたつもりが手書きテキストではなく描画と認識されてしまった場合は、描画を手書きテキストに変換できます。それには、描画を選択して右クリックし、ショートカットメニューの［選択したインク］をポイントし、［手書きテキスト］をクリックします。

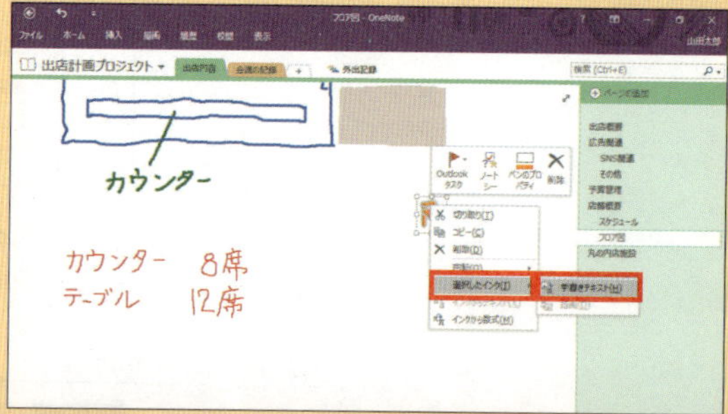

手書きテキストを描画に変換する

描画を描いたつもりが描画ではなく手書きテキストと認識されてしまった場合は、手書きテキストを描画に変換できます。描画を選択して右クリックし、ショートカットメニューの［選択したインク］をポイントし、［描画］をクリックします。

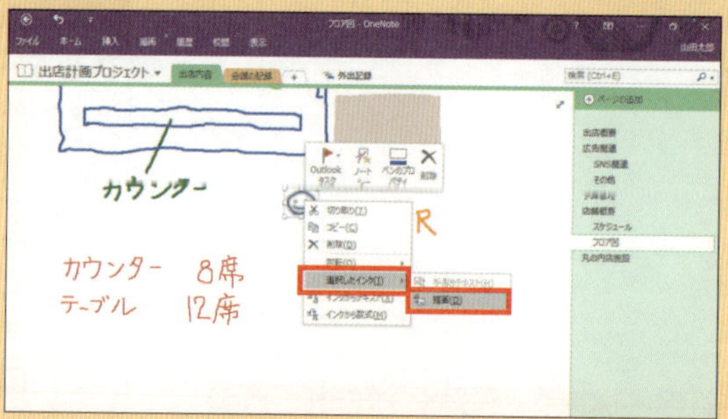

手書き内容の初期設定について

OneNoteでは、ペンを使用して何かを描くと、その内容に応じて手書きテキストか描画のどちらかと認識されますが、常に手書きテキストまたは描画と認識されるように指定することもできます。設定は、［描画］タブの［ツール］の［その他］をクリックし、［ペンモード］を選択すると表示されるメニューで指定します。

ドキュメントやネットの情報と連携して活用する

第 5 章

OneNoteは、ノート以外のさまざまな情報を扱うことができます。たとえば、他のアプリケーションソフトで作成したファイルや、ファイルの印刷イメージ、リンク情報をノートに貼り付けられます。また、リンクノート機能を利用すると、ノートにメモを書いていたときに見ていたドキュメントファイルやWebページを記録しておくことができます。さまざまな情報との連携機能について知りましょう。

1 他のファイルを参照するには

OneNoteでは、メモに関連する資料をわかりやすく整理するのに便利な機能がいろいろと用意されています。

たとえば、資料の一部をノートに貼り付けたり、必要な資料をすぐに開けるようにリンクを設定したり、メモを書いたときに参照していたドキュメントやWebページのリンク情報を自動的に保存したりできます。さまざまな情報を一括管理して利用する方法を知りましょう。

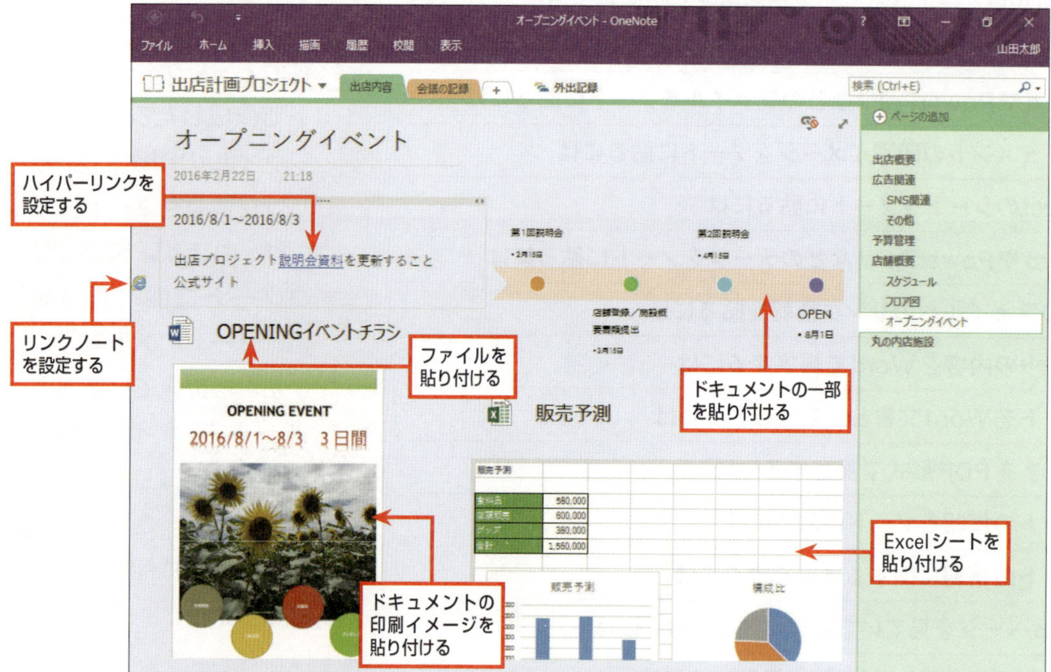

さまざまな連携方法

リンクノートを設定する	OneNoteにメモを入力するだけで、編集中のWordのカーソル位置、PowerPointのスライド、OneNoteの編集箇所、表示しているWebページへ自動的にリンクを設定する。メモを選択すると表示されるアイコンをクリックすると、リンク先の情報が表示される
ファイルを貼り付ける	ファイルのコピーをアイコンの形で貼り付ける。アイコンをダブルクリックすると、ファイルが開く
ドキュメントの印刷イメージを貼り付ける	ファイルの印刷イメージを貼り付ける。貼り付けたイメージ図から、文字情報だけをコピーして利用することもできる
Excelシートやグラフを貼り付ける	Excelシートやグラフを貼り付ける。貼り付けたシートやグラフは、Excelの機能を利用して編集することもできる
ドキュメントの一部を貼り付ける	ドキュメントファイルやWebページの内容の一部をコピーして貼り付ける
ハイパーリンクを設定する	他のページやドキュメント、Webページなどを開くためのハイパーリンクを設定する

2 OneNoteからドキュメントに関するメモを書くには

作業中のドキュメントへのリンクを設定する

1 ［表示］タブをクリックする。

➡リボンが表示される。

2 ［表示］の［デスクトップの端に表示］をクリックする。

➡OneNoteが画面の端に表示され、リンクノートの作成が有効になる。

➡ページの左上にチェーンリンクアイコンが表示される。

リンクノートの作成が有効の状態

リンクノートの作成を中断している状態

3 WordやPowerPointのファイルやOneNoteのページを開いて作業を行う。

4 作業内容に関するメモをOneNoteに記述する。

➡リンクノートに関するメッセージが表示される。

5 ［OK］をクリックする。

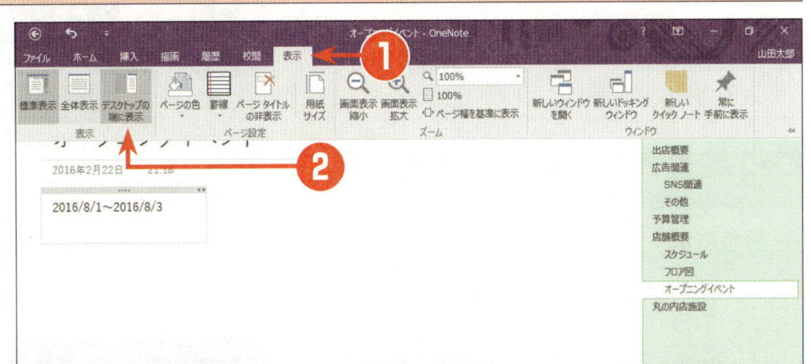

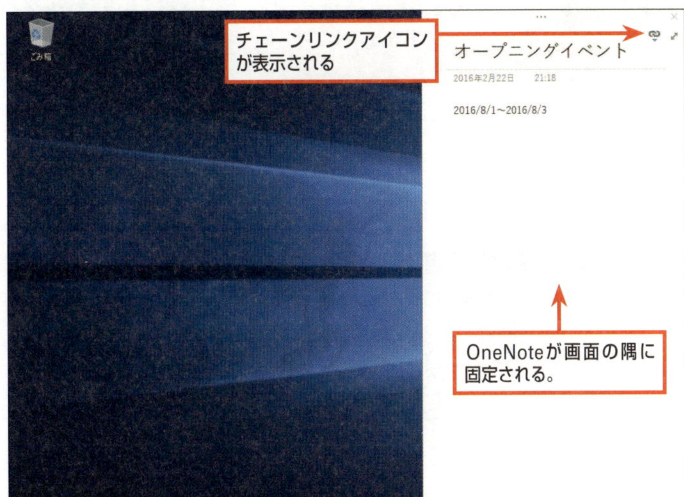

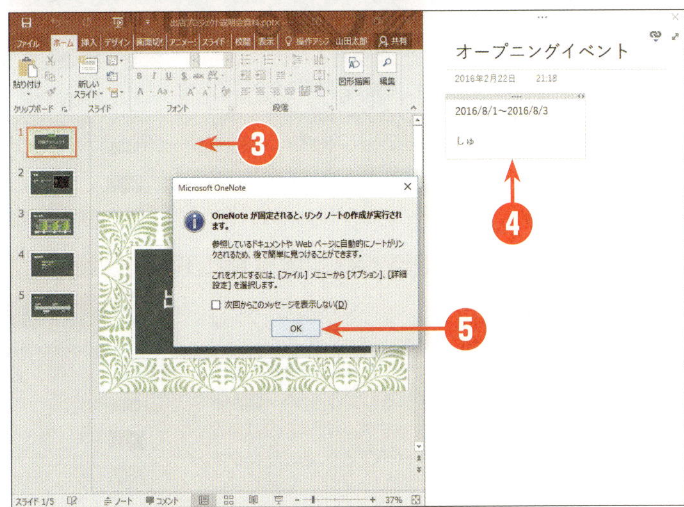

6 OneNoteにメモを追加する。

➡リンクノートが作成され、リンク先を示すアイコンが表示される。

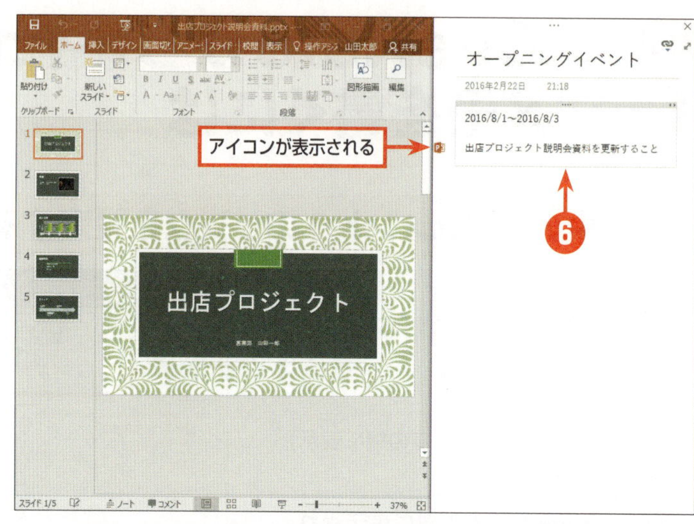

ヒント

文字に書式を付けたり描画機能を使うには

リンクノート機能を利用中に、文字に飾りを付けたり、描画機能を使いたい場合は、画面上部の［・・・］をクリックします。すると、タブとリボンが表示されます。ページ欄をクリックすると、タブとリボンは自動的に閉じます。

以前のOneNoteとの変更点

OneNote2010以降では、リンクノート機能を利用できます。

用語

リンクノート機能

リンクノート機能とは、ノートを画面の端に寄せてメモを書くだけで、そのときに作業しているWordのページやPowerPointのスライド、Webページへリンクを設定する機能です。リンクノートを作成すると、どのドキュメントに関するメモなのか、どのWebページに関するメモなのかなど、リンク先をわざわざ指定しなくても、自動的にリンク情報が保存されます。

ヒント

元の表示に戻すには

リンクノートの作成を無効にし、元のOneNoteの画面に戻すには、［標準表示］をクリックします。または、画面上部の［・・・］をクリックし、［表示］タブの［表示］の［標準表示］をクリックします。

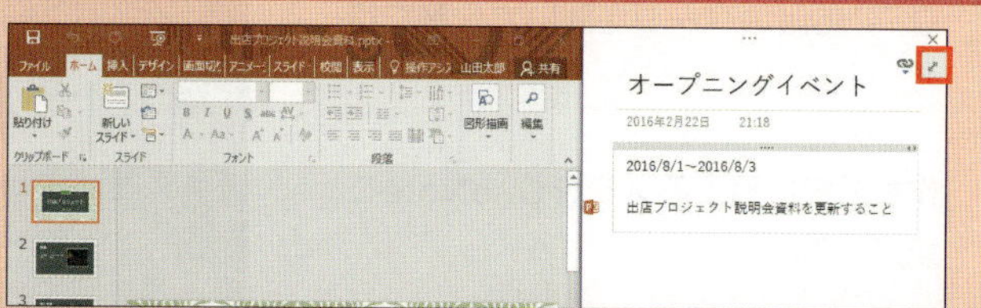

ヒント

リンクノートの作成をやめるには

ノートにメモを書いたときに自動的にリンクが設定されないようにするには、リンクノートの作成を中断します。ページの左上のチェーンリンクアイコンをクリックし、［リンクノートの作成を中断］をクリックます。

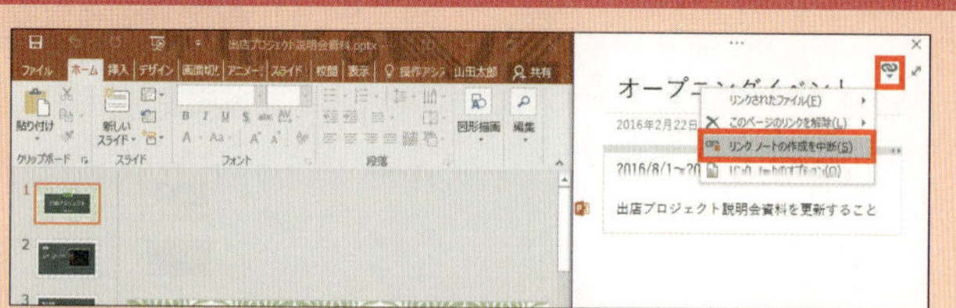

ヒント

リンクを解除するには

リンク情報を解除するには、ページ左上のチェーンリンクアイコンをクリックし、［このページのリンクを解除］をポイントし、表示されるリンク先の一覧から解除するリンク先をクリックします。すべてのリンク先を解除するには、［このページのすべてのリンクを解除］をクリックします。

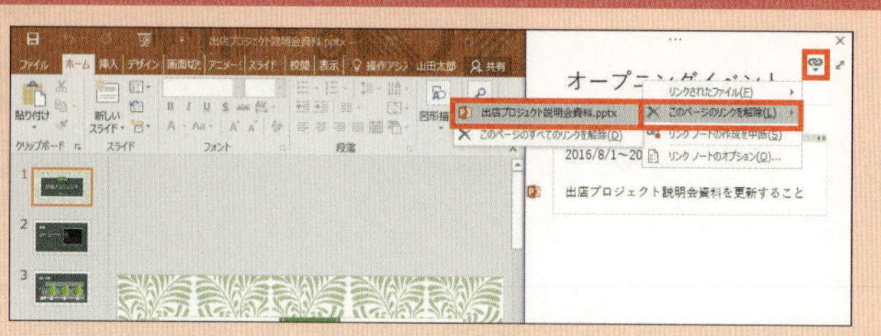

リンクノートの内容を確認する

❶ メモの横に表示されるアイコンをポイントする。

➡リンク先のファイル情報が表示される。

❷ アイコンをクリックする。

➡セキュリティに関する警告メッセージが表示される。

❸ 内容を確認し、[OK] をクリックする。

➡リンクノートを作成したときに表示していたスライドが表示される。

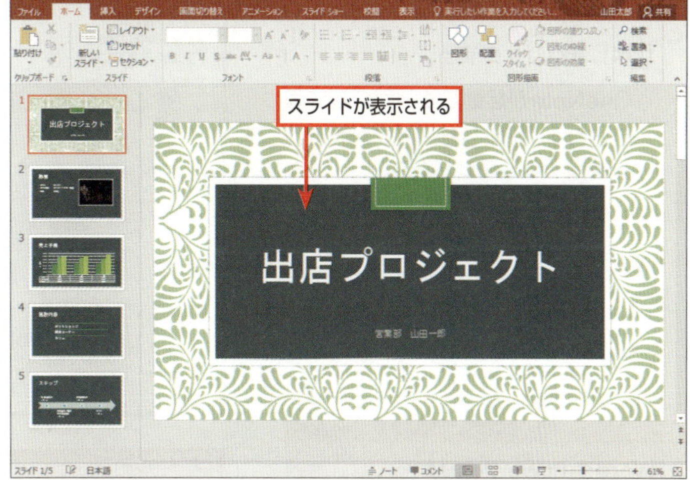

ヒント

リンクノート機能の有効／無効を切り替えるには

リンクノート機能を無効にするには、[ファイル] タブをクリックし、[オプション] をクリックします。[OneNote オプション] ダイアログで [詳細設定] をクリックし、[リンクノート] オプションの [新しいリンクノートを作成できるようにする] のチェックを外します。機能を有効にするには、チェックを付けます。

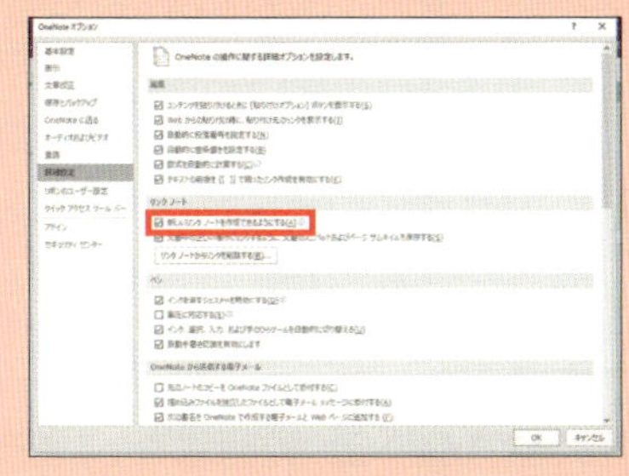

ヒント

リンクされているファイルを確認するには

リンクノートを作成すると、ページの右上にリンク情報を示すチェーンリンクアイコンが表示されます。チェーンリンクアイコンをクリックし、[リンクされたファイル] をポイントすると、リンク先のファイルを確認できます。

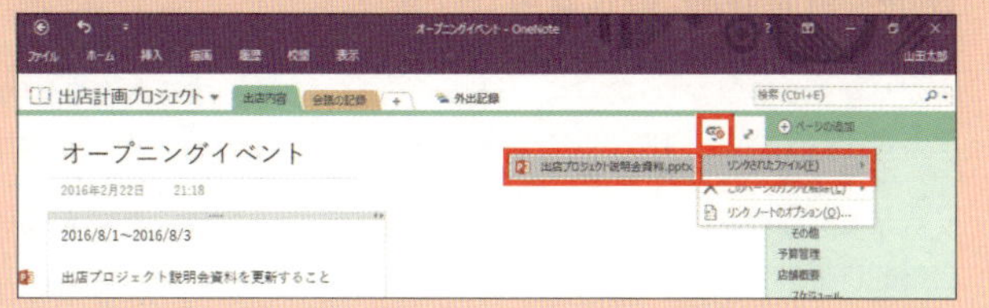

3 ドキュメント作成中に関連するメモを書くには

WordやPowerPointからリンクノートを作成する

1 WordやPowerPointで作業を行う。

2 [校閲] タブをクリックする。

➡リボンが表示される。

3 [OneNote] の [リンクノート] をクリックする。

➡[OneNoteの場所の選択] ダイアログが表示される。

4 作業中のファイルに関連する内容を入力するセクションやページを選択する。セクションを選択した場合は、指定したセクションに新しいページが追加される。

5 [OK] をクリックする。

➡OneNoteが起動して画面の端に固定される。指定したページが表示される。

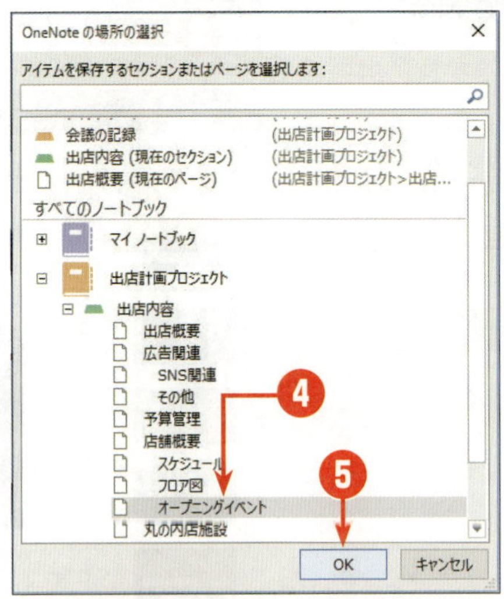

ヒント
WordやPowerPointからリンクノートを作成するには

WordやPowerPointの作業中にOneNoteでメモをとりたいときは、作業中のアプリケーションからリンクノートを作成します。すると、OneNoteが起動します。メモを書くと、作業中のページや、スライドの情報がリンク先の情報として自動的に保存されます。

ヒント
OneNoteのページからリンクノートを作成する

OneNoteのページを開いて作業を行っているとき、作業中のページに関する内容を他のページから参照できるようにするには、作業中のページからリンクノートを作成します。その場合も、[校閲] タブの [ノート] の [リンクノート] をクリックします。すると、[OneNoteの場所の選択] ダイアログが表示されます。セクションやページを選択してメモを追加します。

6 作業内容に関するメモをOneNoteに記述する。

➡リンクノートに関するメッセージが表示される。

7 ［OK］をクリックする。

8 OneNoteにメモを追加する。

➡リンクノートが作成されてリンク先を示すアイコンが表示される。

ヒント

既にリンク情報が設定されている場合

リンクノートが既に作成されているドキュメントの場合は、［校閲］タブの［OneNote］の［リンクノート］をクリックすると、OneNoteが起動し、リンクノートが作成されているページが表示されます。また、複数のページにリンクノートが作成されている場合は、［検索結果］ウィンドウにページ一覧が表示されます。表示するページをクリックすると、ページが開きます。

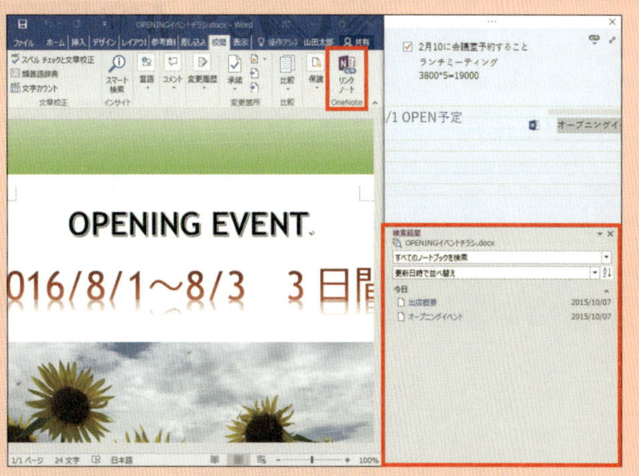

4 WordやPowerPointなどのファイルをノートに貼るには

ファイルのコピーをノートに貼る

❶ ファイルを貼り付ける場所をクリックする。

❷ ［挿入］タブをクリックする。

➡リボンが表示される。

❸ ［ファイル］の［添付ファイル］をクリックする。

➡［挿入するファイルの選択］ダイアログが表示される。

❹ 貼り付けるファイルを選択する。

❺ ［挿入］をクリックする。

➡［ファイルの挿入］ダイアログが表示される。

❻ ［ファイルの添付］をクリックする。

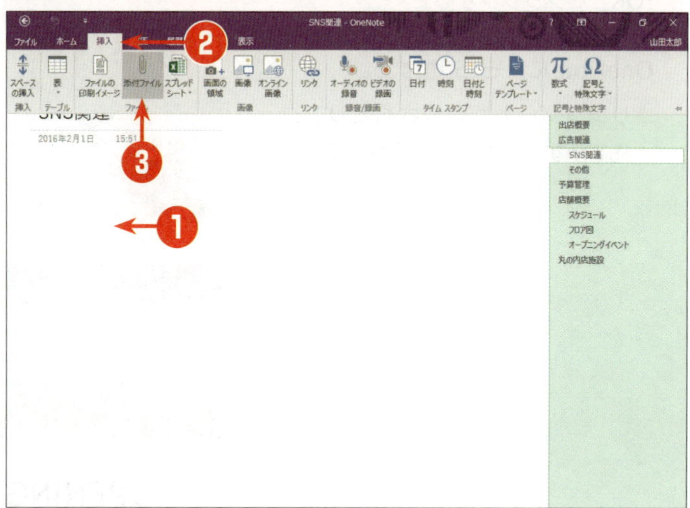

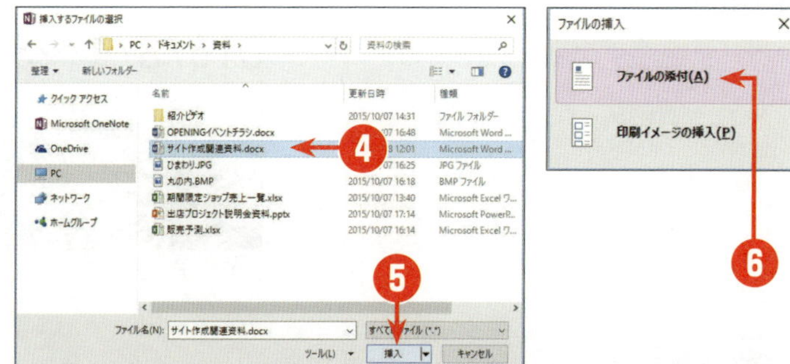

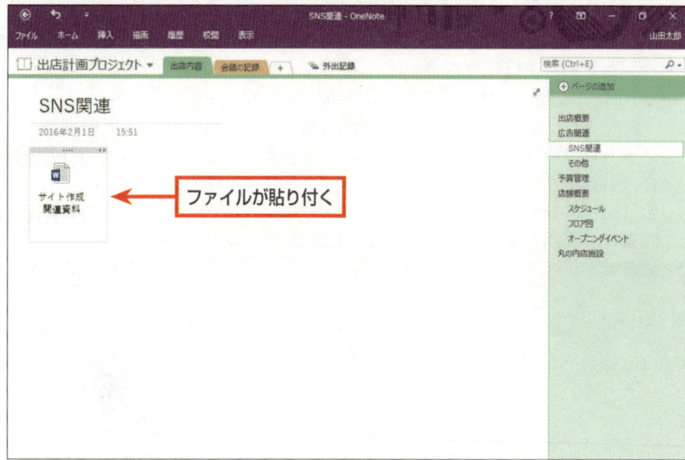

ヒント

元のファイルとの関係について

［挿入］タブの［ファイル］の［添付ファイル］をクリックして、［ファイルの挿入］ダイアログで［ファイルの添付］を選択すると、元のファイルのコピーがノートに貼り付けられます。元のファイルとの関連性はありませんので、OneNoteのページから貼り付けられたファイルを開いて内容を編集した場合、元のファイルは変更されません。なお、元のファイルを編集したい場合は、貼り付けたファイルを右クリックして［オリジナルを開く］をクリックして開く方法があります。

ファイルを開く

❶ ファイルアイコンをダブルクリックする。

➡警告メッセージが表示される。

❷ 内容を確認し、［OK］をクリックする。

➡ファイルが開く。

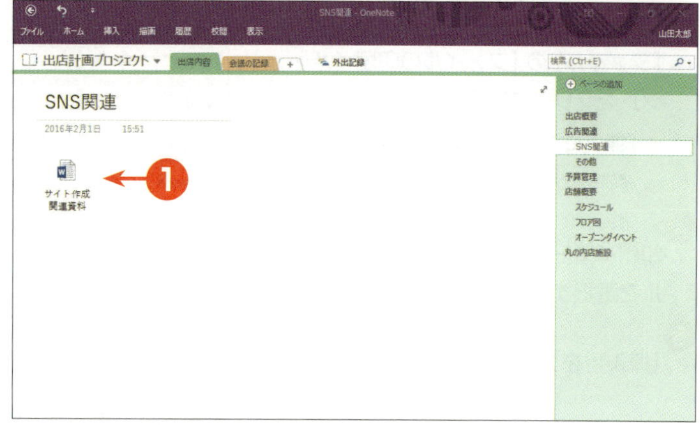

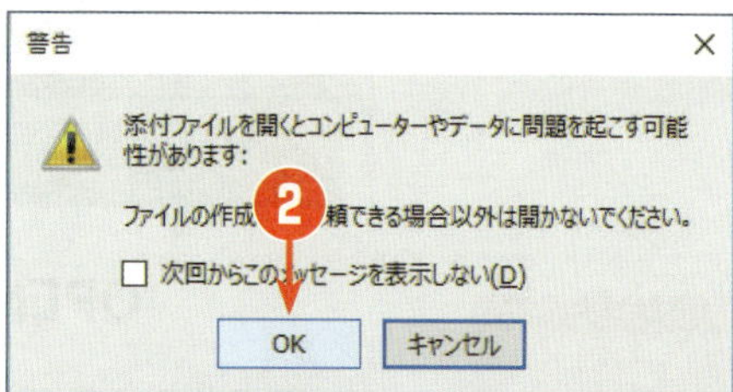

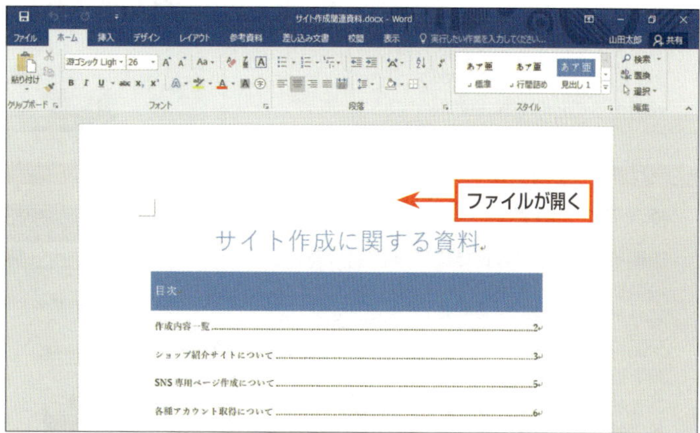

以前のOfficeとの変更点

OneNote2013以降では、［添付ファイル］をクリックし、ファイルを選択すると［ファイルの挿入］ダイアログが表示されます。［ファイルの挿入］ダイアログでファイルを貼り付ける方法を選択できます。

5 ドキュメントの印刷イメージをノートに貼るには

WordやExcelファイルなどの印刷イメージを貼る

1. 印刷イメージを貼り付ける箇所をクリックする。
2. ［挿入］タブをクリックする。
   ➡リボンが表示される。
3. ［ファイル］の［ファイルの印刷イメージ］をクリックする。
   ➡［挿入するドキュメントの選択］ダイアログが表示される。
4. 印刷イメージとして貼り付けるファイルを選択する。
5. ［挿入］をクリックする。

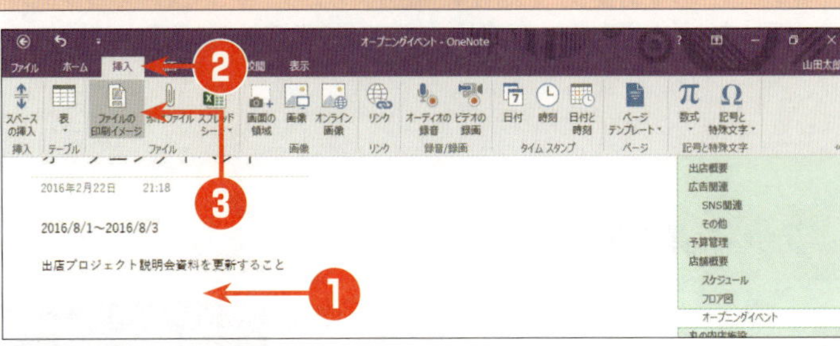

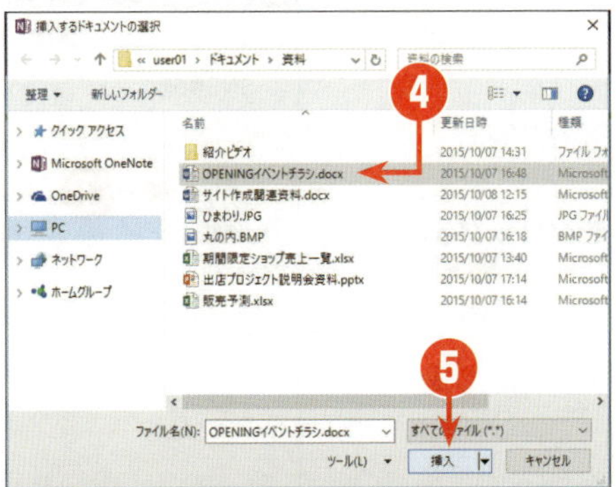

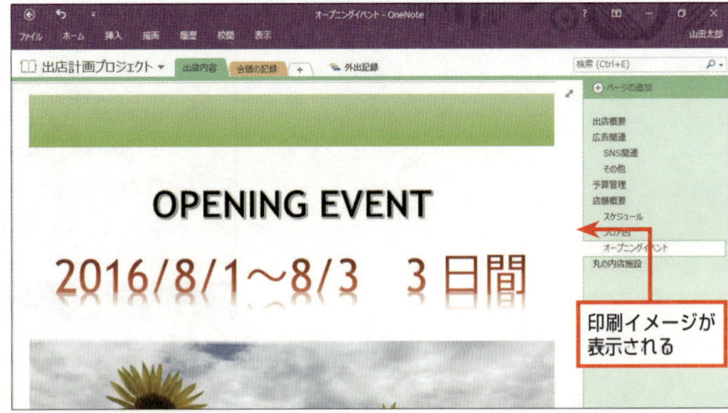

ヒント
印刷イメージについて

OneNoteでは、ファイルを印刷したときのイメージ図をノートに貼り付けられます。印刷イメージから文字をコピーして利用することもできます。

ヒント
挿入元について

印刷イメージを貼り付けると、貼り付け元のファイルのコピーが貼り付きます。OneNote2013以降では、貼り付いたファイルを編集し、編集内容を印刷イメージ図に反映させることもできます。なお、元のファイルを編集したい場合は、貼り付けたファイルのアイコンを右クリックして［オリジナルを開く］をクリックして開く方法があります。

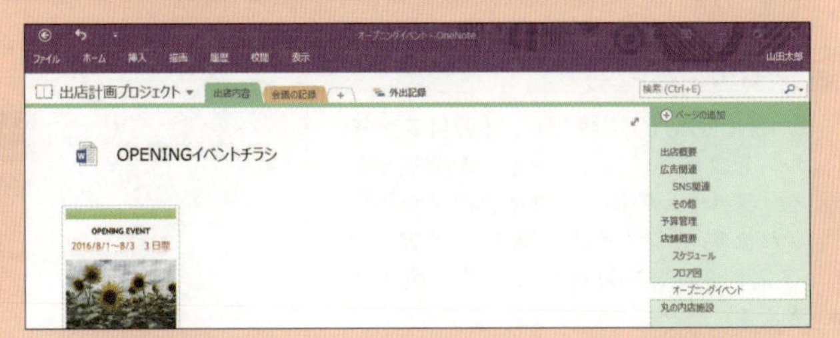

ヒント

印刷イメージの大きさを変更するには

ノートに貼り付けた印刷イメージは、画像と同じように大きさを変えたり、移動したりすることができます。見やすいように位置や大きさを変更しておきましょう。

第4章の2を参照

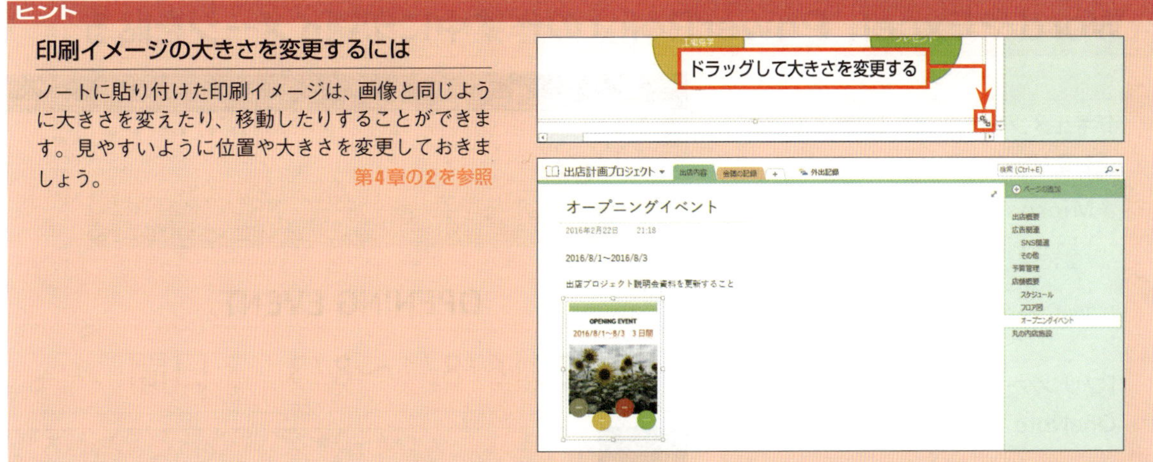

ドラッグ操作で貼り付ける

1. 印刷イメージを貼り付けるファイルを表示する。
2. ファイルアイコンを貼り付けたい場所にドラッグする。
   ➡［ファイルの挿入］ダイアログが表示される。
3. ［印刷イメージの挿入］をクリックする。
   ➡印刷イメージが貼り付く。

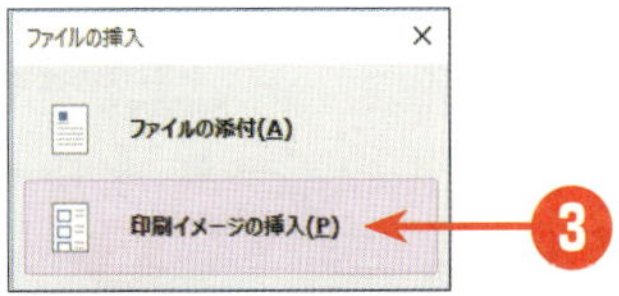

以前のOfficeとの変更点

OneNote2013以降では、貼り付けたファイルを編集後、編集内容を印刷イメージに反映させることができます。ファイルアイコンを右クリックして［印刷イメージの更新］をクリックします。

WordやExcel、PowerPointの作業中に印刷イメージを貼る

1. ドキュメント作成中に［ファイル］タブをクリックする。
   ➡ Microsoft Office Backstageビューが表示される。
2. ［印刷］をクリックする。
3. ［プリンター］ボックスで［Send To OneNote 16］を選択する。
4. ［印刷］をクリックする。
   ➡［OneNoteの場所の選択］ダイアログが表示される。
5. ［OneNoteの場所の選択］ダイアログで印刷イメージを貼り付けるセクションやページをクリックする。
6. ［OK］をクリックする。
   ➡ 印刷イメージが貼り付く。

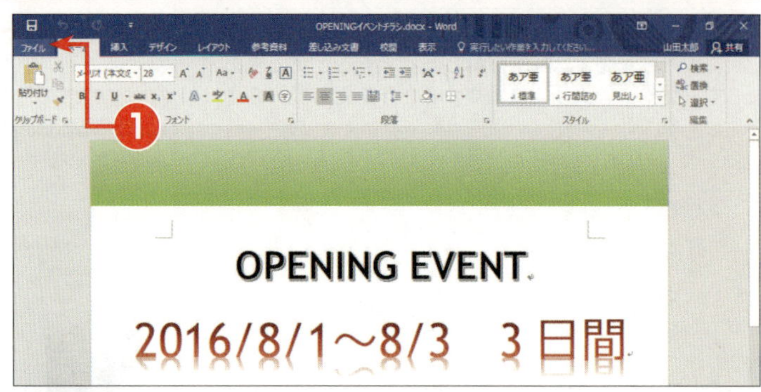

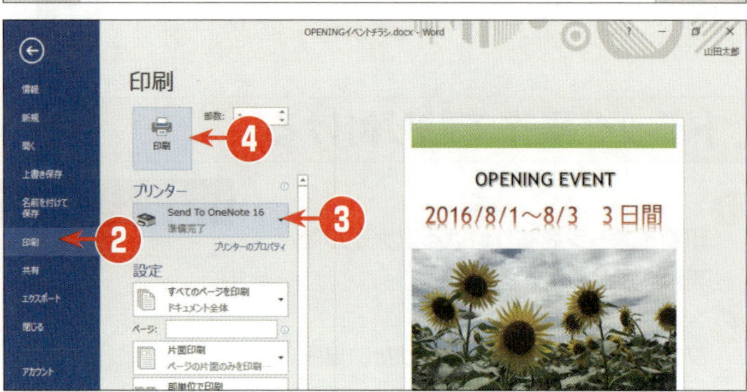

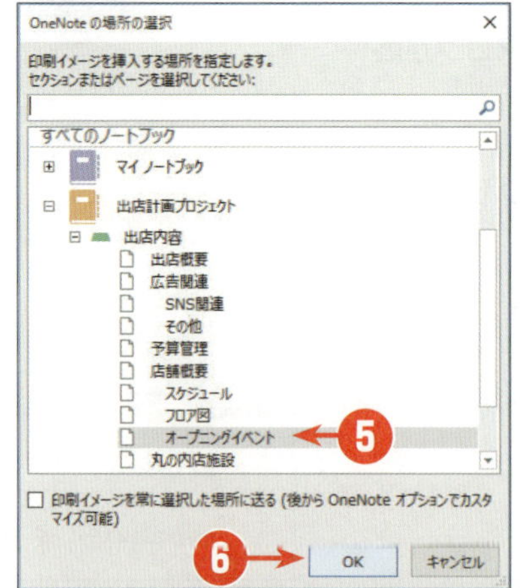

ヒント

セクションを選択した場合は

印刷イメージの貼り付け先として、セクションを選択した場合は、指定したセクションに新しいページが追加され、そこに印刷イメージが表示されます。

印刷イメージからテキストをコピーする

❶ 印刷イメージを右クリックする。

❷ ショートカットメニューの［印刷イメージのこのページからテキストをコピー］をクリックする。

❸ コピーした文字を貼り付ける場所をクリックする。

❹ ［ホーム］タブをクリックする。

❺ ［クリップボード］の［貼り付け］の▼をクリックする。

❻ ［テキストのみ保持］をクリックする。

➡コピーした文字が貼り付けられる。

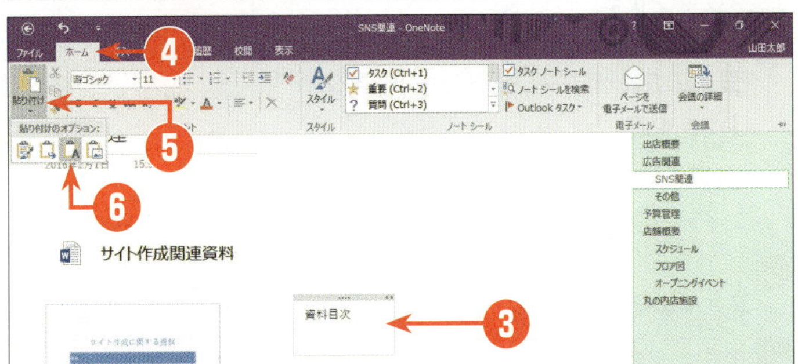

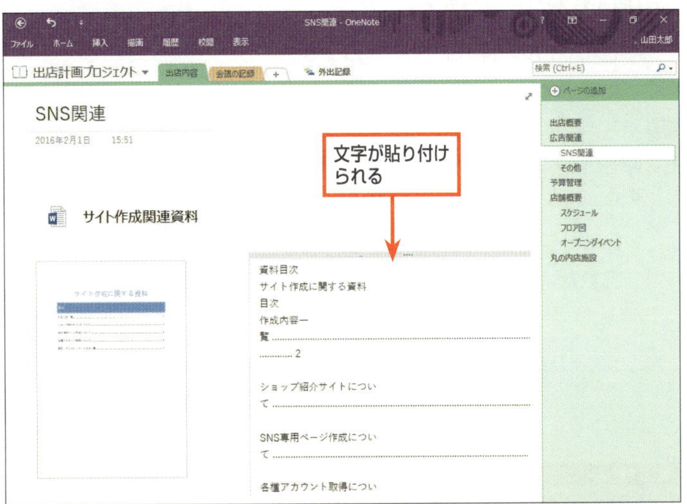

ヒント

テキストのコピーについて

印刷イメージとして貼り付けたドキュメントから、文字情報をコピーして利用することができます。文字だけを別の場所に貼り付けて編集する場合などに、知っておくと便利です。

ヒント

すべてのページの文字情報をコピーするには

印刷イメージのドキュメントの全ページから文字をコピーするには、手順②で［印刷イメージの全ページからテキストをコピー］をクリックします。

Excelのシートをノートに貼るには

Excelのシートを貼る

1. Excelファイルを貼り付ける場所をクリックする。
2. [挿入] タブをクリックする。
   - リボンが表示される。
3. [ファイル] の [スプレッドシート] をクリックする。
4. [既存のExcelスプレッドシート]をクリックする。
   - [挿入するドキュメントの選択] ダイアログが表示される。
5. ファイルを選択する。
6. [挿入] をクリックする。
   - [ファイルの挿入] ダイアログが表示される。
7. [スプレッドシートの挿入]をクリックする。
   - Excelファイルのコピーが貼り付けられた。

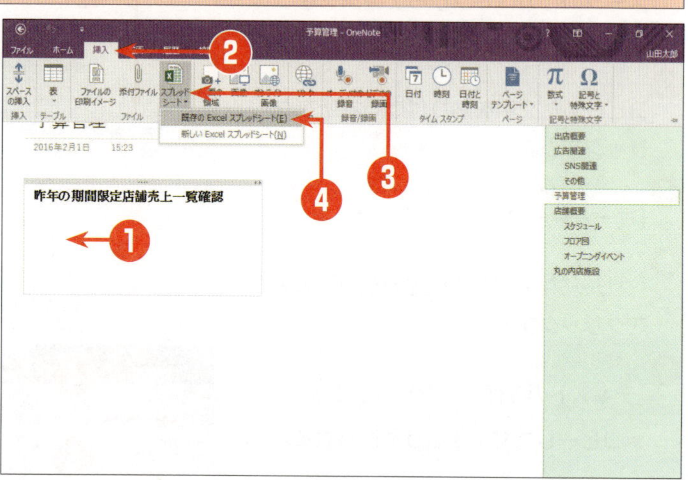

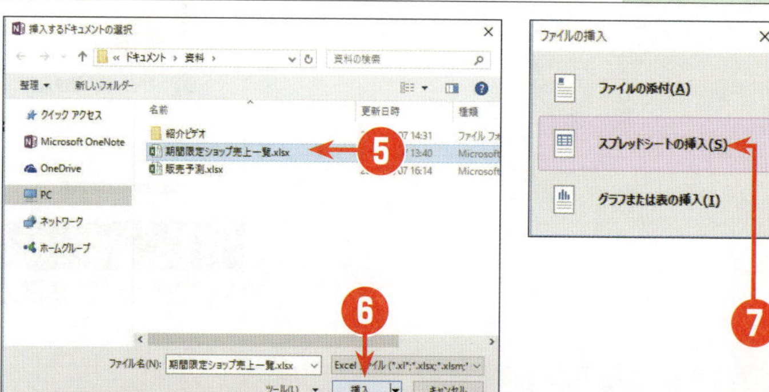

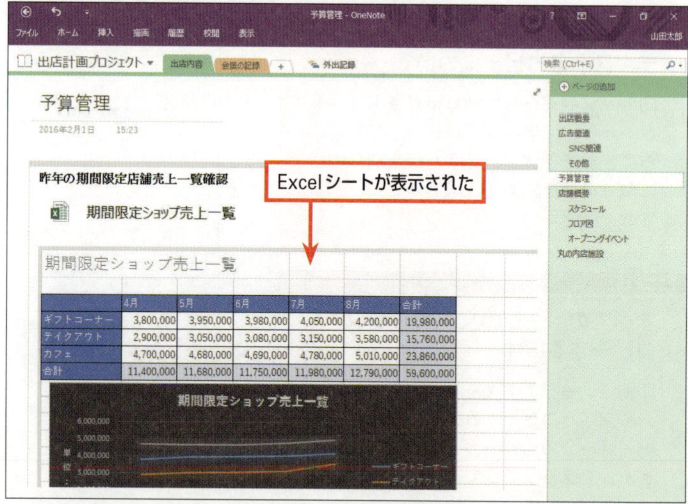

ヒント

ファイルのコピーをアイコンの形で貼り付けるには

Excelファイルのコピーをアイコンの形で貼り付けるには、[ファイルの挿入] ダイアログで、[ファイルの添付] を選択します。

ヒント

指定したシートやグラフを貼り付けるには

特定のシートやグラフを貼り付けるには、［ファイルの挿入］ダイアログで、［グラフまたは表の挿入］を選択します。続いて表示される画面で、ノートに貼り付けるシートやグラフを選択します。

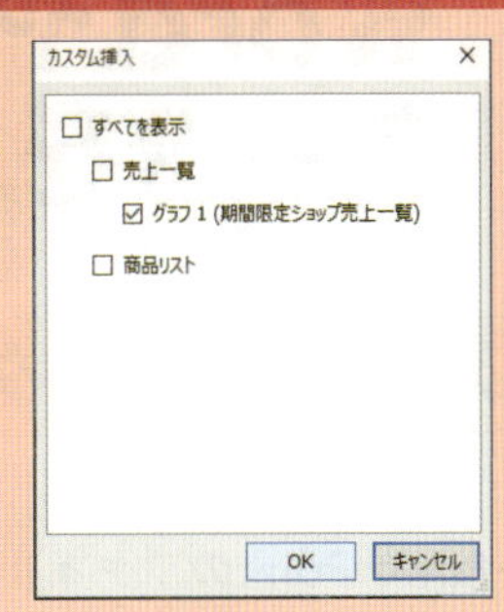

Excelシートを編集する

1. Excelの表やグラフ内にマウスポインターを移動する。
   ➡［編集］が表示される。
2. ［編集］をクリックする。
   ➡Excel画面が表示される。
3. シートの内容を編集する。
4. クイックアクセスツールバーの［上書き保存］をクリックする。
5. ［閉じる］をクリックする。
   ➡表やグラフの内容が変更された。
6. ［保存］をクリックする。
   ➡表やグラフの内容が変更された。

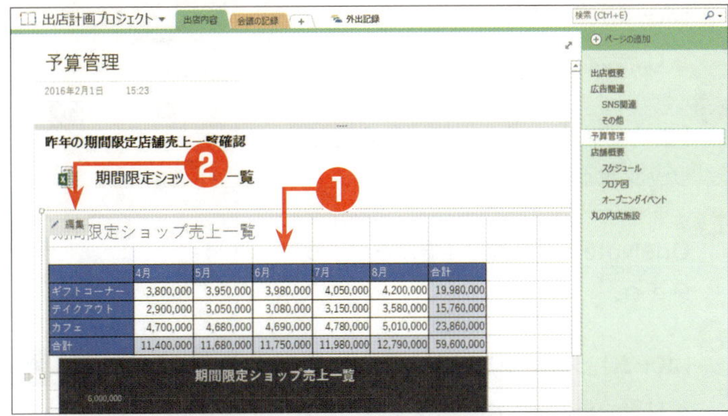

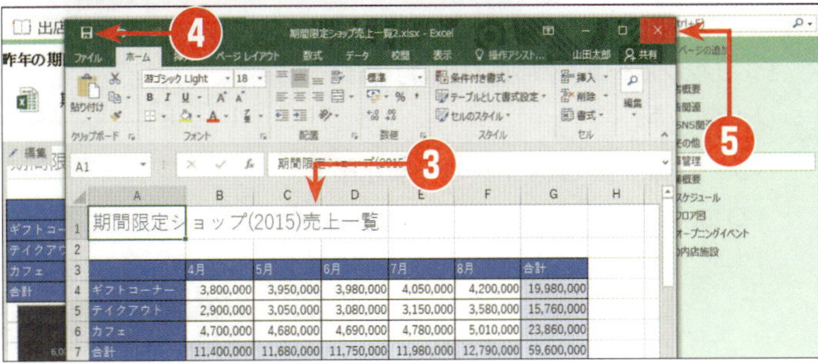

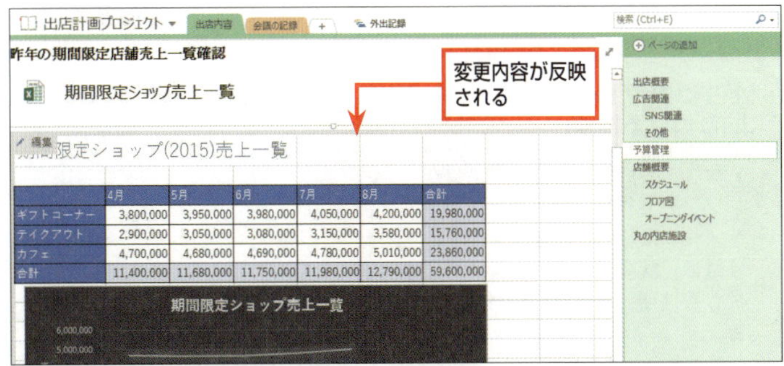

ヒント

元のファイルは変更されない

［挿入］タブの［ファイル］の［スプレッドシート］をクリックし、Excelシートを貼り付けると、元のファイルのコピーがOneNoteに貼り付けられます。元のファイルとの関連性はありませんので、OneNoteのページに貼り付けられたExcelシートを開いて内容を編集した場合、元のファイルは変更されません。

7 WordやPowerPointなどのデータをノートに貼るには

ドキュメント内のデータをノートに貼る

1. WordやPowerPointのファイルを開き、ノートに貼り付ける箇所を選択する。
2. [ホーム] タブをクリックする。
   ➡リボンが表示される。
3. [クリップボード] の [コピー] をクリックする。
4. OneNoteで貼り付ける場所をクリックする。
5. [ホーム] タブをクリックする。
   ➡リボンが表示される。
6. [クリップボード] の [貼り付け] をクリックする。
   ➡ノートにドキュメントの一部が貼り付く。

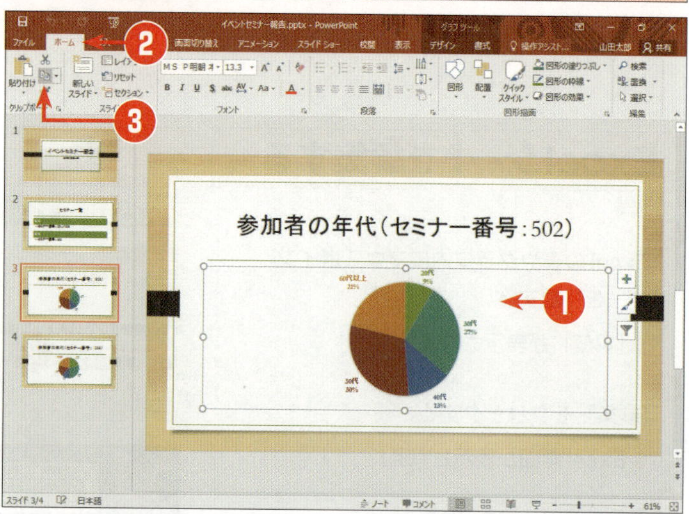

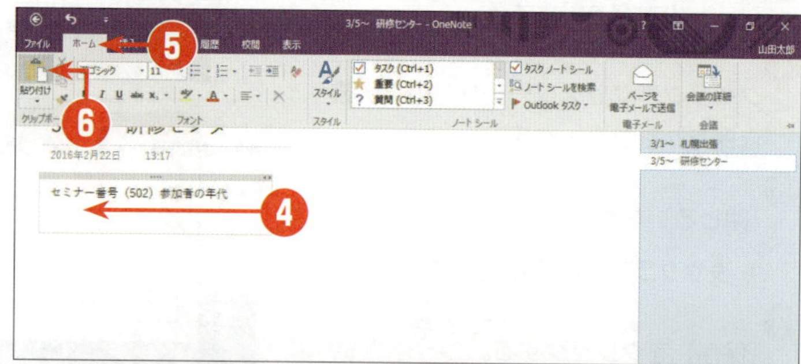

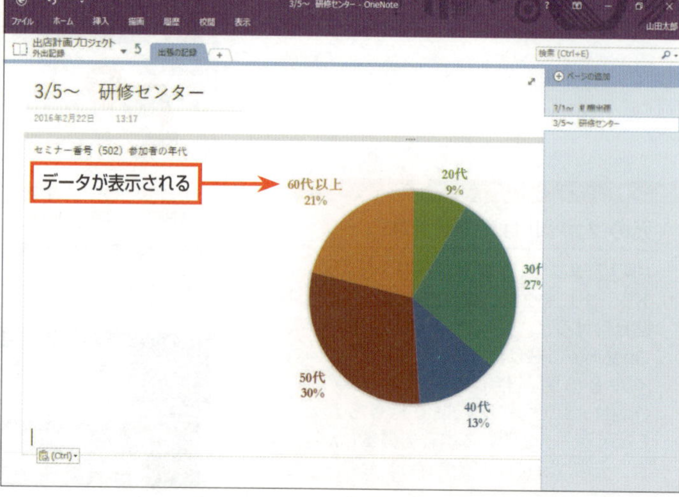

ヒント

ドキュメントの一部をノートに貼り付けるには

WordやExcelなど他のアプリケーションソフトで作成したドキュメントの一部をノートに貼り付けるには、[コピー] [貼り付け] 機能を使用して操作します。選択した箇所だけを貼り付けることができる。

8 他のファイルへのリンク情報を貼るには

ハイパーリンクを設定する

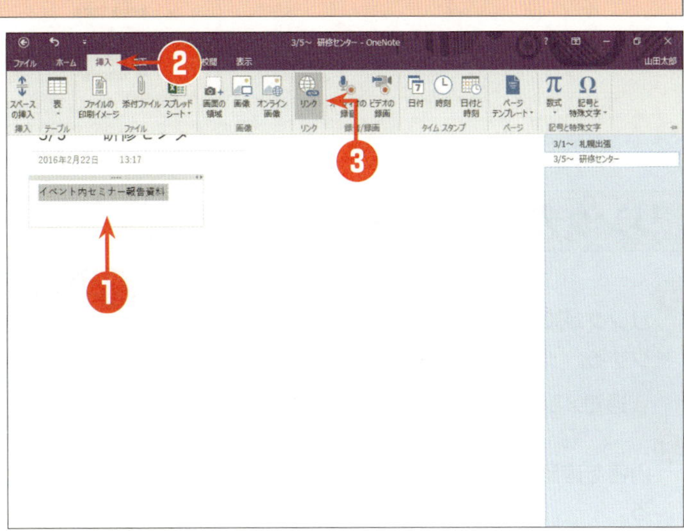

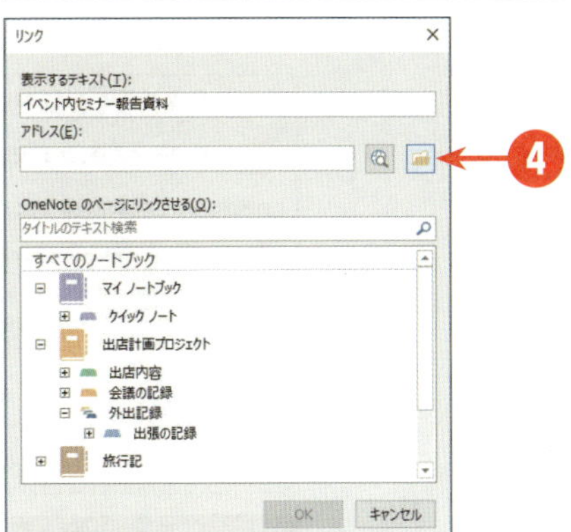

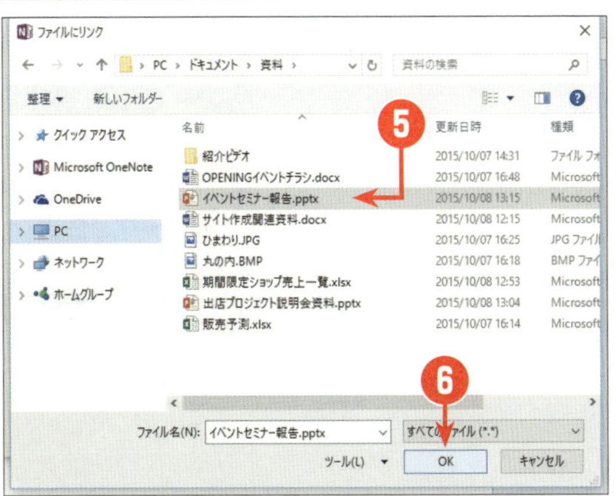

❶ ハイパーリンクを設定する文字をドラッグして選択する。

❷ ［挿入］タブをクリックする。

➡リボンが表示される。

❸ ［リンク］の［リンク］をクリックする。

➡［リンク］ダイアログが表示される。

❹ 他のファイルへのリンクを設定するには、［ファイルの参照］をクリックする。

➡［ファイルにリンク］ダイアログが表示される。

❺ リンク先のファイルを選択する。

❻ ［OK］をクリックする。

ヒント

文字が入力されていない箇所にリンク情報を表示するには

ノートの白紙の部分に、リンク情報を入れるには、リンク情報を入れる箇所を選択し、［挿入］タブの［リンク］の［リンク］をクリックします。表示される［リンク］ダイアログで、リンク先のファイルのアドレスや、表示する文字を指定します。

ヒント

ほかのページへリンクを設定するには

他のノートやセクション、ページへのハイパーリンクを設定するには、手順①②の操作を行ったあと、［リンク］ダイアログでリンク先のノートやセクション、ページを選択し、［OK］をクリックします。

7 ［リンク］ダイアログで、［OK］をクリックする。

➡文字にリンクが設定される。

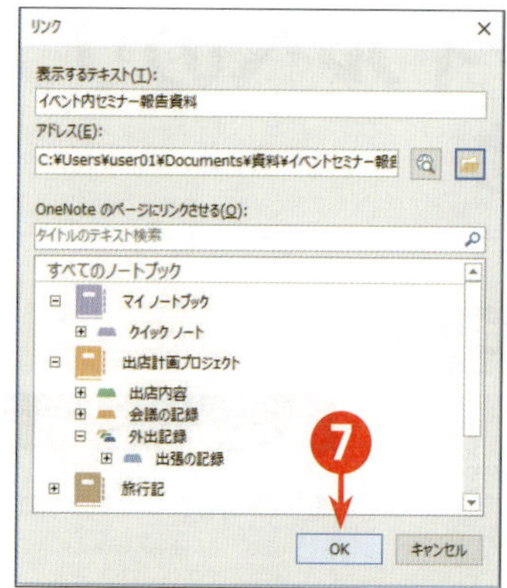

リンク先を表示する

1 リンクが設定されている文字をクリックする。

➡通知メッセージが表示される。

2 内容を確認し、［はい］をクリックする。

➡ファイルが開く。

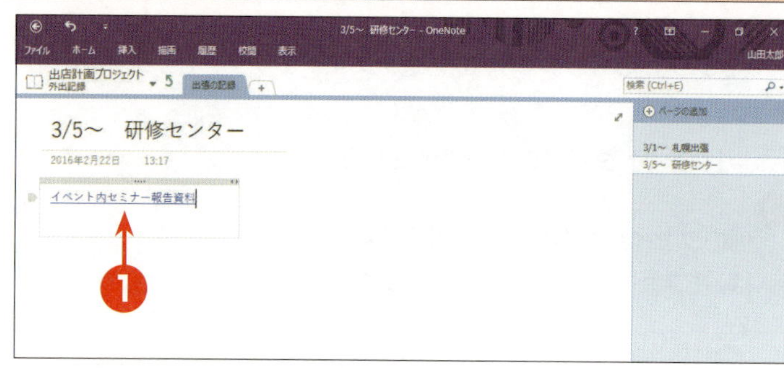

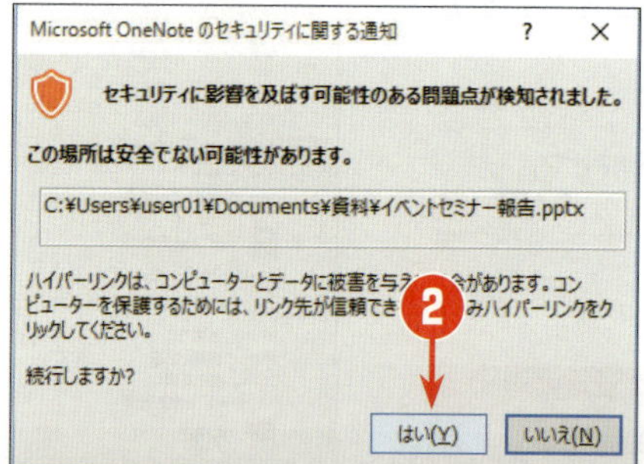

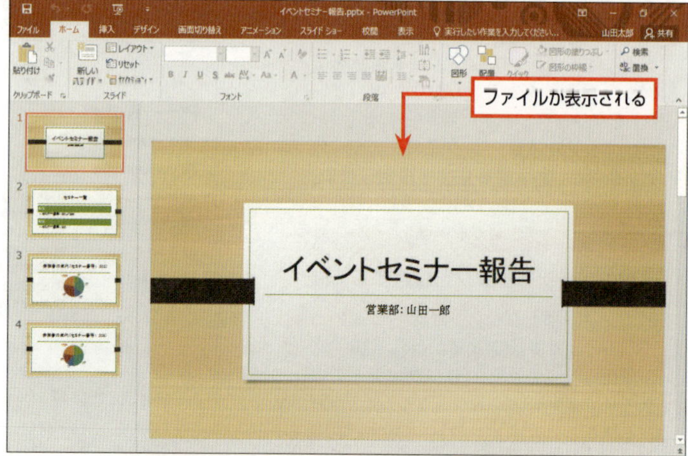

9 ノートの内容をWordで編集するには

ページの内容をWordに送る

1. 保存するページを表示する。
2. ［ファイル］タブをクリックする。
   ➡Microsoft Office Backstage ビューが表示される。
3. ［送信］をクリックする。
4. ［Wordに送る］をクリックする。
   ➡Wordが起動し、ページの内容が表示される。

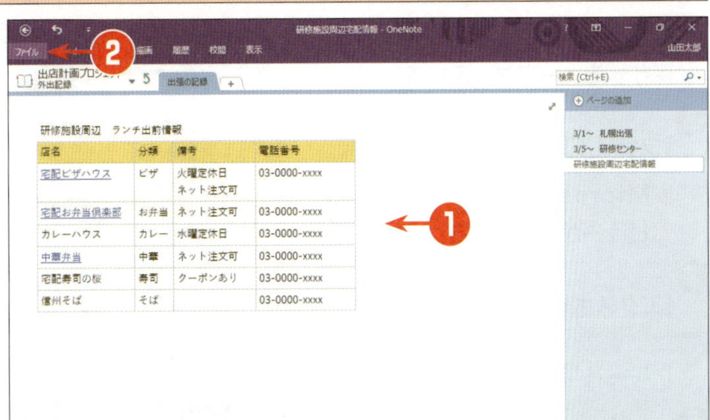

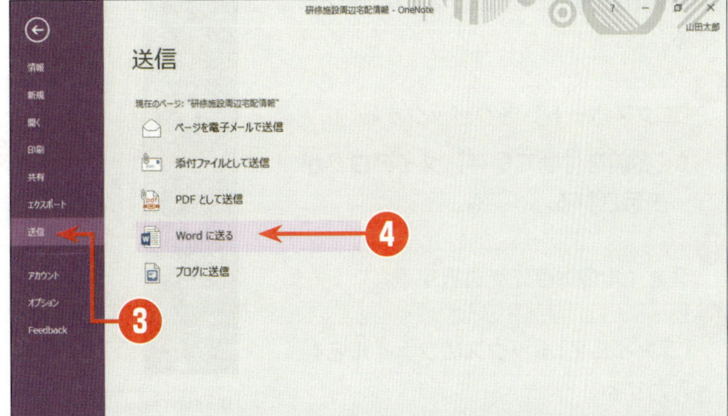

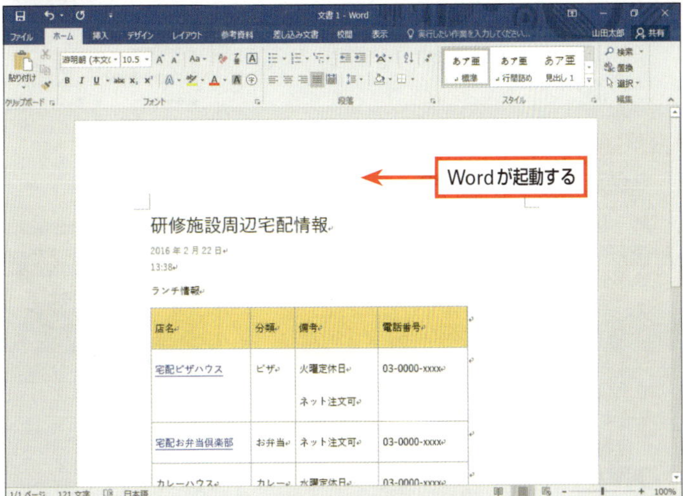

参照
ノートをWord文書として保存するには
この章の10

10 ノートをWord文書として保存するには

Wordファイルとして保存する

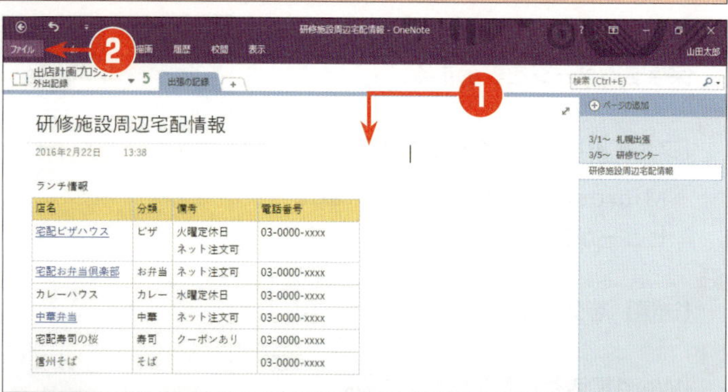

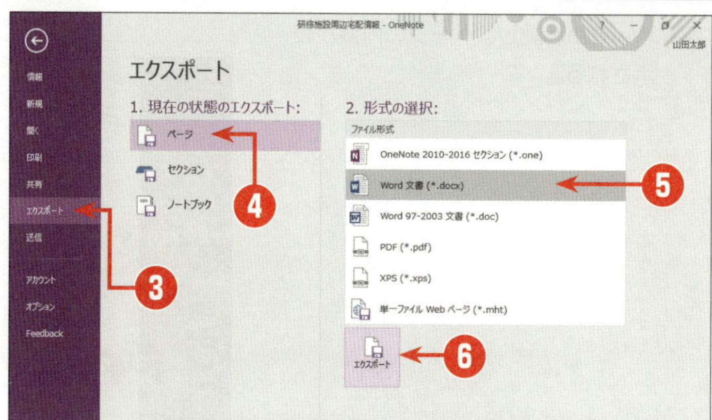

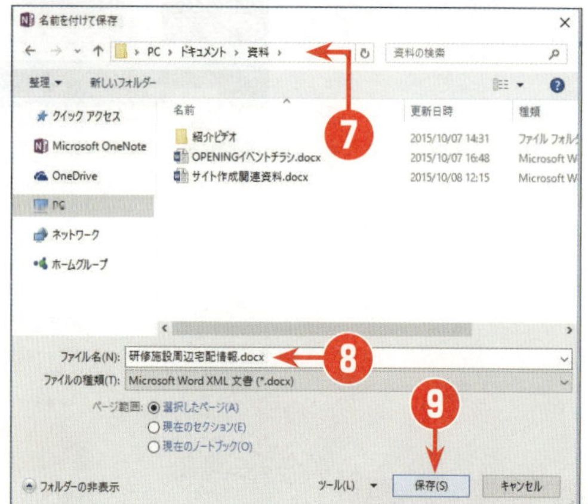

1. 保存するページを表示する。
2. [ファイル] タブをクリックする。
   ➡Microsoft Office Backstage ビューが表示される。
3. [エクスポート] をクリックする。
4. [ページ] をクリックする。
5. [Word文書 (*.docx)] をクリックする。
6. [エクスポート] をクリックする。
   ➡[名前を付けて保存] ダイアログが表示される。
7. ファイルの保存先を選択する。
8. [ファイル名]ボックスにファイル名を入力する。
9. [保存] をクリックする。

ヒント

セクション単位で保存するには

ノートの内容をWordファイルとして保存するときは、セクション単位でも保存できます。セクション単位で保存するには、手順①～③の操作を行ったあと、[1.現在の状態のエクスポート] で [セクション] をクリックし、[2.形式の選択] で [Word文書 (*.docx)] を選択してファイルを保存します。または、[名前を付けて保存] ダイアログの [ページ範囲] で [現在のセクション] をクリックします。

11 ノートをPDF形式で保存するには

PDF形式で保存する

1. 保存するページを表示する。
2. [ファイル] タブをクリックする。
   ➡Microsoft Office Backstage ビューが表示される。
3. [エクスポート] をクリックする。
4. [ページ] をクリックする。
5. [PDF（*.pdf)] をクリックする。
6. [エクスポート] をクリックする。
   ➡[名前を付けて保存] ダイアログが表示される。
7. ファイルの保存先を選択する。
8. [ファイル名]ボックスにファイル名を入力する。
9. [保存] をクリックする。

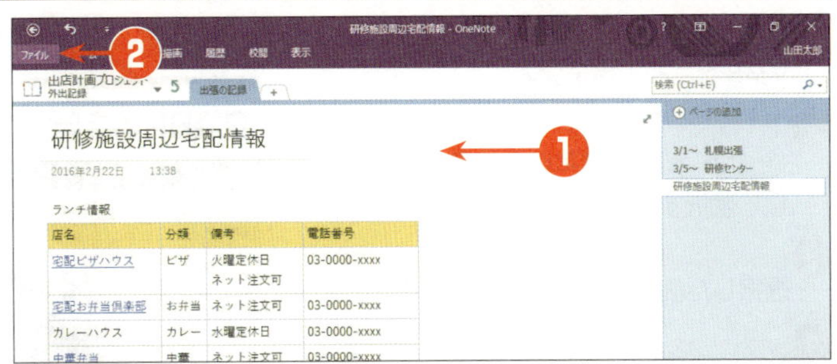

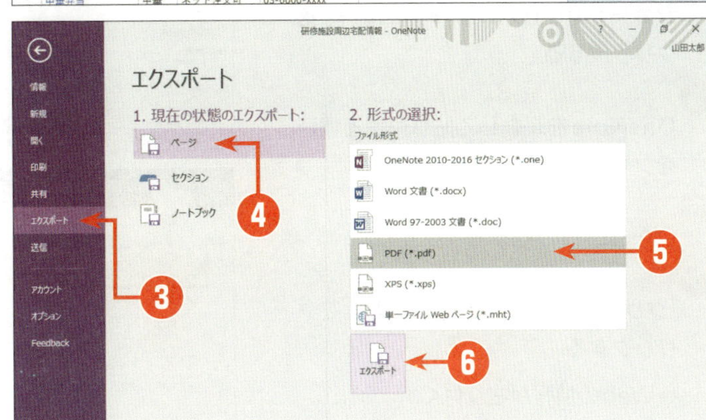

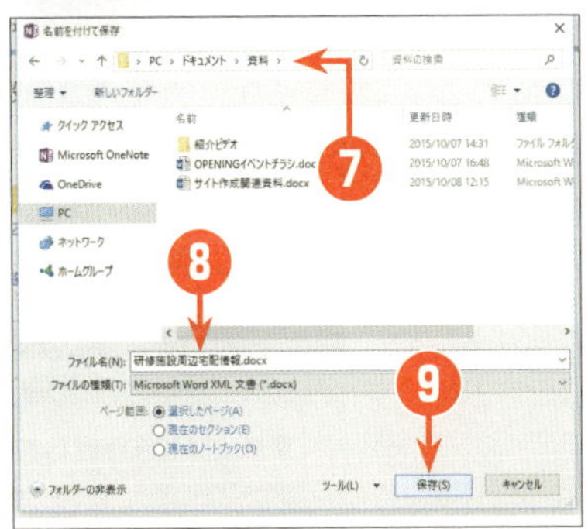

ヒント

セクション単位やノート単位で保存するには

ノートの内容をPDFファイルとして保存するときは、セクション単位またはノート単位で保存できます。セクション単位で保存するには、手順①～③の操作を行ったあと、[1.現在の状態のエクスポート] で [セクション] をクリックし、[2.形式の選択] で [PDF（*.pdf)] を選択してファイルを保存します。ノート単位で保存するには、手順①②を行ったあと、[1.現在の状態のエクスポート] で [ノートブック] をクリックし、[2.形式の選択] オプションで [PDF（*.pdf)] を選択してファイルを保存します。または、[名前を付けて保存] ダイアログの [ページ範囲] で指定します。セクションを保存するには [現在のセクション]、ノートを保存するには [現在のノートブック] をクリックします。

12 ネットの情報をノートに貼るには

Webの情報を貼る

1. Webページを表示する。
2. ページに貼り付けたい部分をドラッグして選択する。
3. 選択した箇所を右クリックする。
4. ショートカットメニューの［コピー］をクリックする。
5. OneNoteを起動して貼り付ける場所をクリックする。
6. ［ホーム］タブをクリックする。
7. ［クリップボード］の［貼り付け］をクリックする。

➡Webの情報が貼り付く。

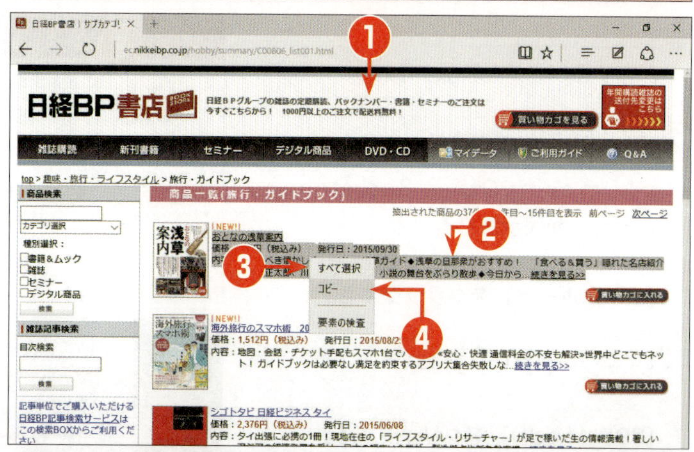

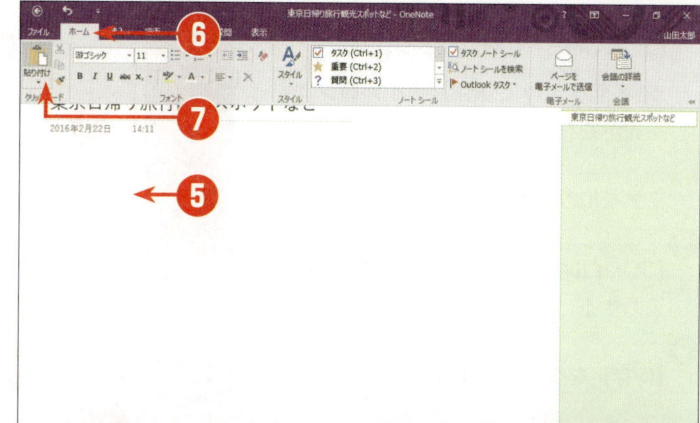

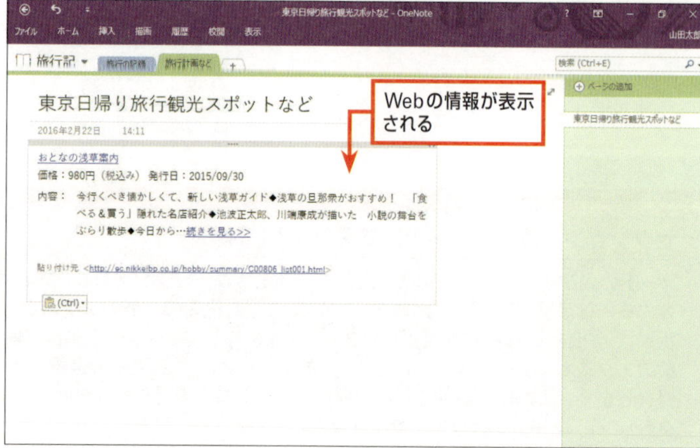

ヒント

情報元について

Webページを閲覧中、情報の一部を選択してノートに貼り付けると、元のWebページへのリンク情報も表示されます。リンクをクリックすると、Webページが開きます。

ヒント

Internet Explorer や Chrome、Firefox を使用している場合

使用しているブラウザーが Internet Explorer の場合、OneNote に貼り付けたい範囲を選択し、選択範囲を右クリックし、[Send to OneNote] をクリックすると、選択している範囲を OneNote に貼り付けられます。また、Chrome や Firefox を使用している場合でも、公開されているアドオンを追加すれば、同様の操作が可能です。

ヒント

Edge を使用している場合

使用しているブラウザーが Edge の場合、Web ページにメモを書き込んで、OneNote に送ることもできます。

9章の15を参照

Webの画面を貼る

1. 取り込む画面を表示しておく。
2. OneNote で貼り付ける場所をクリックする。
3. [挿入] タブをクリックする。
   - リボンが表示される。
4. [画像] の [画面の領域] をクリックする。
   - 画面をキャプチャできる状態になる。
5. 画面をキャプチャする部分をドラッグする。
   - ノートのページに画面のキャプチャが貼り付く。

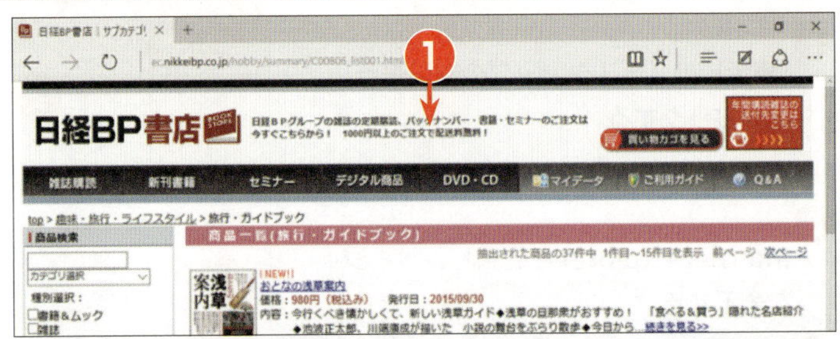

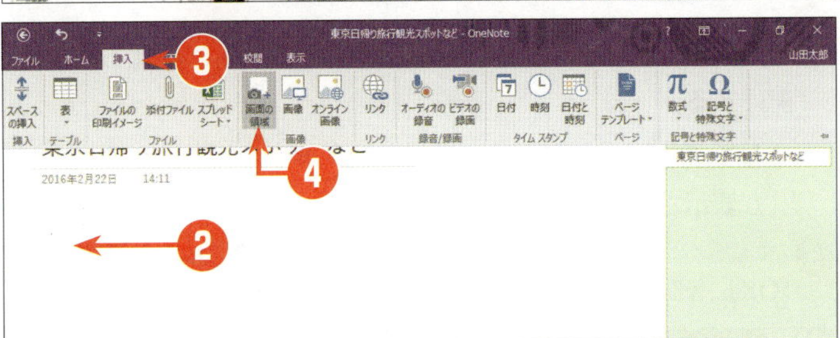

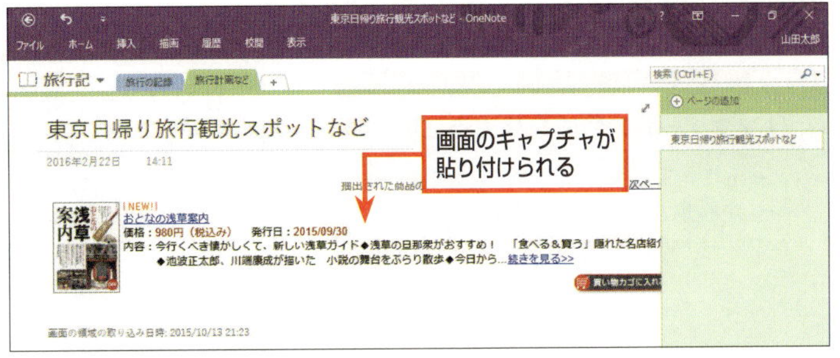

13 ネットの情報に関するメモを書くには

Webページへのリンクノートを作成する

1. [表示] タブをクリックする。

2. [表示] の [デスクトップの端に表示] をクリックする。

➡OneNoteが画面の端に表示される。

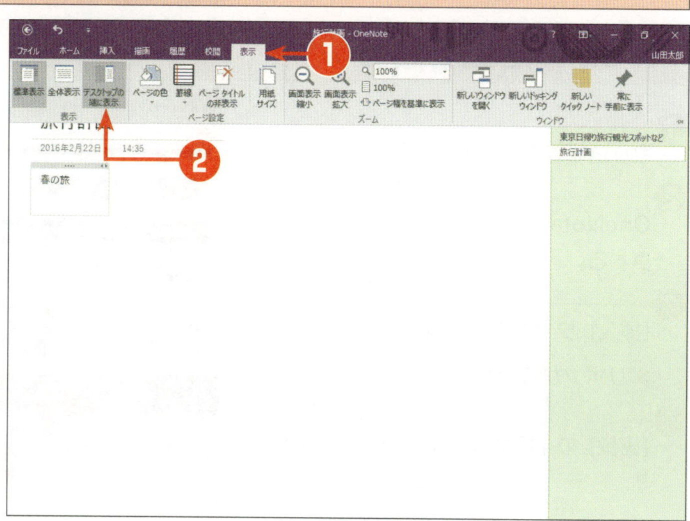

3. Internet Explorerを起動し、ページを表示する。

4. 作業内容に関するメモをOneNoteに記述する。

➡リンクノートに関するメッセージが表示される。

5. [OK] をクリックする。

参照

OneNoteからドキュメントに関するメモを書くには

この章の2

ヒント

文字に書式を付けたり描画機能を使うには

リンクノート機能を利用中に、文字に飾りを付けたり、描画機能を使いたい場合は、画面上部の [・・・] をクリックします。すると、タブとリボンが表示されます。ページ欄をクリックすると、タブとリボンは自動的に閉じます。

ヒント

リンクノートの作成をやめるには

ノートにメモを書いたときに自動的にリンクが設定されないようにするには、リンクノートの作成を中断します。

この章2のヒント「リンクノートの作成をやめるには」を参照

用語

リンクノート機能

リンクノート機能とは、ノートを画面の端に寄せてメモを書くだけで、そのときに作業しているWordのページやPowerPointのスライド、Webページへリンクを設定する機能です。リンクノートを作成すると、どのドキュメントに関するメモなのか、どのWebページに関するメモなのかなど、リンク先をわざわざ指定しなくても、自動的にリンク情報が保存されます。

6 OneNoteにメモを追加する。

➡リンクノートが作成され、リンク先を示すアイコンが表示される。

ヒント

リンクを解除するには

リンク情報を解除するには、ページ左上のチェーンリンクアイコンをクリックし、[このページのリンクを解除] をポイントし、表示されるリンク先の一覧から解除するリンク先をクリックします。

この章2のヒント「リンクを解除するには」を参照

ヒント

元の表示に戻すには

リンクノートの作成を無効にし、元のOneNoteの画面に戻すには、[標準表示] をクリックします。または、画面上部の [・・・] をクリックし、[表示] タブの [表示] の [標準表示] をクリックします。

リンクノートの内容を確認する

1 メモの横に表示されるアイコンをポイントする。

➡リンク先のファイルの情報が表示される。

2 アイコンをクリックする。

➡リンクノートを作成したときに表示していたWebページが表示される。

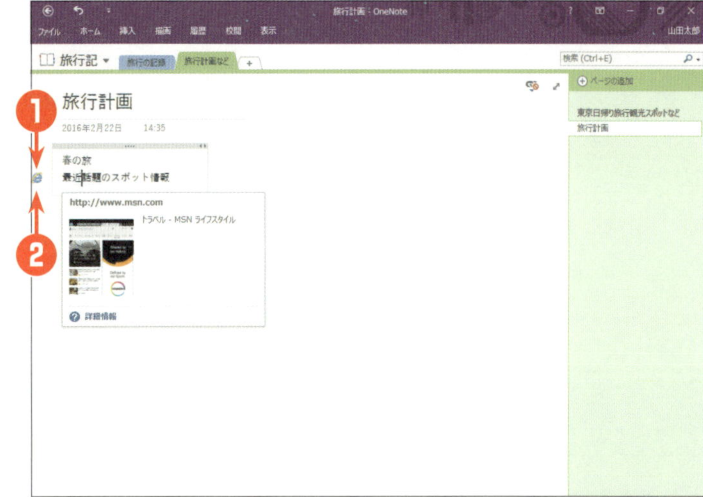

ヒント

リンクノート機能を無効にするには

リンクノート機能は無効にすることもできます。

この章の2のヒント「リンクノート機能の有効／無効を切り替えるには」を参照

ヒント

リンクされているファイルを確認するには

リンクノートを作成すると、ページの右上にリンク情報を示すチェーンリンクアイコンが表示されます。チェーンリンクアイコンをクリックし、[リンクされたファイル] をポイントすると、リンク先のファイルを確認できます。

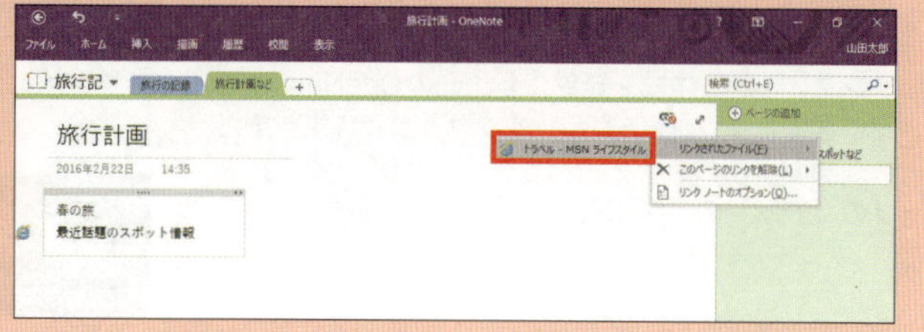

14 Webページを見ているときにメモを書くには

ネット閲覧中にリンクノートを作成する

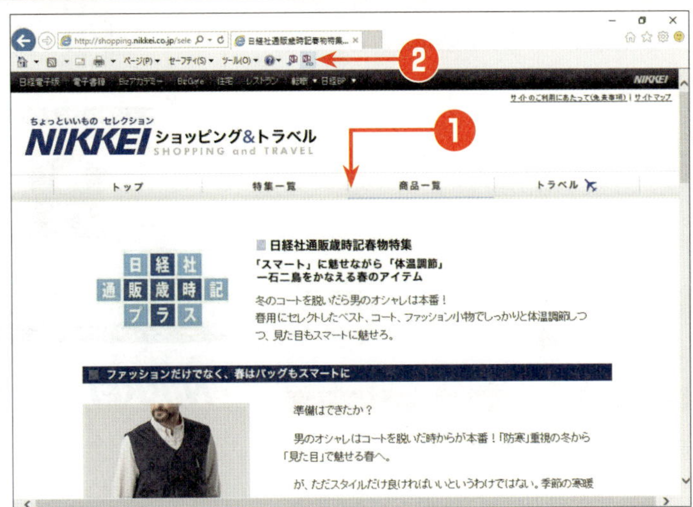

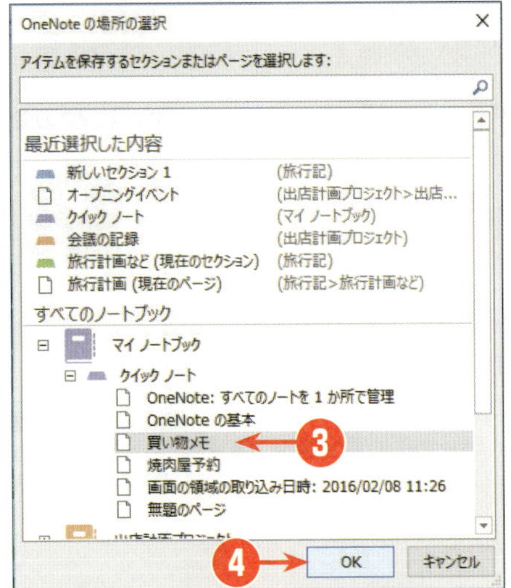

1. Internet Explorerでメモに関連付けるWebページを表示する。

2. コマンドバーの［OneNoteリンクノート］をクリックする。

   ➡［OneNoteの場所の選択］ダイアログが表示される。

3. Webページに関連する内容を入力するセクションやページを選択する。セクションを選択した場合は、指定したセクションに新しいページが追加される。

4. ［OK］をクリックする。

   ➡OneNoteが起動して画面の端に固定される。指定したページが表示される。

ヒント

コマンドバーを表示するには

Internet Explorerの画面にコマンドバーが表示されていない場合は、タイトルバーを右クリックし、ショートカットメニューの［コマンドバー］をクリックします。

ヒント

OneNoteのボタンが表示されない場合は

コマンドバーにOneNoteのボタンが表示されない場合は、［ツール］をクリックし、［アドオンの管理］をクリックします。［アドオンの管理］ダイアログで［OneNoteに送る］［OneNoteリンクノート］のアドオンを［有効］にします。

5 ページにメモを追加する。

➡リンクノートに関するメッセージが表示される。

6 [OK] をクリックする。

➡リンクノートが作成され、リンク先を示すアイコンが表示される。

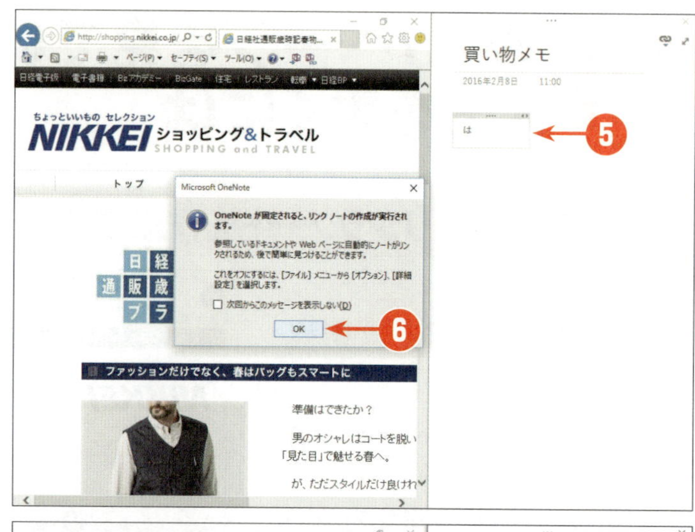

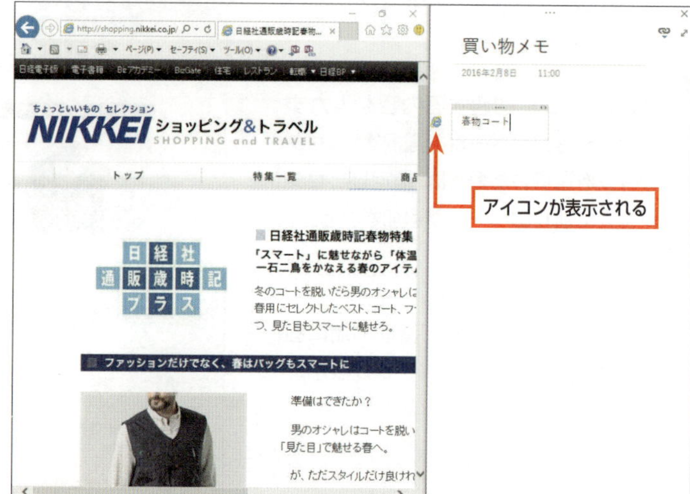

ヒント

Internet Explorerから リンクノートを作成するには

Webページの閲覧中にOneNoteでメモをとりたいときは、Internet Explorerからリンクノートを作成します。すると、OneNoteが起動します。メモを書くと、そのときに見ていたWebページの情報が自動的に保存されます。あとでノートを見たときに、リンク先を示すアイコンをクリックすると、リンク先のWebページが開きます。

この章の13を参照

ヒント

OneNote の画面を広げて表示するには

リンクノートの作成中に、OneNote の画面の幅を広げて表示するには、Internet Explorer と OneNote の画面 の境界線を左にドラッグします。

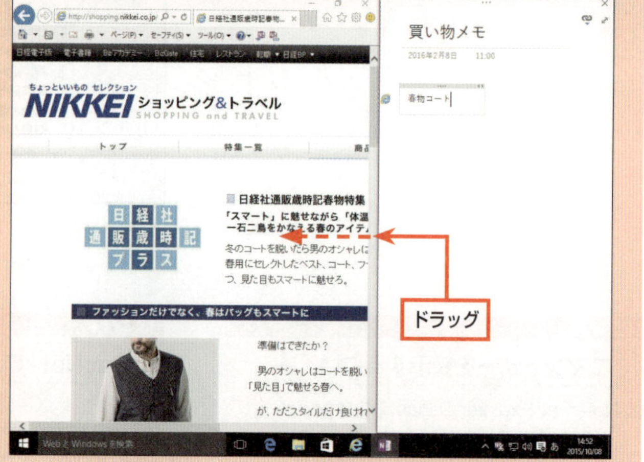

リンクノートの内容を確認する

1 メモの横に表示されるアイコンをポイントする。

➡リンク先のファイルの情報が表示される。

2 アイコンをクリックする。

➡リンクノートを作成したときに表示していたWebページが表示される。

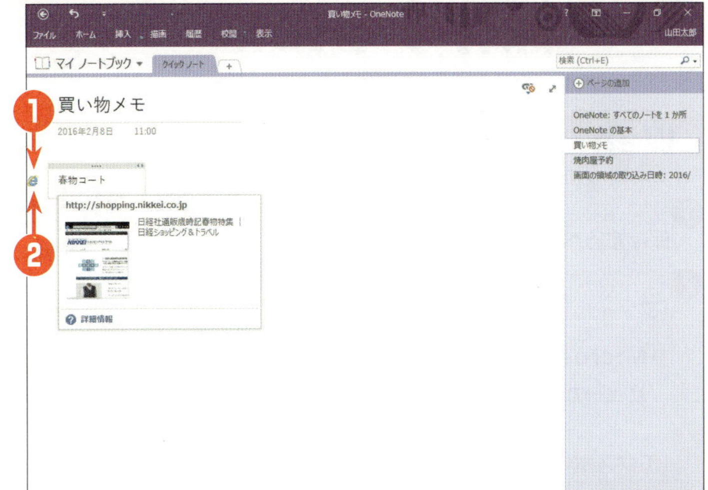

15 ノートをWebページとして保存するには

Webページとして保存する

1. 保存するページを表示する。
2. ［ファイル］タブをクリックする。
   ➡Microsoft Office Backstageビューが表示される。
3. ［エクスポート］をクリックする。
4. ［ページ］をクリックする。
5. ［単一ファイルWebページ（*.mht)］をクリックする。
6. ［エクスポート］をクリックする。
   ➡［名前を付けて保存］ダイアログが表示される。
7. ファイルの保存先を選択する。
8. ［ファイル名］ボックスにファイル名を入力する。
9. ［保存］をクリックする。

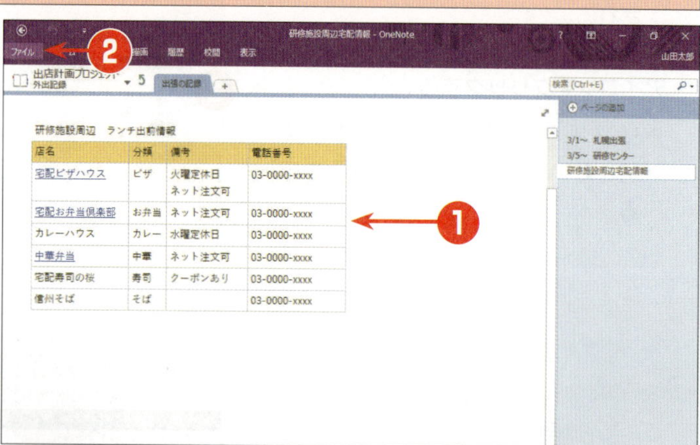

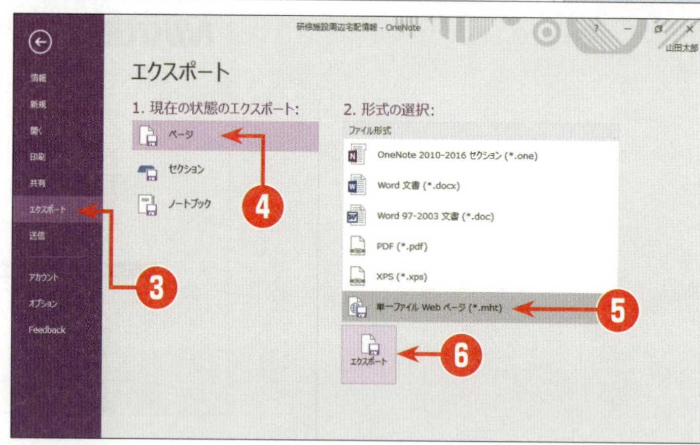

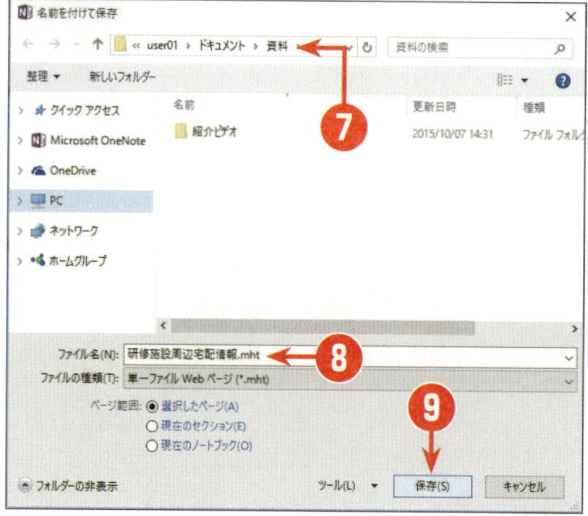

ヒント

セクション単位で保存するには

ノートの内容をWebページとして保存するときは、セクション単位でも保存できます。セクション単位で保存するには、手順①～③の操作を行ったあと、［1.現在の状態のエクスポート］で［セクション］をクリックし、［2.形式の選択］で［単一ファイルWebページ（*.mht)］を選択してファイルを保存します。または、［名前を付けて保存］ダイアログの［ページ範囲］で、［現在のセクション］をクリックします。

Outlookの情報と連携して活用する

第6章

Outlookで予定やタスクを管理している場合は、その情報源としてOneNoteにメモした内容を利用することもあるでしょう。OneNoteのメモは、Outlookのアイテムと連携させることができます。この章では、OutlookとOneNoteを連携機能について紹介します。

1 ノートの内容をOutlookのタスクに追加するには

ノートの内容をタスクに追加する

1 タスクを追加する箇所を選択する。

2 [ホーム] タブをクリックする。

➡リボンが表示される。

3 [ノートシール] の [Outlookタスク] の▼をクリックし、タスクの期限をクリックする。

➡タスクのフラグが付く。

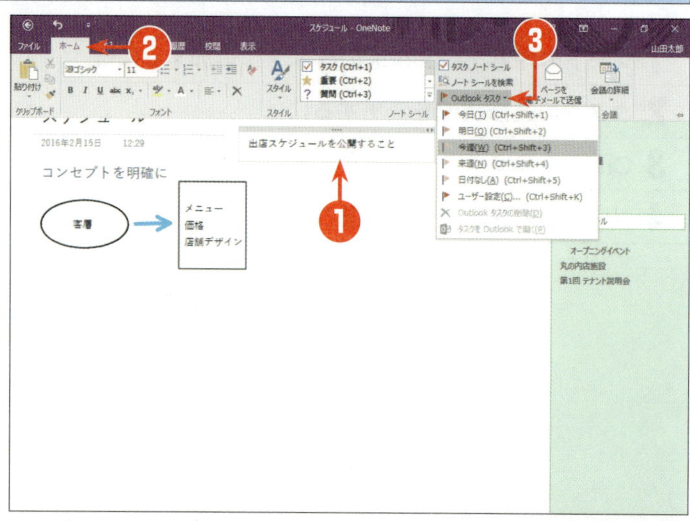

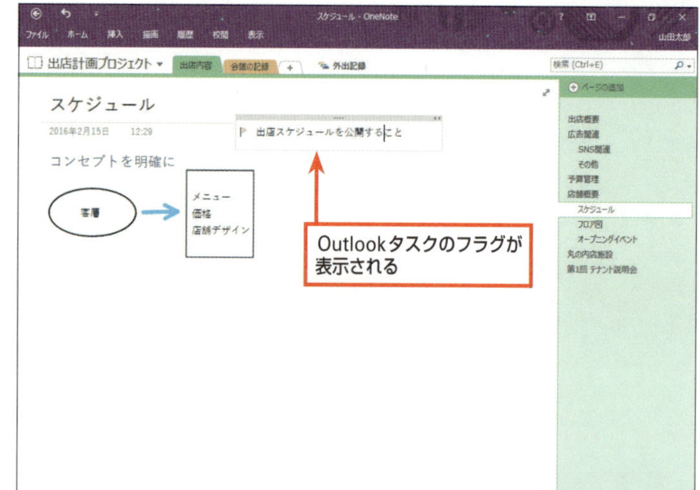

ヒント

Outlookのタスクについて

いつまでに何をやらなくてはならない、という事柄をOutlookのタスクで管理しているときは、ノートにメモした内容をOutlookのタスクに登録しておきたいことがあるでしょう。OneNoteなら思いついたときに、ノートに書いたメモをOutlookのタスクに追加できます。

[Outlookタスク] が表示されない場合

Outlook2016がインストールされていない場合や、Outlook2016のデータファイルが作成されていない場合は、[ホーム] タブの [ノートシール] に [Outlookタスク] が表示されません。OneNote 2016でOutlookのタスクを追加するには、Outlook2016を起動し、Outlook 2016を使用する準備をしておきます。

ヒント

ミニツールバーからタスクを追加するには

タスクに追加する箇所を選択し、ミニツールバーの [Outlookタスク] を選択してもタスクを追加できます。

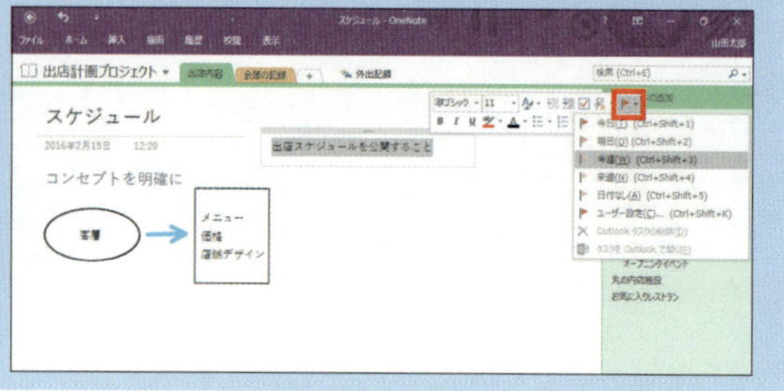

タスクの内容を表示する

❶ タスクを追加した段落をクリックする。

❷ ［ホーム］タブをクリックする。

➡リボンが表示される。

❸ ［ノートシール］の［Outlookタスク］の▼をクリックし、［タスクをOutlookで開く］をクリックする。

➡Outlookが起動し、タスクの情報が表示される。

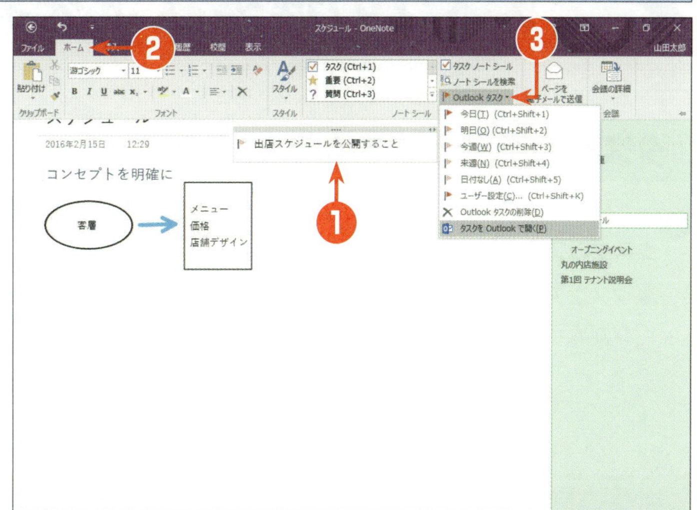

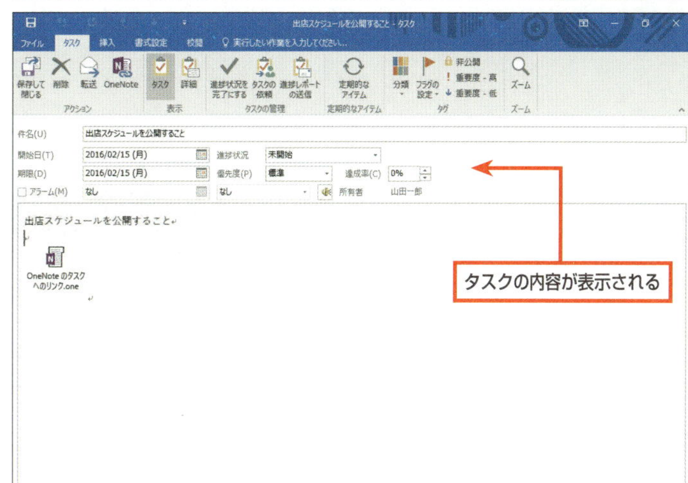

ヒント

ミニツールバーからOutlookのタスクを開くには

タスクを追加した段落を選択し、ミニツールバーの［タスクをOutlookで開く］をクリックし、［タスクをOneNoteで開く］をクリックすると、Outlookが起動してタスクの情報が表示されます。

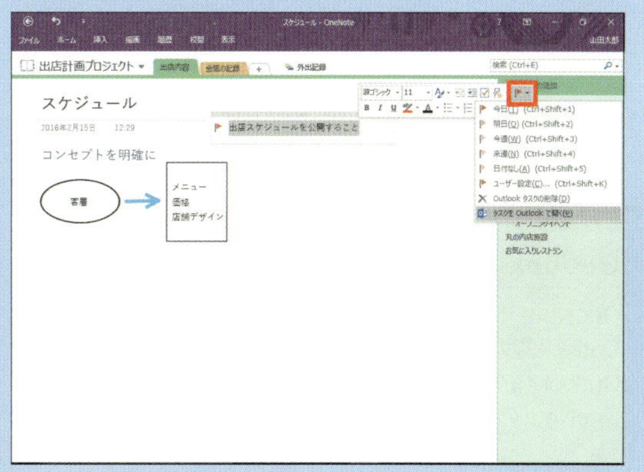

2 タスクの進捗状況を変更するには

タスクの進捗状況を完了にする

1. タスクのフラグをクリックする。

➡タスクアイコンの旗が消えてチェックが表示される。

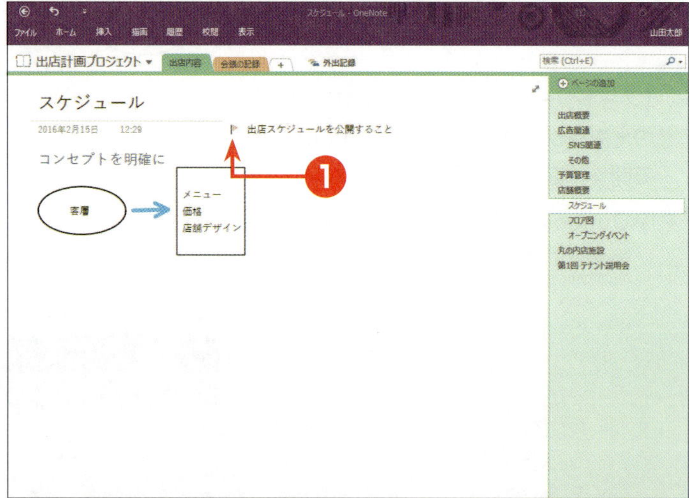

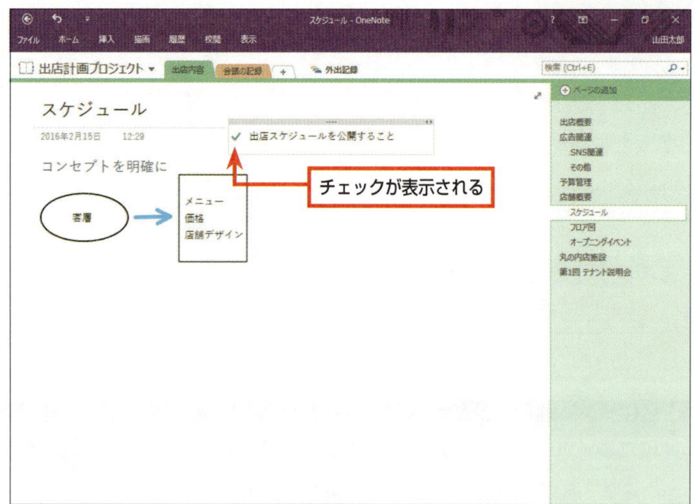

ヒント

Outlookのタスクにも反映される

OneNoteでタスクを完了した場合、Outlook側のタスクも完了に変わります。Outlook側でタスクを完了した場合も、OneNoteの方にその変更が反映されます。

タスクを削除する

❶ タスクを追加した段落をクリックする。

❷ ［ホーム］タブをクリックする。

➡ リボンが表示される。

❸ ［ノートシール］の［Outlookタスク］の▼をクリックし、［Outlookタスクの削除］をクリックする。

➡ タスクのフラグが消える。

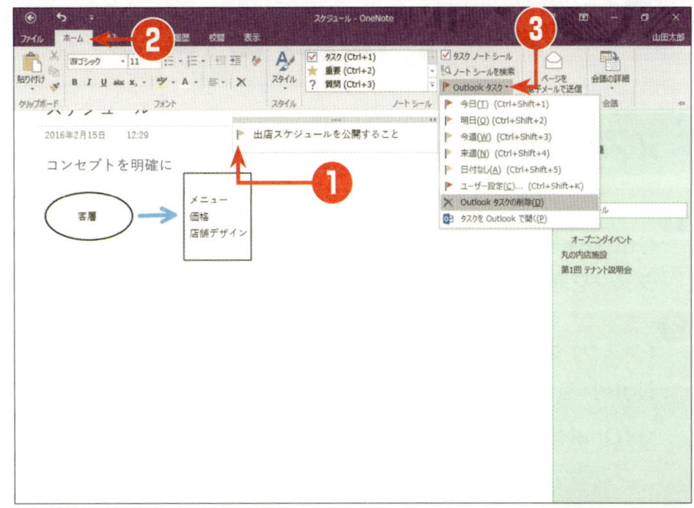

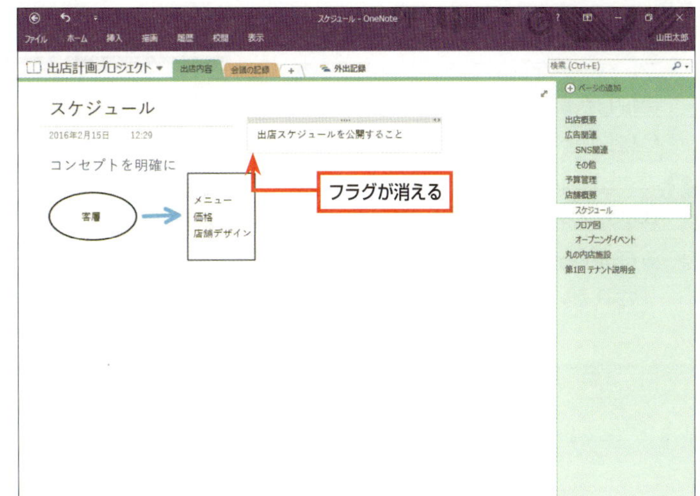

ヒント

Outlookでタスクを削除した場合

Outlook側でタスクが削除された場合は、OneNoteでタスクを編集できなくなります。

3 Outlookのタスクやメールなどをノートに貼るには

タスクの内容をノートに貼る

❶ Outlookを起動し、ノートに追加するタスクを開く。

❷ [タスク] タブの [アクション] の [OneNote] をクリックする。

➡ [OneNoteの場所の選択] ダイアログが表示される。

❸ タスクを追加するノートやセクション、ページを選択する。セクションを選択した場合は、指定したセクションに新しいページが追加される。

❹ [OK] をクリックする。

➡ OneNoteが起動し、タスクが表示される。

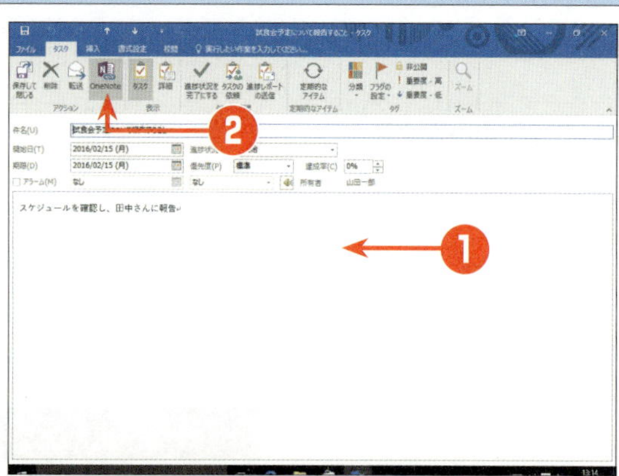

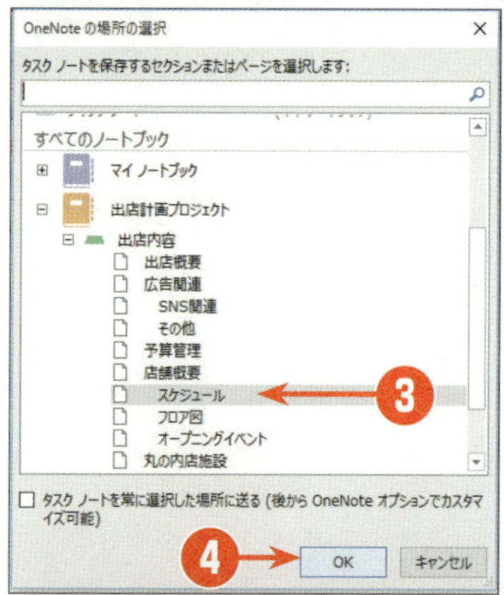

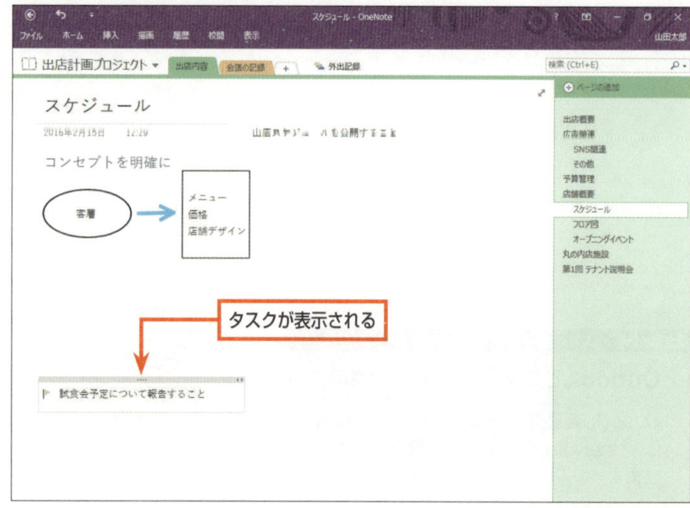

ヒント
ノートに追加するタスクについて

ノートに追加するタスクは、Outlookにあらかじめ保存しておく必要があります。保存していない場合は、保存してからOneNoteに追加します。

メールや連絡先の内容をノートに貼る

1

Outlookを起動し、ノートに追加するメールを開く。

2

［メッセージ］タブの［移動］の［OneNoteに送る］をクリックする。

・連絡先の場合は、［連絡先］タブの［アクション］の［OneNote］をクリックする。

➡［OneNoteの場所の選択］ダイアログが表示される。

3

メールを追加するノートやセクションを選択する。

4

［OK］をクリックする。

➡OneNoteが起動し、メールの内容が表示される。

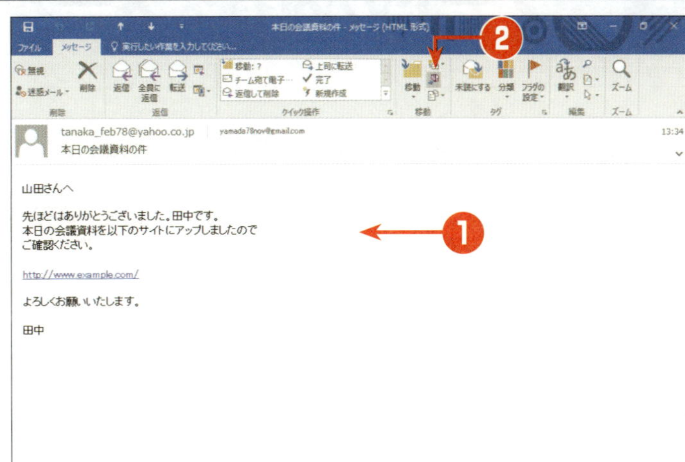

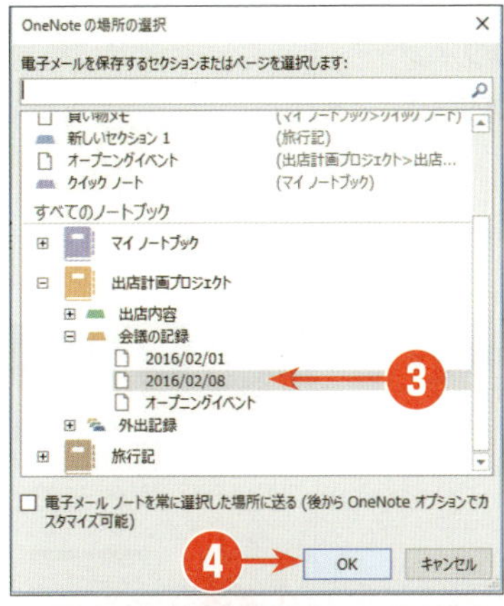

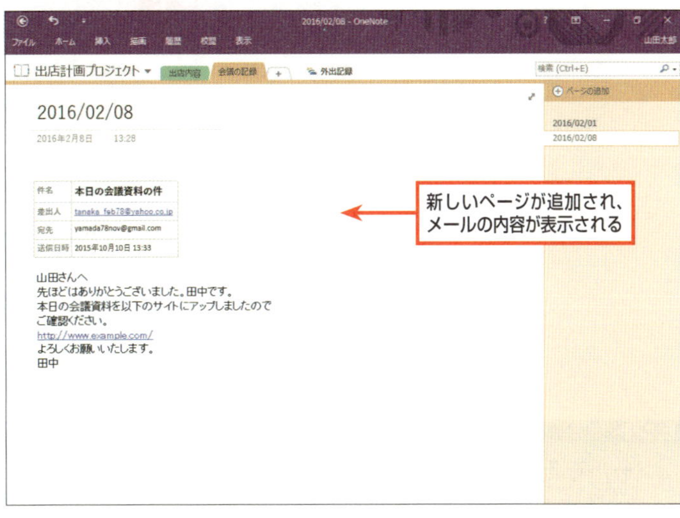

ヒント

Outlookの会議の情報を追加するには

Outlookで会議の開催予定を管理している場合は、OneNoteの［ホーム］タブの［会議］の［会議の詳細］をクリックして登録されている会議を選択できます。この機能を利用すれば、会議のメモを取る場合など、会議のタイトルや開催場所などの情報を自動的に入力できて便利です。

ヒント

Outlookの予定から会議のメモをOneNoteでとるには

Outlookに会議の予定を入れているときは、その予定から会議の議事録をとる準備ができます。それには、Outlookで会議の予定を開いて［予定］または［会議］タブの［会議ノート］の［会議のメモ］をクリックします。続いて、会議のメモを取るノートやセクションを選択します。

4 ノートの内容をメールで送るには

本文のコピーをメールで送る

❶ メールで送るページを表示する。

❷ ［ホーム］タブをクリックする。

➡リボンが表示される。

❸ ［電子メール］の［ページを電子メールで送信］をクリックする。

➡Outlookが起動し、メールのウィンドウが表示される。ページの内容は本文に表示される。

❹ ［宛先］や［CC］を指定する。

❺ 必要に応じてメールの内容を補足する。

❻ ［送信］をクリックする。

➡メールが送信される。

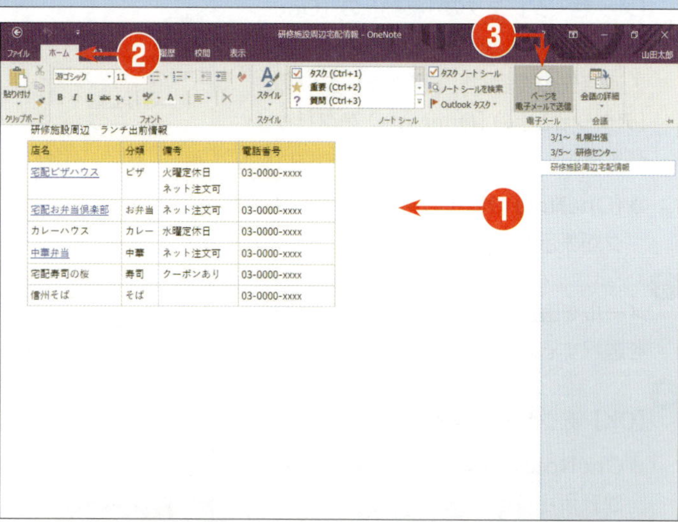

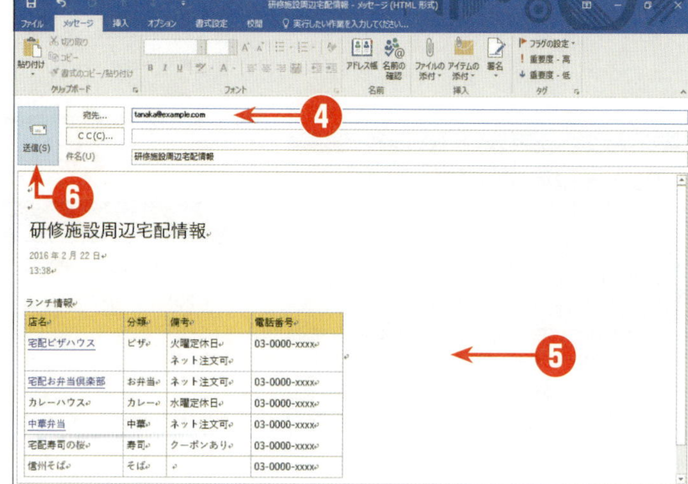

ヒント

メールで送る方法について

ノートに書いた内容はメールで送ることができます。ページの内容を本文に表示したり、ページを添付ファイルとして送る方法があります。

ページを添付ファイルとして送る

❶ 添付ファイルで送るページを開く。

❷ ［ファイル］タブをクリックする。

➡ Microsoft Office Backstageビューが表示される。

❸ ［送信］をクリックする。

❹ ［ページを添付ファイルとして送信］をクリックする。

➡ Outlookが起動し、メールのウィンドウが表示される。ページの内容が添付される。

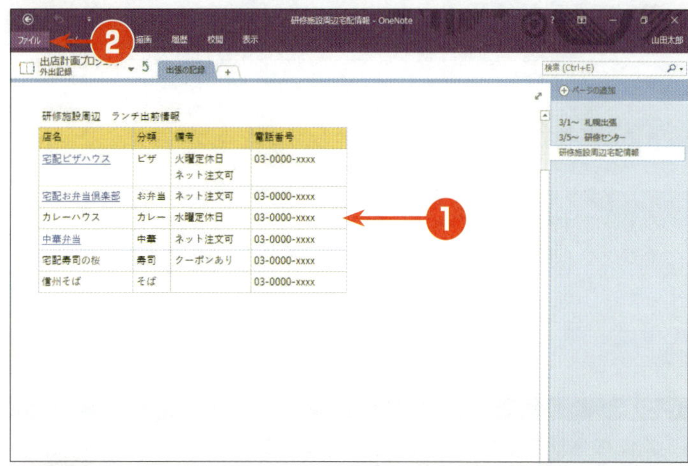

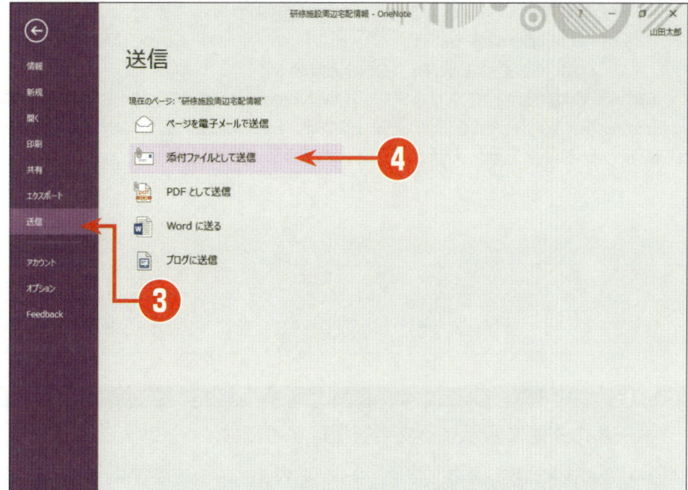

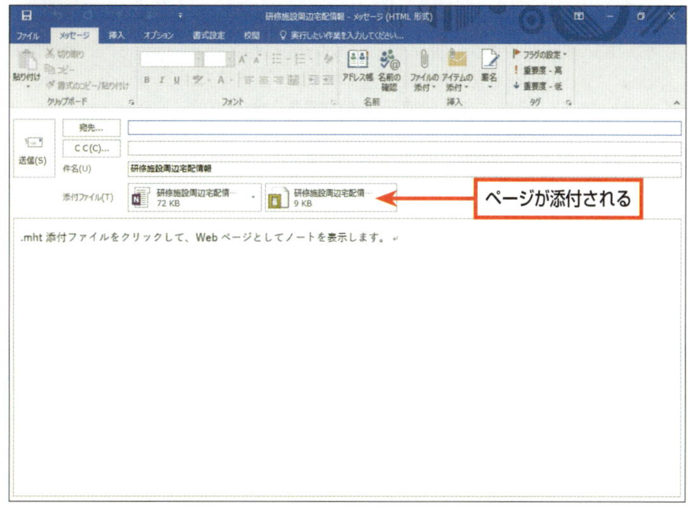

ヒント

ページに貼り付けたファイルを添付するかどうか指定するには

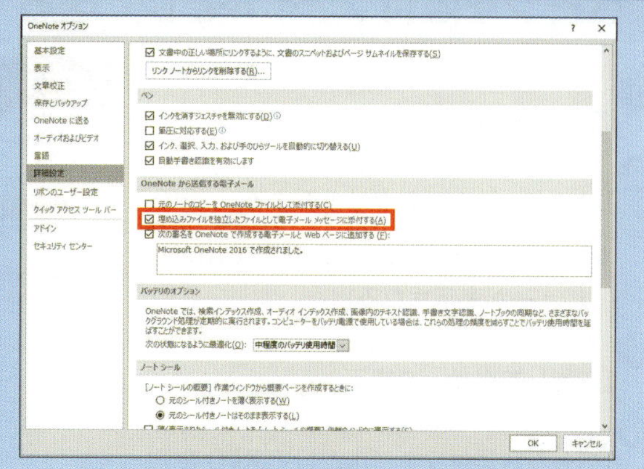

ページの内容をメールで送るとき、ページに貼り付けたドキュメントや録音した音声ファイルなどはメールに添付されます。埋め込みファイルがメールに添付されないように設定するには、[ファイル] タブをクリックし、[オプション] をクリックします。[OneNoteオプション] ダイアログの [詳細設定] をクリックし、[OneNoteから送信する電子メール] オプションで [埋め込みファイルを独立したファイルとして電子メールメッセージに添付する] のチェックを外します。

ヒント

常にページを添付ファイルとして送るには

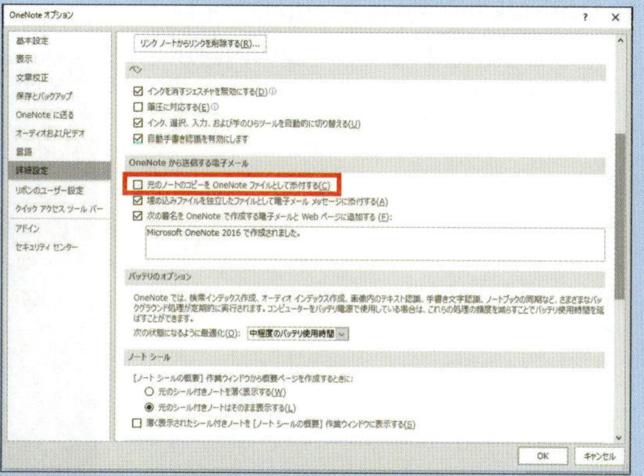

ページの内容をメールで送るとき、OneNoteのファイルが常に添付されるようにするには、[ファイル] タブをクリックし、[オプション] を選択します。[OneNoteオプション] ダイアログの [詳細設定] をクリックし、[OneNoteから送信する電子メール] オプションで [元のノートのコピーをOneNoteファイルとして添付する] のチェックを入れます。

ヒント

メールの末尾に表示する文字を指定するには

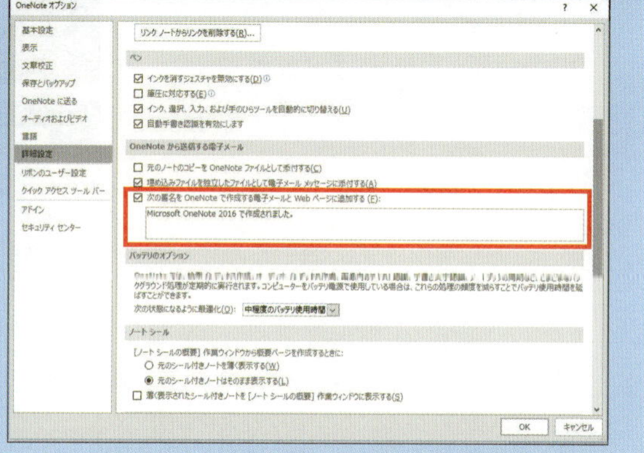

メールの末尾に表示する文字や、ページをWebページで保存するときなどにページの末尾に表示する文字を指定するには、[ファイル] タブをクリックし、[オプション] を選択します。[OneNoteオプション] ダイアログの [詳細設定] をクリックし、[次の署名をOneNoteで作成する電子メールとWebページに追加する] に表示する内容を入力します。

第7章 ノートを整理・検索する

この章では、ノートを整理するのに知っておくと便利な機能を紹介します。シール機能を使ってノートを整理したり、どこに書いたか忘れてしまった内容を探したりする方法を知っておきましょう。また、ノートのバックアップを取る方法や、第三者に見られては困る内容を保護するために、セクションをロックする機能などを紹介します。

1 使用するシールを整理するには

シールの表示順を変更する

❶ ［ホーム］タブをクリックする。

➡リボンが表示される。

❷ ［ノートシール］の［その他］をクリックする。

❸ ［ノートシールの設定］をクリックする。

➡［ノートシールのカスタマイズ］ダイアログが表示される。

❹ ［ノートシールのカスタマイズ］ダイアログで上部に表示するシールをクリックする。

❺ ［▲］をクリックする。

➡シールの表示順が変わる。

❻ ［OK］をクリックする。

➡シールの表示順が変わる。

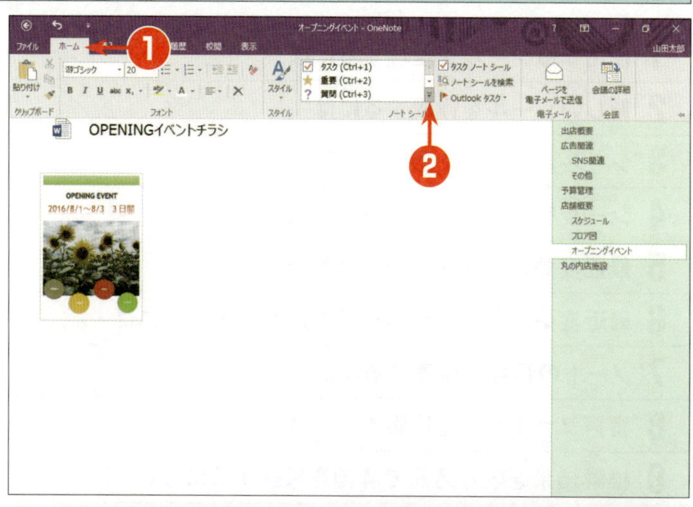

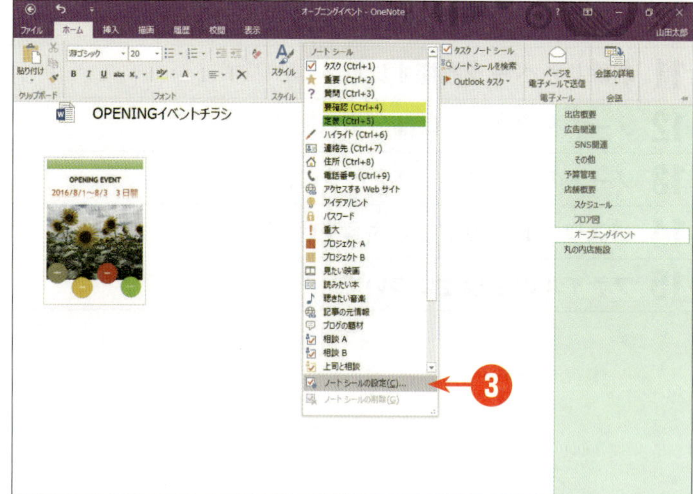

シールの整理について

シールには、たくさんの種類がありますが、使用したいシールが見つからないこともあるでしょう。その場合は、シールの名前を変えたり、独自のシールを用意します。また、よく使用するシールは、選択しやすい位置に表示しておくと便利です。シールを便利に使いこなせるように、シールを整理しておきましょう。

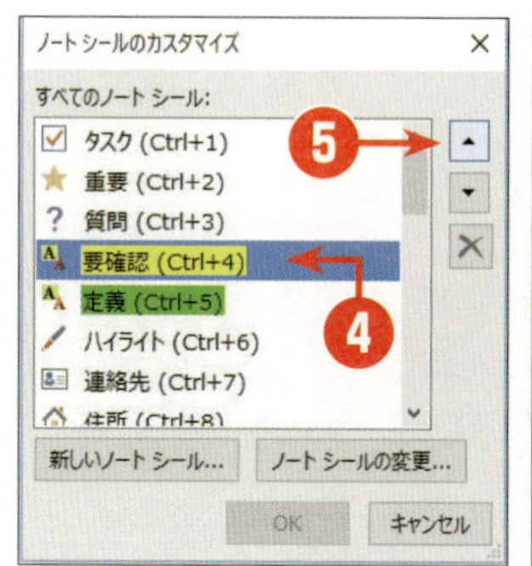

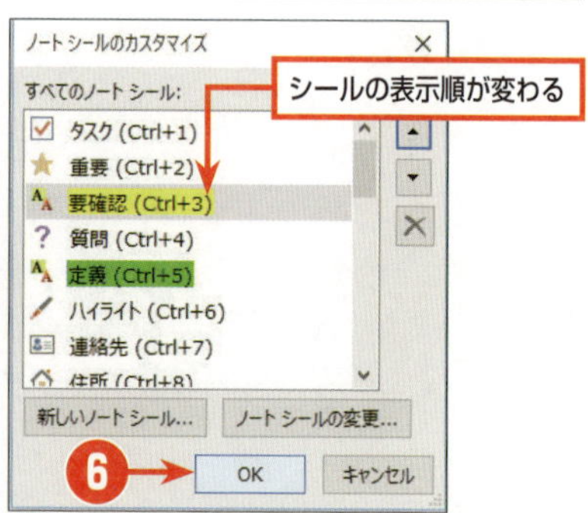

ヒント

使用しないシールを削除するには

使用しないシールを削除するには、[ノートシールのカスタマイズ] ダイアログで、削除するシールを選択し、[削除] をクリックします。

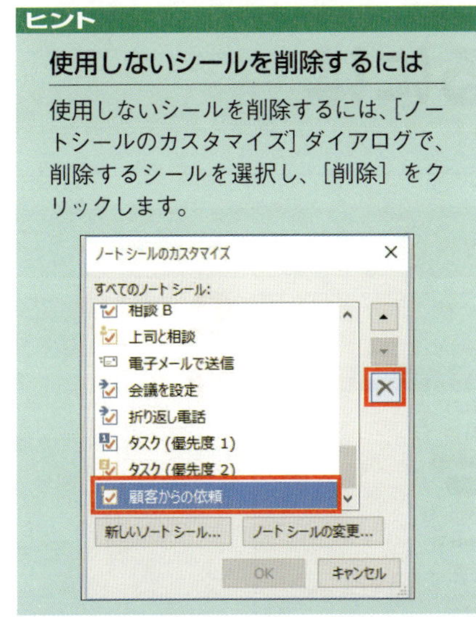

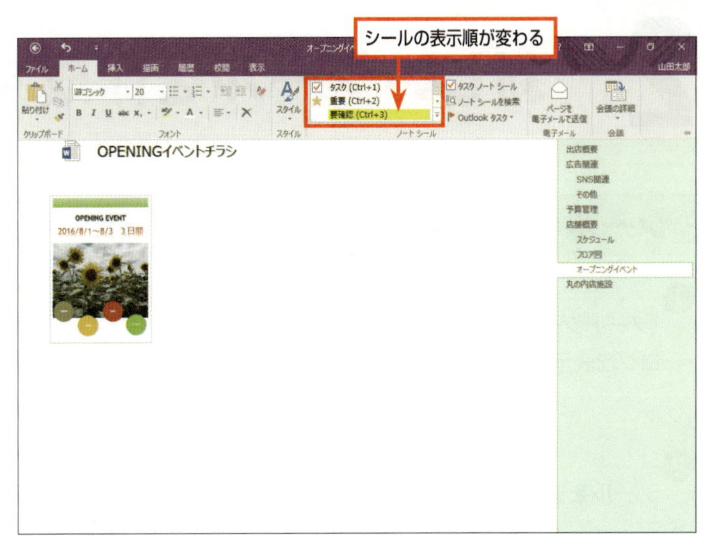

シールの名前を変更する

❶ [ノートシールのカスタマイズ]ダイアログを表示する。

この章の1の「シールの表示順を変更する」の手順①～③を参照

❷ 名前を変えるシールをクリックする。

❸ [ノートシールの変更] をクリックする。

➡[ノートシールの変更] ダイアログが表示される。

❹ [表示名]ボックスにシールの名前を入力する。

❺ [OK] をクリックする。

➡シールの名前が変わる。

❻ [OK] をクリックする。

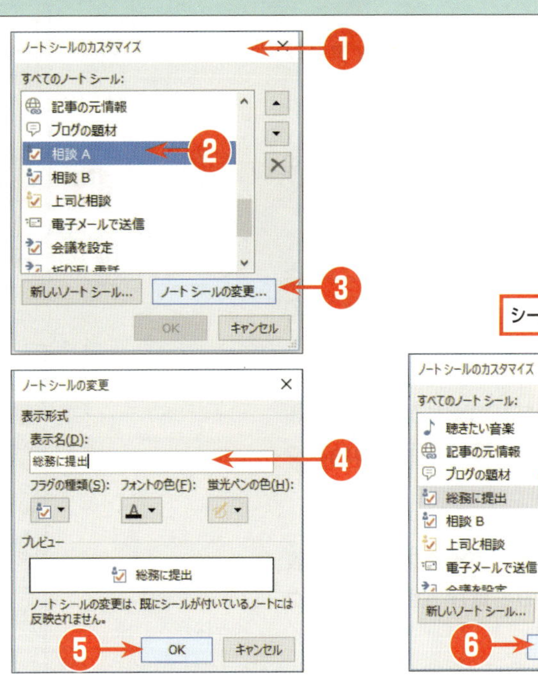

ヒント

シールが貼られた箇所の文字に色を付けるには

シールが貼られた段落の文字の色を変更して目立たせるには、[ノートシールの変更] ダイアログで [フォントの色] の▼をクリックし、表示される色の一覧から目的の色を指定します。また、文字に蛍光ペンを引くには、[蛍光ペンの色] で色を指定します。

2 新しいシールを作成するには

シールの種類を作成する

❶ [ノートシールのカスタマイズ]ダイアログを表示する。

この章の1の［シールの表示順を変更する］の手順①～③を参照

❷ シールを追加する場所をクリックする。

❸ [新しいノートシール] をクリックする。

➡[新しいノートシール] ダイアログが表示される。

❹ [表示名] ボックスに表示名を入力する。

❺ [フラグの種類] の▼をクリックし、表示されるフラグの一覧から目的のものをクリックする。

❻ [フォントの色] の▼をクリックし、表示される色の一覧から目的の色をクリックする。

❼ [蛍光ペンの色] の▼をクリックし、表示される色の一覧から目的の色をクリックする。

❽ [OK] をクリックする。

➡シールが作成される。

❾ [OK] をクリックする。

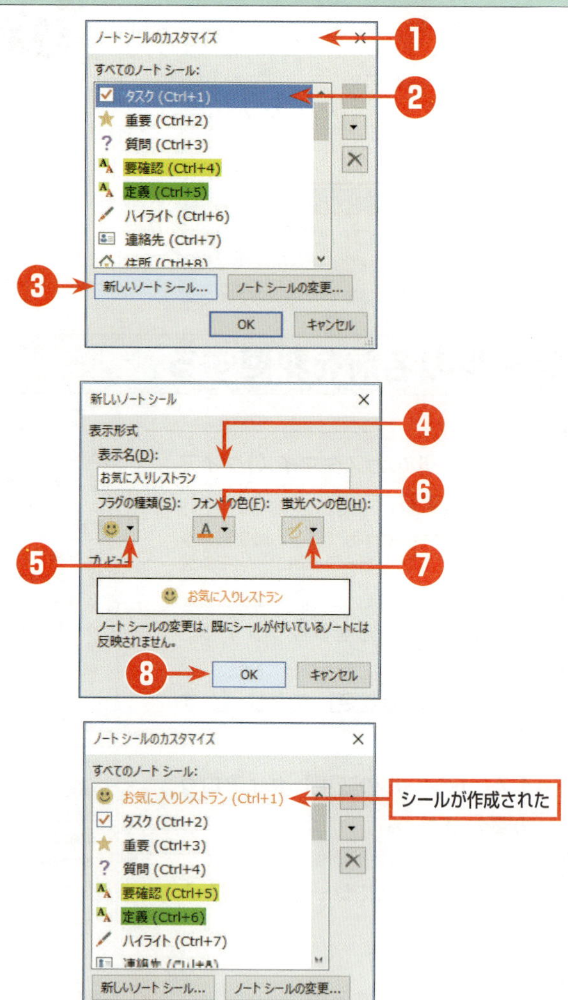

作成したシールを貼る

❶ シールを貼る箇所をクリックする

❷ [ホーム] タブをクリックする。

➡リボンが表示される。

❸ [ノートシール]の中から作成したシールをクリックする。

➡シールが貼られる。

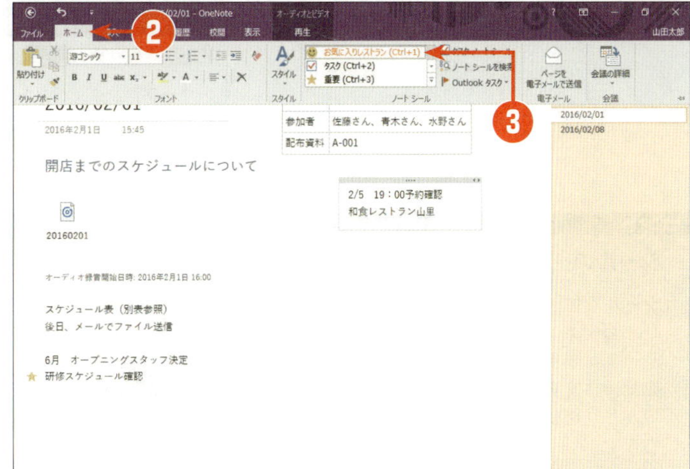

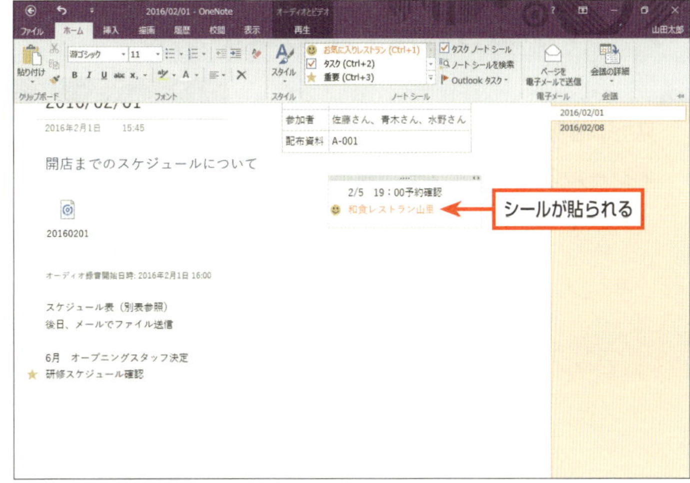

シールが貼られた箇所を確認するには

シールが貼られた箇所を一覧表示する

❶ ［ホーム］タブをクリックする。

➡リボンが表示される。

❷ ［ノートシール］の［ノートシールを検索］をクリックする。

➡［ノートシールの概要］作業ウィンドウが表示される。シールの種類ごとにシールの一覧が表示される。

シールが貼られた箇所の一覧が表示される

ヒント

シールの一覧について

シールを付けておくと、メモのタイプがひと目でわかるだけでなく、あとからシールが貼られた箇所を一覧にまとめて確認できます。重要なことを忘れていないかどうかなどをチェックするのに役立ちます。

シールが貼られたメモを表示する

❶ 見たい箇所をクリックする。

➡シールの貼られたメモが表示される。

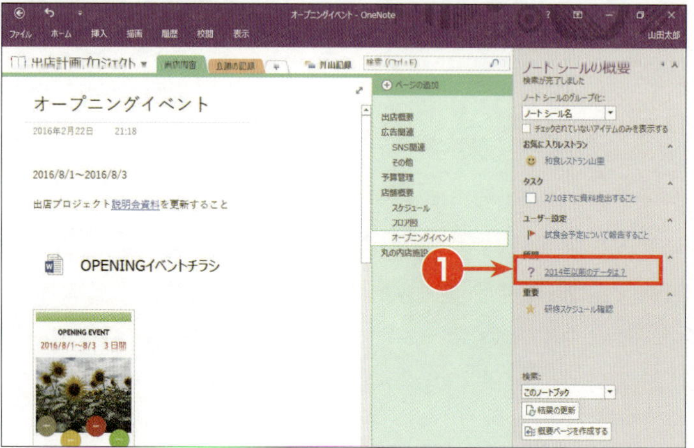

❷ メモが書かれたページが開いてメモが選択される。

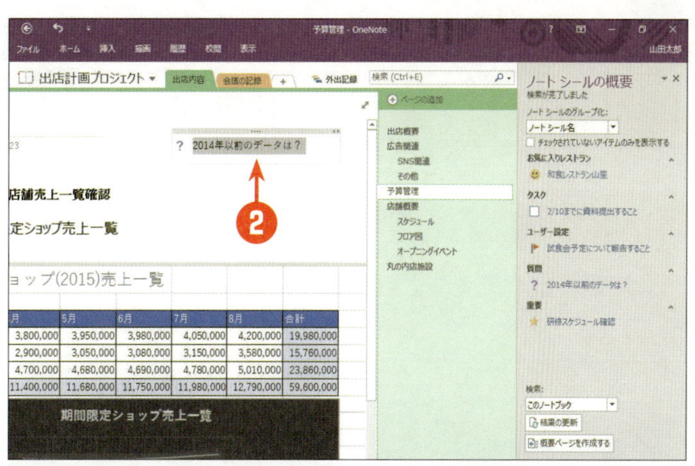

ヒント

最新の情報を表示するには

シールを削除したり、追加したりしても、[ノートシールの概要] 作業ウィンドウには、すぐにその変更が反映されません。最新の情報を表示するには、[結果の更新] をクリックします。

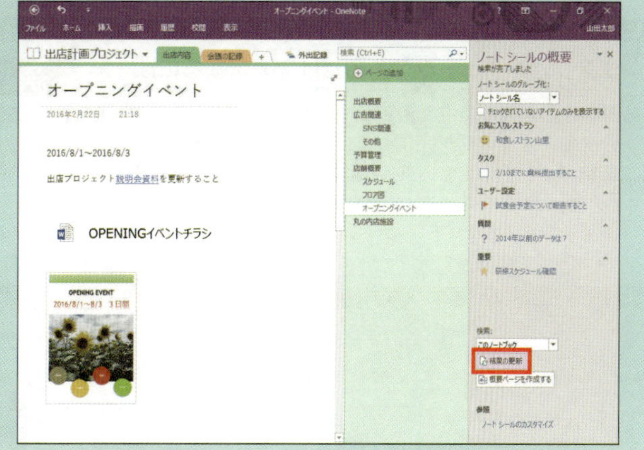

一覧の表示方法を変更する

❶ [ノートシールの概要]作業ウィンドウの [ノートシールのグループ化] ボックスの▼をクリックし、目的の表示方法をクリックする。

➡選択したグループごとにシールの一覧が表示される。

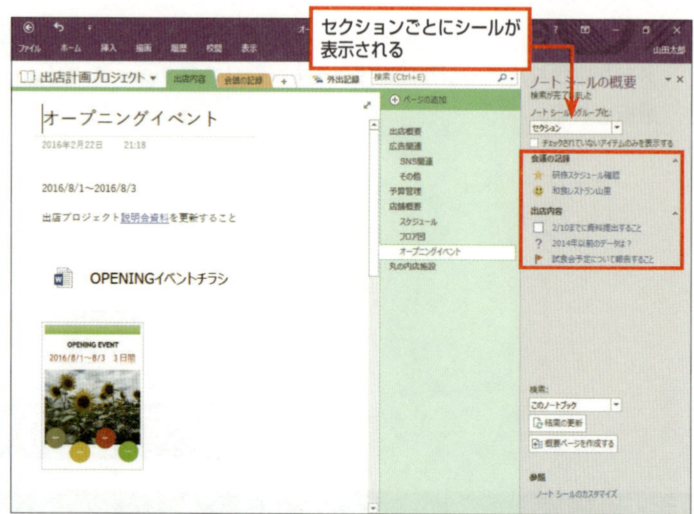

ヒント

タスクが未チェックのものだけを表示するには

タスクのシールの中で未チェックのものや、Outlookタスクの中でタスクが完了していない項目だけを表示するには、［ノートシールの概要］作業ウィンドウの［チェックされていないアイテムのみ表示する］にチェックを入れます。

第3章の2のヒント
「タスクのシールを付けるには」を参照

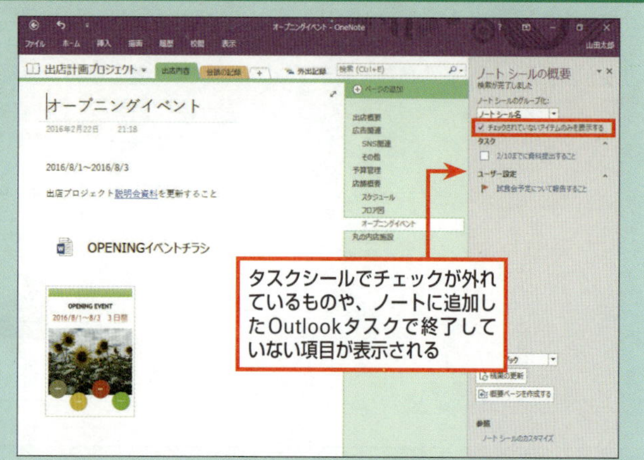

ヒント

表示する内容を絞り込むには

現在見ているセクションに含まれるシールのみを表示するなど、表示するシールを絞り込むには、［ノートシールの概要］作業ウィンドウの［検索］ボックスの▼をクリックし、表示される一覧から検索範囲を選択します。

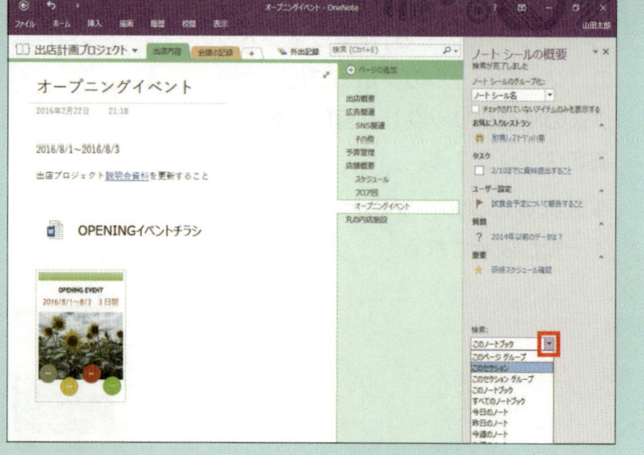

4 シールを元に概要ページを作成するには

シールの箇所を別ページにまとめる

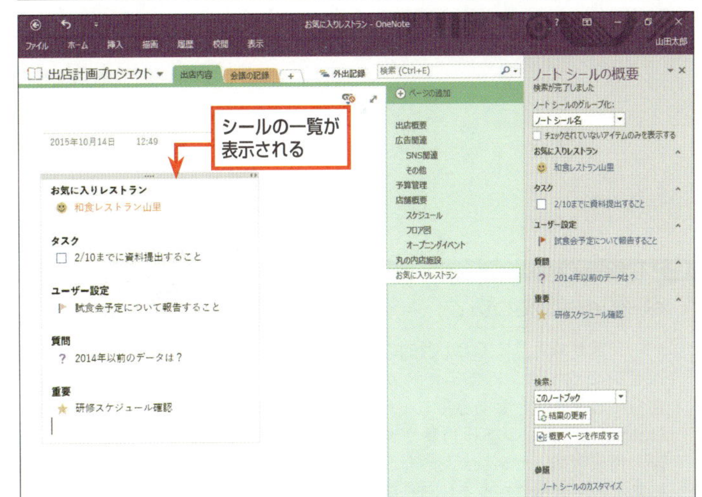

1. 概要ページを作成するセクションタブをクリックする。

2. [ノートシールの概要] 作業ウィンドウで、一覧にまとめるシールを表示する。

この章の3を参照

3. [概要ページを作成する] をクリックする。

➡新しいページが追加され、シールの一覧が表示される。

ヒント

概要ページについて

シールが付いた箇所のリストは、新しいページにまとめて表示できます。このページを概要ページといいます。概要ページは、TODOリストを作成したりするときに役立ちます。

概要ページの変更について

概要ページを変更しても、元々のノートシールの内容は変わりません。逆に、元のノートシールの内容を変更しても、概要ページの内容は変わりません。

作業ウィンドウを閉じるには

作業ウィンドウを閉じるには、作業ウィンドウの右上の [×] をクリックします。

ヒント

概要ページから元の項目を選択するには

概要ページで、シールが付いた項目をポイントすると、アイコンが表示されます。アイコンをクリックすると、リンク先の項目が表示されます。

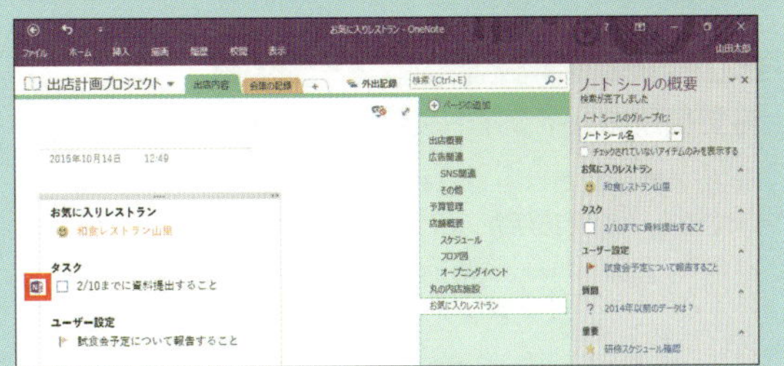

5 最近変更したページの一覧を表示するには

ページの一覧を表示する

1. ［履歴］タブをクリックする。

   ➡リボンが表示される。

2. ［作成者］の［最近の変更］をクリックする。

3. いつ変更されたページを探すのかを選択する。

   ➡指定した期間に変更のあったページの一覧が表示される。

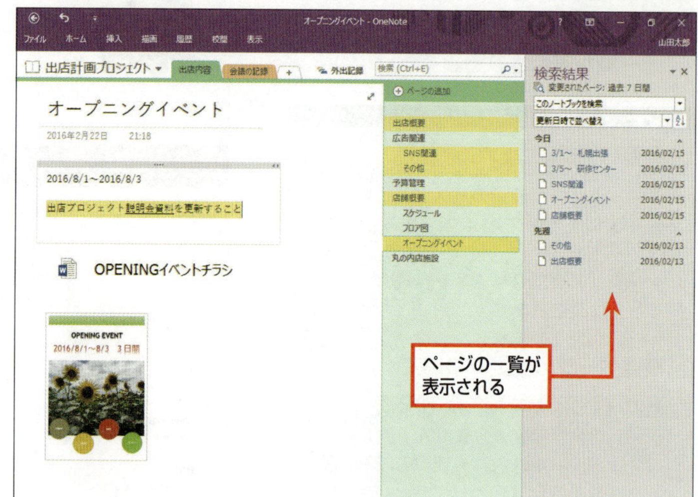

ヒント
ページの一覧について

ページ数が増えてくると、目的のページがどのセクションにあるかわからなくなってしまうこともあるでしょう。OneNoteでは、ページを日付順やタイトル順、作成者順、セクション順などの一覧にまとめて表示できます。ページの場所がわからなくても、作成した日付などを頼りにページを見つけ出せます。

ヒント
変更箇所のハイライト表示

最近変更されたページを絞り込んで表示すると、変更箇所がハイライト表示されます。［検索結果］作業ウィンドウを閉じると、ハイライト表示が消えて元の表示に戻ります。

検索結果からページを切り替える

1 検索結果から見たいページをクリックする。

➡ページが表示される。

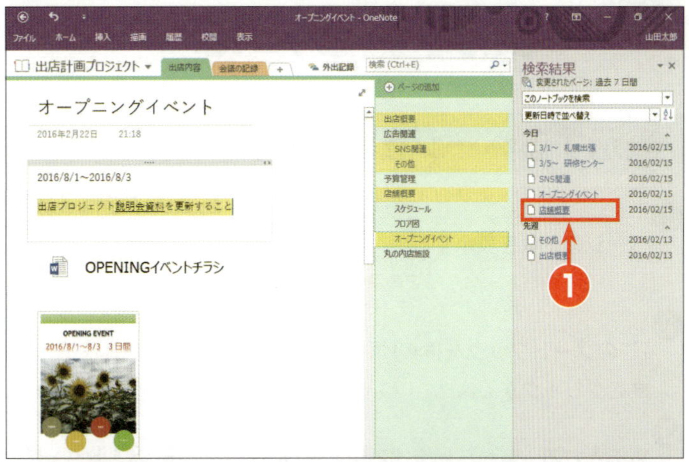

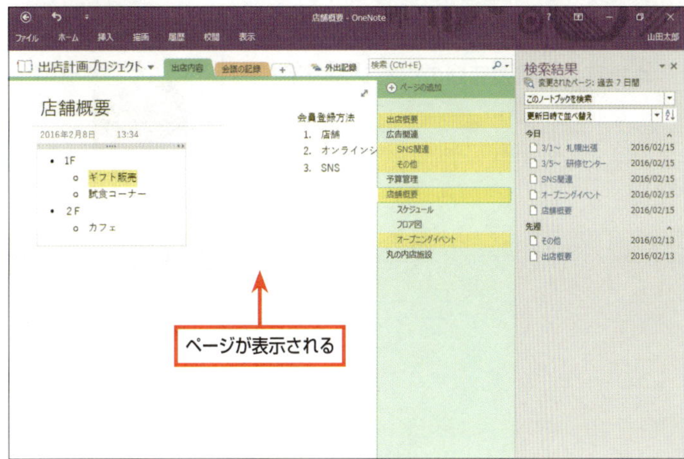

ヒント

今日変更したページだけを表示するには

今日変更したページだけを表示するには、[履歴] タブの [作成者] の [最近の変更] をクリックし、表示される一覧から [今日] をクリックします。

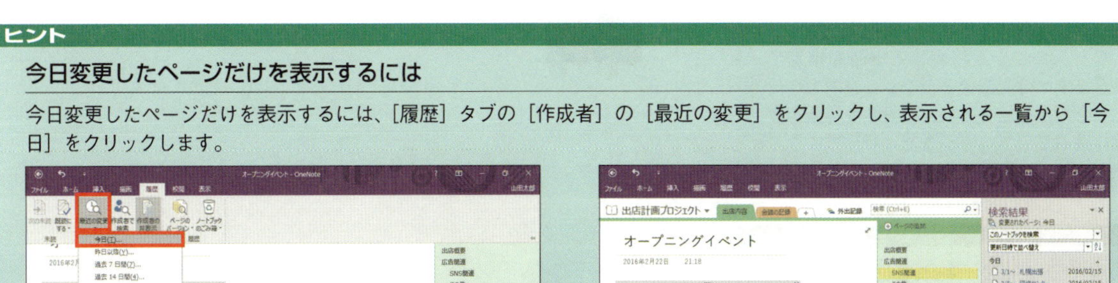

6 最近変更したページの表示方法を変更するには

表示するページを絞り込む

❶ ページの一覧を表示する。

この章の5を参照

❷ [このノートブックを検索]ボックスの▼をクリックする。

❸ 表示される一覧から検索する場所をクリックする。

➡指定した検索範囲のページが表示される。

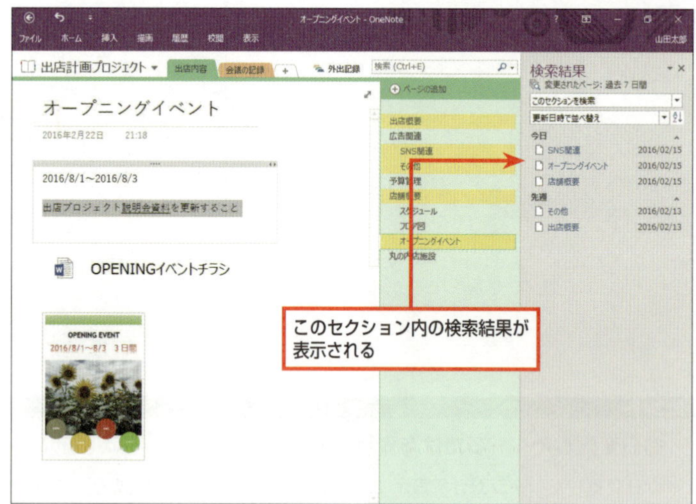

ヒント

表示の絞り込みについて

ページを探すときは、ノート単位やセクション単位など検索する場所を指定できます。今見ているセクション内のページを探す場合などは、検索する場所を絞り込むことでページを見つけやすくなります。

ヒント

ハイライト表示を消すには

最近変更されたページを絞り込んで表示すると、変更された箇所がハイライト表示されます。[検索結果]作業ウィンドウを閉じると、ハイライト表示は消えて元の表示に戻ります。

表示するページの並び順を指定する

❶ ページの一覧を表示する。

この章の5を参照

❷ [更新日時で並べ替え]ボックスの▼をクリックし、表示される一覧から並べ替えの方法をクリックする。

➡ページの表示順が変わる。

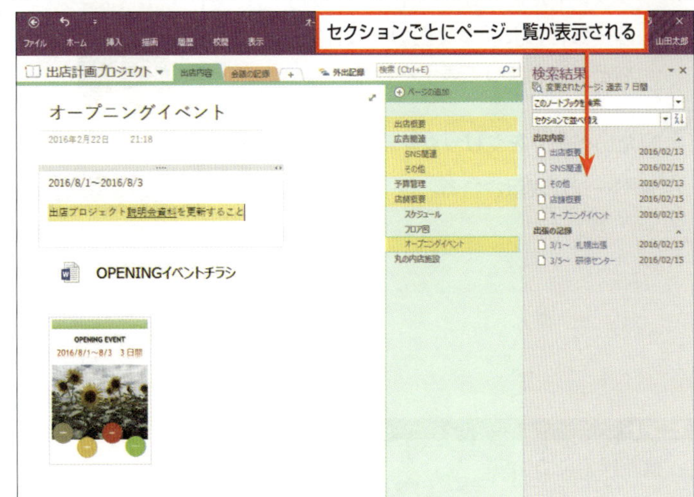

ヒント
昇順または降順を指定するには

並べ替えの順番を昇順、または降順にするには、並べ替えの方法を選択するボックスの横のボタンをクリックして切り替えます。昇順にするには 、降順にするには をクリックします。

ヒント
セクションを折りたたんで表示するには

検索結果の一覧は、指定した分類ごとまとまって表示されます。分類名の をクリックすると、グループの内容を折りたたんで表示できます。 をクリックすると折りたたまれている内容を展開して表示できます。

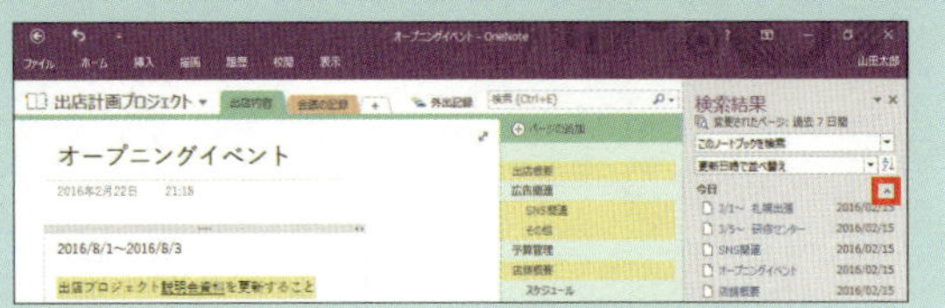

7 ノートの情報を検索するには

キーワードを元にページを検索する

❶ ［検索］ボックスをクリックする。

❷ 検索キーワードを入力する。

➡［拡張検索ナビゲーション］ウィンドウが開き、検索結果が表示される。検索結果は、「最近選択した内容」、ノートやセクション名、ページタイトルに一致する「タイトル内の一致件数」、「本文内の一致件数」などにまとまって表示される。

❸ 見たいページをクリックする。

➡ページが表示される。

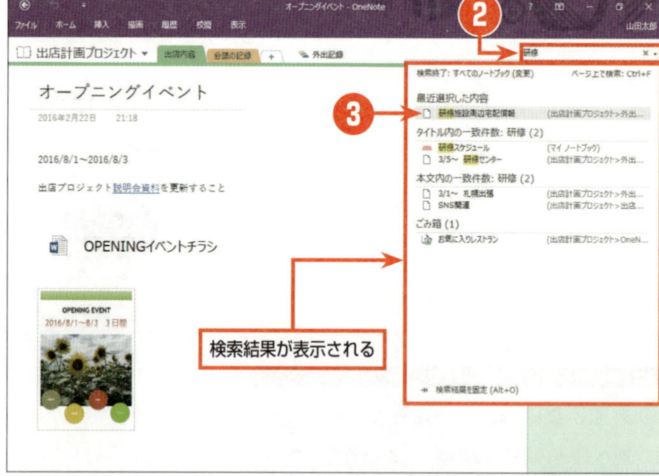

ヒント

情報検索について

OneNoteでは、［検索］ボックスを利用してノート内の情報を素早く検索できます。どこに何を書いたか忘れてしまったときは、キーワードを元にメモの内容を探してみましょう。

ヒント

最近選択したページを素早く表示するには

［検索］ボックスをクリックすると、［拡張検索ナビゲーション］ウィンドウに最近選択したページと、ノートとセクションの一覧が表示されます。一覧から目的のページをクリックするとすぐにページが開きます。

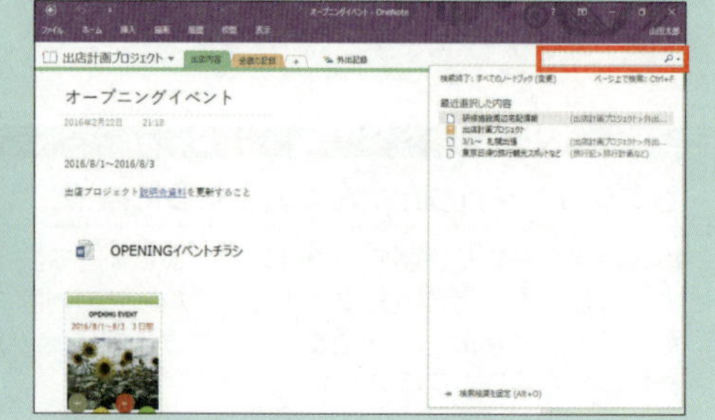

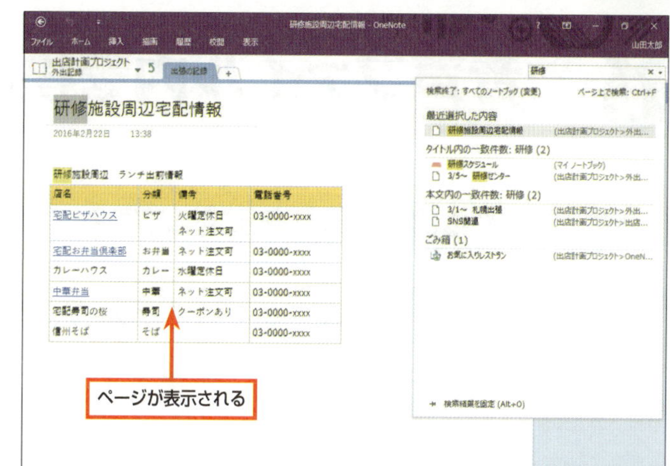

以前のOfficeとの変更点

OneNote2010以降は、検索機能が強化されました。検索キーワードを入力し始めると、[拡張検索ナビゲーション] ウィンドウが表示され、入力した内容に合わせて検索結果の表示が瞬時に切り替わります。また、検索結果には、最近選択したページの情報が表示されますので、直前に見ていたページなどをすぐに見つけられるようになりました。

ヒント

検索結果の詳細を確認する

検索結果の詳細を確認するには、検索結果一覧の [検索結果を固定] または [ノートとオーディオの検索結果ウィンドウを固定] をクリックします。すると、検索結果が右側に固定されます。検索キーワードが含まれるページのページタブは強調表示されます。検索キーワードと一致する内容も強調表示されます。

この章の9を参照

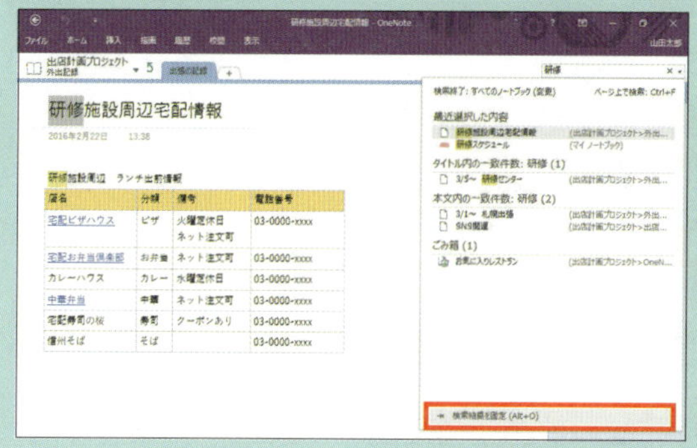

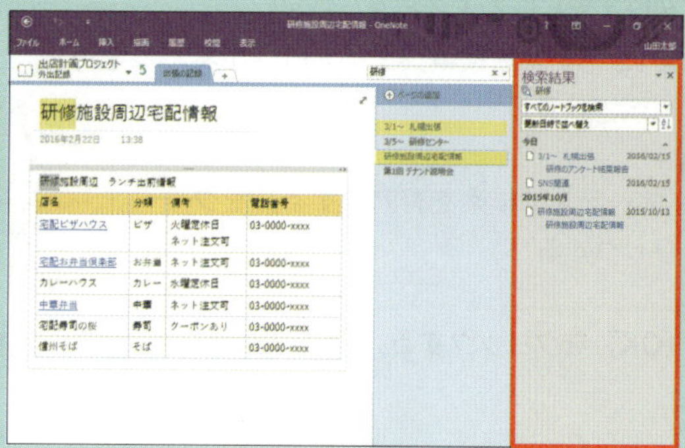

ヒント

手書き文字や画像内の文字も検索される

OneNoteでは、手書き文字や画像内の文字も検索対象になります。そのため、スキャナで読み込んだ名刺や、手書きのメモに含まれる文字も検索できます。ただし、不鮮明な文字などは検索されない場合もあります。確実に検索できるようにするには、検索用のキーワードを画像付近に入力しておくとよいでしょう。

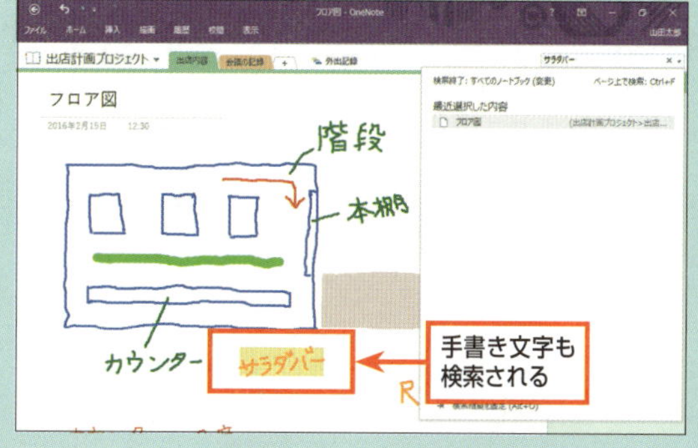

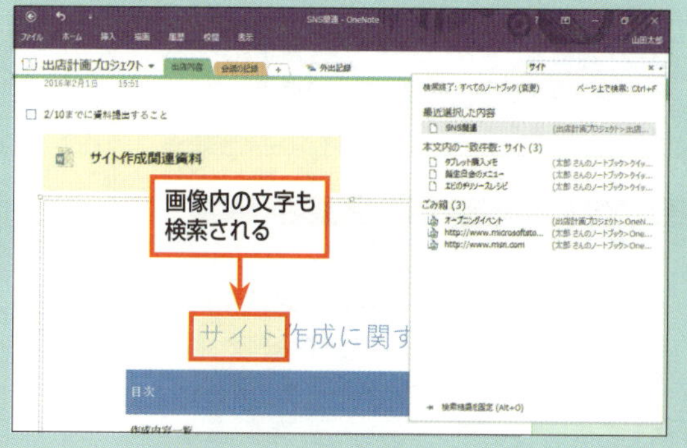

音声ファイル内を検索するには

音声ファイル内の検索を有効にする

❶ [OneNoteオプション] ダイアログを表示する。

1章のコラム「クイックアクセスツールバーやリボンのカスタマイズ」の「設定画面の表示」を参照

❷ [オーディオおよびビデオ]をクリックする。

❸ [オーディオ検索] オプションの [オーディオやビデオに対する語句検索を有効にする] にチェックを入れる。

➡[オーディオ検索] ダイアログが表示される。

❹ [オーディオ検索を有効にする] をクリックする。

❺ [OK] をクリックする。

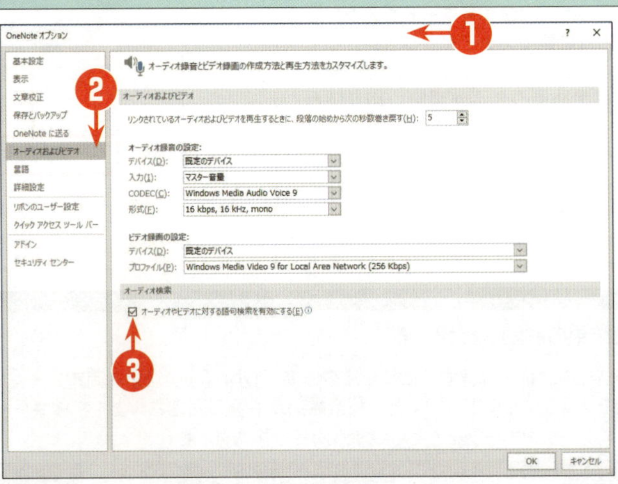

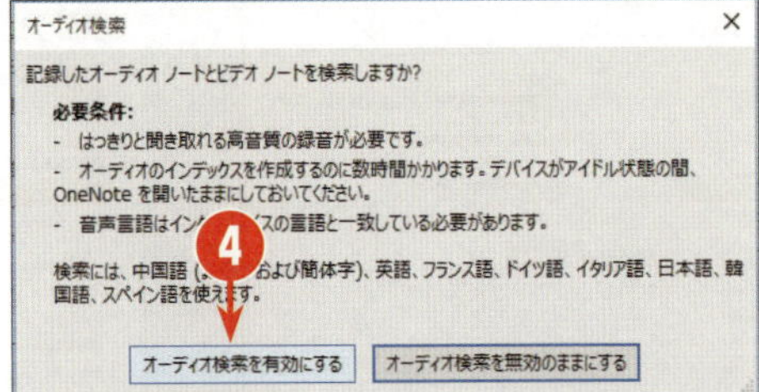

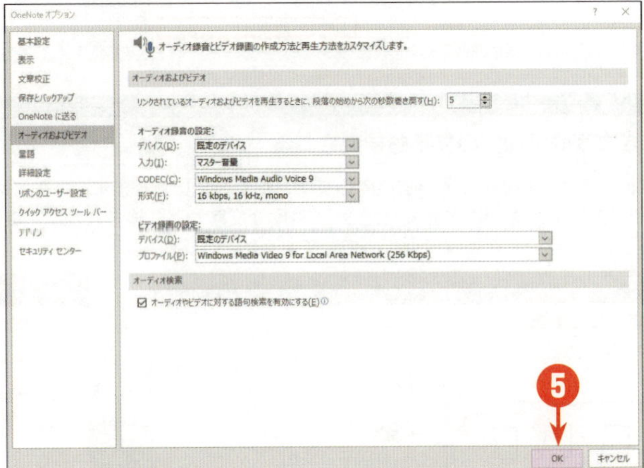

ヒント
音声ファイルの検索について

OneNoteでは、録音した音声ファイルや録画した動画に含まれる音声ファイルも、検索の対象にすることができます。録音・録画した内容に指定した言葉が含まれているかどうか確認してその場所から再生できます。

ヒント
音声検索を有効にする

OneNoteで、音声を検索対象にするには、音声検索機能を有効にし、インデックスの作成を済ませておく必要があります。

音声ファイル内を検索する

❶
[検索]ボックスに検索するキーワードを入力する。

➡[拡張検索ナビゲーション] ウィンドウに検索結果が表示される。

❷
[ノートとオーディオの検索結果ウィンドウを開く] をクリックする。

➡[検索結果] 作業ウィンドウが表示される。

❸
[検索結果を表示するにはここをクリックしてください]をクリックする。

➡オーディオの検索結果が表示される。

❹
検索された項目をクリックする。

➡検索されたところから音声が再生される。

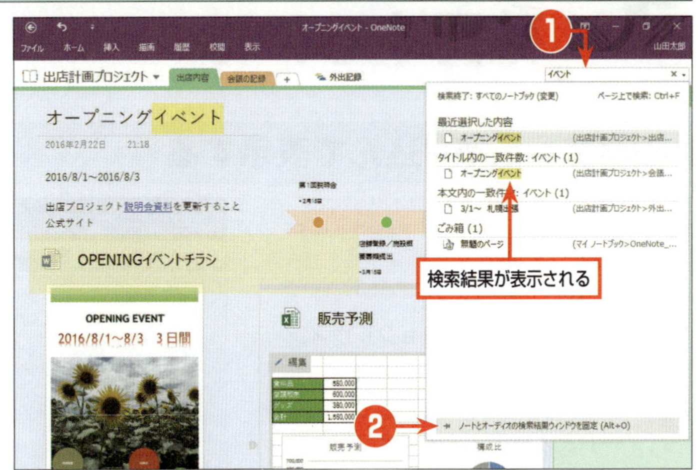

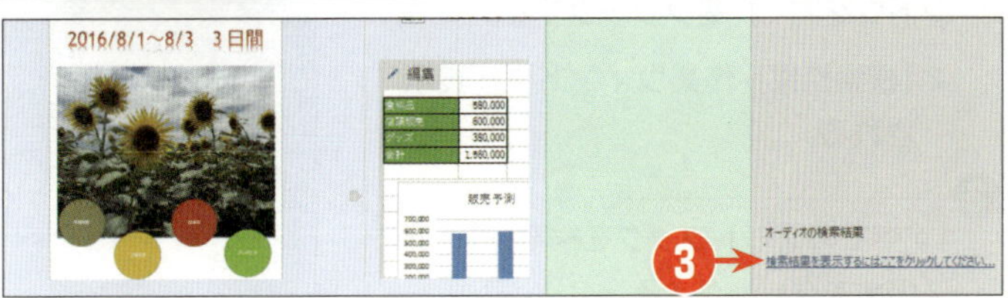

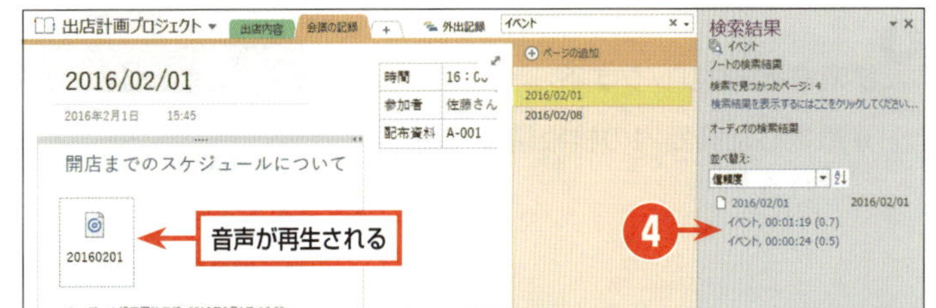

ヒント

インデックスを作成するには

音声を検索するには、インデックスを作成する必要があります。インデックスの作成は、自動的に行われますが、インデックスが作成されるまでには時間がかかります。インデックスが作成されていない録音がある場合は、[検索結果] 作業ウィンドウに表示されます。

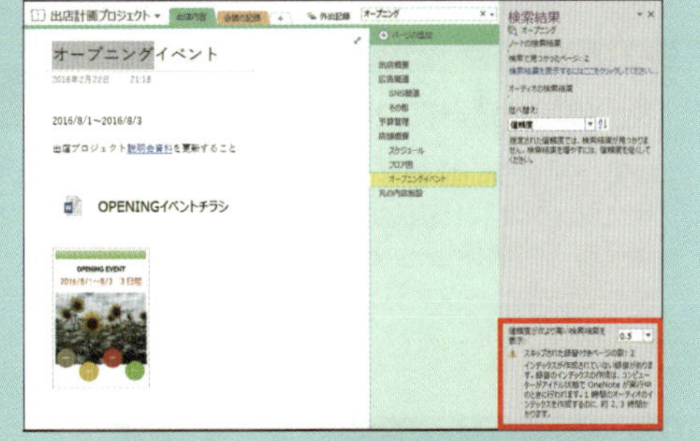

ヒント

ノートの検索結果の表示に戻るには

オーディオの検索結果からノートの検索結果の表示に戻るには、ノートの検索結果の [検索結果を表示するにはここをクリックしてください] をクリックします。

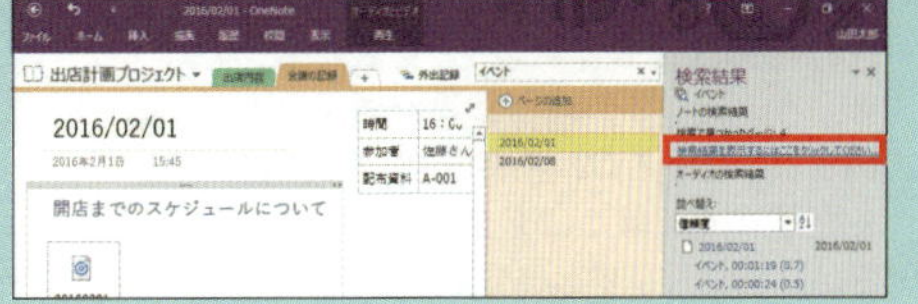

9 検索結果を絞り込んで詳細を確認するには

検索結果を絞り込んで表示する

1 検索を実行する。

この章の7を参照

➡[拡張検索ナビゲーション] ウィンドウに検索結果が表示される。

2 [ノートとオーディオの検索結果ウィンドウを開く] をクリックする。

➡[検索結果] 作業ウィンドウが表示される。

3 [すべてのノートブックを検索]ボックスの▼をクリックする。

4 検索場所をクリックする。

➡選択した範囲内の検索結果が表示される。

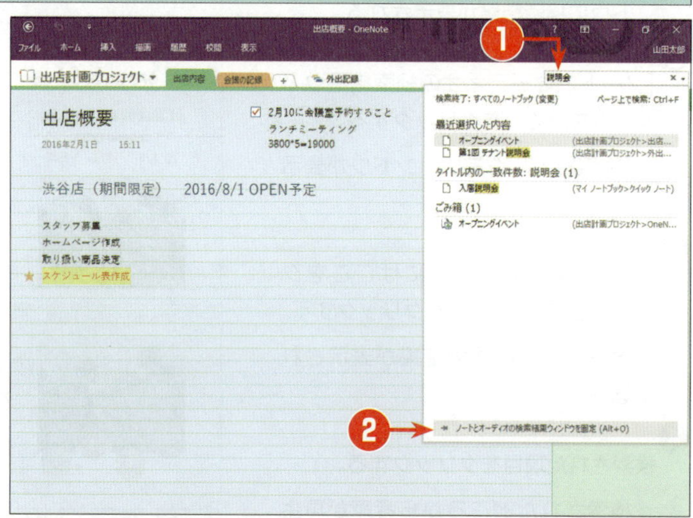

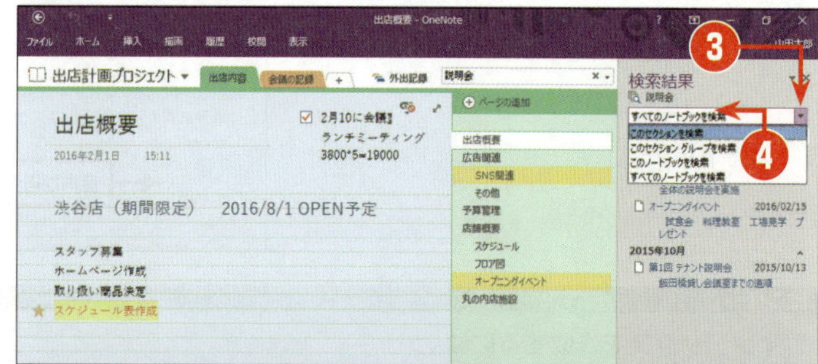

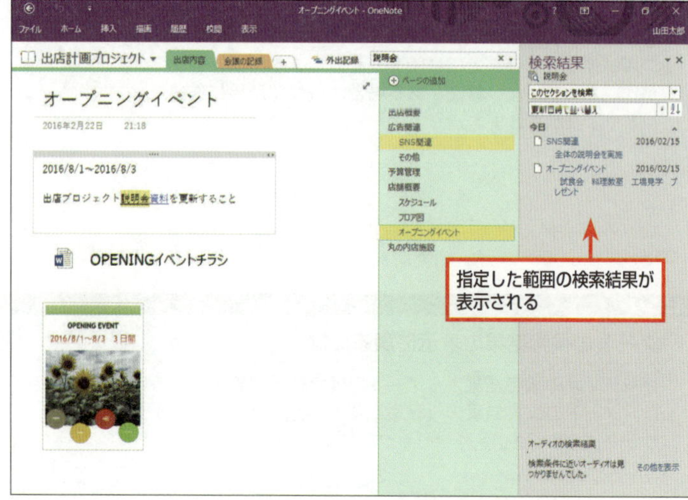

ヒント
表示の絞り込みについて

検索結果が多い場合は、検索対象にするセクションを絞り込んだり、検索結果を並べ替えて表示したりしてみましょう。探しているページを見つけやすくなります。

ヒント
オーディオの検索結果が表示された場合は

[検索結果] 作業ウィンドウを表示したとき、オーディオの検索結果が表示された場合は、ノートの検索結果の [検索結果を表示するにはここをクリックしてください] をクリックします。

検索結果の並び順を指定する

❶ [検索結果を絞り込んで表示する]の手順①～②を実行し、[検索結果] 作業ウィンドウを開く。

❷ [更新日時で並べ替え]ボックスの▼をクリックする。

❸ [セクションで並べ替え]をクリックする。

➡検索結果がセクションごとにまとまって表示される。

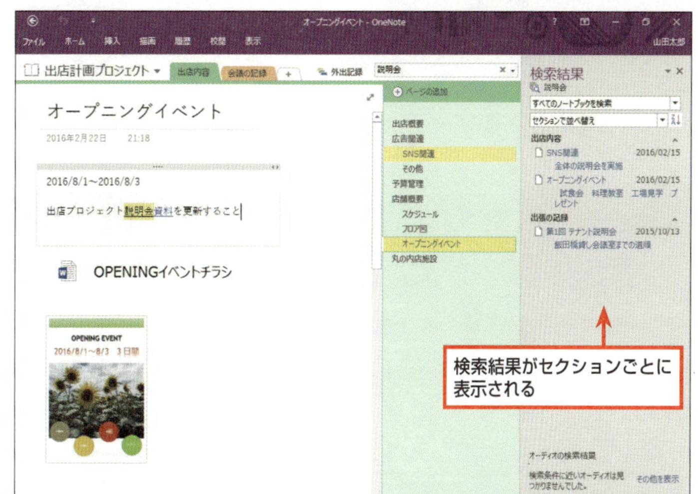

ヒント

検索結果について

検索を実行し、[検索結果] 作業ウィンドウを表示すると、検索結果を含むページや検索された文字がわかりやすいように、ページタブや文字がハイライト表示されます。[検索結果] 作業ウィンドウの右上の[×] をクリックし、[検索結果] 作業ウィンドウを閉じると元の表示に戻ります。

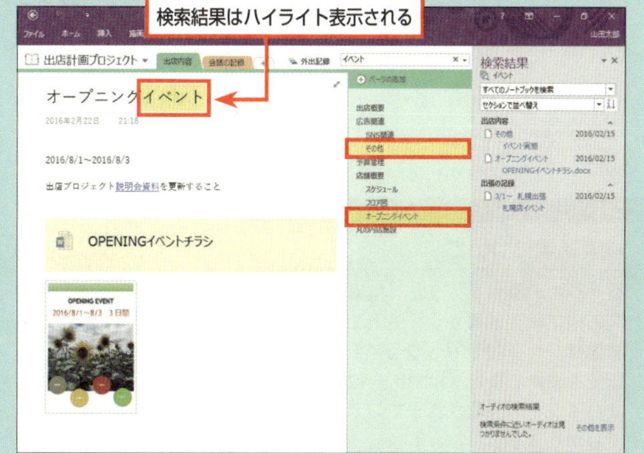

10 ページ内の情報を検索するには

ページ内の文字を検索する

❶ [検索]ボックスに検索キーワードを入力する。

❷ [検索] ボックスの▼をクリックする。

❸ [このページの検索] をクリックする。

➡検索結果が表示される。

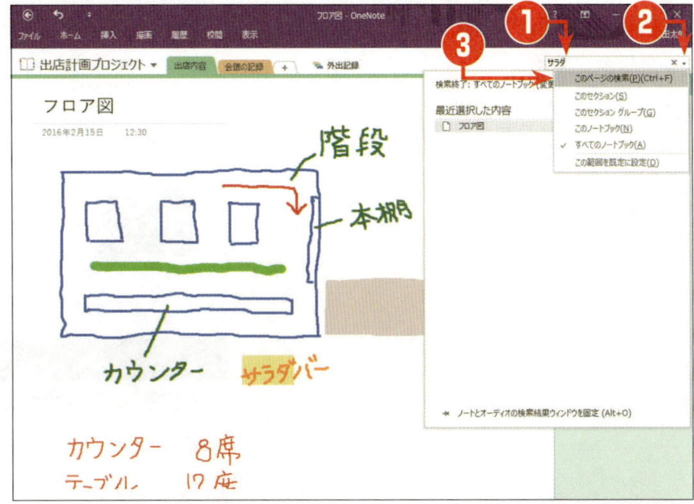

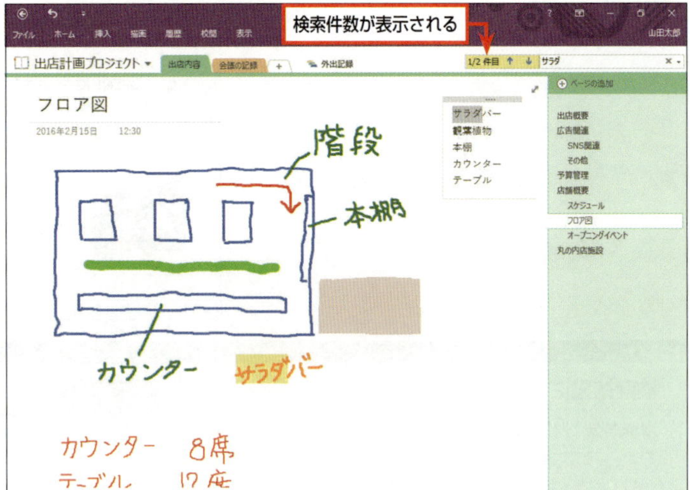

ヒント

検索結果について

ページ内の検索を行うと、[検索] ボックスの横に検索結果が表示されます。検索結果は、↑ ↓ をクリックして1つずつ確認できます。また、検索に一致した箇所はハイライト表示されますので、ひと目でわかります。

検索結果を確認する

1 ［↓］をクリックする。

➡次の検索結果が選択される。

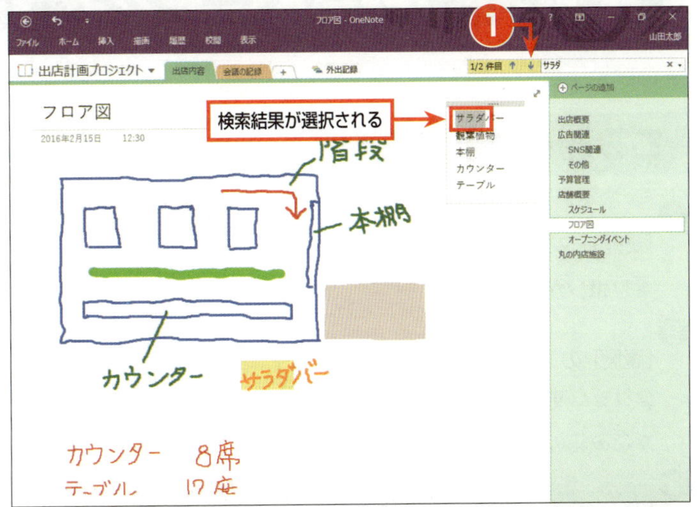

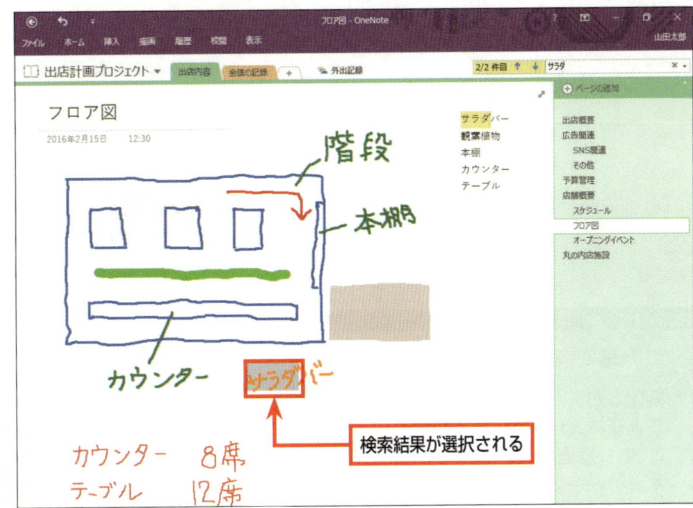

ヒント

検索結果の表示を元に戻すには

検索結果のハイライト表示を消して元の表示に戻すには、［検索］ボックスの［×］をクリックします。

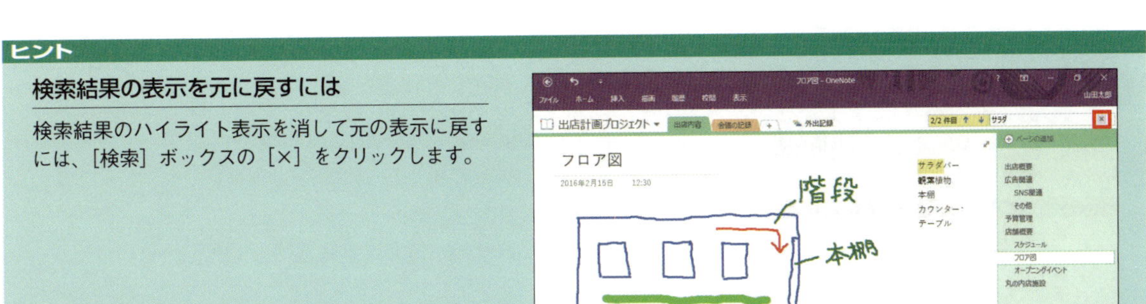

11 削除したページを探すには

ごみ箱を表示する

❶
［履歴］タブをクリックする。

➡リボンが表示される。

❷
［履歴］の［ノートブックのごみ箱］をクリックする。

➡ごみ箱の中身が表示される。

❸
［親セクショングループへ移動］をクリックする。

➡ノートの表示画面に戻る。

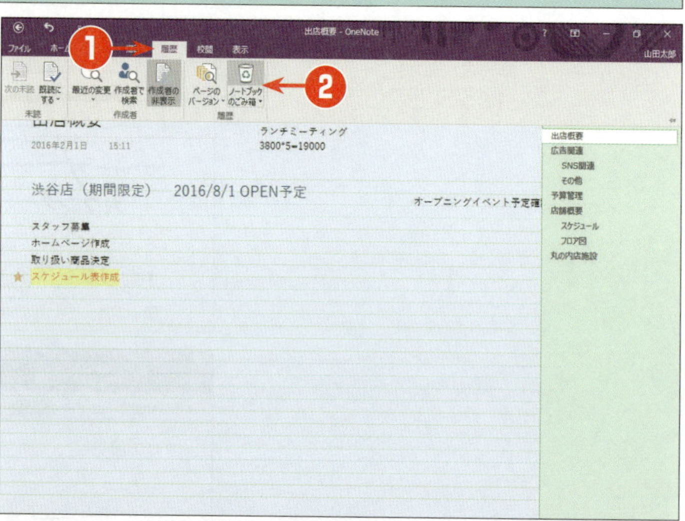

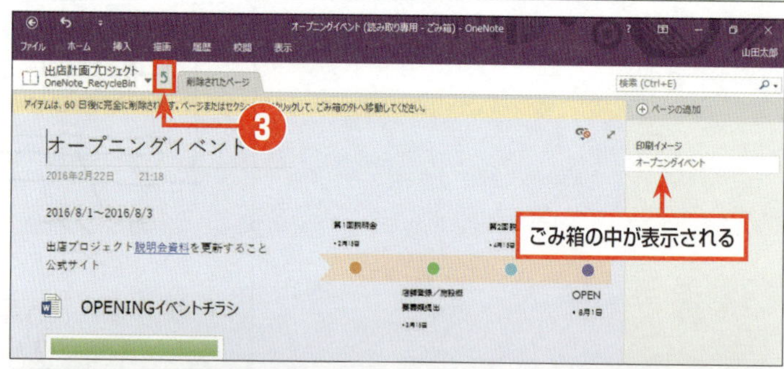

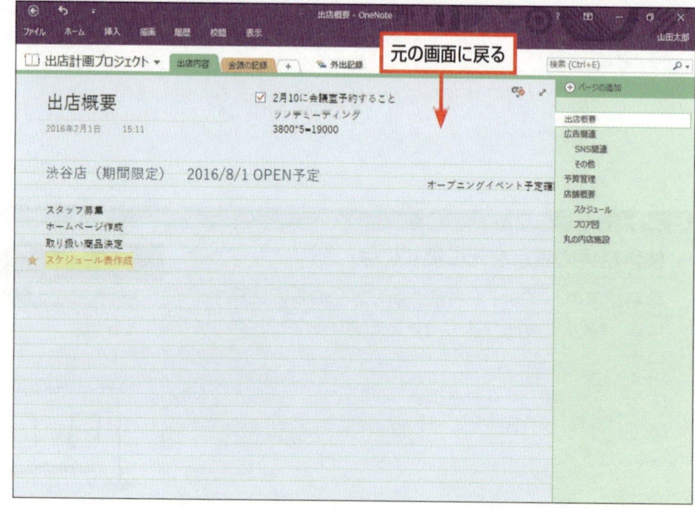

ヒント

ごみ箱について

削除したノートやセクション、ページは、ごみ箱に入ります。ごみ箱に入ったものは60日経過すると自動的に削除されます。ごみ箱に保存されている間は、必要に応じてページを元の場所に戻すこともできます。

ヒント

ごみ箱を空にするには

ごみ箱にあるセクションやページは60日を過ぎると自動的に削除されます。60日経過する前にセクションやページなどを削除してごみ箱を空にするには、［履歴］タブの［履歴］の［ノートブックのごみ箱］の▼をクリックし、［ごみ箱を空にする］をクリックします。

ごみ箱にあるセクションやページを移動する

❶ごみ箱のセクションタブやページタブを右クリックする。

❷ショートカットメニューの［移動またはコピー］をクリックする。

➡［ページの移動またはコピー］ダイアログが表示される。

❸ページの移動先のノートやセクションを選択する。

❹［移動］をクリックする。

➡セクションやページが指定した場所に移動する。

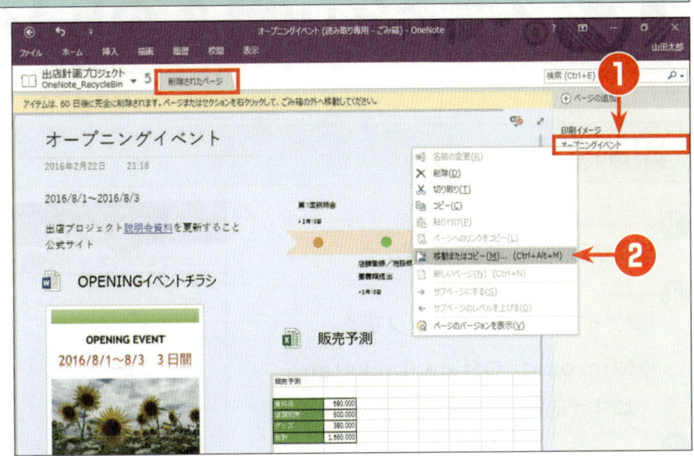

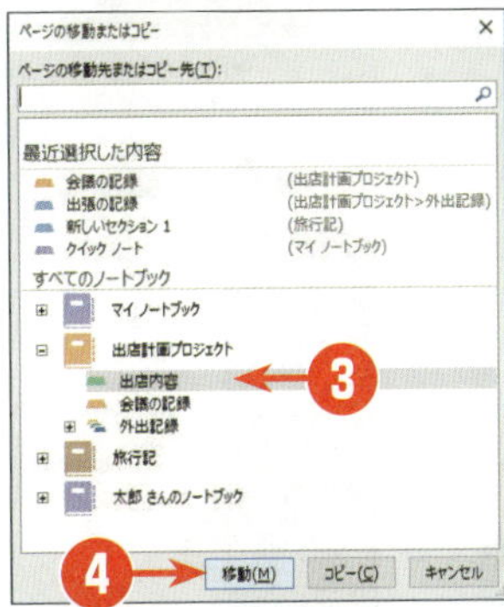

以前のOfficeとの変更点

OneNote2010以降では、セクションやページを削除するとごみ箱に入ります。ごみ箱にあるセクションやページは復元することもできます。

ヒント

ごみ箱の履歴を無効にするには

ごみ箱機能を利用しない場合は、ごみ箱の履歴を無効にします。それには、［履歴］タブの［履歴］の［ノートブックのごみ箱］の▼をクリックし、［このノートブックの履歴を無効にする］をクリックします。

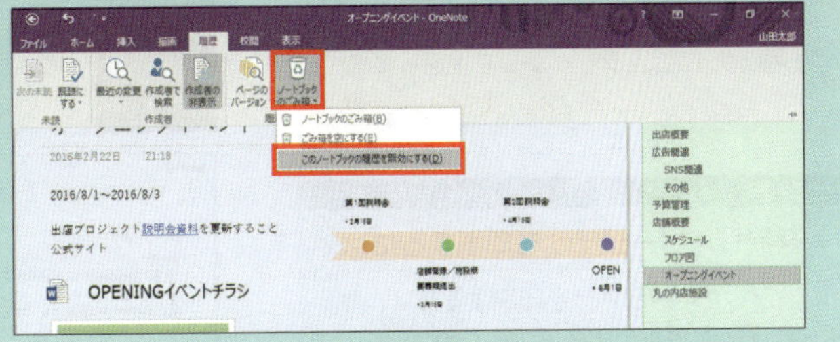

ヒント

以前のバージョンのページを探すには

OneNoteでは、ページの履歴が自動的に保存されます。以前のバージョンのページを確認するには、目的のページのページタブをクリックし、［履歴］タブの［履歴］で［ページのバージョン］をクリックします。すると、以前のバージョンのページが表示され変更箇所が表示されます。ページ上部のバーをクリックするとページを復元することもできます。なお、以前のバージョンのページを削除するには、［履歴］タブの［履歴］で［ページのバージョン］の▼をクリックして削除する内容を選択します。

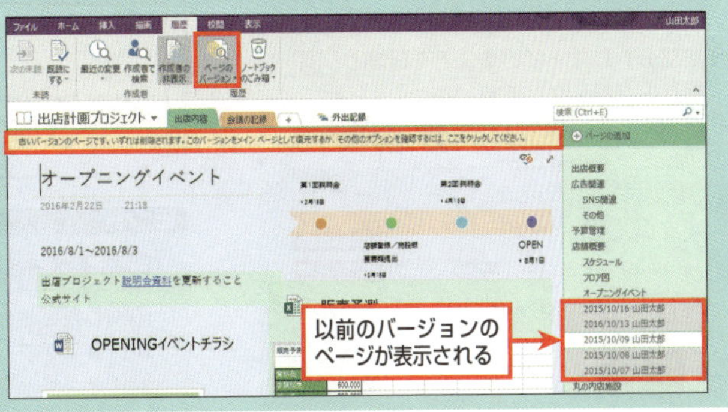

12 ノートを印刷するには

印刷する

❶ 印刷するページを表示する。

❷ [ファイル] タブをクリックする。

➡Microsoft Office Backstage ビューが表示される。

❸ [印刷] をクリックする。

❹ [印刷] をクリックする。

➡[印刷] ダイアログが表示される。

❺ 印刷部数や印刷範囲などを指定する。

❻ [印刷] をクリックする。

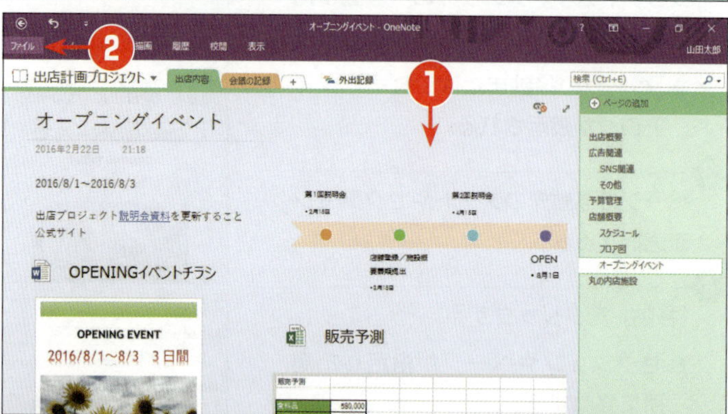

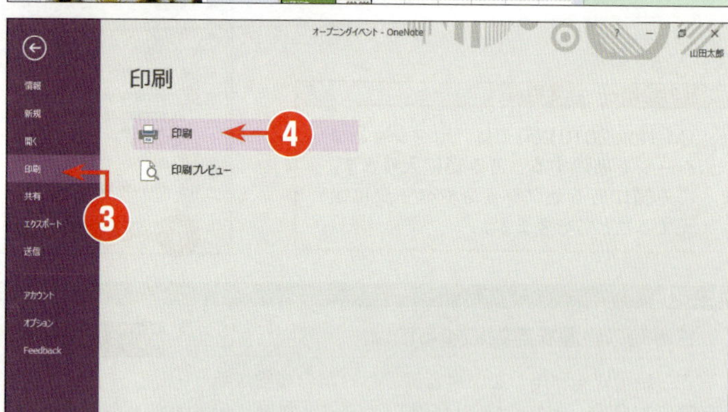

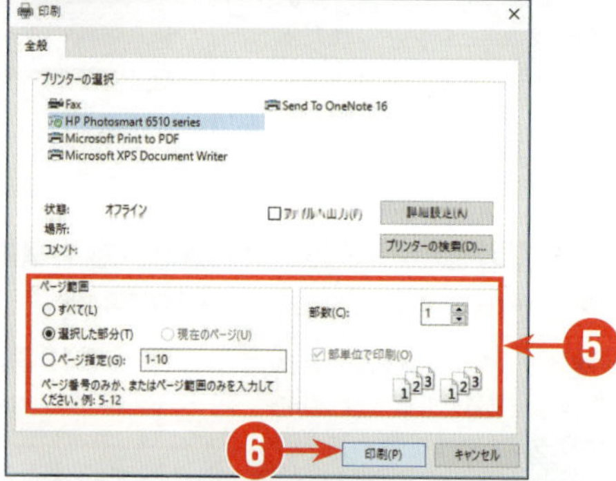

ヒント

ページ設定について

ページのサイズや印刷の向き、余白位置などは、[表示] タブの [ページ設定] の [用紙サイズ] をクリックして指定します。

2章の8を参照

ヒント

選択したページだけを印刷するには

指定したページだけを印刷するには、まず、Ctrl を押しながら、印刷するページのページタブをクリックし、印刷するページを選択します。次に、[印刷] ダイアログを表示して [ページ範囲] が [選択した部分] になっていることを確認し、[印刷] をクリックします。

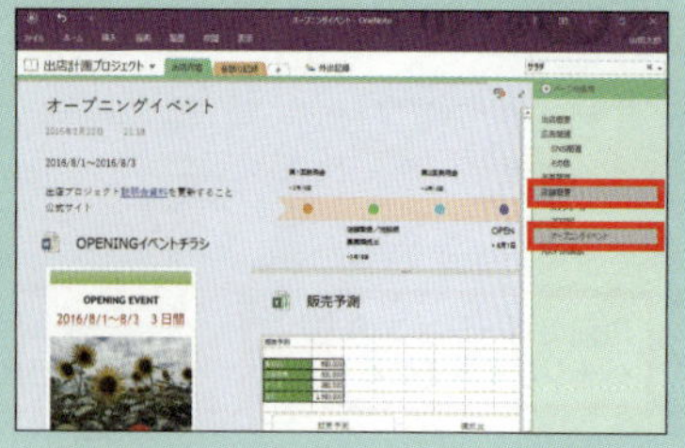

ヒント

印刷イメージを見るには

印刷したときのイメージを見るには、印刷するページを選択し、[ファイル] タブをクリックします。Microsoft Office Backstage ビューの [印刷] をクリックして [印刷プレビュー] をクリックします。

13 ノートのバックアップをとるには

バックアップをとる

❶ [OneNoteオプション] ダイアログを表示する。

1章のコラム「クイックアクセスツールバーやリボンのカスタマイズ」の「設定画面の表示」を参照

❷ [保存とバックアップ] をクリックする。

❸ [バックアップ] オプションでバックアップする内容を選択する。すべてのノートのバックアップをとるには、[すべてのノートブックを今すぐバックアップ] をクリックする。

➡バックアップファイルが作成される。

❹ バックアップの完了を知らせるダイアログが表示されたら、[OK] をクリックする。

❺ [OK] をクリックする。

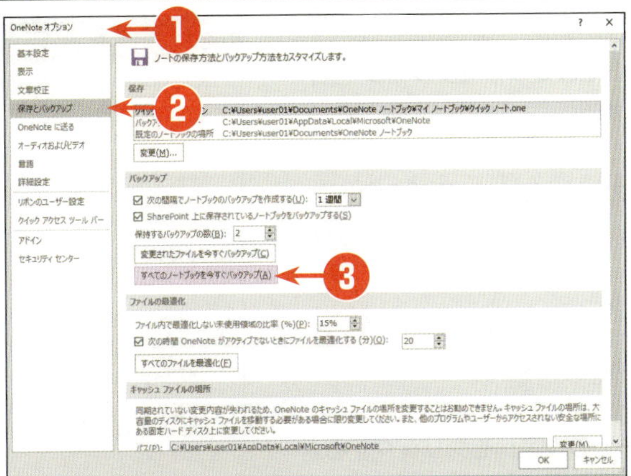

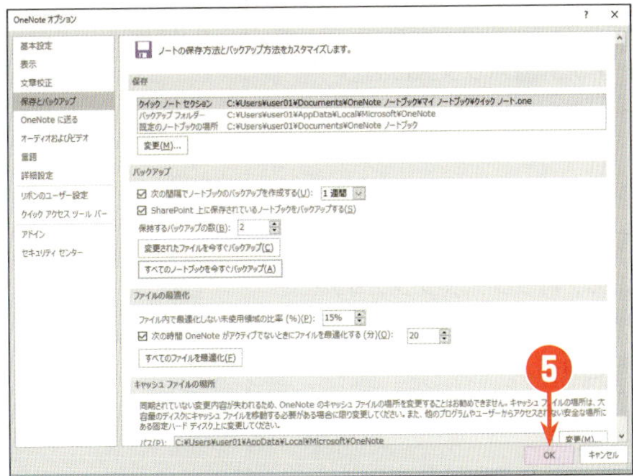

用語

バックアップ

バックアップとは、パソコンのファイルがなんらかの原因で破損したり、削除してしまった場合などに備えて、念のためにファイルのコピーをとっておくことです。コピーされたファイルをバックアップファイルといいます。OneNoteでは、一定の間隔でバックアップが実行されるように設定できます。また、任意のタイミングでバックアップを実行することもできます。

ヒント

バックアップファイルを開くには

バックアップファイルを開くには、[ファイル] タブをクリックし、[情報] をクリックし、[バックアップを開く] をクリックします。[バックアップを開く] ダイアログが表示されたら、開くセクションを指定します。なお、バックアップファイルの保存先は、[OneNoteオプション] ダイアログの [保存とバックアップ] の [保存] 欄で指定できます。

14 パスワードを設定して内容を保護するには

パスワードを設定する

❶ パスワードを設定するセクションを右クリックする。

❷ ショートカットメニューの［このセクションをパスワードで保護］をクリックする。

➡［パスワードによる保護］作業ウィンドウが表示される。

❸［パスワードの設定］をクリックする。

➡［パスワードによる保護］ダイアログが表示される。

❹［パスワードの入力］ボックスにパスワードを入力する。

❺［パスワードの確認］ボックスにもう一度パスワードを入力する。

❻［OK］をクリックする。

➡バックアップファイルを作成している場合は、バックアップファイルを削除するかどうか確認メッセージが表示される。

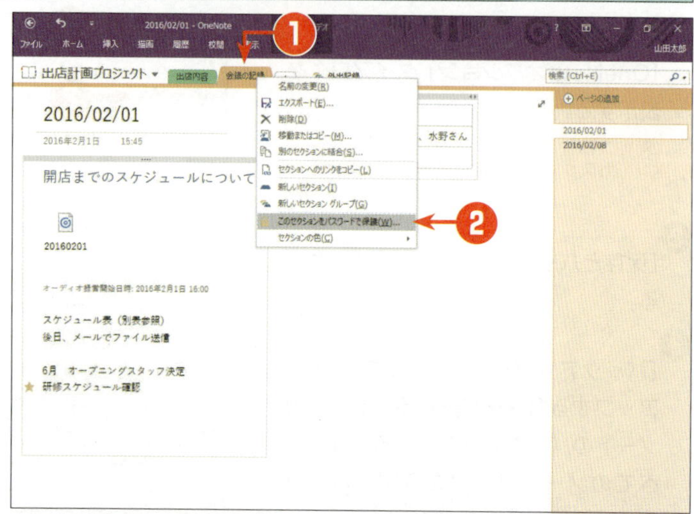

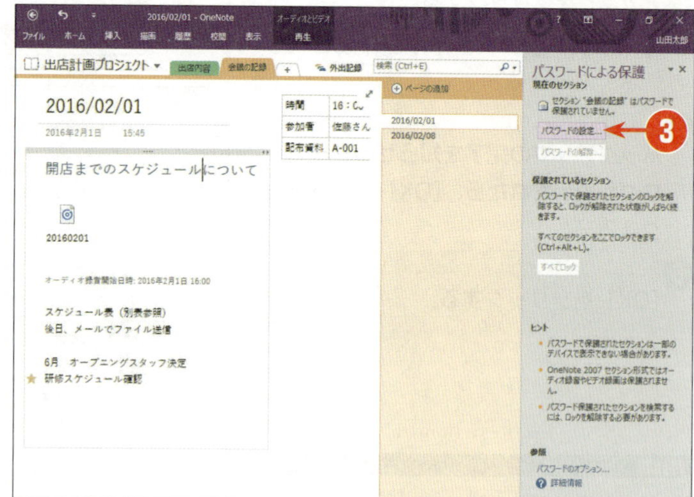

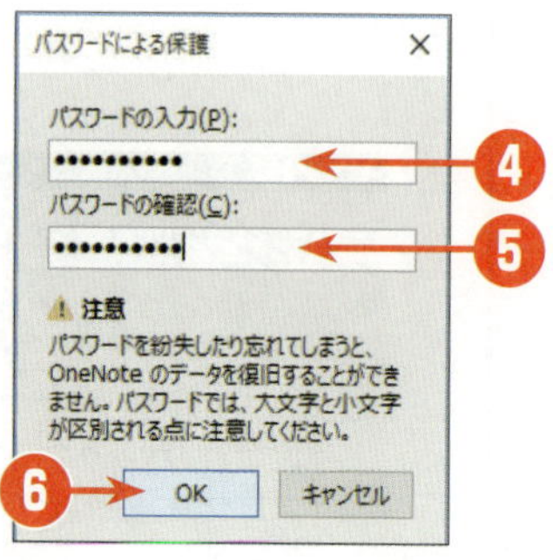

ヒント

パスワードについて

OneNoteでは、ノートに書いた重要な情報が第三者に勝手に見られてしまうことがないように、セクションごとにパスワードを設定できます。パスワードを指定してセクションをロックすると、パスワードを知らない人は、セクションの内容を表示したり編集したりすることができなくなります。

❼ 既存のバックアップファイルを削除する場合は、[既存のバックアップを削除] をクリックする。

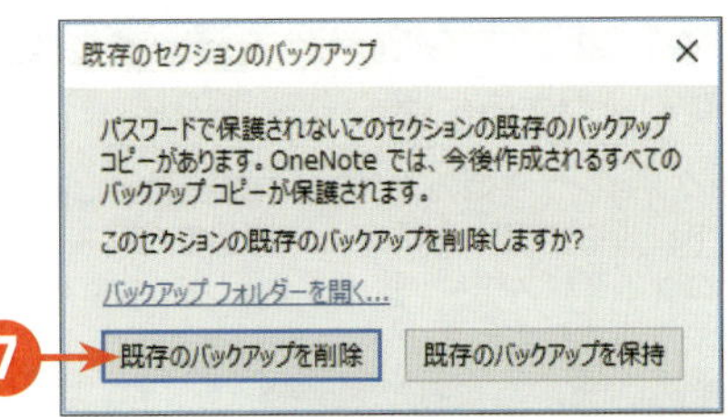

セクションをロックする

❶ [パスワードによる保護]作業ウィンドウで [すべてロック] をクリックする。

➡ セクションがロックされる。

❷ セクションの内容を見るには、[ここをクリックするか、Enterを押すと、このセクションのロックを解除されます] と表示されているところをクリックする。

➡ [保護されているセクション] ダイアログが表示される。

❸ [パスワードの入力] ボックスにパスワードを入力する。

❹ [OK] をクリックする。

➡ セクションの内容が表示される。

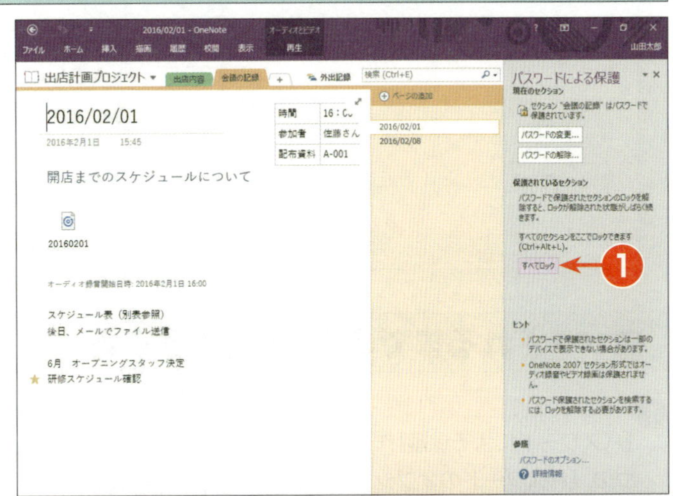

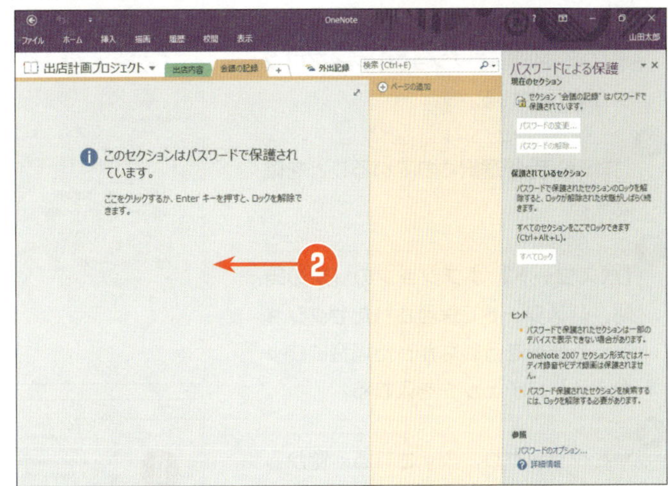

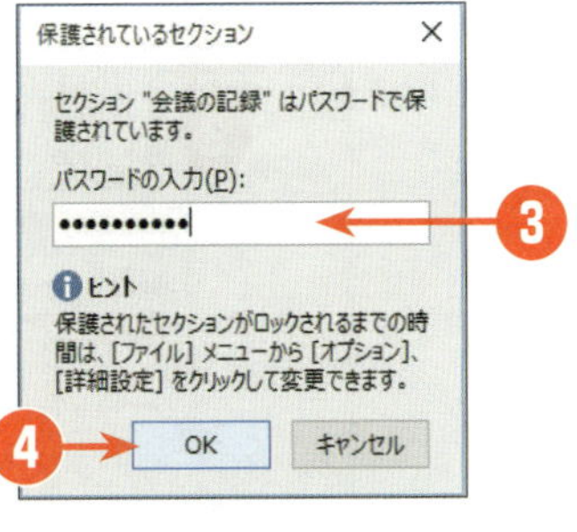

ヒント

セクションのロックについて

パスワードで保護されたセクションをロックすると、セクションを表示したり編集したりするのにパスワードの入力が必要になります。また、ノートの検索機能を実行したとき、ロックされたセクションは検索対象には含まれません。検索対象にするには、あらかじめセクションのロックを解除しておく必要があります。

ヒント

セクションを移動したときにロックするには

パスワードで保護されているセクションから他のセクションに移動したときに、直前に見ていたセクションにロックがかかるように設定するには、[パスワードによる保護] 作業ウィンドウの [パスワードのオプション] をクリックします。表示される [OneNoteオプション] ダイアログで [パスワード] オプションの [パスワードで保護されたセクションから他のセクションへ移ったらすぐにロックする] にチェックを入れます。

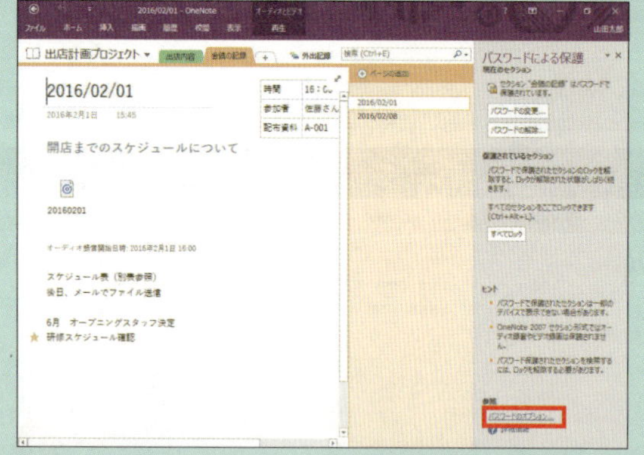

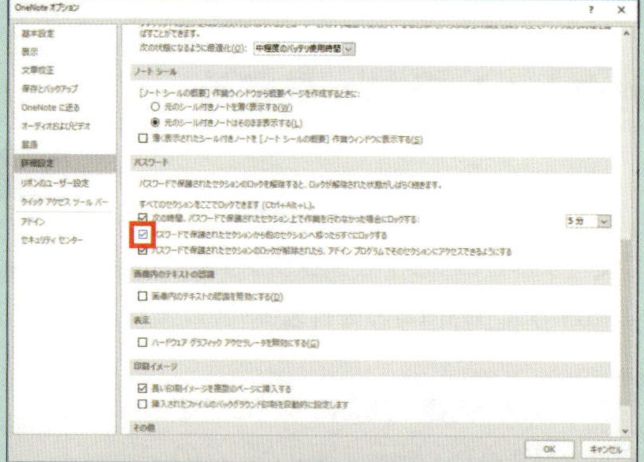

ロックされるまでの時間を変更する

1. [パスワードによる保護]作業ウィンドウの [パスワードのオプション] をクリックする。
   ➡[OneNoteオプション] ダイアログが表示される。
2. [詳細設定]が選択されていることを確認する。
3. [パスワード] オプションの [次の時間、パスワードで保護されたセクション上で作業を行わなかった場合にロックする] にチェックを入れる。
4. ▼をクリックし、表示される一覧から時間を指定する。

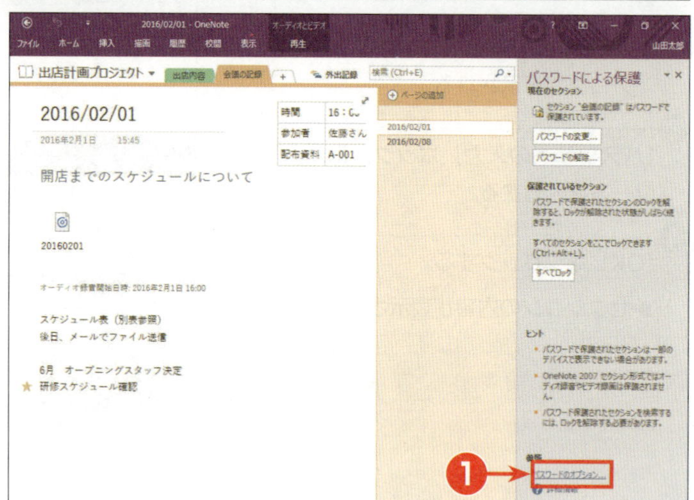

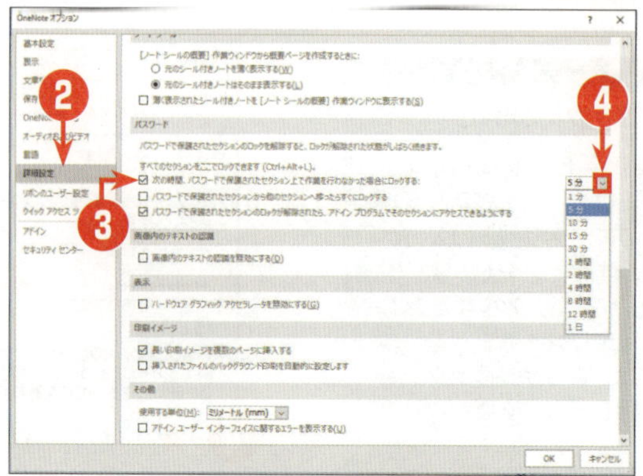

5 ［OK］をクリックする。

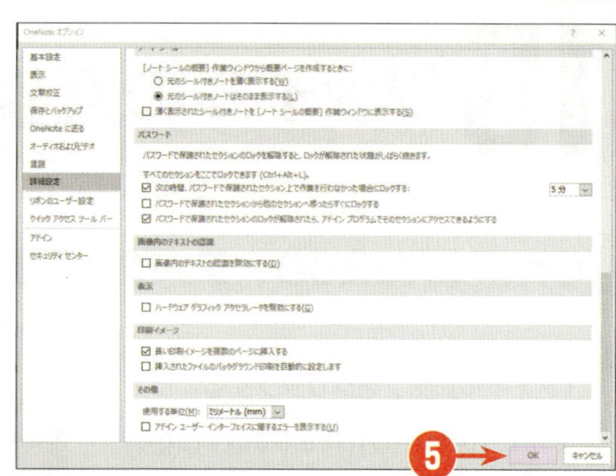

ヒント

ロックされるまでの時間について

パスワードを設定したセクションにロックをかける方法の1つに、セクション上でしばらく作業が行われなかったときに自動的にロックがかかるように設定する方法があります。ロックされるまでの時間は変更できます。

ヒント

パスワードによる保護を解除するには

パスワードによる保護を解除し、誰でも自由にセクションを表示したり編集できるようにするには、パスワードを解除するセクションを表示し、［パスワードによる保護］作業ウィンドウで［パスワードの解除］をクリックします。［パスワードの解除］ダイアログが表示されたら、設定していたパスワードを入力し、［OK］をクリックします。

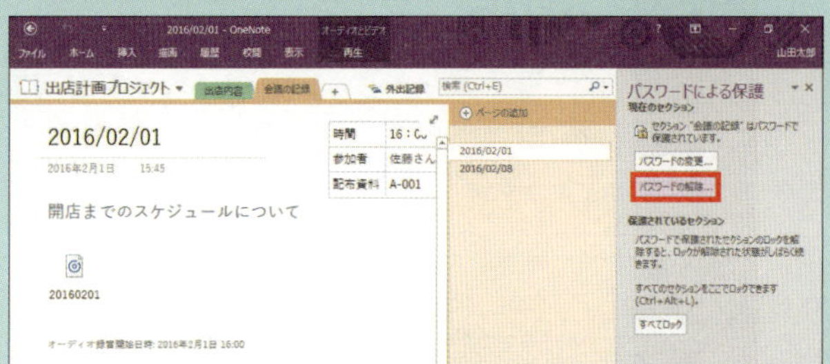

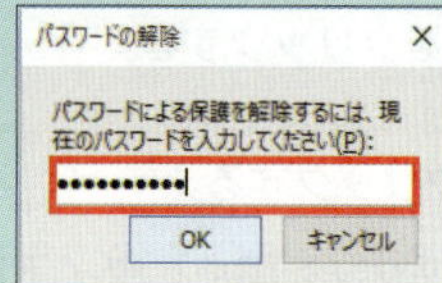

15 ファイルの互換性について

OneNote2007 ファイルを開く

1. [ファイル] タブをクリックする。
   - ➡ Microsoft Office Backstage ビューが表示される。
2. [開く] をクリックする。
3. 画面を下にスクロールする。
4. [この PC] をクリックする。
5. [参照] をクリックする。
   - ➡ [ノートブックを開く] ダイアログが表示される。
6. ファイルの保存先を指定する。
7. [開く] をクリックする。
   - ➡ ファイルが開く。

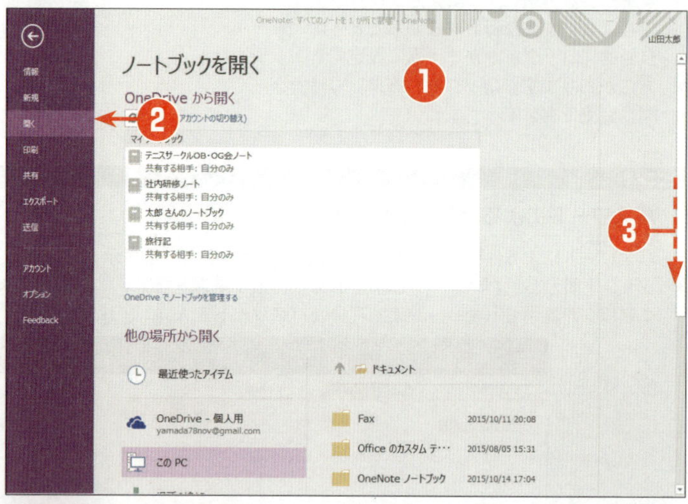

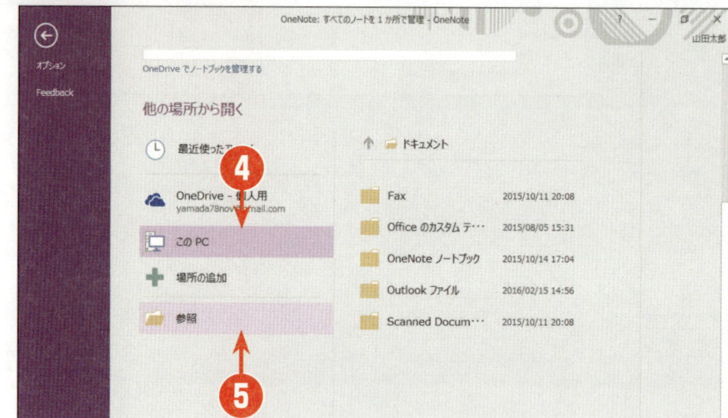

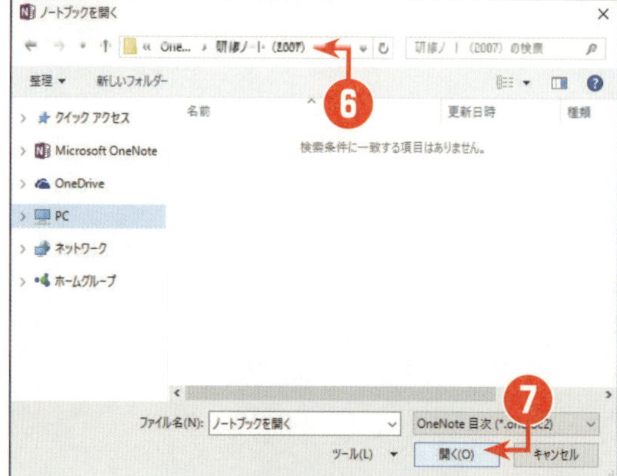

ヒント

OneNote2007で作成したファイルをOneNote2010-2016形式に変換する

OneNote2010以降で、OneNote2007のファイルを新しい形式のファイルに変換するには、[ノートブックのプロパティ] ダイアログで行う方法もあります。OneNote2010／2013では、その方法を利用します。

ファイルをアップグレードする

❶
2007形式のファイルを開く。

❷
ページ上部のメッセージをクリックする。

➡メニューが表示される。

❸
アップグレードの方法を選択する。ノート全体を2010形式にアップグレードするには、[ノートブック全体を2010形式にアップグレードする］をクリックする。

➡確認メッセージが表示される。

❹
[OK］をクリックする。

➡ファイル形式が変換されて、ノートを編集できるようになる。

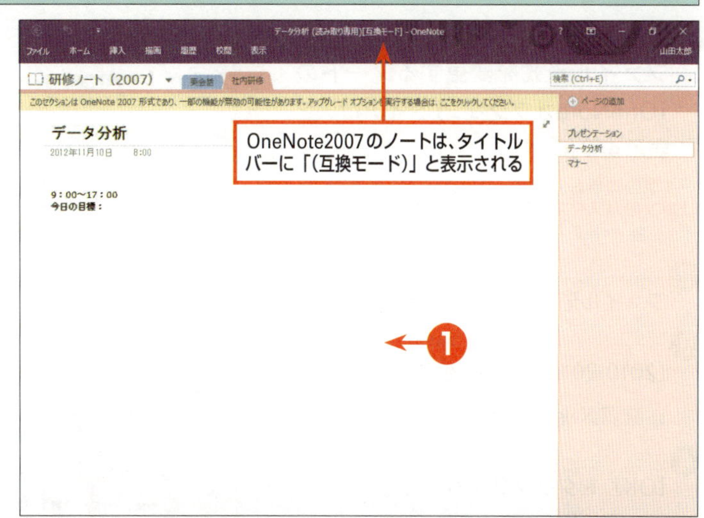

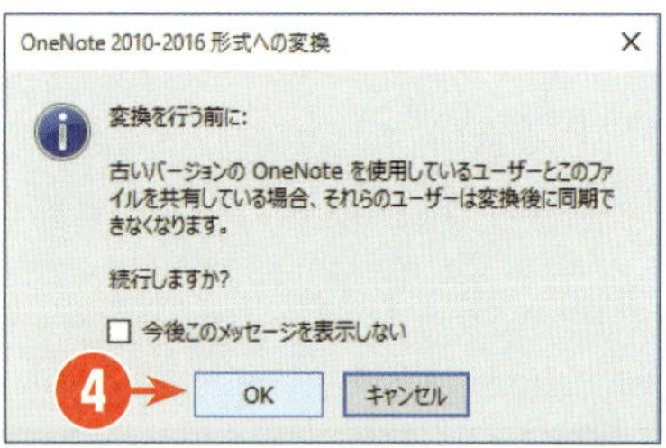

[ノートブックのプロパティ] ダイアログでファイル形式を変換する

❶ ファイル形式を変更するノートの[OneNoteオプション] ダイアログを表示する。

1章のコラム「クイックアクセスツールバーやリボンのカスタマイズ」の「設定画面の表示」を参照

❷ ファイル形式が表示される。

❸ [2010-2016に変換] をクリックする。

➡確認メッセージが表示される。

❹ [OK] をクリックする。

➡ファイル形式が変換される。

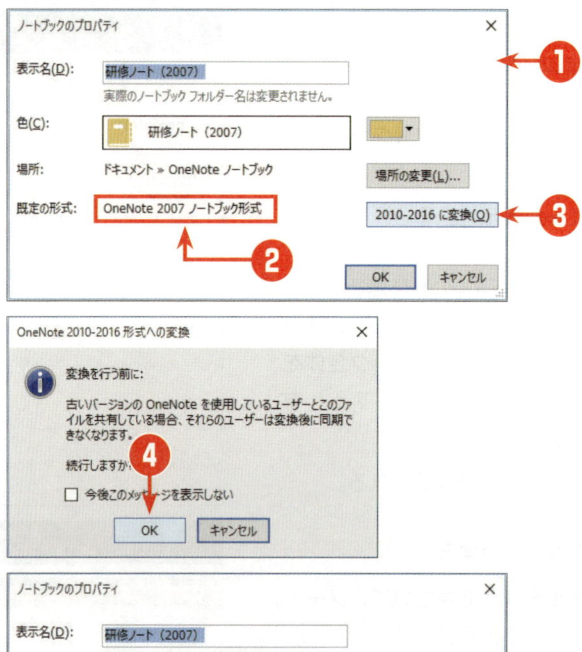

ヒント

OneNote2010-2016形式のファイルについて

OneNote2010以降で作成したノートは、OneNote2010-2016形式で保存されます。そのため、OneNote2010のファイルは、OneNote13やOneNote16でそのまま開けます。なお、OneNote2010-2016形式のファイルは、リンクノートの作成や以前のバージョン管理などの機能を使用できます。OneNote2007で作成したノートをOneNote2010以降で使用するときに、これらの機能を利用するには、ファイルの形式をOneNote2010-2016形式に変換します。ただし、以前のバージョンのOneNoteを使用しているユーザーとノートを共有している場合、ファイル形式を変換してしまうと、以前のバージョンのOneNoteで表示できなくなりますので注意が必要です。

ヒント

OneNote2007でOneNote2010-2016形式のノートを見るには

OneNote2007では、OneNote2010-2016形式のノートをそのまま開くことはできません。OneNote2010以降がインストールされていないコンピュータで、OneNote2010-2016形式のノートの内容を表示するには、OneNote2010以降でノートをWeb上に保存し、保存されたノートを他のコンピュータからブラウザーやOneNoteアプリを使用して表示したり編集したりする方法があります。また、OneNote2010／2013で、[ノートブックのプロパティ] ダイアログでOneNote2007形式に変換して利用する方法があります。 この章の15のヒント「OneNote2007で作成したファイルをOneNote2010-2016形式に変換する」を参照

ヒント

ファイル形式を確認するには

開いているノートのファイル形式を確認するには、[ファイル] タブをクリックし、[情報] をクリックします。[ノートブック情報] オプションでファイル形式を確認するノートのボタンをクリックし、[プロパティ] をクリックします。[ノートブックのプロパティ] ダイアログで、[既定の形式] を確認します。

ヒント

バックアップファイルについて

OneNote2016で、以前のバージョンのOneNoteのファイル形式を変換してOneNote2010-2016形式にアップグレードすると、元の形式のファイルに戻すことはできません。ファイルをアップグレードするときは、念のために古いファイル形式のバックアップファイルを作成しておくとよいでしょう。

外出先でノートを利用する

第 8 章

ノートをインターネット上のOneDriveというスペースに保存すれば、外出先などからノートを手軽に閲覧・編集することができます。また、OneDriveのノートは共有できますので、複数の人でノートを介して情報をやり取りすることもできて便利です。この章では、OneDriveにノートを保存したりノートの共有相手を指定する方法などを紹介します。

1 いつでもどこでも使える環境を整えるには

OneDriveについて

Microsoftアカウントを取得すれば、無料でOneDriveというインターネット上のデータ保存スペースを利用できます。OneNoteで作成するノートをOneDriveに保存すれば、いつでもどこでもノートにアクセスできて便利です。

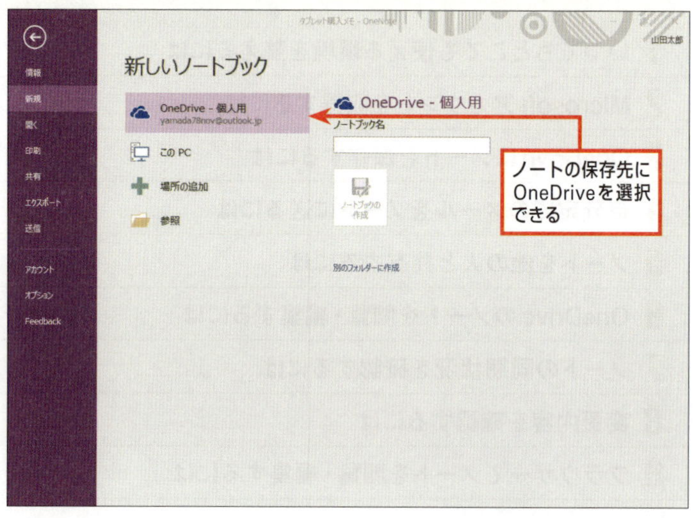

用語
Microsoftアカウント

Microsoftアカウントは、マイクロソフト社が提供しているさまざまなインターネットサービスを利用するのに必要なアカウントです。無料で取得できます。

この章の2を参照

用語
OneDrive

OneDriveは、マイクロソフト社が提供しているインターネット上のデータ保存スペースです。Microsoftアカウントを取得すると、無料で利用できます。

さまざまなデバイスで利用可能

OneDriveに保存したノートは、さまざまなデバイスで閲覧したり編集したりできます。使用するデバイスによっては、OneNoteアプリをインストールして利用します。OneNoteアプリは、無料でダウンロードできます。

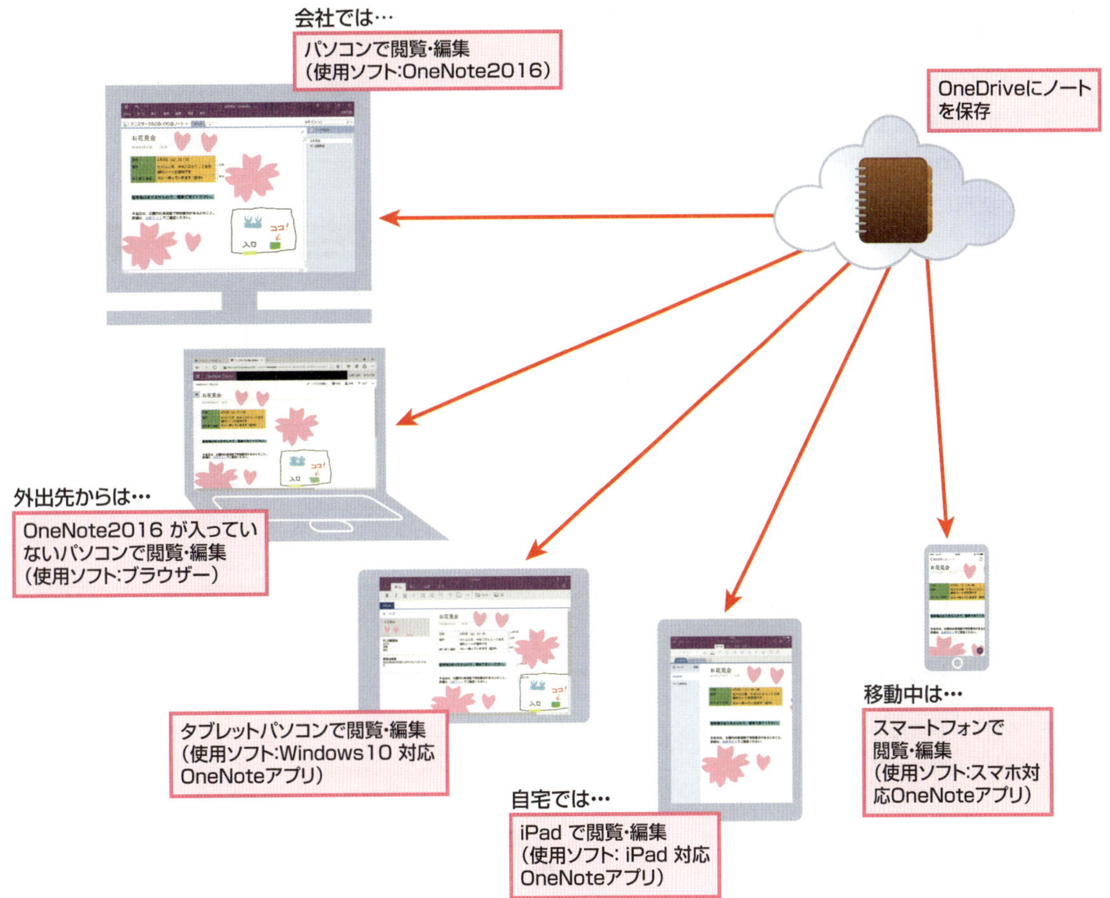

ヒント

他の人とも共有できる

OneDriveに保存したノートは、共有できます。他の人をノートに招待すれば、複数のユーザーでノートを介して情報を共有することができて便利です。

この章の5を参照

2 Microsoftアカウントを取得するには

Microsoftアカウントを取得する

❶ ブラウザーを起動し、「https://signup.live.com/」のページを開く。

➡画面の指示に従って必要な情報を入力する。

❷ 必要な情報を入力し、画面に表示されている内容を確認して［同意する］をクリックする。

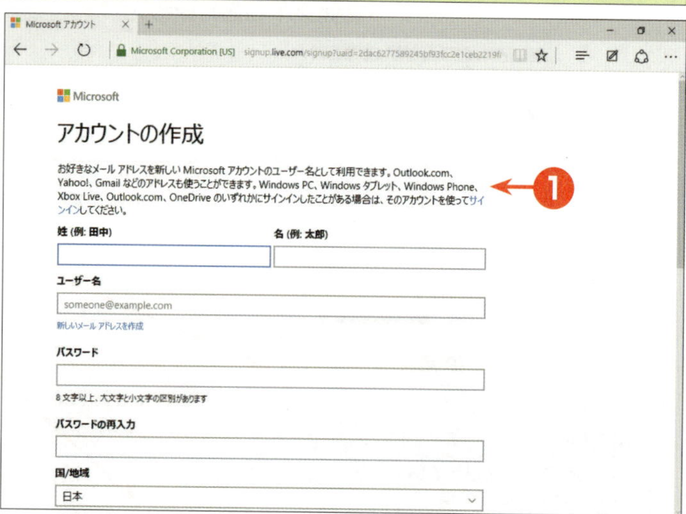

ヒント
Microsoftアカウントの取得について

OneDriveを利用するには、Microsoftアカウントが必要です。Microsoftアカウントを既に取得している場合は、このページの操作を行う必要はありません。

この章の1を参照

ヒント
登録するメールアドレスについて

Microsoftアカウントを取得するときは、普段使用している既存のメールアドレスで登録するか、新しくメールアドレスを作成して登録するか選択できます。新しいメールアドレスは無料で取得できます。新しいアドレスを取得する場合は、［新しいメールアドレスを作成する］をクリックし、取得するアドレスを入力します。

OneDriveにノートを保存するには

OneDriveにノートを保存する

❶ [ファイル] タブをクリックする。

1章の3を参照

➡Microsoft Office Backstageビューが表示される。

❷ [新規] をクリックする。

❸ [OneDrive] を選択する。

❹ [Sign In] をクリックする。

➡サインイン画面が表示される。既にサインインをしている場合は、手順⑨の操作に進む。

❺ Microsoftアカウントのメールアドレスを入力する。

❻ [次へ] をクリックする。

❼ パスワードを入力する。

❽ [サインイン] をクリックする。

➡サインインが完了する

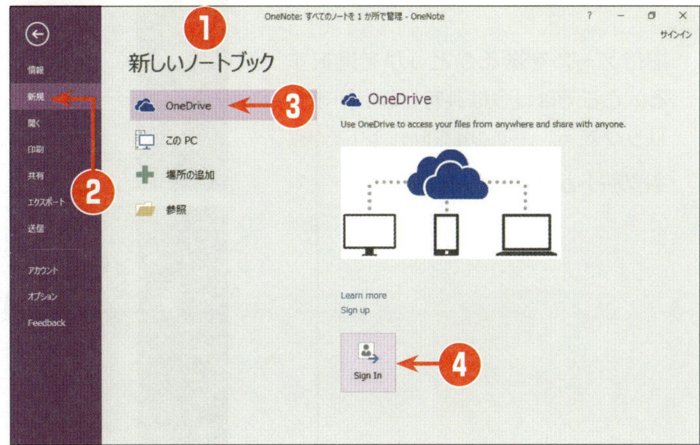

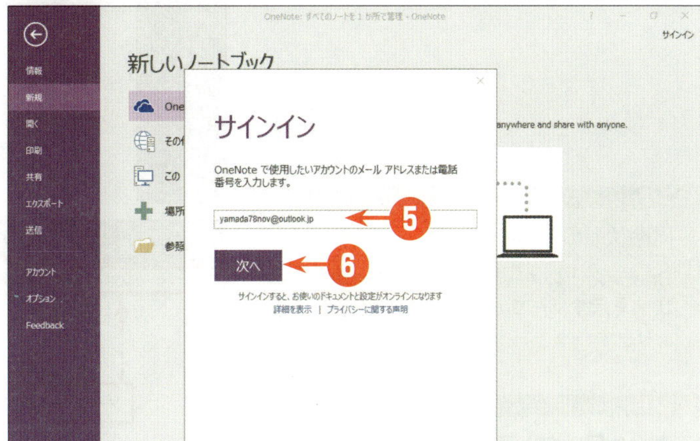

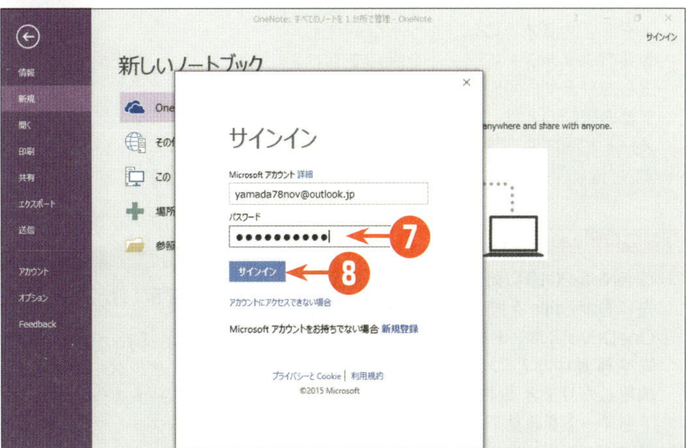

参照

Officeにサインインする

1章の2

9 [ノートブック名]にノートの名前を入力する。

10 [ノートブックの作成] をクリックする。

➡メッセージが表示される。

11 招待メールを送るかどうかを選択する。ここでは、[今は共有しない] をクリックする。 この章の5のヒントを参照

➡ノートが作成される。

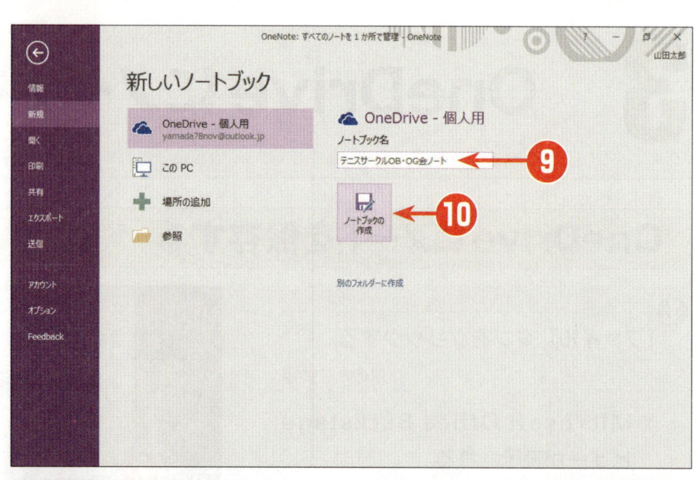

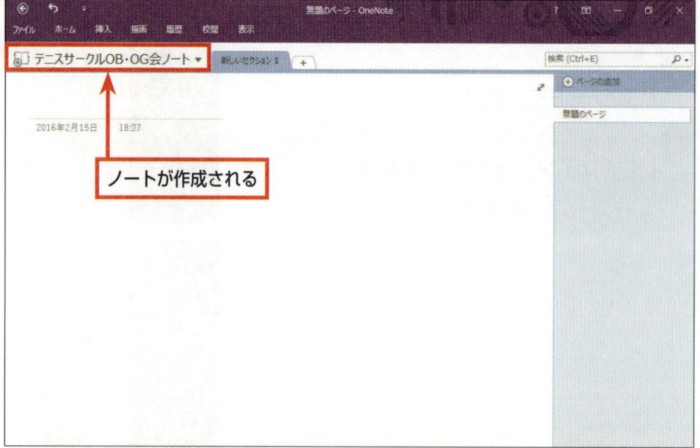

ヒント

同期状態の表示について

OneDrive上にノートを保存すると、同期状態を示すマークが表示される場合があります。 この章の7を参照

ヒント

ネットワーク上で共有する

ノートを共有するには、ネットワーク上の共有フォルダーにノートを保存する方法もあります。同期の設定や、変更内容などの確認などは、OneDriveに保存したノートと同様の方法で行うことができます。

以前のOfficeとの変更点

OneNote2010以降では、ノートの保存先にOneDriveを簡単に指定できます。OneDriveにノートを保存すれば、外出先や移動中などにノートを閲覧したり編集したりできます。いつでもどこからでもノートを確認できて便利です。

ヒント

指定したフォルダーにノートを作成するには

OneDriveに新しいノートを作成すると、OneDriveの「ドキュメント」フォルダーにノートが保存されます。OneDriveの指定したフォルダーにノートを作成するには、⑩の操作の代わりに [別のフォルダーに作成] をクリックし、OneDrive上の別のフォルダーを指定します。

既存のノートをOneDriveに保存する

1. OneDriveに保存するノートを開きます。
2. ［ファイル］タブをクリックする。
   - Microsoft Office Backstageビューが表示される。
3. ［共有］をクリックする。
4. ［OneDrive］をクリックする。
5. ノートの名前を確認する。
6. ［ノートブックの移動］をクリックする。
   - ［Microsoft OneNote］ダイアログが表示される。
7. ［OK］をクリックする。

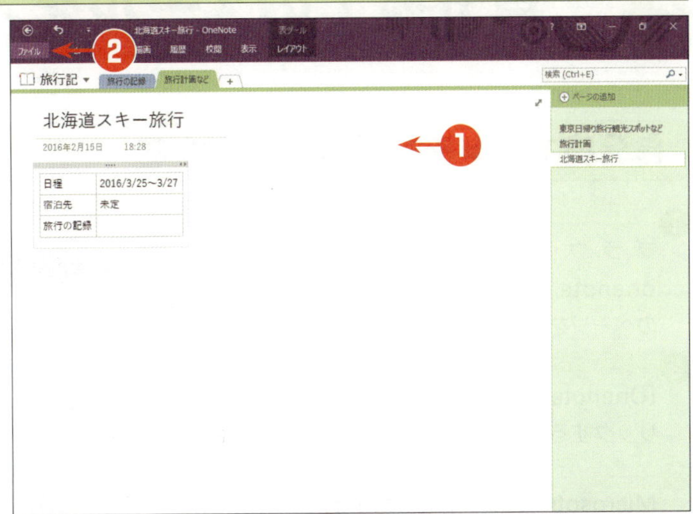

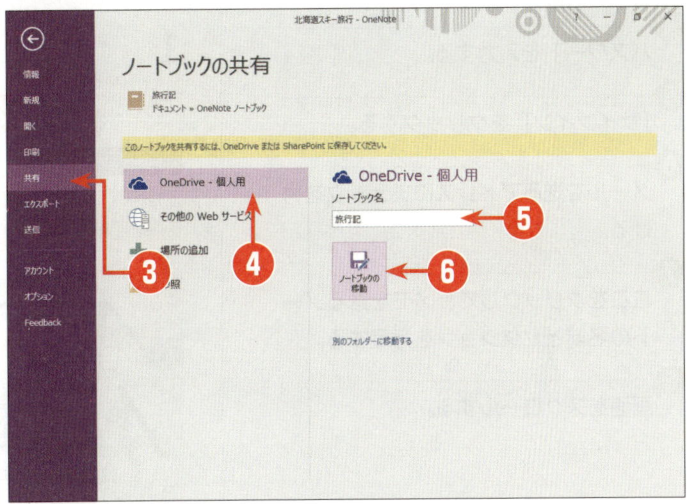

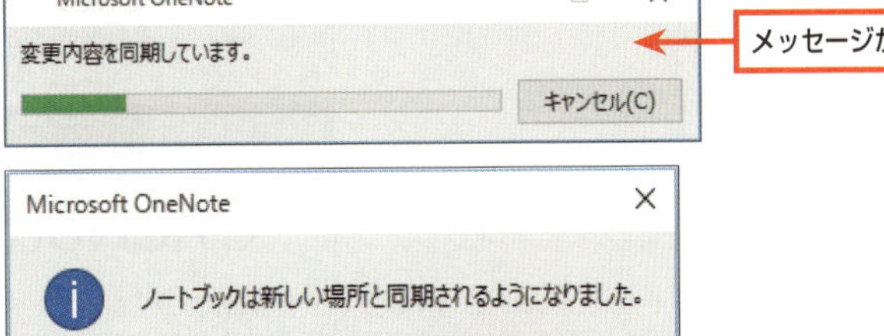

ヒント
OneDriveに保存したノートを複数の人で共有する

OneDriveに保存したノートは、複数の人で共有できます。ノートを共有するには、ノートに招待する人にメールを送信する方法があります。

この章の6のヒント「ノートへの招待メールを送信するには」を参照

ヒント
OneDriveに保存したノートへのアクセス権について

OneDriveのノートを利用する人は、そのノートへのアクセス権が必要です。ノートを開くことができない場合には、適切なアクセス権があるかどうかを確認します。

4 自分宛てのメールをノートに送るには

自分宛てのメモを送る準備をする

❶ ブラウザーで「https://www.onenote.com/EmailToOneNote」のページを表示する。

❷ [Onenoteにメールを設定する]をクリックする。

❸ Microsoftアカウントを入力する。

❹ パスワードを入力する。

❺ [サインイン]をクリックする。

❻ メールを送るアドレスにチェックを付ける。

❼ ここをクリックして、メモを送るノートの名前とセクションを指定する。

❽ 画面をスクロールする。

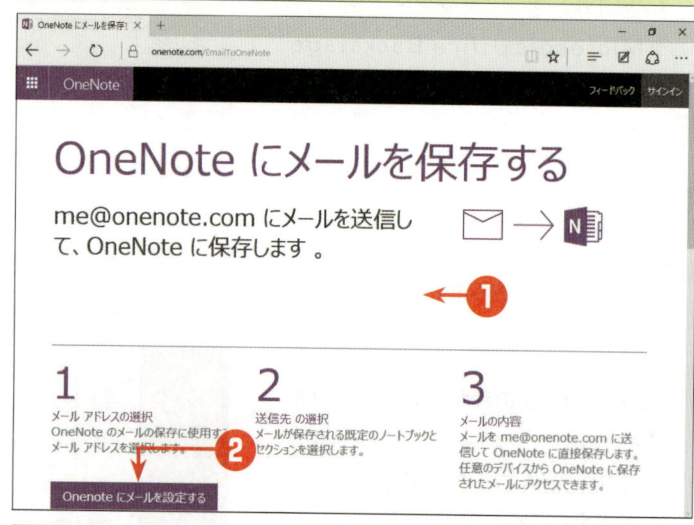

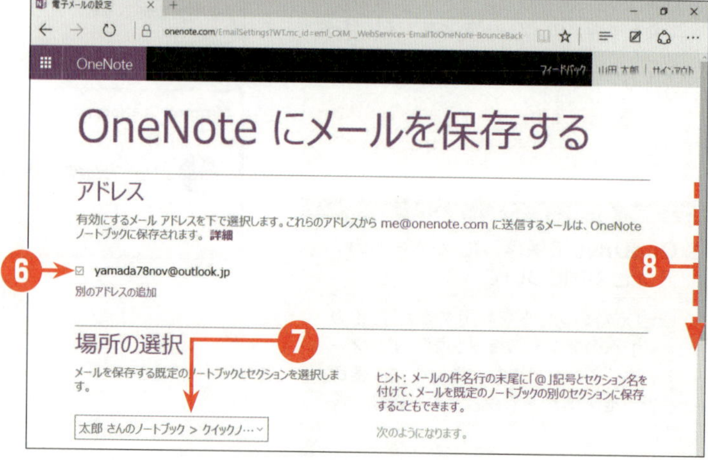

9 ［保存］をクリックする。

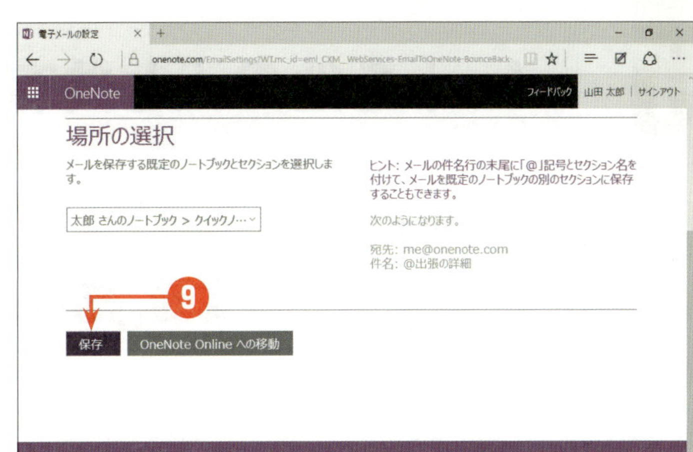

ヒント

いろいろなデバイスからメモを送れる

me@onenote.comへメールを送ってメモを貼る機能は、さまざまなデバイスの任意のメールソフトから利用できます。いつでもどこでも思いついたときにスマホやタブレットなどから素早くメモを追加できます。

自分宛てのメモをメールしてOneDriveのノートに貼る

1 設定したメールアドレスでメールを作成する。

2 宛先に「me@onenote.com」を指定する。

3 ［送信］をクリックしてメールを送る。

4 OneDrive上のノートを表示する。

この章の6

5 指定したセクションにページが追加されてメールで送った内容が表示される。

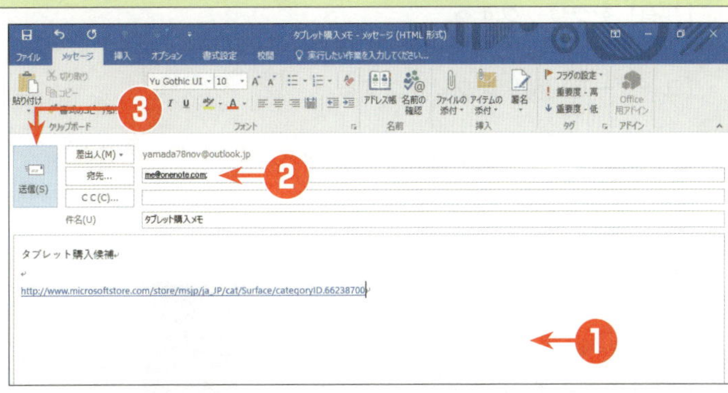

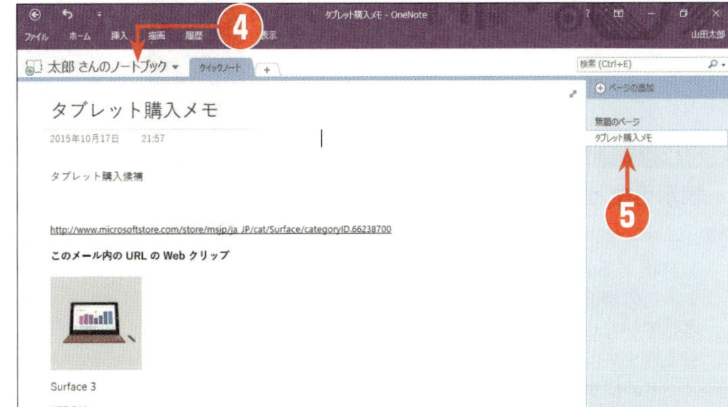

ヒント

他のアドレスからメモを送るには

他のアドレスからme@onenote.com宛てにメールを送って、インターネット上に保存しているノートに貼り付けるには、使用するアドレスをあらかじめ登録しておきます。それには、OneNoteにメールを設定する画面（178ページの手順⑥）で［別のアドレスの追加］をクリックして、画面の指示に従って使用するアドレスを追加します。

ヒント

他のセクションにメモを送るには

me@onenote.com宛てにメールを送ると、あらかじめ指定したノートのセクションに新しいページが追加されてメモの内容が貼り付きます。指定したノートの別のセクションにページを追加するには、件名の末尾に@を入力してその後にメモを貼り付けたいセクションの名前を入力します。

5 ノートを他の人と共有するには

ユーザーを招待する

❶ 他の人と共有するノートを開く。

❷ ［ファイル］タブをクリックする。

➡ Microsoft Office Backstage ビューが表示される。

❸ ［共有］をクリックする。

❹ ［ユーザーを招待］をクリックする。

❺ 招待するユーザーの名前または電子メールアドレスを入力する。

❻ 閲覧のみか、編集可能にするか選択する。

❼ 招待するユーザーに送るメールに追加するメッセージを入力する。

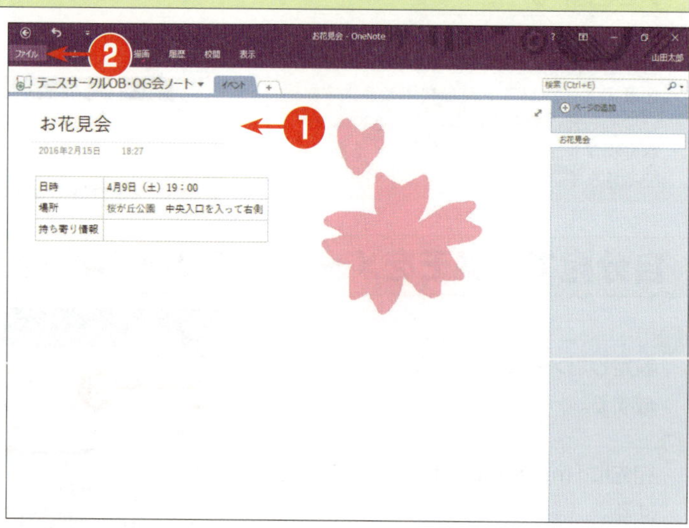

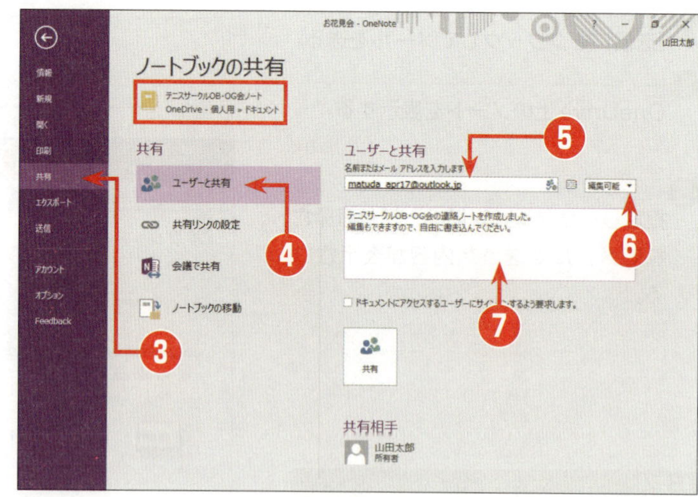

> **ヒント**
>
> **表示可能と編集可能について**
>
> ユーザーを招待するときに、［表示可能］を選択するとノートの閲覧のみ可能です。この場合、Microsoft アカウントを取得していない人とノートを共有することもできます。［編集可能］を選択すると、ノートの編集が可能になります。この場合、招待された人は Microsoft アカウントでサインインして利用します。

> **ヒント**
>
> **ノートの共有設定が変わる**
>
> ユーザーを OneDrive のノートに招待すると、ノートの共有設定が変更されて、指定したユーザーがノートにアクセスできるようになります。

8
［共有］をクリックする。

▶メッセージが送信され、共有相手が追加される。

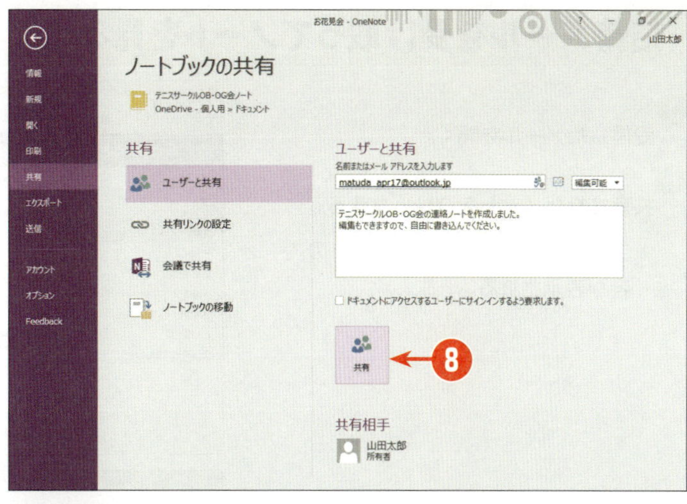

9
⊖をクリックする。

▶元の画面に戻る。

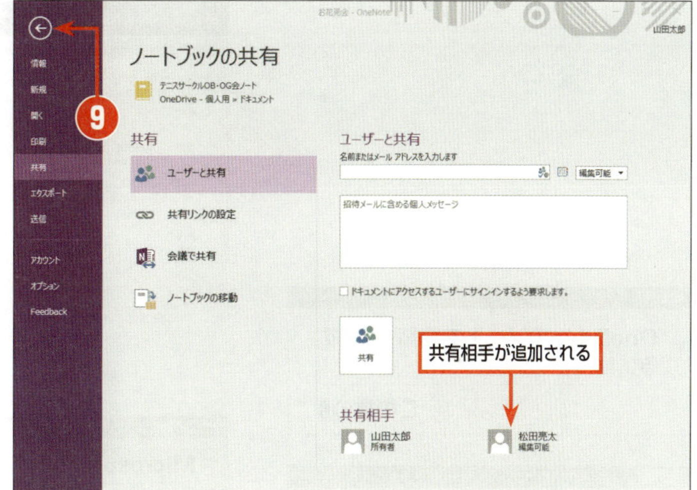

ヒント

メールが届かない場合

正しい宛先を指定していてもメールが届かない場合は、Microsoft アカウントが一時的にブロックされている可能性があります。その場合は、OneDrive のページを開き、共有するノートの共有情報を確認し、［共有］をクリックして招待メールを送信します。エラーが表示された場合は、エラーの内容を確認し、Microsoft アカウントのセキュリティ情報を確認するなどして対応します。

ヒント

ユーザーとノートの共有をやめるには

特定のユーザーとノートの共有をやめるには、［共有相手］に表示されているユーザーの中から共有をやめるユーザーを右クリックし、［ユーザーの削除］をクリックします。

招待メールを受け取ってノートを見る

❶ 受信したメールを開く。

❷ 共有されたノートをクリックする。

➡ブラウザーが起動してノートの内容が表示される。

参照

OneDriveのノートを閲覧・編集するには

この章の6

参照

ブラウザーでノートを閲覧・編集するには

この章の9

ヒント

Microsoftアカウントでサインインする

ノートを表示するとき、編集可能の権限があるときは、Microsoftアカウントにサインインしてノートを表示します。Microsoftアカウントのサインイン画面が表示された場合は、Microsoftアカウントとパスワードを入力してサインインします。

ヒント

複数の人と共有する場合

一人ずつユーザーを招待せずに、多くの人にノートを公開したい場合は、［共有リンクの設定］をクリックします。［表示リンク］の［リンク作成］をクリックすると、ノートを表示できるリンク、［編集リンク］の［リンク作成］をクリックすると、ノートを編集できるリンクが作成されます。［表示リンク］のリンク情報を公開すると、リンク情報を得た人は、リンク先をクリックするだけで、ノートを表示できます。［リンクの編集］のリンク情報の場合は、リンク先をクリックしてサインインをするとノートの編集も可能になります。なお、これらのリンクを無効にするには、［リンクの無効化］をクリックします。

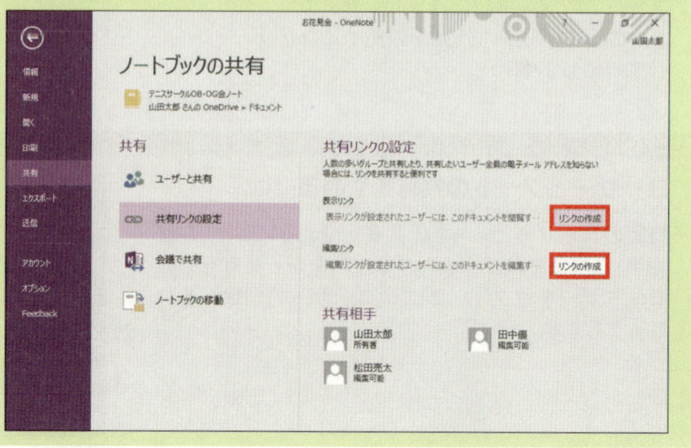

OneDriveで共有状況を確認する

1. Internet Explorerで「https://onedrive.live.com/about/ja-jp/」のページを開き、Microsoftアカウントを入力してサインインする。

2. ノートが保存されているフォルダーをクリックする。

3. 共有状況を確認するノートの右上にチェックを付ける。

4. [i] をクリックする。

   ➡共有している人が表示される。

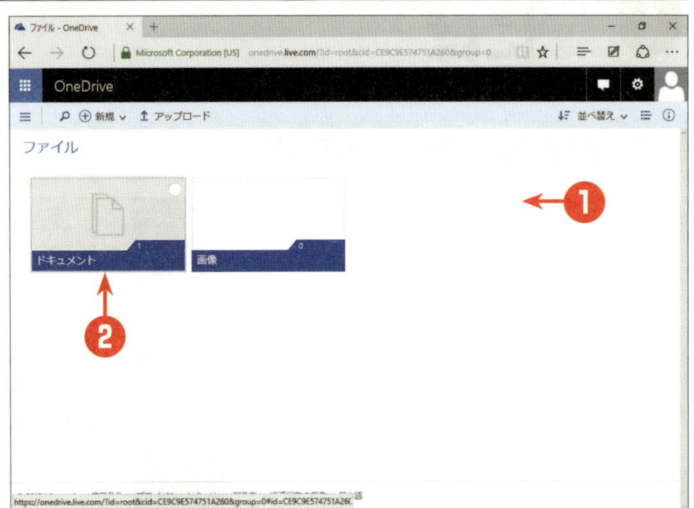

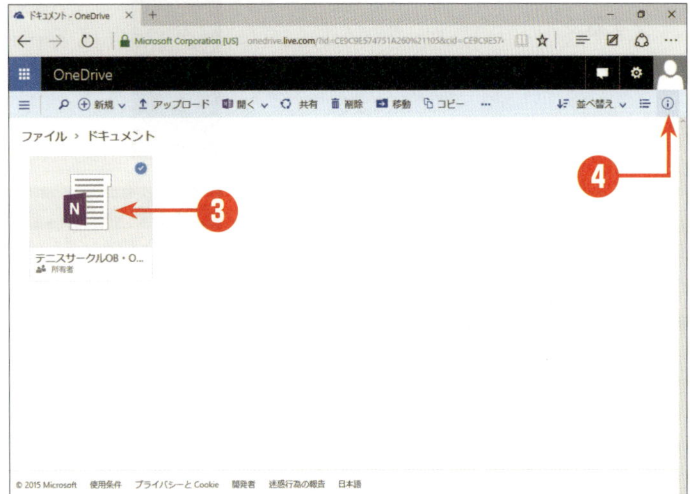

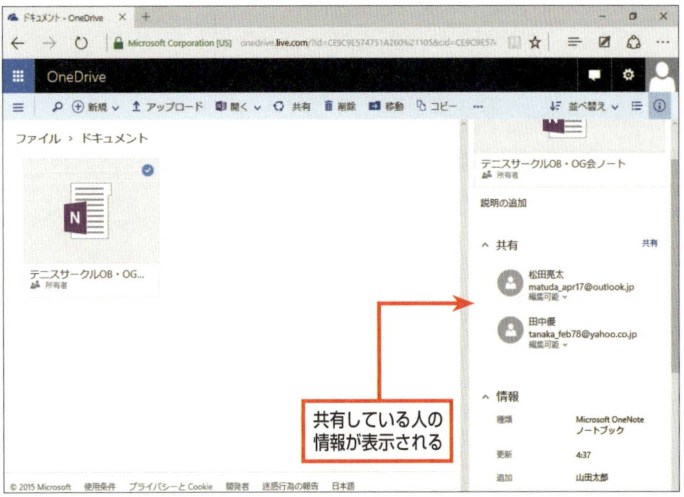

ヒント
共有したノートを移動する場合の注意

共有したノートを移動する場合には、既に共有しているユーザーを考慮して同期の問題が発生しないように注意する必要があります。まず、共有したノートを開き、[ファイル] タブをクリックし、[共有] をクリックします。そして [ノートブックの移動] をクリックし、[共有ノートブックを移動する方法について] をクリックすると移動するときの手順が表示されます。

ヒント
OneDriveの中を見る

ノートの共有設定などは、OneNoteで行うことができますが、OneDriveのフォルダー構成を確認したり、保存されているノートの一覧を見たりする場合は、OneDriveを直接開いて操作するとよいでしょう。OneDriveのページから、ノートの共有設定などを確認できます。

6 OneDriveのノートを閲覧・編集するには

OneDriveのノートを開く

❶ ［ファイル］タブをクリックする。

1章の3を参照

➡Microsoft Office Backstageビューが表示される。

❷ ［開く］をクリックする。

❸ OneDriveから開くノートをクリックする。

➡OneDriveのノートが開く。

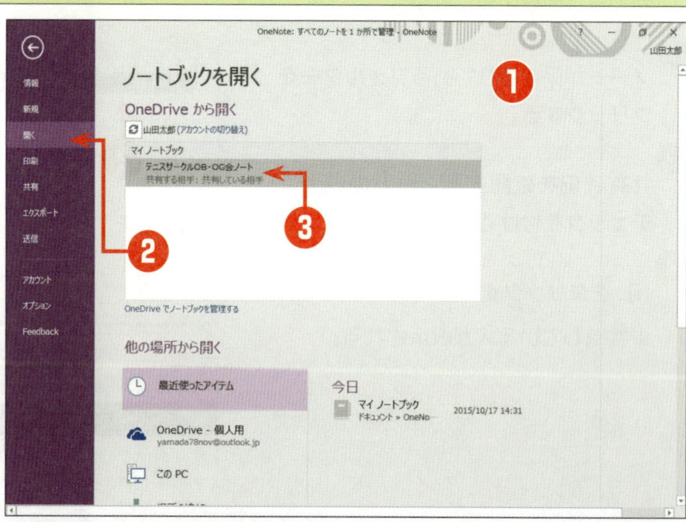

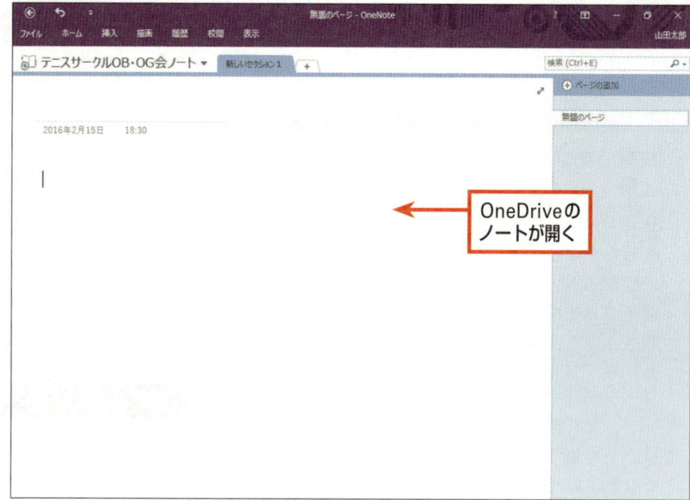

ヒント
ノートへの招待メールを送信するには

ノートを他の人にも使用してもらうためには、OneDriveノートの存在を知らせる必要があります。OneNoteでは、OneDriveノートへの招待メールを作成できます。

この章の5の［ユーザーを招待する］を参照

ヒント
招待メールから共有ノートにアクセスするには

ノートへの招待メールを送信すると、メールの受信者はメールの本文に表示されているリンクをクリックするだけでOneDriveのノートを開けます。OneNoteを起動し、ノートの保存先を指定してノートを開く手間を省けます。

この章の5の［招待メールを受け取ってノートを見る］を参照

ヒント
前に開いていたノートについて

ノートを開く操作は、毎回行う必要はありません。OneNoteでOneDriveのノートを開き、OneNoteを閉じた場合、次回OneNoteを起動すると、自動的に前回開いていたOneDriveのノートが表示されます。

OneDriveのノートを編集するには

1. セクションタブをダブルクリックする。
2. セクション名を入力する。
3. ページタイトルを入力する。
4. メモの内容を入力する。

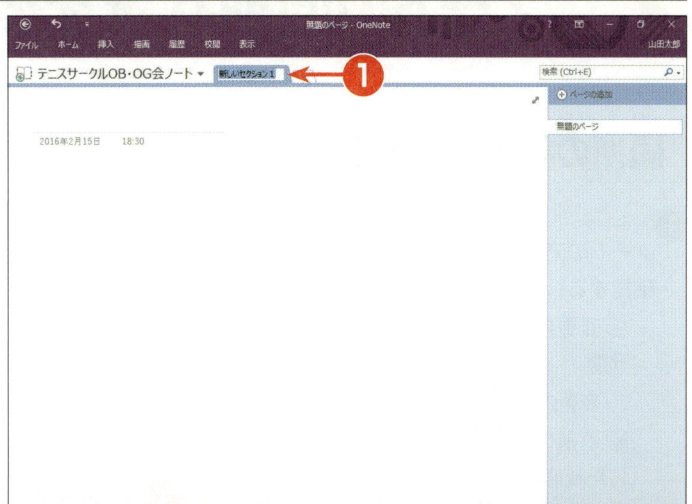

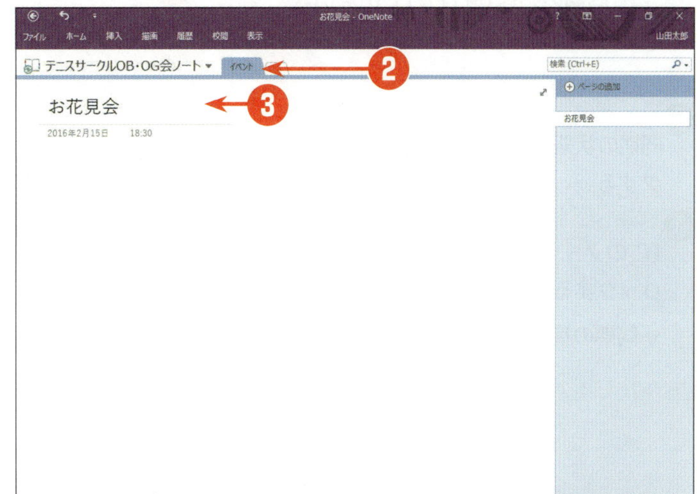

ヒント

OneDriveに保存したノートの編集について

OneDriveに保存したノートは、自分のパソコンに保存したノートと同じような感覚で編集できます。表や画像なども自由に追加できます。

7 ノートの同期状況を確認するには

同期の状況を表示する

❶ ノートのアイコンを見て同期の状態を確認する。

変更内容の同期を実行している状態

変更内容の同期が完了した状態

直前の同期処理でエラーが発生した状態

同期の処理が行われていない状態

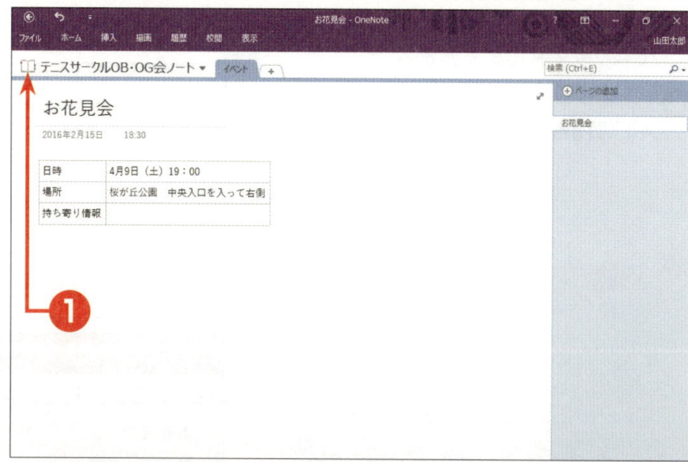

❷ 同期の状態を示すアイコンを右クリックする。

❸ ［このノートブックの同期状態］をクリックする。

➡同期の状態の詳細を確認できる。

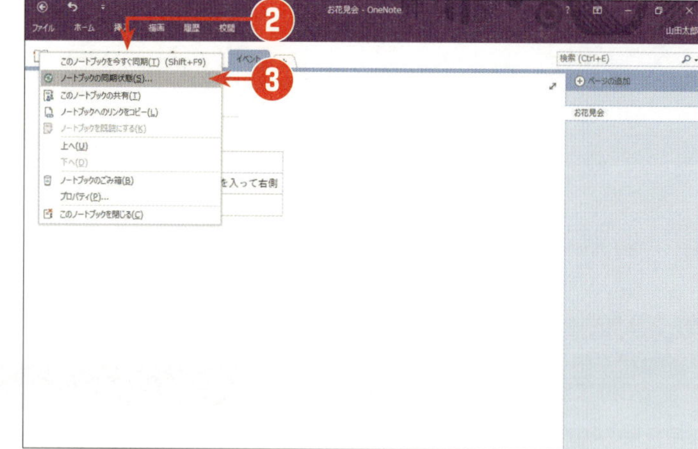

用語

同期

同期とは、複数のユーザーによって編集された内容を反映し、同一の情報に更新する機能のことです。

ヒント

同期のタイミングについて

ノートの同期は、自動的に行われます。同期の状態はノートのアイコンに表示されます。

ヒント

オフラインの作業について

OneNoteでは、OneDriveのノートを利用するユーザーのコンピューターに、そのノートのコピーを作成します。そのため、外出先などでOneDriveのノートに直接アクセスできない場合でも、ノートをオフラインで利用できます。同期処理は、次に接続したときに自動的に行われます。

4
［閉じる］をクリックする。

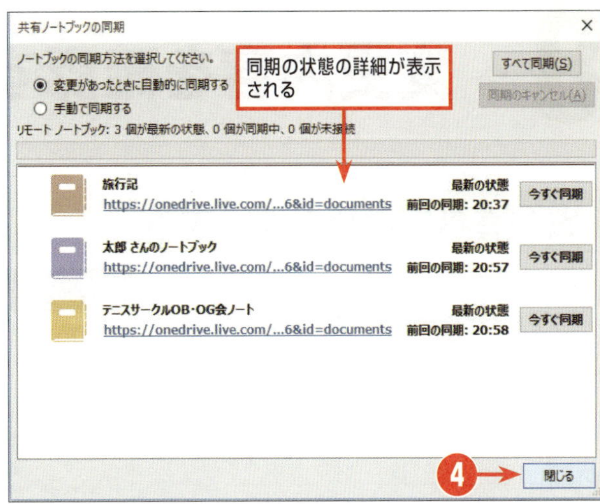

ヒント

自動同期をオフにするには

自動同期をオフにするには、手順①②の操作を行ったあと、［共有ノートブックの同期］ダイアログで［手動で同期する］をクリックします。同期を取るときは、［今すぐ同期］をクリックします。

ヒント

同期がとれなかった場合

共有ノートに接続せずに同じ箇所を複数の人が同時に編集した場合などは、うまく同期をとることができないためにページの上部にメッセージが表示されることがあります。その場合、メッセージをクリックし、変更内容のページを表示してどのページを残すか指定します。変更を反映させたあとは、変更内容のページを削除しておきます。

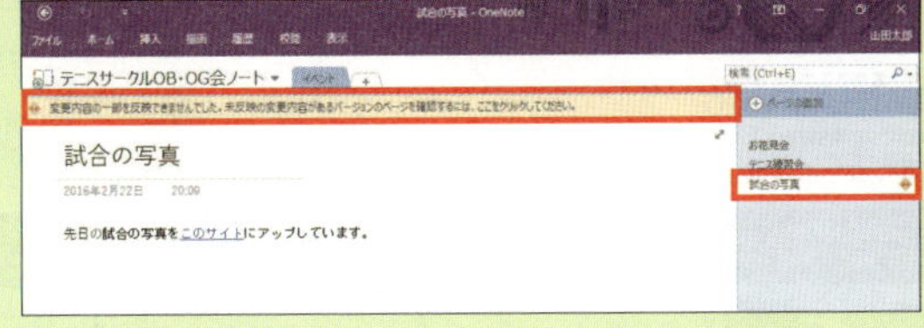

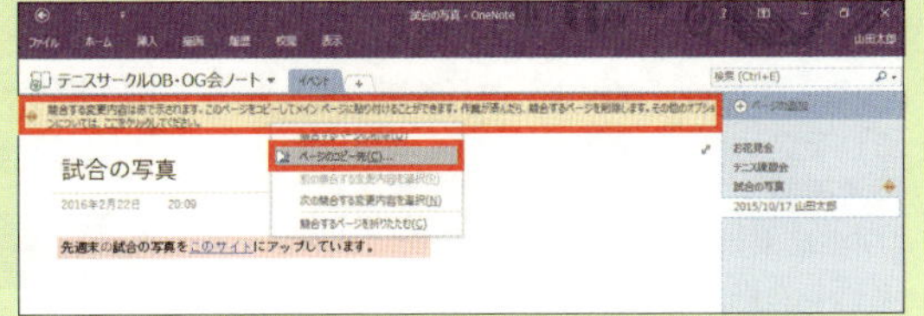

ヒント

正しく配置されなかったセクションについて

他の人によって既に削除されているセクションに対し、何かの変更を加えたような場合には、同期をとろうとしても、同期がうまくとれず、正しく配置されなかったセクションとして処理されてしまうことがあります。その場合には、セクションタブの左の▼をクリックしてノートの一覧を表示し、［正しく配置されなかったセクション］をクリックし、正しく配置されなかったセクション選択します。セクションが表示されたら、セクションを削除したり、移動するなどして変更内容をどのように処理するのかを指定します。

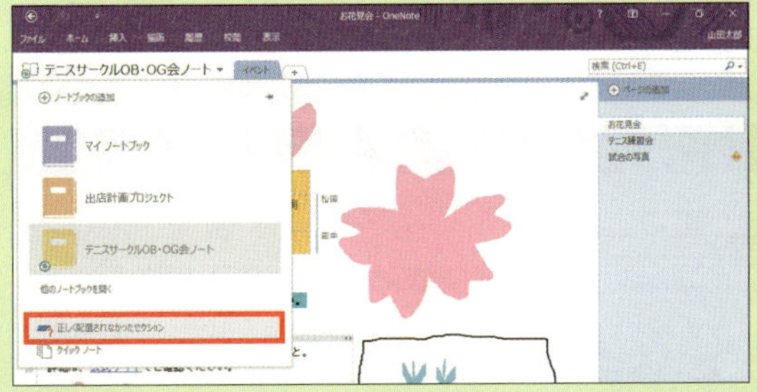

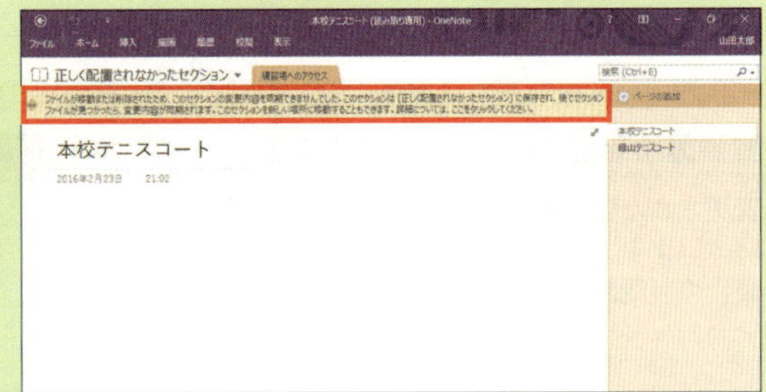

8 変更内容を確認するには

変更された箇所を確認する

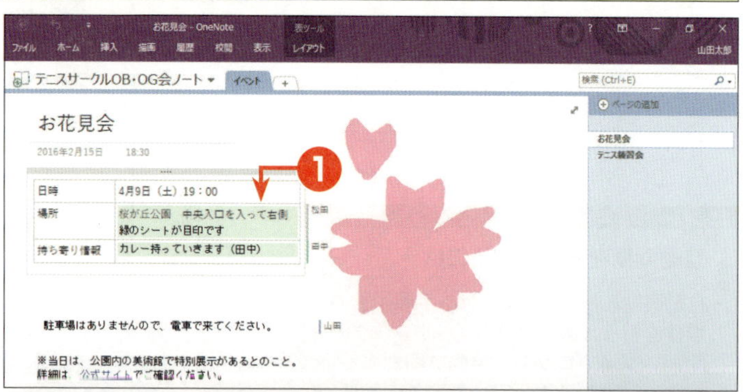

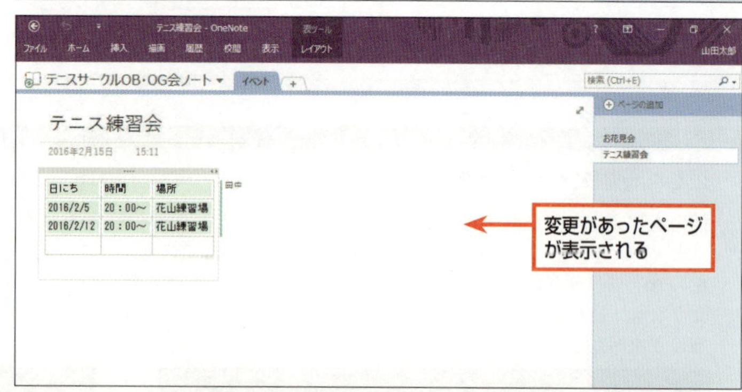

❶ 変更があった箇所を確認する。

❷ ［履歴］タブをクリックする。

➡リボンが表示される。

❸ ［未読］の［次の未読］をクリックする。

➡変更があったほかのページが表示される。

ヒント

新しい変更を確認する

最近変更された内容を確認するには、［履歴］タブの［作成者］の［最近の変更］をクリックします。続いて、変更履歴を確認する期間を選択します。すると、［検索結果］作業ウィンドウが表示され、選択した期間の変更履歴が表示されます。変更された内容はハイライト表示されます。

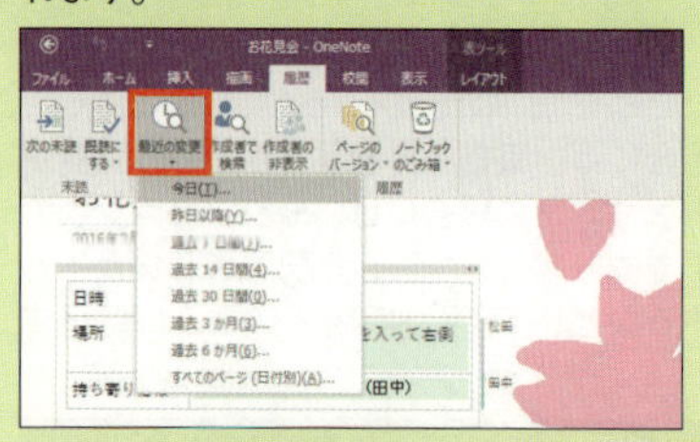

ヒント

変更箇所を確認後、既読にするには

変更された箇所は、わかりやすいように未読の印がついています。未読の印を消すには、［履歴］タブの［未読］の［既読にする］をクリックします。

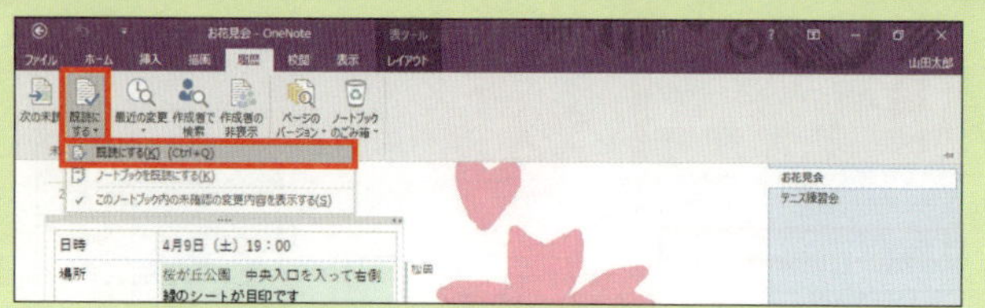

特定の作成者の変更を確認する

1 ［履歴］タブをクリックする。

➡リボンが表示される。

2 ［作成者］の［作成者で検索］をクリックする。

➡［検索結果］作業ウィンドウが表示され、作成者ごとの変更履歴の一覧が表示される。

3 作成者をクリックする。

➡作成者ごとの変更履歴が表示される。

4 表示するページを選択する。

➡ページ内の変更箇所が表示される。

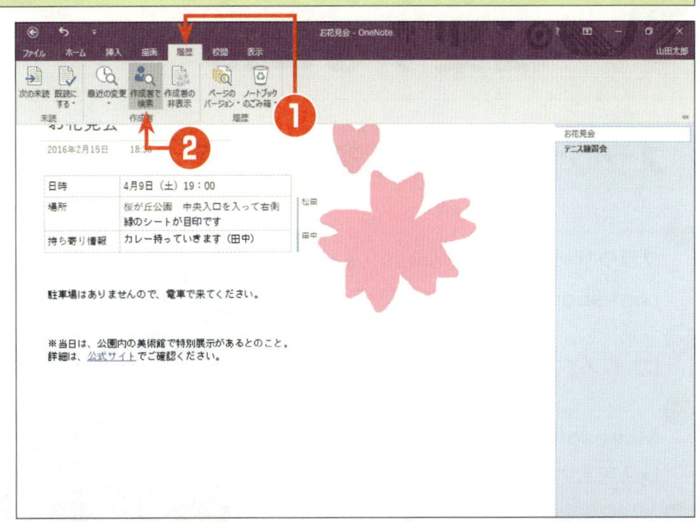

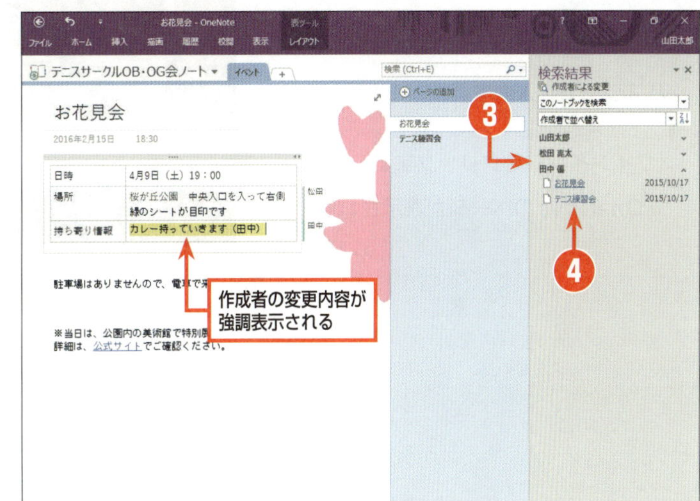

ヒント

作成者の情報を非表示にするには

共有ノートの内容を変更すると、誰が変更したのか作成者の情報が表示されます。作成者の情報を非表示にするには、［履歴］タブの［作成者］の［作成者の非表示］をクリックします。

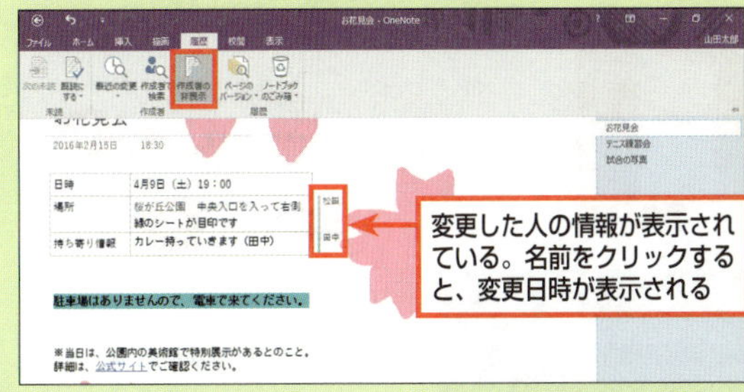

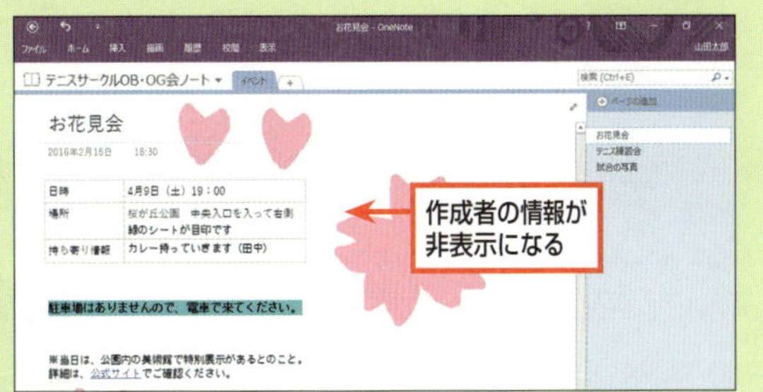

9 ブラウザーでノートを閲覧・編集するには

ブラウザーでノートを閲覧する

1. ブラウザーで「https://onedrive.live.com/about/ja-jp/」のページを開く。
2. [サインイン] をクリックする。
3. Microsoftアカウントのメールアドレスを入力する。
4. [次へ] をクリックする。
5. パスワードを入力する。
6. [サインイン] をクリックする。

➡OneDriveのページが表示される。

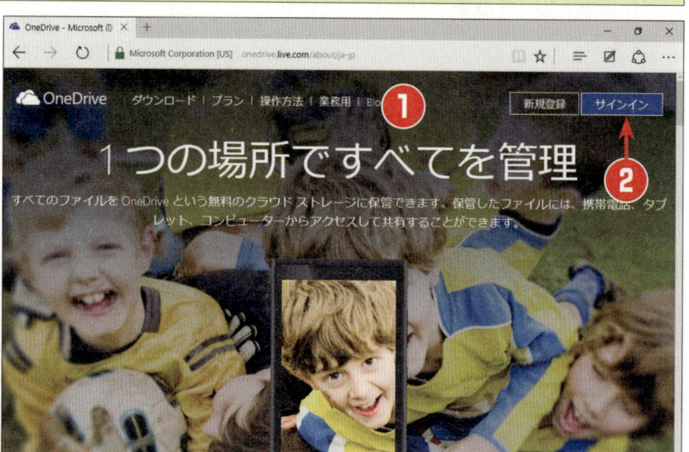

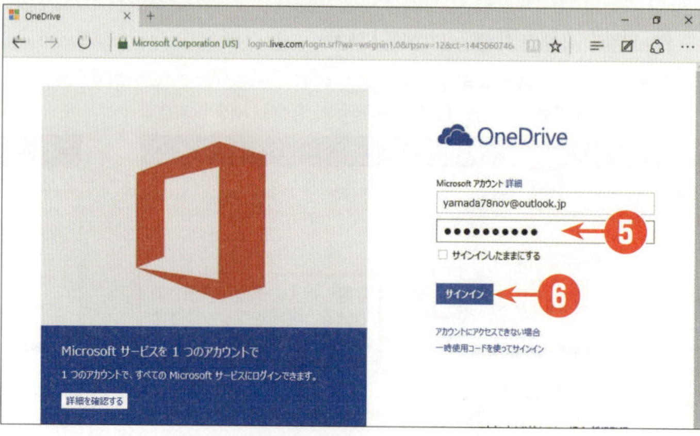

7 ノートの保存先をクリックする。

8 開くノートをクリックする。

➡ノートが表示される。

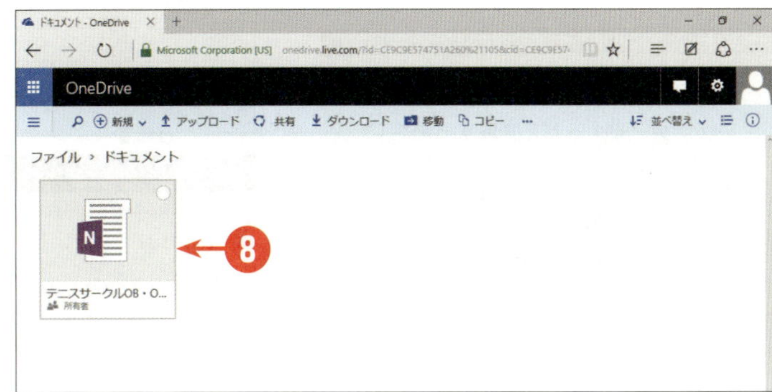

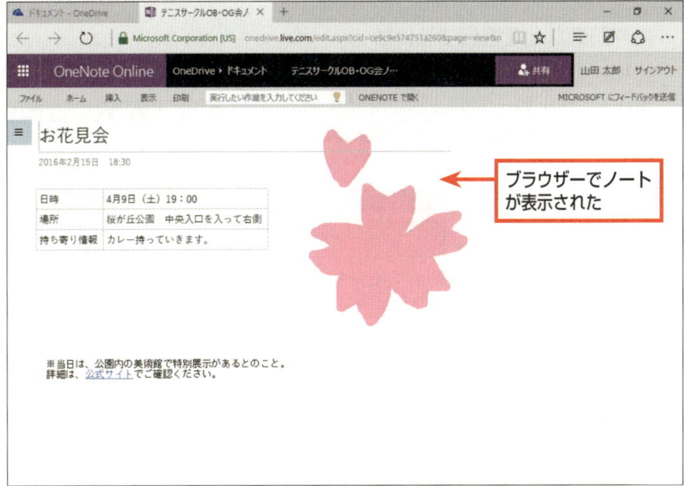

ヒント

ブラウザーで表示・編集できる

OneDriveに保存したノートは、ブラウザーで表示したり編集したりできます。インターネットに接続できる環境があれば、OneNote2016がインストールされていないパソコンからでもノートを確認できて便利です。

ブラウザーでノートを編集する

1. メモを書く場所をクリックする。
2. メモを入力する。
3. 表をクリックする。

➡［レイアウト］タブが表示されて、表を編集できる。

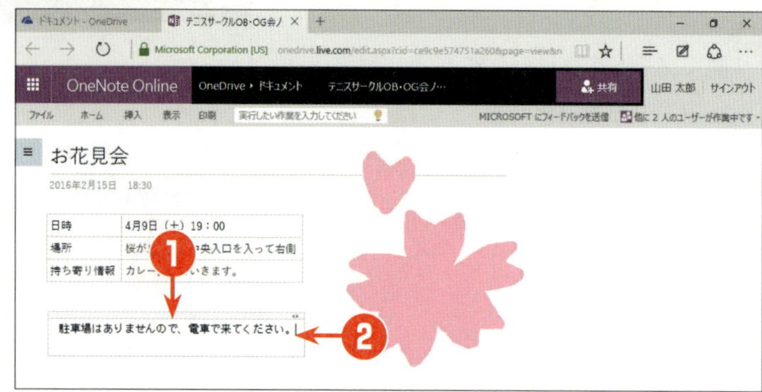

ヒント

編集表示と閲覧表示について

ブラウザーでノートを閲覧する場合は、［表示］タブの［ノートブックの表示］の［閲覧表示］をクリックします。すると、ノートの表示領域が広くなります。ノートを編集するには、画面左上の［ノートブックの編集］をクリックし、OneNote、またはOneNote Onlineで編集するか選択します。

ヒント

表や画像などを追加するには

表や画像などを追加するには、追加する場所をクリックし、［挿入］タブをクリックして追加する内容を選択します。

ヒント

サインアウトするには

Microsoftアカウントでサインインした状態を抜けるには、画面右上の［サインアウト］をクリックします。OneDriveのノートを見たり編集したりするには、OneDriveにサインインして利用します。

用語

Office OnlineとOneNote Online

Office Onlineは、OneDriveに保存したWordやExcel、PowerPoint、OneNoteファイルをブラウザーで見たり編集したりするときに使うアプリケーションの総称です。OneNoteのノートを扱う場合は、OneNote Onlineを使います。OneNote Onlineは、ブラウザーでOneDriveのノートにアクセスするだけで利用できます。なお、OneNote Onlineは、OneNote2016と全く同じ機能を利用できるわけではありません。OneNote2016の全ての機能を利用したい場合は、OneDriveのノートをOneNote2016で開きます。

ヒント

セクションやページを追加するには

セクションやページを切り替えたり追加したりするには、画面左上のボタンをクリックします。表示されるセクション見出しやページタブをクリックして見たいページを表示します。セクションを追加するには［+セクション］、ページを追加するには、［+ページ］をクリックします。

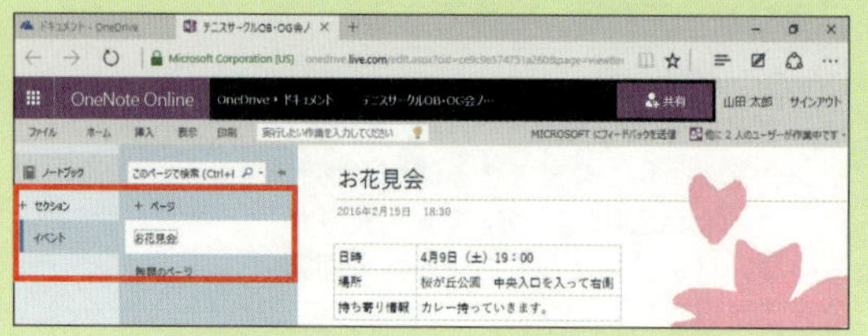

タブレットPCでノートを利用する

第9章

OneDriveに保存したノートは、タブレットPCやスマホで見たり編集したりできます。ここでは、タブレットPCでノートを利用する方法を紹介します。まず、Windows10対応のOneNoteアプリを使う準備をしましょう。OneNoteアプリは無料でインストールできます。OneNoteアプリを利用すれば、OneNote2016がインストールされていないパソコンでも、ノートを手軽に確認できて便利です。

1 OneNote アプリについて

OneNote アプリとは

この章では、OneNoteアプリの利用方法を紹介します。OneNoteアプリをインストールすれば、OneNote 2016がインストールされていないタブレットPCなどからもOneDriveに保存したノートを利用できます。

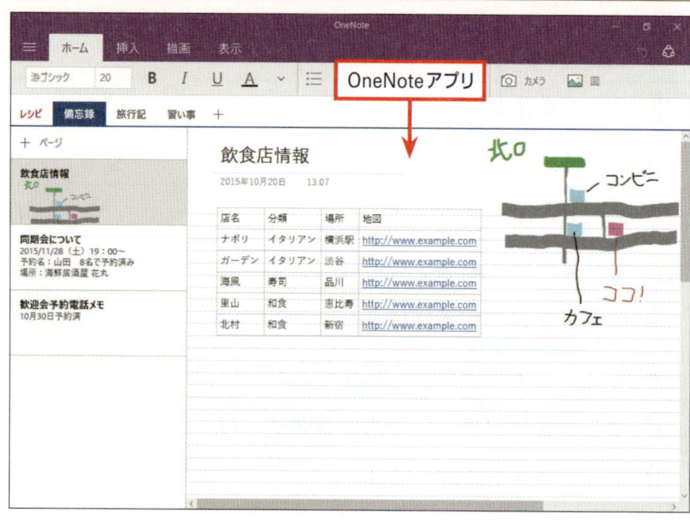

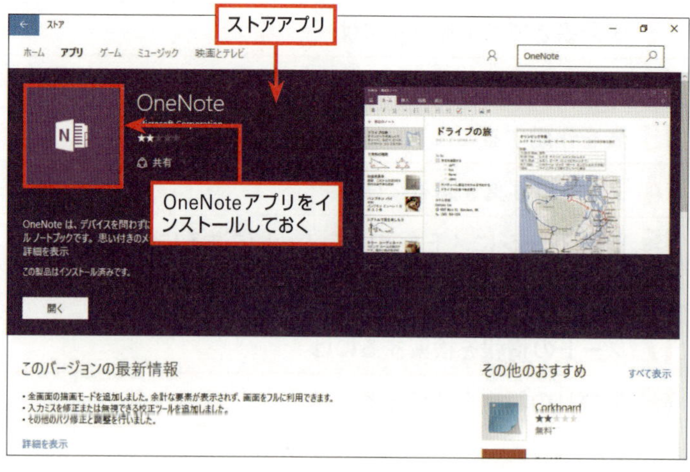

参照

アプリの設定を確認するには

この章の18

用語

OneNoteアプリ

OneNoteアプリは、OneDriveに保存したノートを見たり、編集したりできるアプリです。Windowsストアから無料でダウンロードできます。なお、Windows10には、あらかじめインストールされています。

ヒント

OneNoteアプリをインストールする

OneNoteアプリがインストールされていない場合は、ストアアプリからインストールできます。なお、Windowsストアからアプリをインストールするには、Microsoftアカウントが必要です。

2 ノートを見るには

OneNoteアプリを起動する

1. [スタート] ボタンをクリックする。

   ➡スタートメニューが表示される。

2. スタートメニューのOneNoteアプリのタイルをクリックする。

3. OneNoteアプリをはじめて起動したときは、メッセージが表示される。

4. [>] をクリックして画面を進める。

5. [>] をクリックして画面を進める。

ヒント

Microsoftアカウントの入力について

OneNoteアプリを初めて起動するときは、Microsoftアカウントの入力が求められます。次に起動するときは、Microsoftアカウントを入力する必要はありません。

ヒント

Microsoftアカウントを使ったサインイン

OneNoteを起動するときに、Microsoftアカウントを使ってこのデバイスにサインインするかどうかを問うメッセージが表示された場合は、画面の内容を確認し、Microsoftアカウントを使ってこのデバイスにサインインするか、OneNoteアプリにのみサインインするか選択します。

❻ [個人用Microsoftアカウント] をクリックする。

❼ Microsoftアカウントのメールアドレスとパスワードを入力する。

❽ [サインイン] をクリックする。

❾ [OneNoteの使用を開始] をクリックする。

❿ OneNoteアプリが起動する。

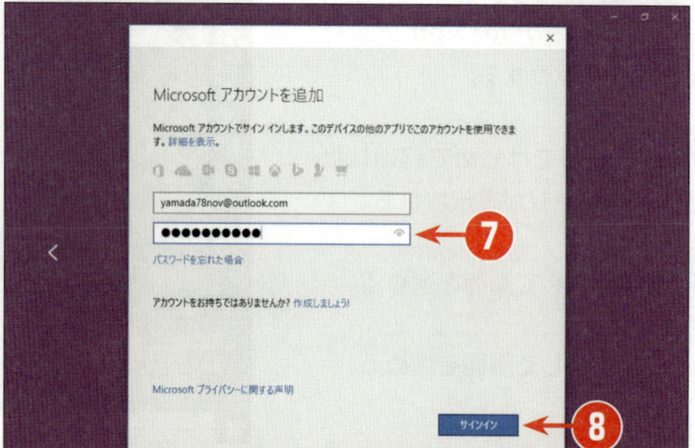

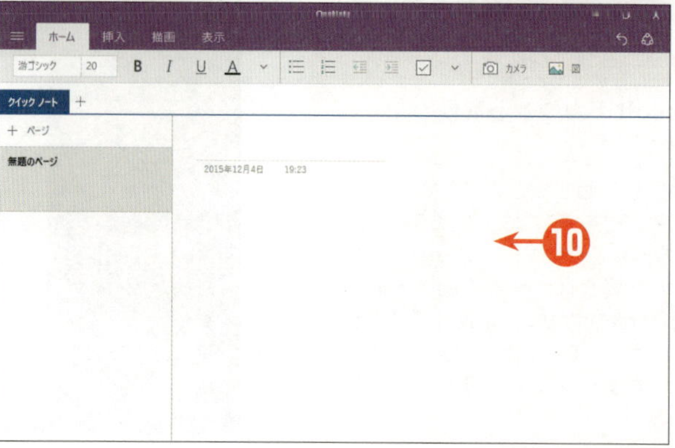

ヒント

サンプルノートについて

OneNoteアプリを初めて起動した時、OneDrive上にノートが保存されていない場合、サンプルノートが自動的に作成されます。このノートには、クイックノートセクションとサンプルページが含まれます。このノートにページを追加して利用することもできます。サンプルページが不要の場合は削除しても構いません。

OneNote アプリの画面について

OneNote アプリの画面

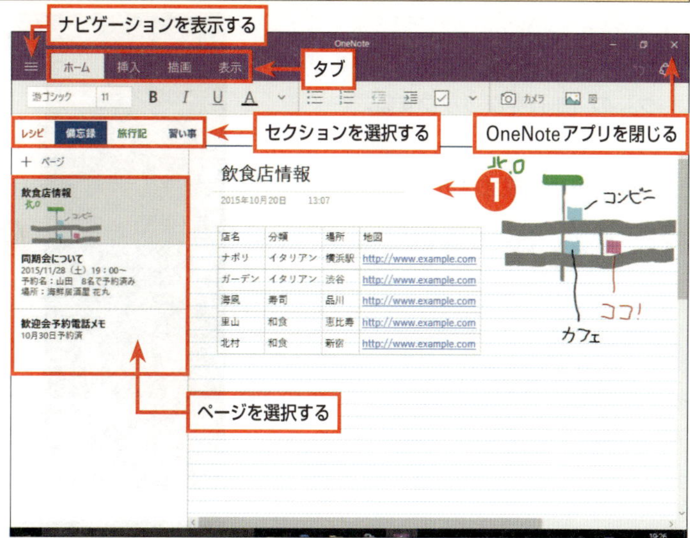

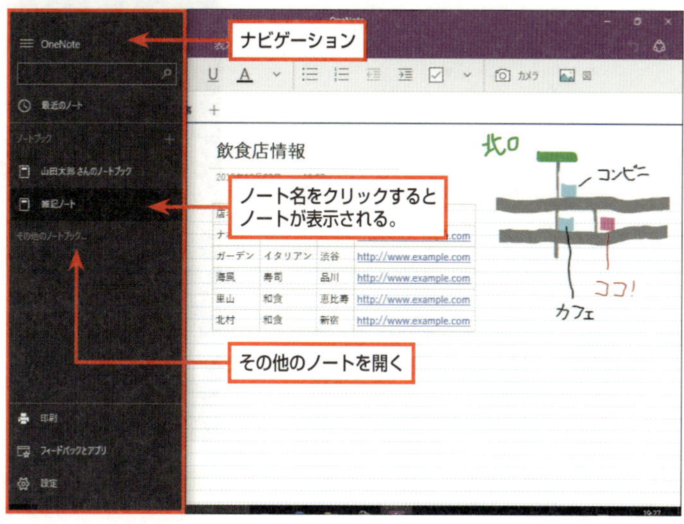

ヒント
OneNote アプリの画面について

OneNote アプリの画面には、ページの内容が大きく表示されます。表示するノートを切り替えるときは、ナビゲーションを表示します。

ヒント
タブを切り替える

画面上部に表示されるタブをクリックすると、操作のボタンが表示されます。[ホーム] タブには、文字の書式を変更したりシールを貼るボタンなどが表示されます。[挿入] タブは、表やファイル、写真を挿入したり、リンクを設定するボタンが表示されます。[描画] タブは手書きメモを書くときに使います。[表示] タブは画面の表示方法を変更するときなどに使います。

ヒント
タッチ対応画面の場合

タッチ対応画面では、画面をタッチして OneNote アプリを操作できます。右クリックで表示するメニューは、画面を長押しすると表示されます。

4 ノートを作成するには

ノートを作成する

❶ ナビゲーションを表示し、[ノートブック] の [+] をクリックする。

この章の3を参照

➡ノートが作成される。

❷ ノートの名前を入力する。

❸ Enter を押す。

➡ノートが表示される。

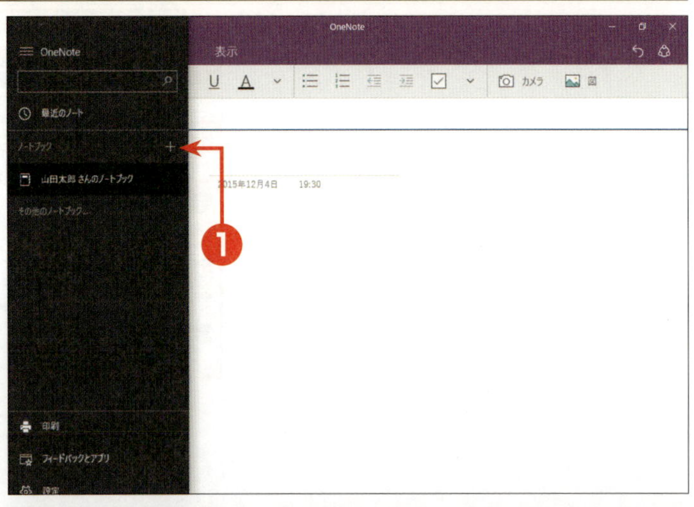

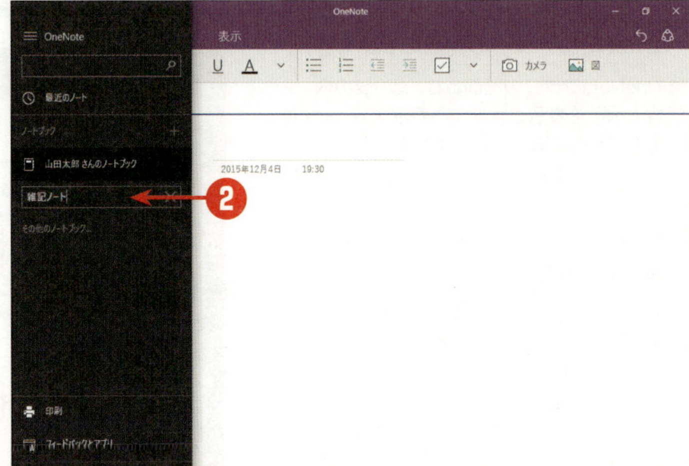

ヒント

ノートのリンクをコピーする

ノートへのリンク情報をコピーするには、ノートを右クリックし、[ノートブックへのリンクをコピー] をクリックします。すると、クリップボードにリンク情報がコピーされます。あとは、目的の場所にリンク情報を貼り付けます。

ヒント

ノートの同期をとる

ノートは、自動的に同期します。手動で同期をとるには、ナビゲーションを表示し、ノートの名前を右クリックして [このノートブックの同期] をクリックします。

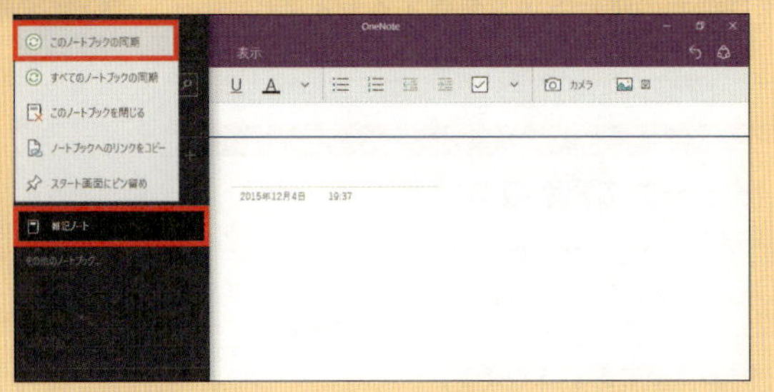

4 ページをクリックすると、ナビゲーションが非表示になる。

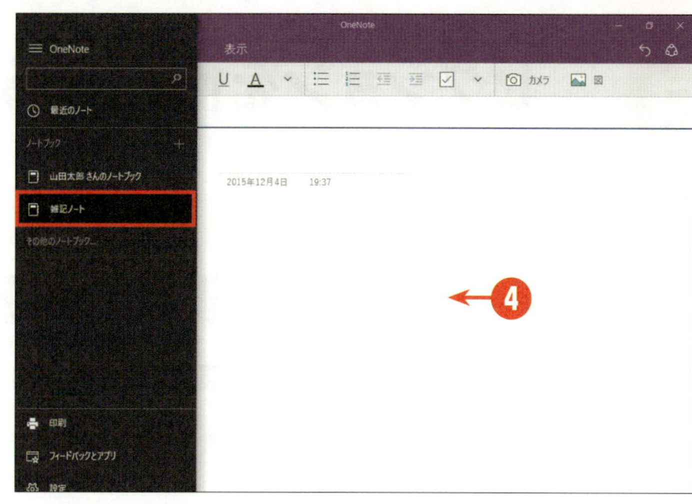

ヒント

同期状態について

OneNoteアプリでノートを表示すると、OneDrive上のノートと自動的に同期がとられます。同期中のノートは、ナビゲーションに表示されるノートの横にが表示されます。同期エラーが発生している場合は、OneDrive上のノートにアクセスできない場合は、が表示されます。

ヒント

ノートをスタート画面に固定する

頻繁に使うノートは、スタート画面からすぐに開けるようにスタート画面に表示しておくと便利です。ノートをスタート画面にピン留めするには、ノート名を右クリックし、［スタート画面にピン留め］をクリックします。

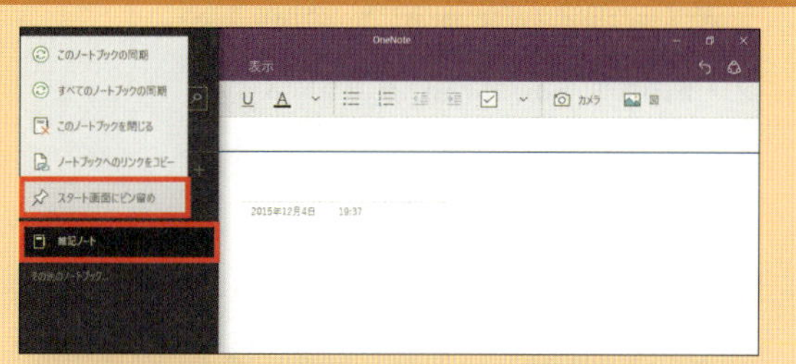

5 セクションを作成するには

セクション名を変更する

❶ セクションタブを右クリックする。

❷ ［セクション名の変更］をクリックする。

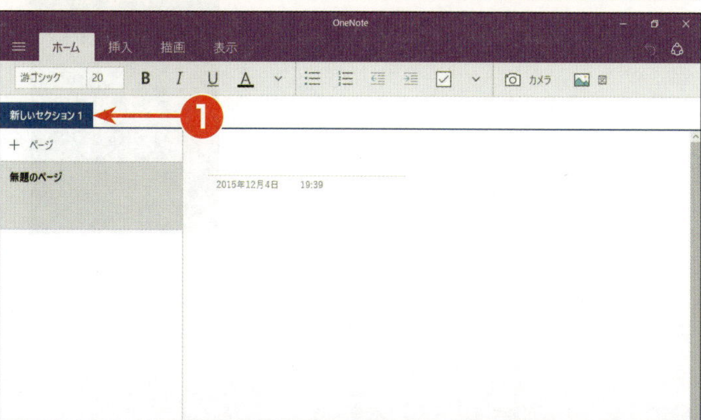

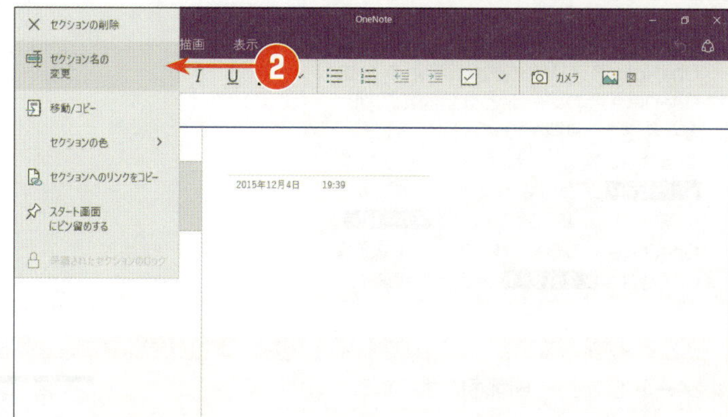

ヒント
セクションやページをスタート画面に固定する

頻繁に使うセクションやページは、スタート画面からすぐに開けるようにスタート画面に表示しておくと便利です。セクションやページをスタート画面にピン留めするには、目的のセクションタブやページタブを右クリックし、［スタート画面にピン留めする］をクリックします。

ヒント
セクションを追加する

セクションを追加するには、［セクション］リスト上部の［＋］をクリックします。続いて、セクションの名前を入力します。

3 セクション名を入力する。

➡セクション名が変わる。

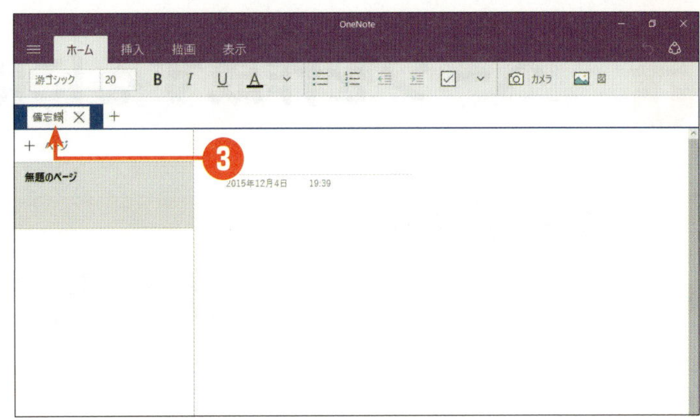

ヒント

セクションのリンクをコピーする

特定のセクションのリンク情報をコピーするには、リンク先のセクションタブを右クリックし、[セクションへのリンクをコピー] をクリックします。すると、クリップボードにリンク情報がコピーされます。あとは、目的の場所にリンク情報を貼り付けます。

ヒント

セクションを削除する

セクションを削除するには、削除するセクションタブを右クリックし、[セクションの削除] をクリックします。セクションを削除すると、そのセクションに含まれるページも削除されます。

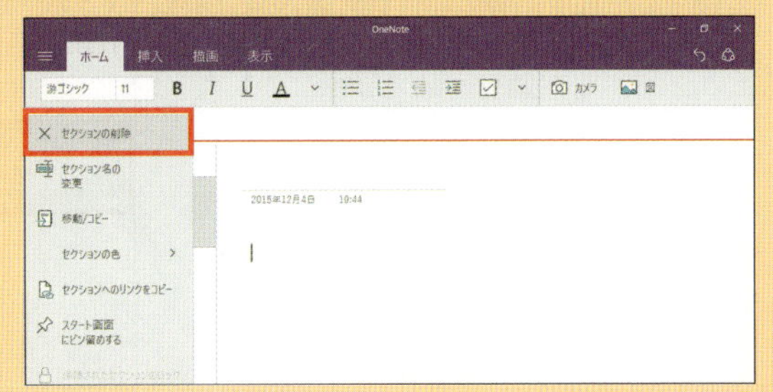

ヒント

セクション見出しの色を変更する

セクションタブの色を変更するには、変更するセクションのセクションタブを右クリックし、[セクションの色] をクリックします。色の一覧が表示されたら、色を選びクリックします。

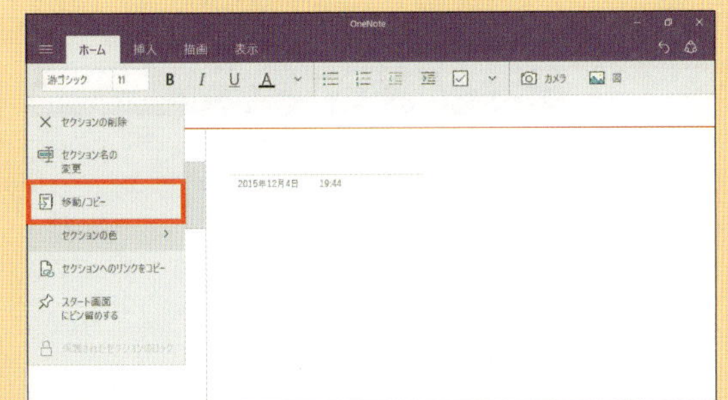

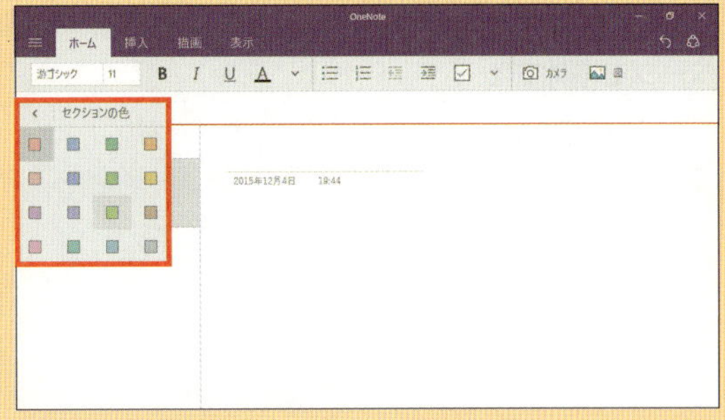

6　ページを作成するには

ページを作成する

1. ページを追加するセクションのセクションタブをクリックする。
2. [ページ] リスト上部の [+] をクリックする。

➡ページが追加される。

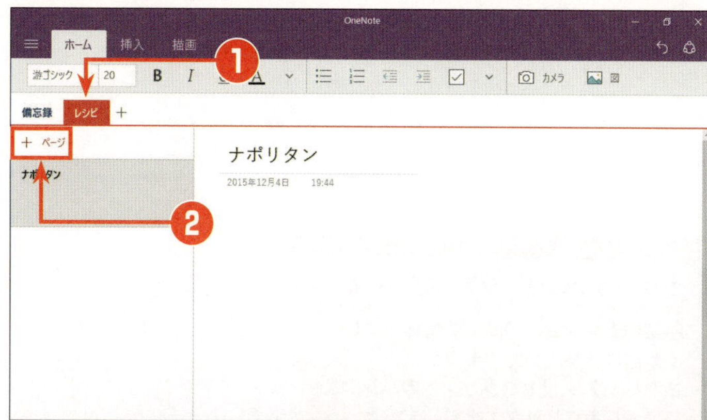

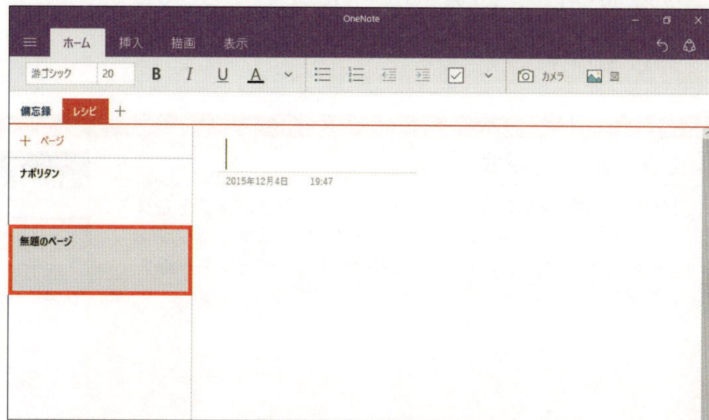

ヒント

ページのリンクをコピーする

特定のページへのリンク情報をコピーするには、ページタブを右クリックし、[ページへのリンクをコピー] をクリックします。すると、クリップボードにリンク情報がコピーされます。あとは、目的の場所にリンク情報を貼り付けます。

ヒント

ページを削除する

ページを削除するには、削除するページタブを右クリックし、[ページの削除] をクリックします。

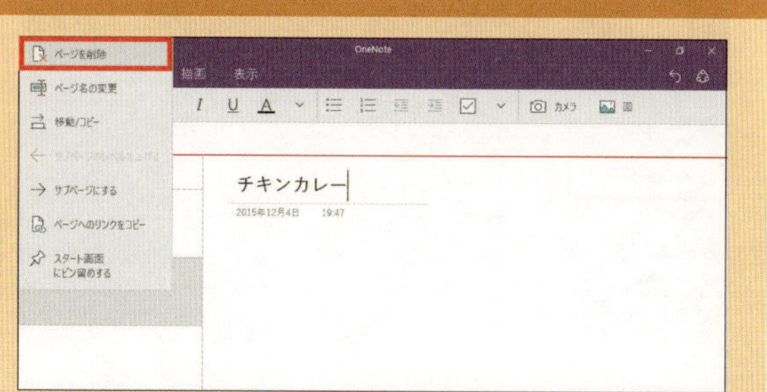

↑削除するページタブが無いため、囲みをとりました。

3 ページの名前を入力する。

➡ページが作成される。

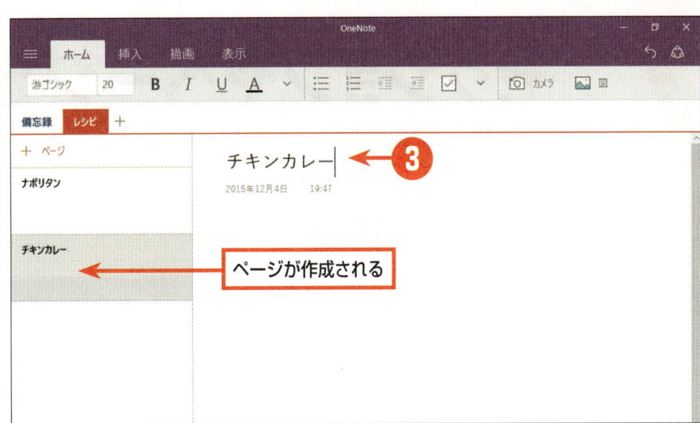

ヒント

サブページを作成する

ページをサブページにするには、まず、サブページにするページのページタブを右クリックします。表示されるメニューの［サブページにする］をクリックします。

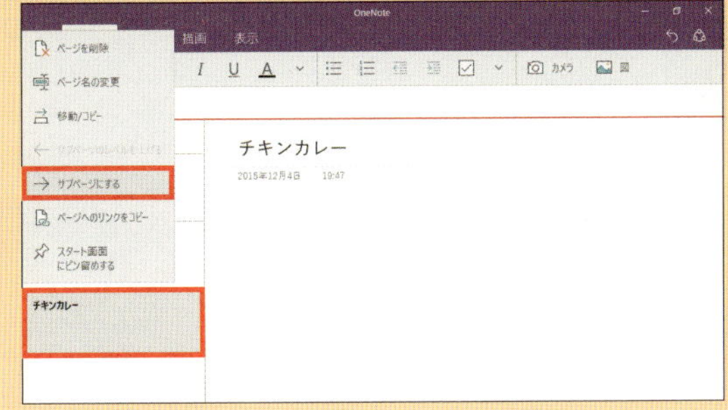

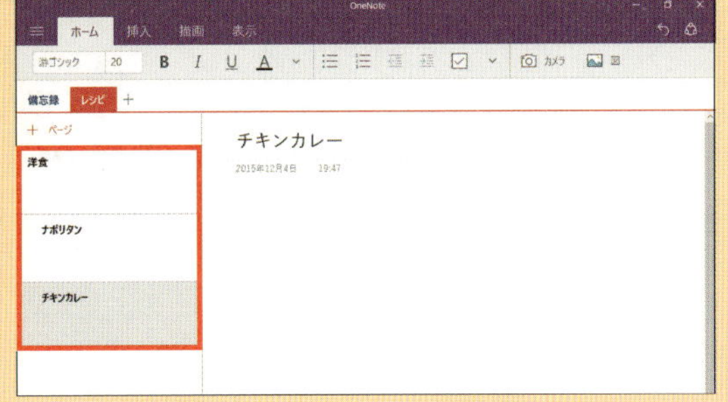

ヒント

ページに罫線を表示する

罫線を表示するページを表示し、［表示］タブの［罫線］をクリックします。表示されるメニューから罫線の種類をクリックします。

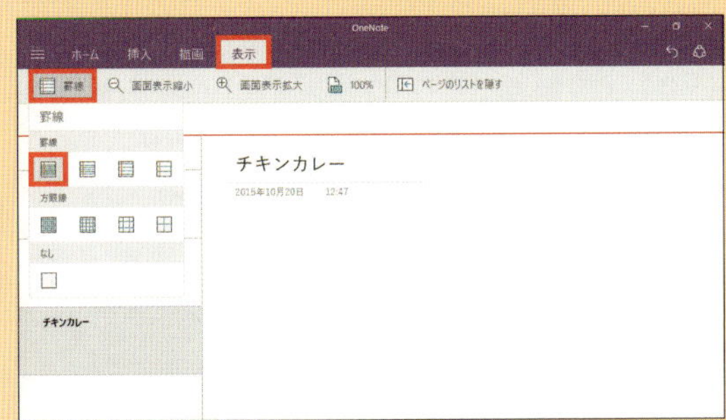

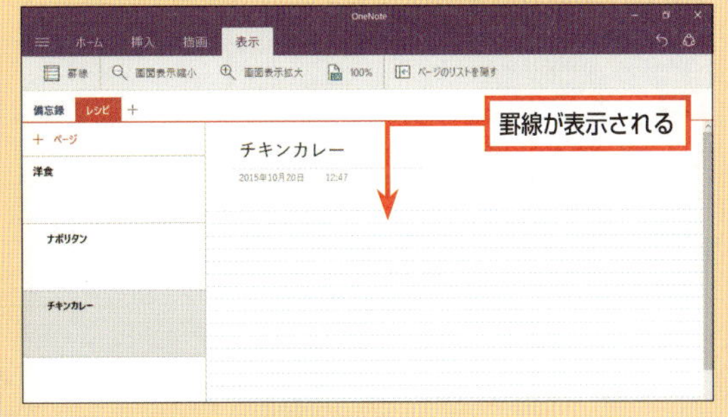

7 セクションやページを切り替えるには

セクションを切り替える

❶ 表示するセクションをクリックする。

➡セクションに含まれるページが表示される。

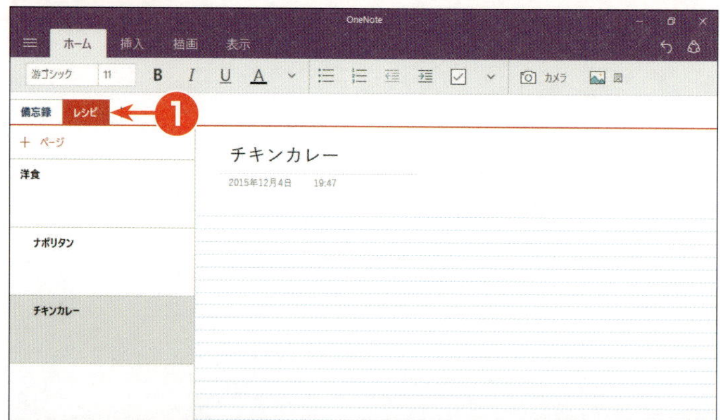

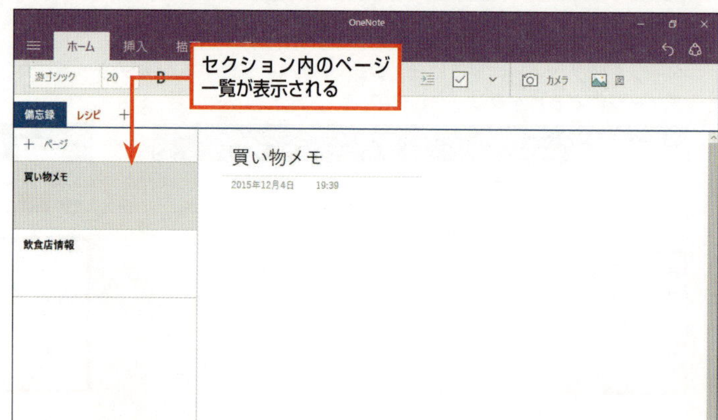

ヒント

ページを大きく表示する

セクションやページのタブを隠してページを大きく表示するには、[表示] タブの [ページのリストを隠す] をクリックします。

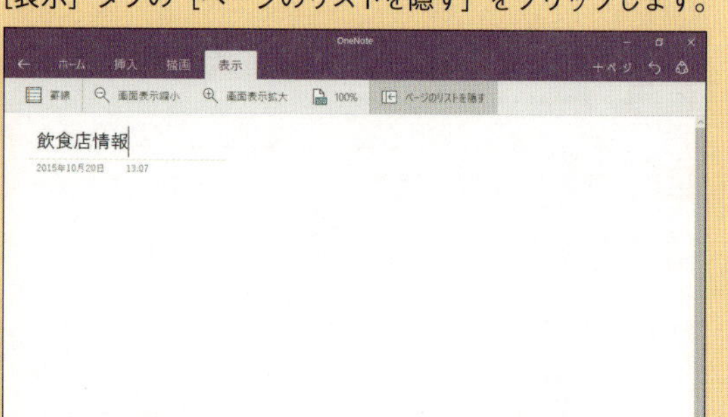

ページを切り替える

1 表示するページをクリックする。

➡ページが表示される。

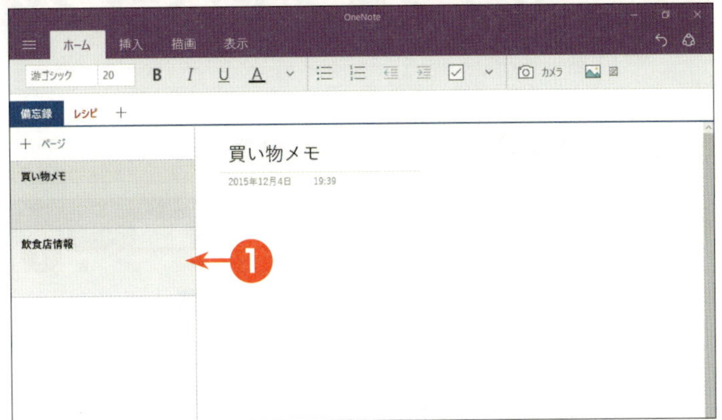

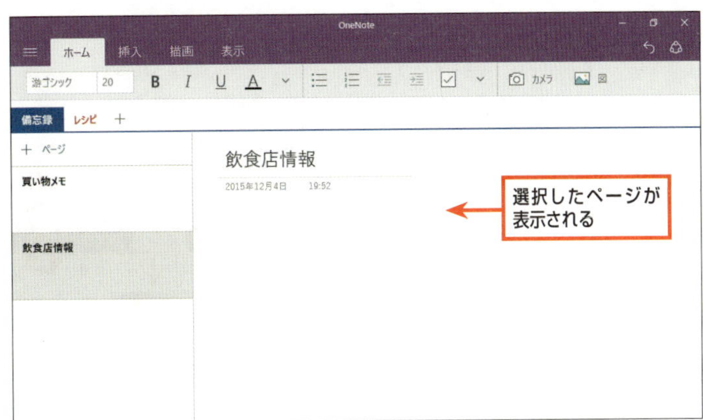

ヒント

ページを拡大表示する

ページ内の文字などを拡大表示するには、[表示] タブの [画面表示拡大] をクリックします。縮小表示するには、[画面表示縮小] をクリックします。

8 セクションやページを入れ替えるには

セクションの表示順を変更する

❶ 移動するセクションタブにマウスポインターを移動する。

❷ 移動先に向かってドラッグする。

➡セクションの配置が変わる。

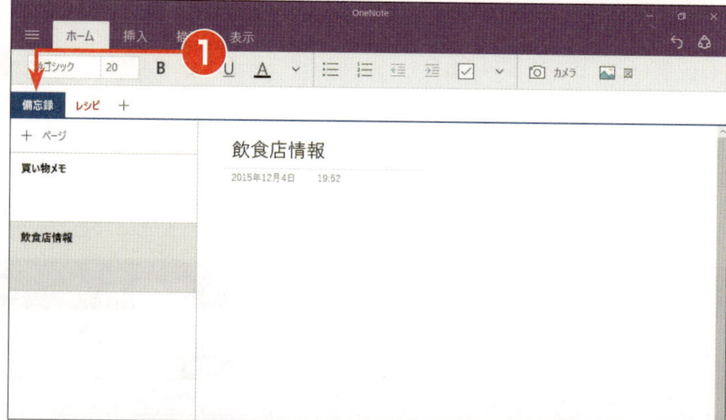

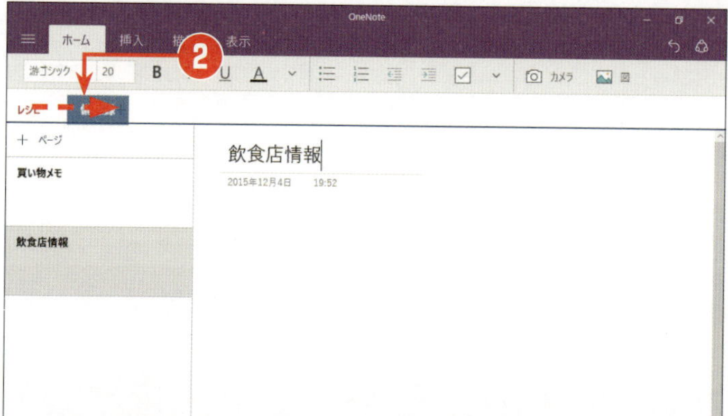

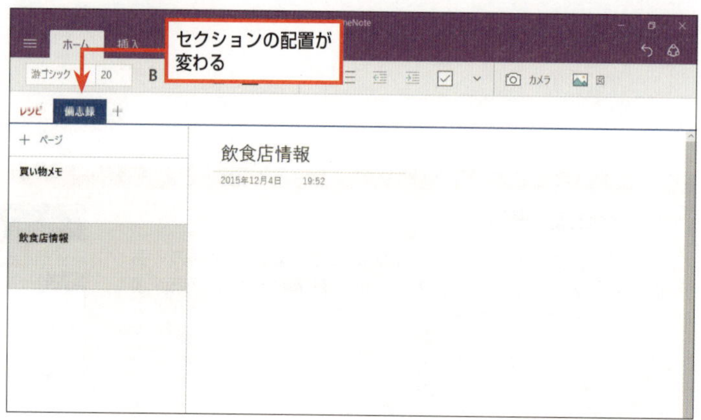

ページの表示順を変更する

❶ 移動するページタブにマウスポインターを移動する。

❷ ページの移動先に向かってドラッグする。

➡ページの配置が変わる。

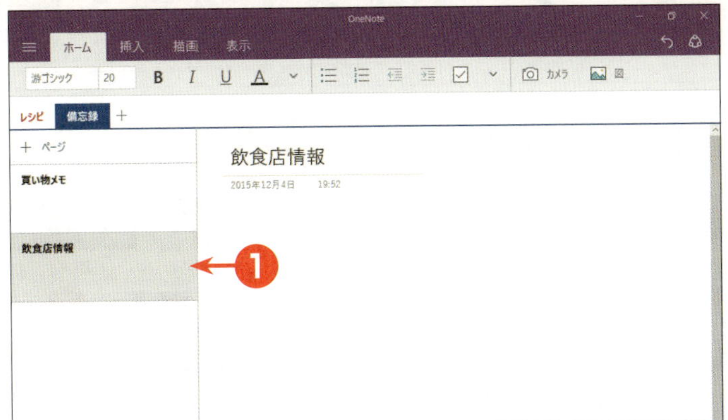

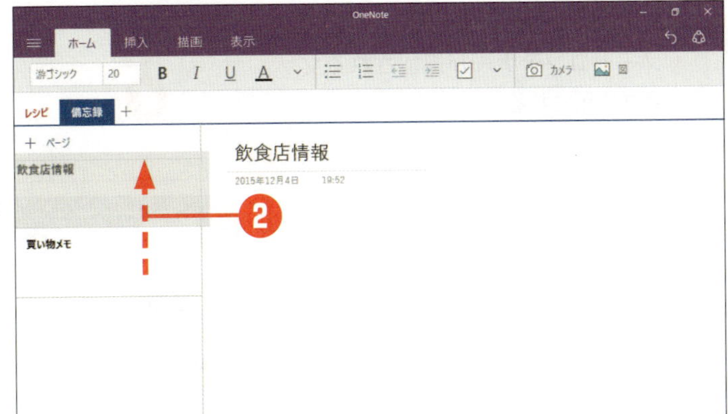

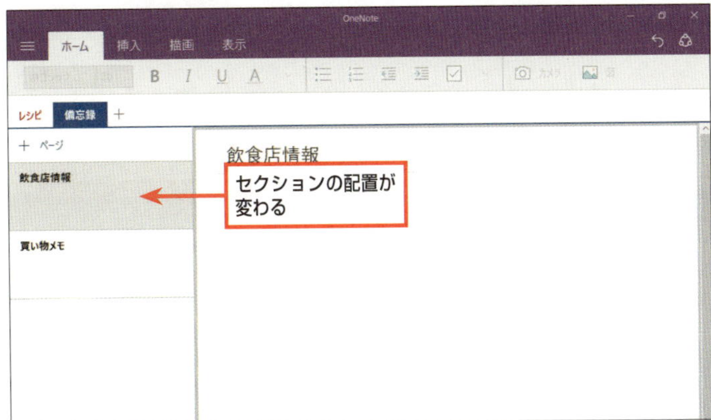

9 ノートにメモを書くには

文字を入力する

❶ セクションタブをクリックする。

❷ ページタブをクリックする。

❸ メモを書く場所をクリックする。

❹ メモの内容を入力する。

➡ノートコンテナーが追加されて文字が表示される。

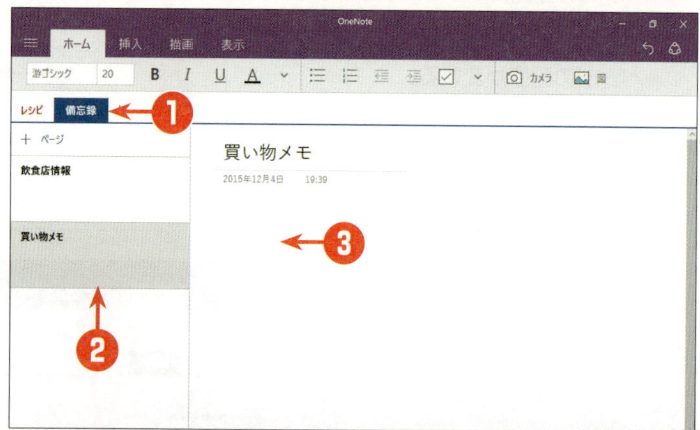

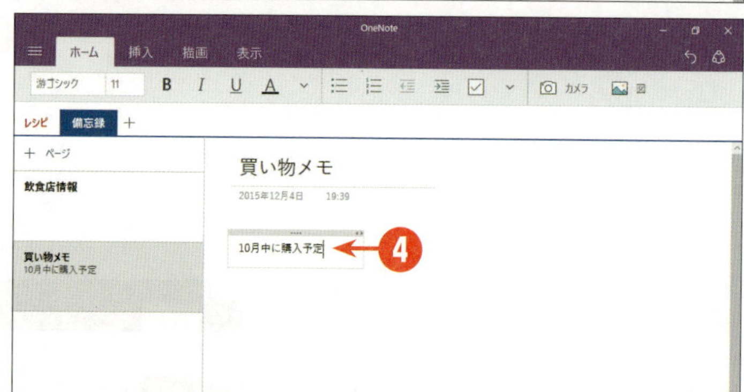

ヒント

手書きメモを書く

手書きメモを書くには、［描画］タブをクリックし、ペンの種類や色、太さなどを選択します。続いて、ページ上をドラッグしてメモを書きます。

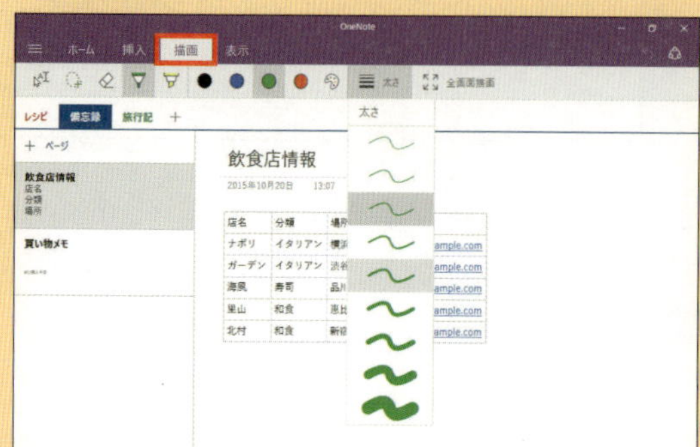

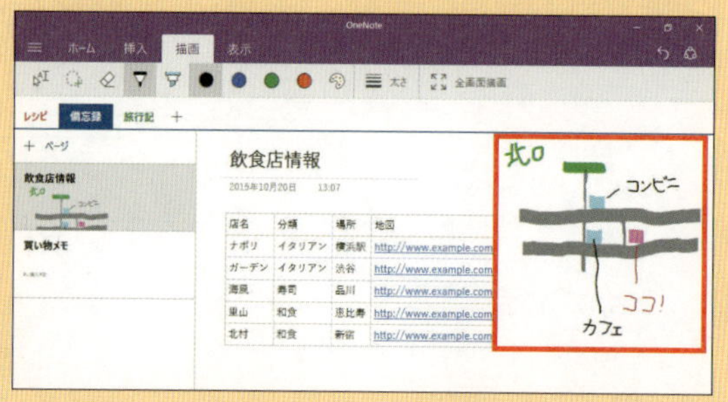

文字をコピーする

❶ コピーする文字を選択する。

❷ 選択した文字を右クリックする。

❸ ［コピー］をクリックする。

❹ コピー先を右クリックする。

❺ ［貼り付け］をクリックする。

➡ コピーした文字が貼り付く。

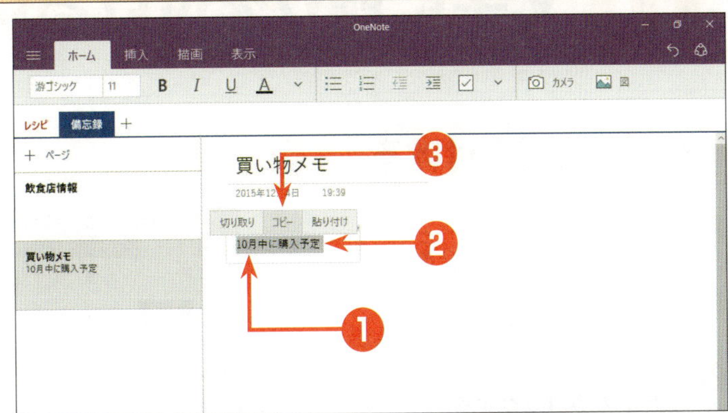

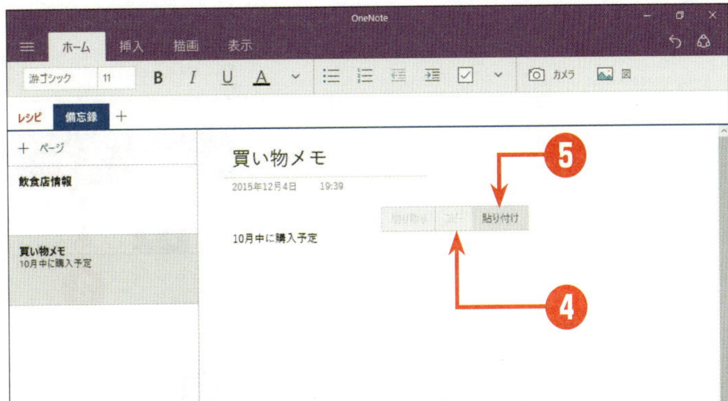

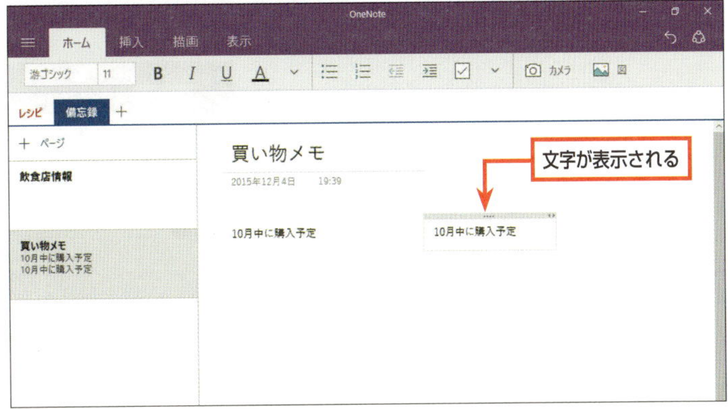

ヒント

文字を移動するには

文字列を移動するには、移動する文字列を選択し、移動先に向かってドラッグする方法もあります。

ヒント

ノートコンテナーを移動するには

メモを移動するには、ノートコンテナー上部のバーを移動先に向かってドラッグします。

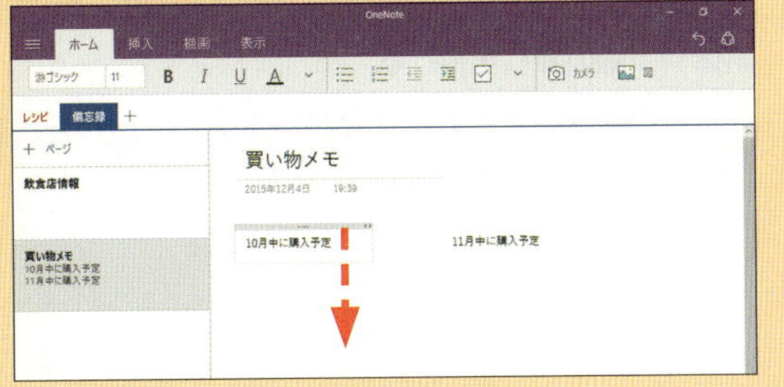

10 文字に飾りを付けるには

文字に飾りを付ける

1. 飾りを付ける文字を選択する。
2. ［ホーム］タブをクリックする。
3. ［太字］をクリックする。

➡飾りが設定される。

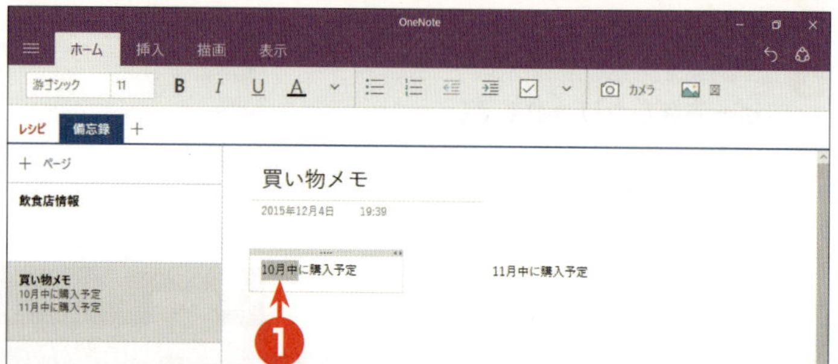

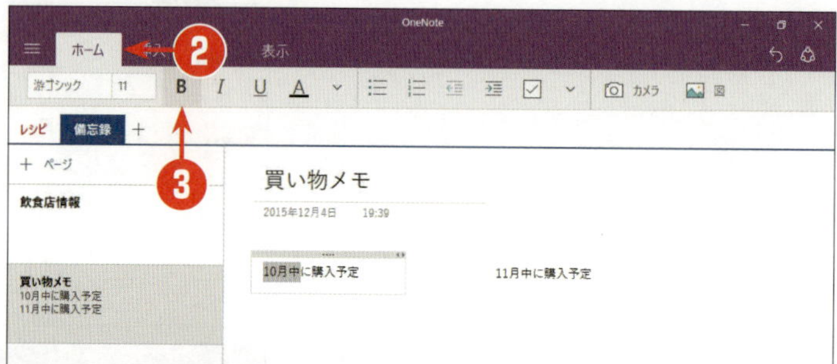

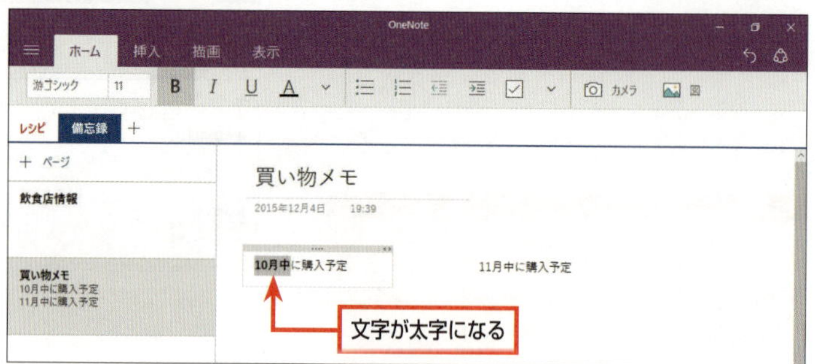

ヒント

斜体や下線の飾りを付ける

斜体や下線の飾りを付けるには、文字を選択して［ホーム］タブの［斜体］や［下線］をクリックします。

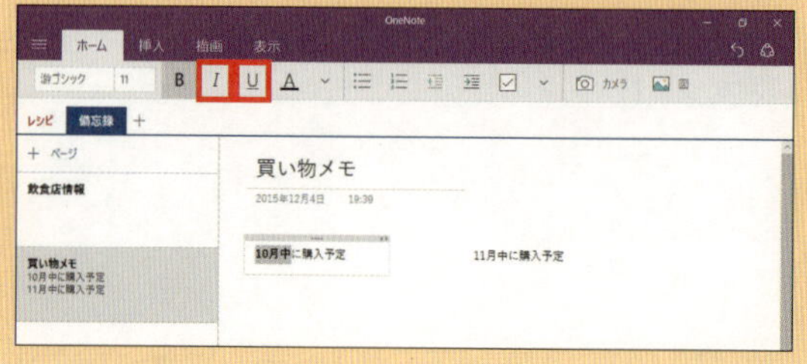

文字に色を付ける

1. 色を付ける文字を選択する。
2. ［ホーム］タブをクリックする。
3. ［フォントの色］の▼をクリックする。
4. 色をクリックする。

➡文字の色が変わる。

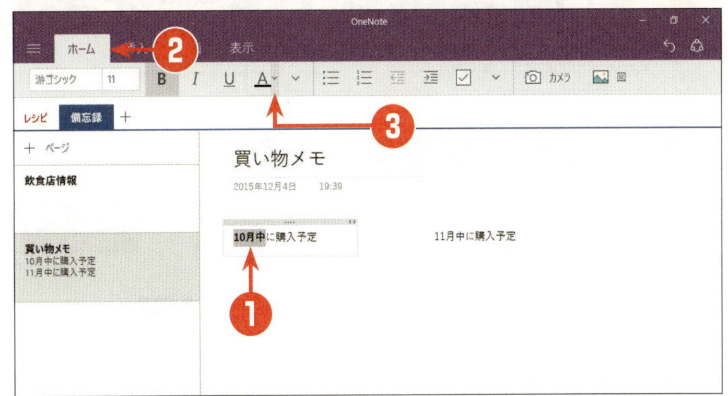

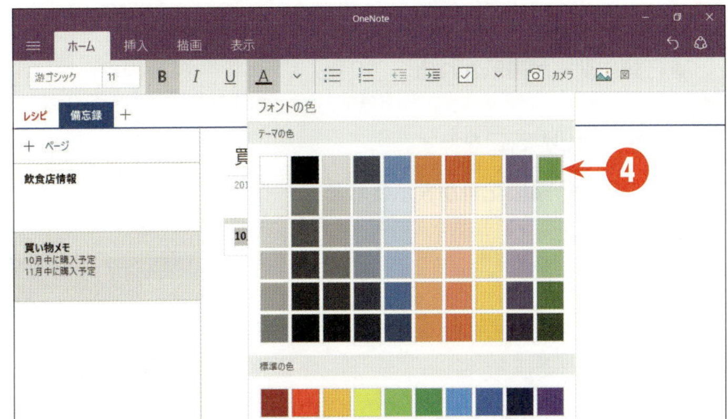

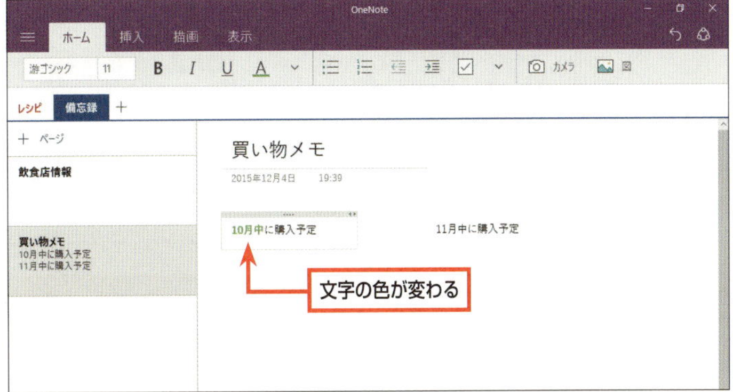

ヒント

フォントや文字の大きさを指定する

文字のフォントやサイズを変更するには、文字を選択して［ホーム］タブから指定できます。

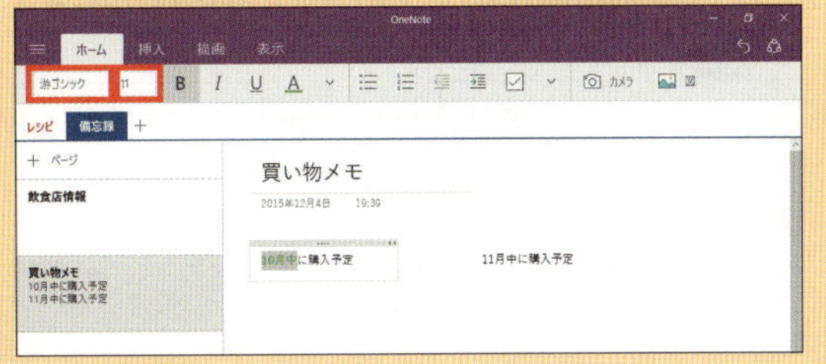

11 箇条書きでメモを書くには

箇条書きの文字を入力する

❶ 箇条書きを入力する場所をクリックする。

❷ ［ホーム］タブをクリックする。

❸ ［箇条書き］をクリックする。

➡行頭に記号が表示される。

❹ 文字を入力し、Enterを押す。

➡次の行の行頭に記号が表示される。

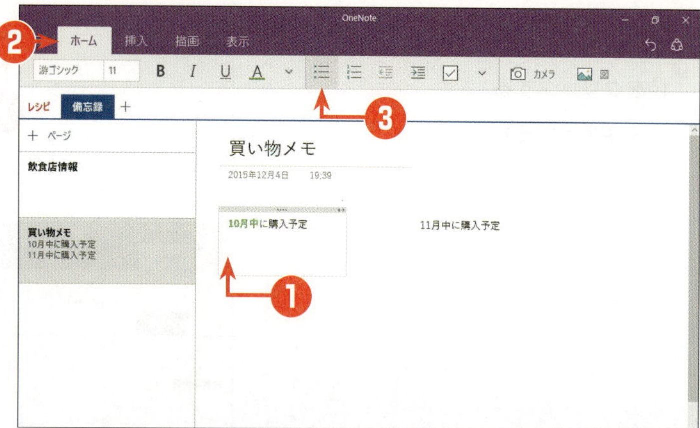

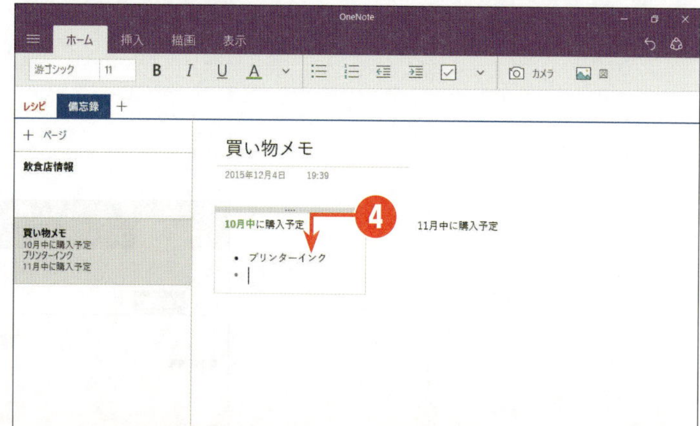

ヒント

行頭に番号を表示する

文字列の先頭に段落番号を付けるには、文字列を入力する場所を選択し［ホーム］タブの［段落番号］をクリックします。表示されるメニューで番号の種類を選択します。

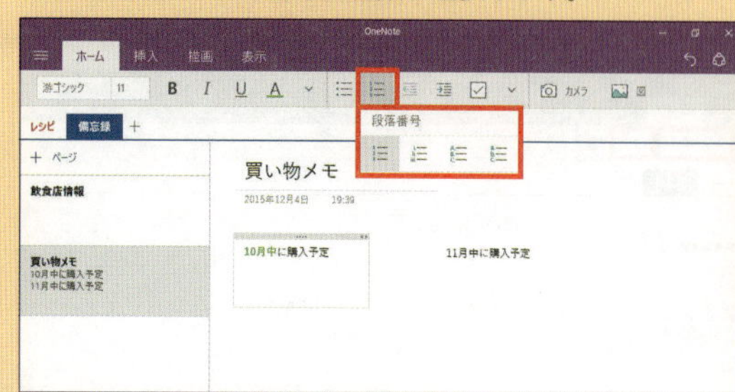

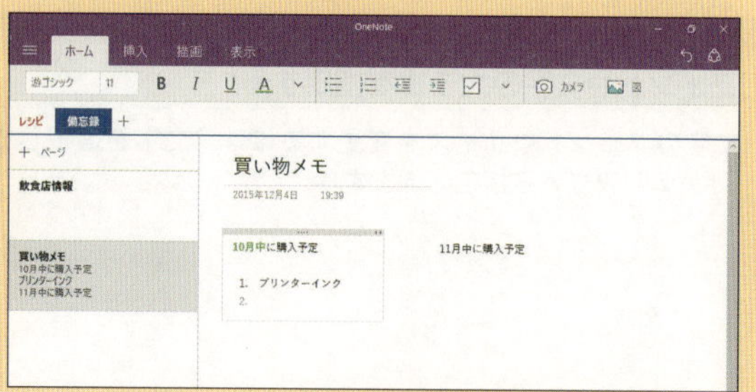

箇条書きを解除する

❶ 箇条書きの項目を選択する。

❷ [ホーム] タブをクリックする。

❸ [箇条書き] をクリックする。

➡箇条書きが解除される。

❹ [インデントを減らす] をクリックする。

➡項目の配置が左にずれる。

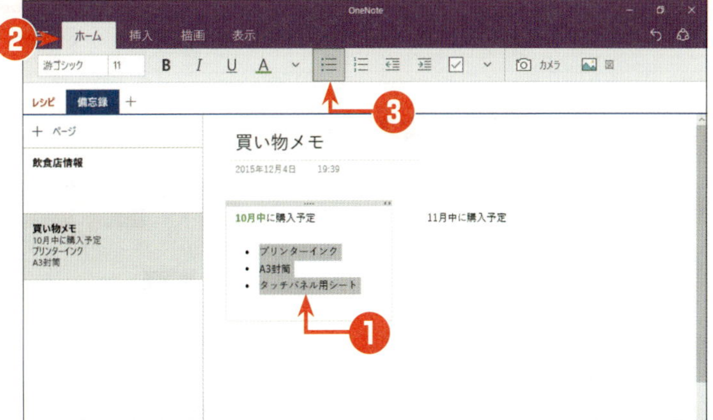

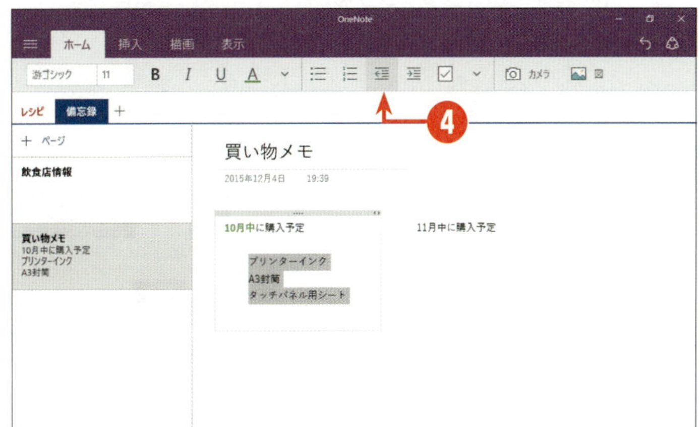

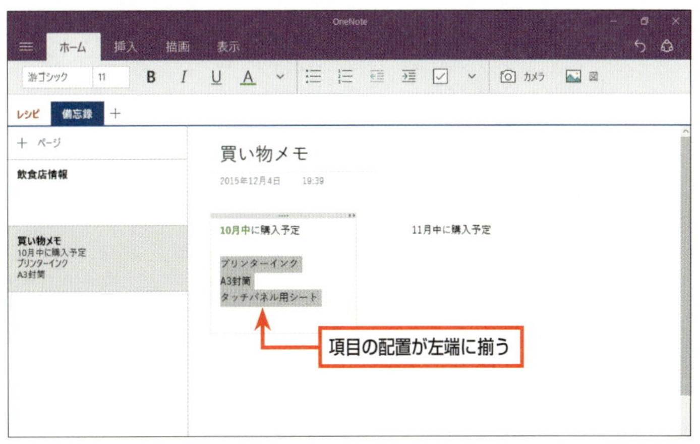

ヒント

箇条書きの入力を止めるには

箇条書きの項目を入力後、Enterを押すと次の行の行頭に記号が表示されます。箇条書きの入力を辞めるには、Enterで改行したあともう一度Enterを押します。すると、行頭の記号が消えます。

12 メモに目印のシールを貼るには

メモにシールを貼る

❶ シールを貼る段落を選択する。

❷ [ホーム] タブをクリックする。

❸ [段落の書式設定] をクリックする。

❹ シールの種類を選びクリックする。

➡シールが表示される。

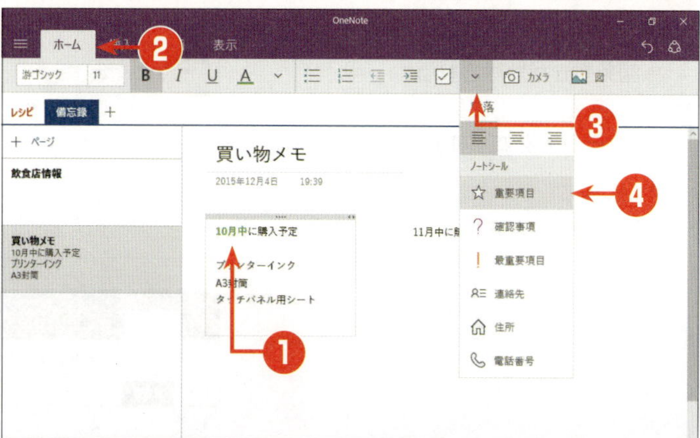

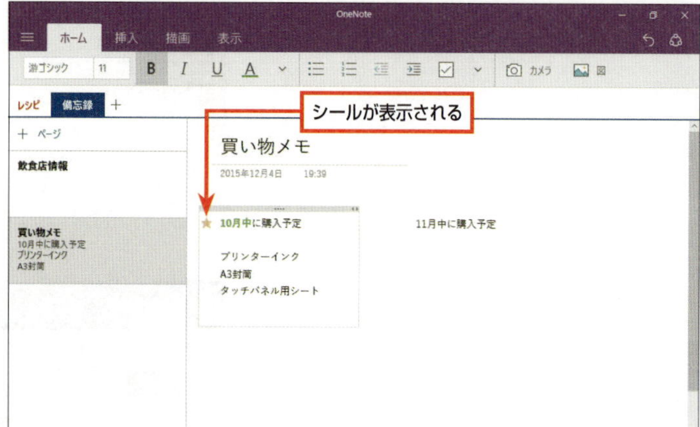

シールを削除する

❶ シールを削除する段落を選択する。

❷ [ホーム] タブをクリックする。

❸ [段落の書式設定] をクリックする。

❹ シールの種類を選びクリックする。

➡ シールが削除される。

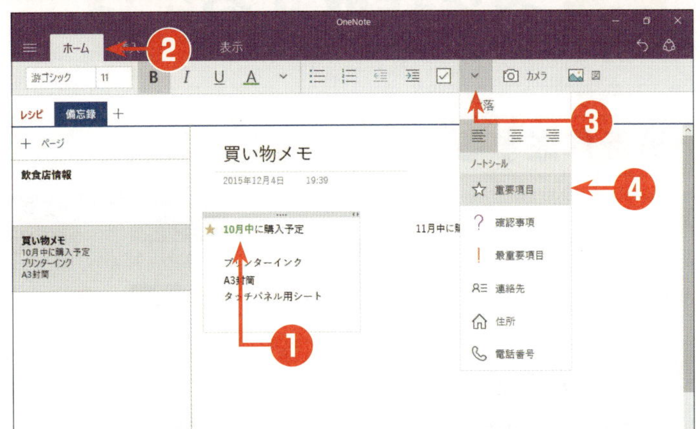

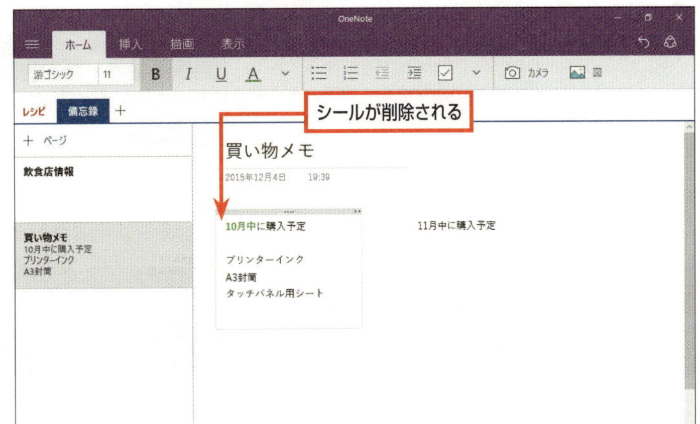

ヒント

タスクシールにチェックを付ける

[ホーム] タブの [タスクとしてノートシールを付ける] をクリックすると、タスクのシールを貼ることができます。タスクのシールは、クリックするとチェックを入れられますので、完了と未了をひと目で把握できて便利です。

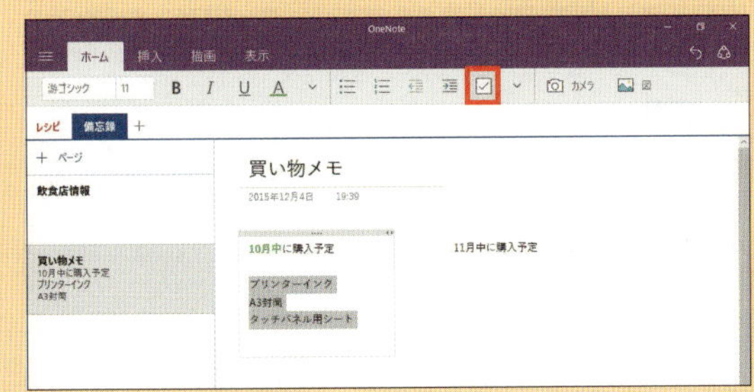

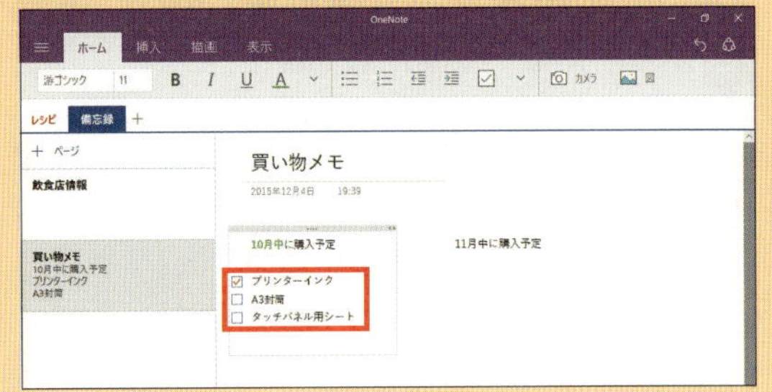

13 表を作成するには

表を作成する

❶ 表を作成する場所をクリックする。

❷ ［挿入］タブをクリックする。

❸ ［表］をクリックする。

➡表が表示される。

❹ 表内をクリックして文字を入力する。

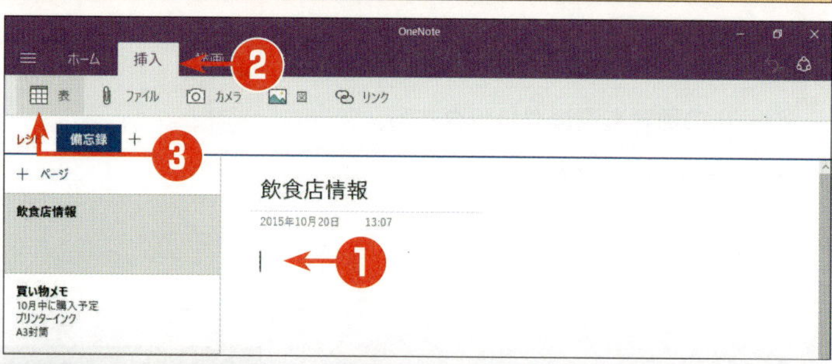

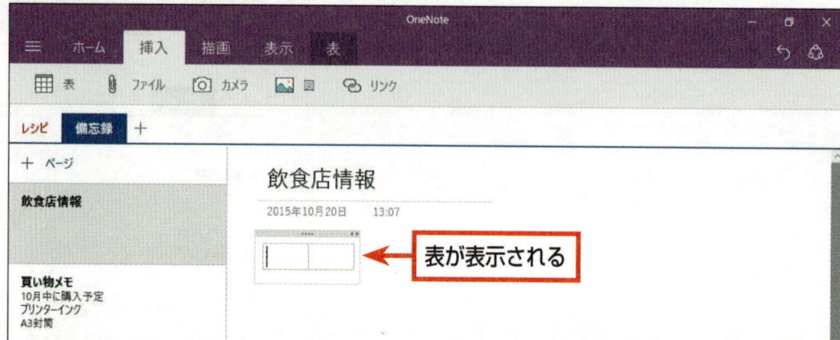

ヒント
文字を入力しながら列や行の数を指定する

表を作成した直後は、1行2列の表が表示されます。2列目に文字を入力後、Tabを押すと右側に列が追加されます。Tabを押すとさらに列が追加されます。任意の数だけ列を追加したあと、一番右側の列の右端にカーソルがある状態でEnterを押すと、行が追加されます。

ヒント
行や列を削除する

行や列を削除するには、削除する箇所をクリックし、［表］タブの［削除］をクリックします。表示されるメニューから削除する場所を選択します。

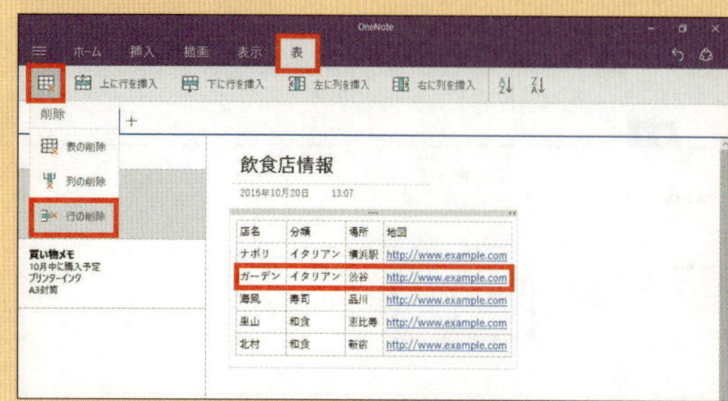

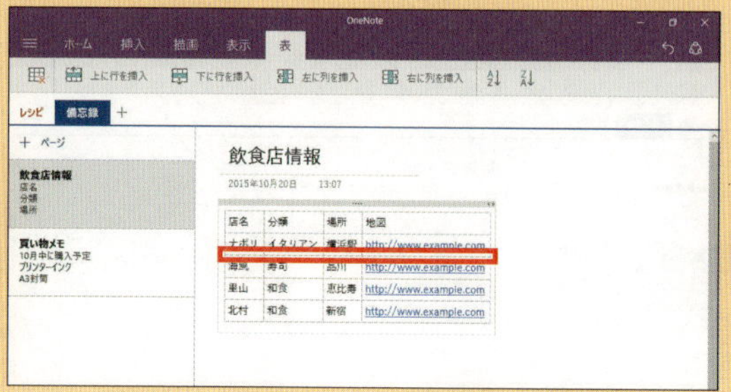

行や列を追加する

❶ 行や列を追加する箇所をクリックする。

❷ ［表］タブをクリックする。

❸ ［右に列を挿入］をクリックする。

➡指定した場所に行や列が追加される。

❹ 文字を入力する。

❺ 必要な数だけ列を追加し、右端の列に文字を入力後Enterキーを押す。

➡行が追加される。

➡改行しながら行を追加して表を作成する。

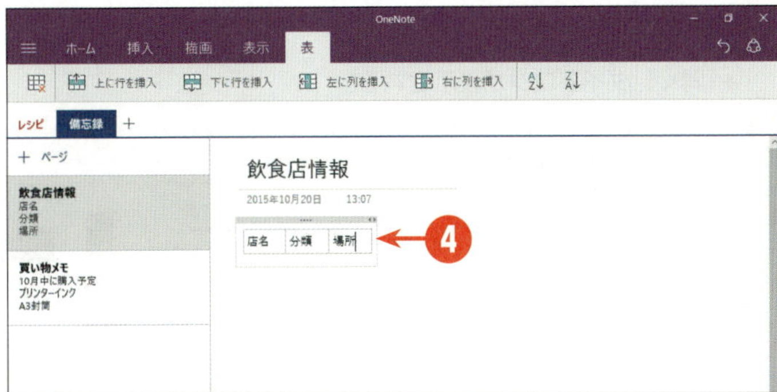

ヒント

行や列を入れ替える

行や列を入れ替えるには、行や列を切り取って貼り付けます。たとえば、2列目と3列目を入れ替えるには、まず、2列目をドラッグして選択し、右クリックして［切り取り］をクリックします。続いて2列目最終行の文字の末尾をクリックし、右クリックして［貼り付け］をクリックします。

ヒント

表内の項目を並べ替える

表のデータを並べ替えるには、並べ替えの基準にする列内をクリックし、［表］タブの［昇順で並べ替え］または［降順で並べ替え］をクリックします。

14 ノートに写真を貼るには

写真を貼る

❶ 写真を貼る場所をクリックする。

❷ [挿入] タブをクリックする。

❸ [図] をクリックする。

➡[開く] ダイアログが表示される。

❹ 貼り付ける写真を選択する。

❺ [開く] をクリックする。

➡写真が表示される。

❻ 写真の四隅に表示されるハンドルをドラッグして大きさを調整する。

ヒント

写真を回転させる

写真を回転させるには、写真を右クリックし、表示されるメニューの [図] をクリックします。続いて回転する方向を選択します。

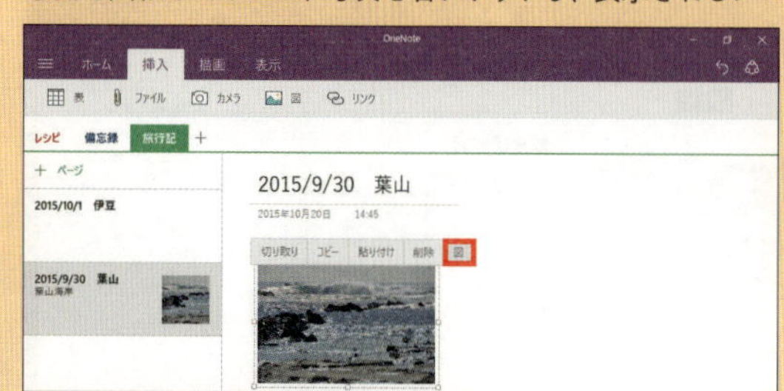

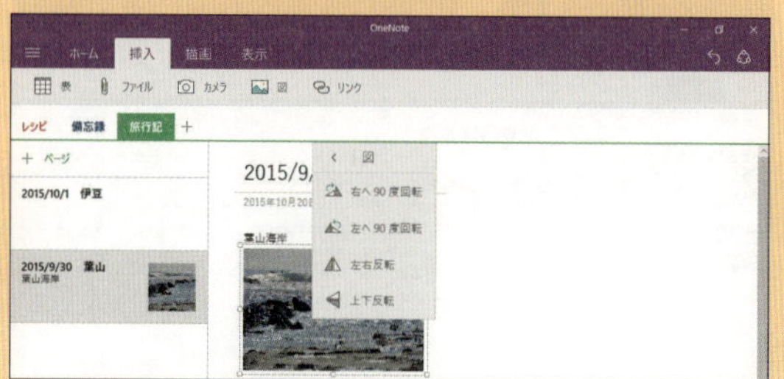

15 Webページにメモを書いてノートに送るには

Webページにメモを書く

❶ Edgeを起動してメモを書くページを表示する。

❷ [Webノートの作成] をクリックする。

➡Webノート作成の画面が表示される。

❸ ペンの種類や色を選んでメモを書く。

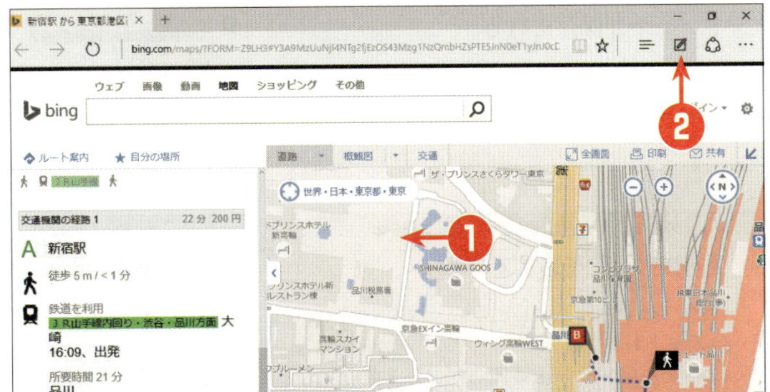

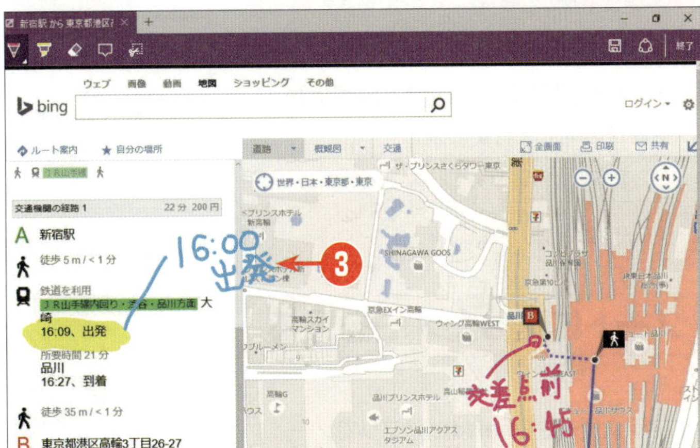

WebページをOneNoteに送る

❶ [Webノートの保存] をクリックする。

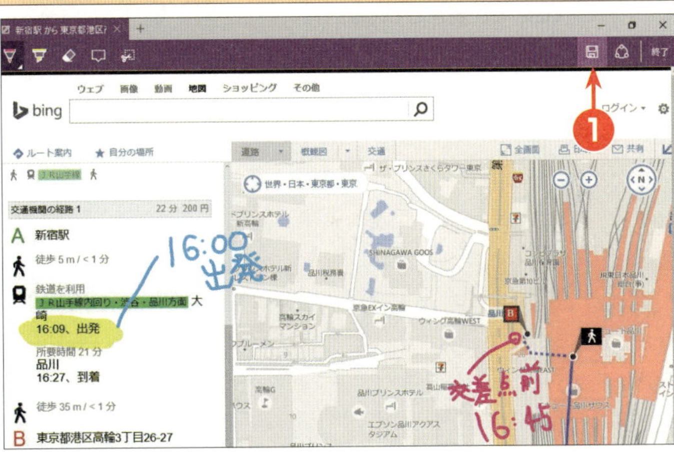

❷ 送り先として［OneNote］を選択する。

❸ 送り先のセクションを選択する。

❹ ［送信］をクリックする。

➡ノートが保存される。

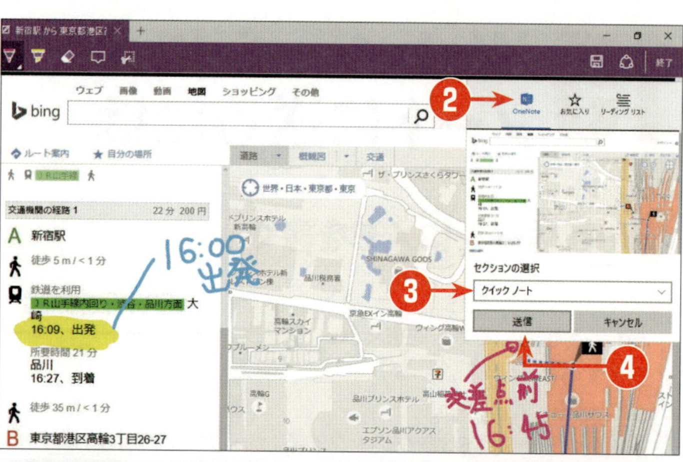

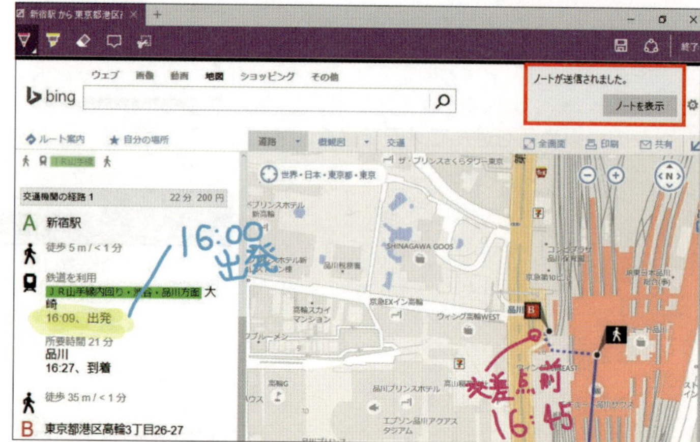

ヒント

手書きのメモを追加できる

Webページを見ているときに、その内容をノートに送るには、ブラウザーからOneNoteにメモを送る方法があります。Edgeをお使いの場合は、ペンで手書きメモを追加してメモを送信できます。

ヒント

手書きのメモを消すには

ペンで描いた内容を消すには、Edge画面の左上の［消しゴム］をクリックして、消したい線をクリックします。

ノートに送ったメモを見る

❶ ブラウザーやOneNoteアプリでノートを開く。

➡指定した場所に新しいページが追加されてメモが表示される。

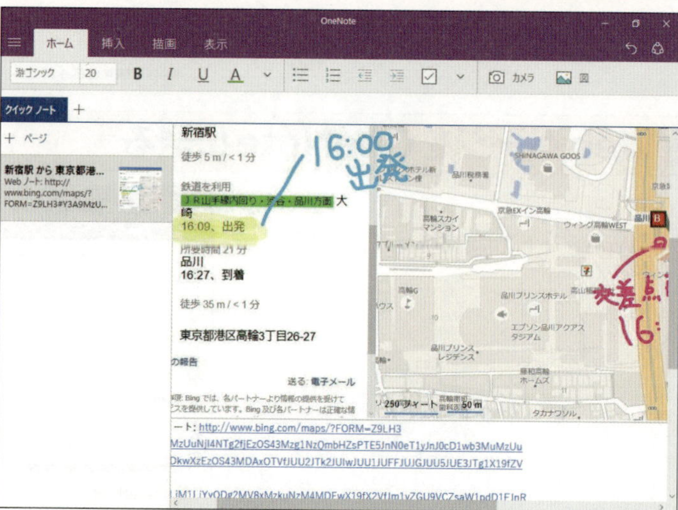

Internet Explorerでメモを送る準備をする

1. Internet Explorerを起動し、[https://www.onenote.com/clipper] のページを表示する。
2. [OneNoteにクリップ] をクリックする。
3. Ctrl + Shift + B を押す。
   - お気に入りバーが表示される。
4. [OneNoteにクリップ] を右クリックする。
5. [お気に入りに追加] をクリックする。
6. [作成先] が [お気に入りバー] になっていることを確認する。
7. [追加] をクリックする。
   - OneNote Clipperにサインインの画面が表示される。

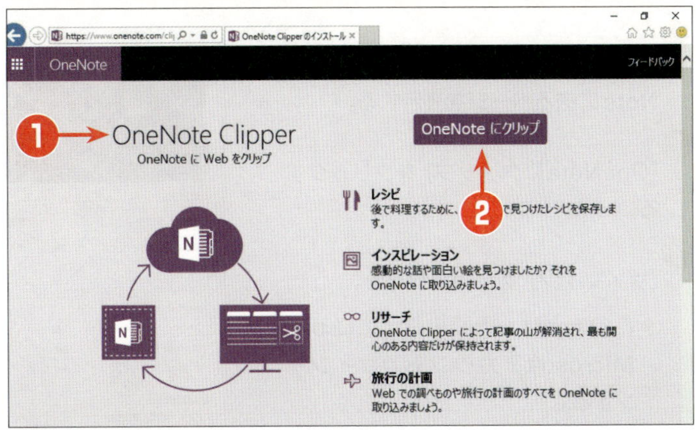

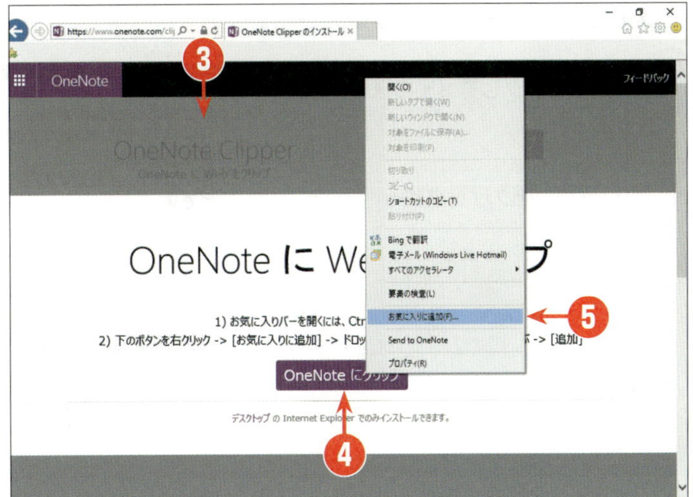

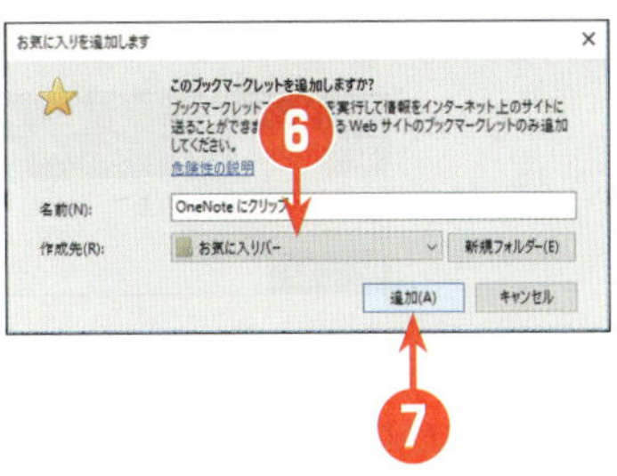

用語

OneNote Clipper

OneNote Clipperとは、Webページの内容をOneNoteに簡単に送ることができるツールです。気になる内容を手軽にOneNoteにメモできて便利です。OneNoteに送った内容には、リンク元の情報も含まれます。なお、OneNote Clipperは、Chromeなどのブラウザーでも使用できます。ブラウザーによってOneNote Clipperを利用する準備は異なります。

WebページをOneNoteに送る

1. Internet Explorerを起動してOneNoteに送るページを表示する。
2. [OneNoteにクリップ] をクリックする。
3. [サインイン] をクリックする。
   - このあとは、画面の指示に従ってMicrosoftアカウントでサインインする。
4. メモを保存する形式を選択する。
5. ここをクリックしてメモの送り先を選択する。
6. [クリップ] をクリックする。

ノートに送ったメモを見る

1. ブラウザーやOneNoteアプリでノートを開く
   - 指定した場所に新しいページが追加されてメモが表示される。

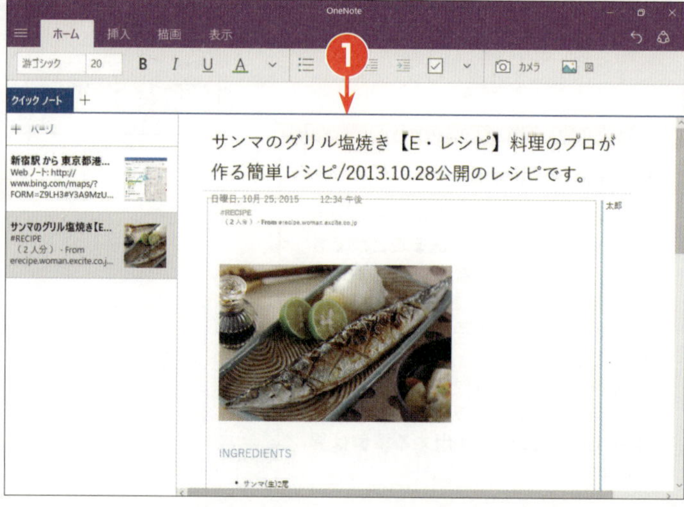

16 ページの内容をクイックノートに送るには

クイックノートに送信する

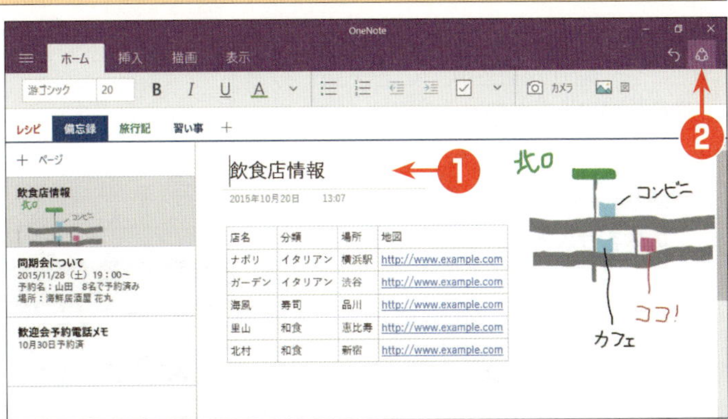

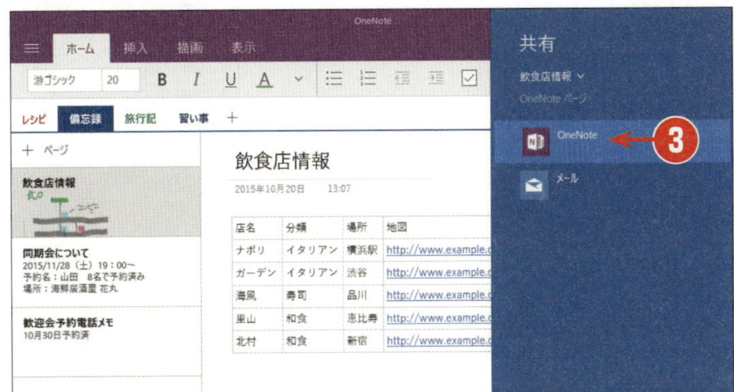

❶ クイックノートに送るページを表示する。

❷ ［共有］をクリックする。

➡共有画面が表示される。

❸ ［OneNote］をクリックする。

➡共有の画面が表示される。

ヒント

文字を追加する場合

新しいページを指定する画面の［ノートを追加してください］欄に文字を入力しておくと、入力した文字が新しいページに表示されます。

ヒント

ノートの内容をメールで送るには

ノートのページをメールで送るには、ページを表示して［共有］画面で［メール］をクリックします。すると、メールアプリが表示されます。宛先や件名などを指定して送信するとメールが送られます。［メール］が表示されない場合は、Windowsストアからメールアプリをダウンロードし、メールアプリを使えるように準備します。

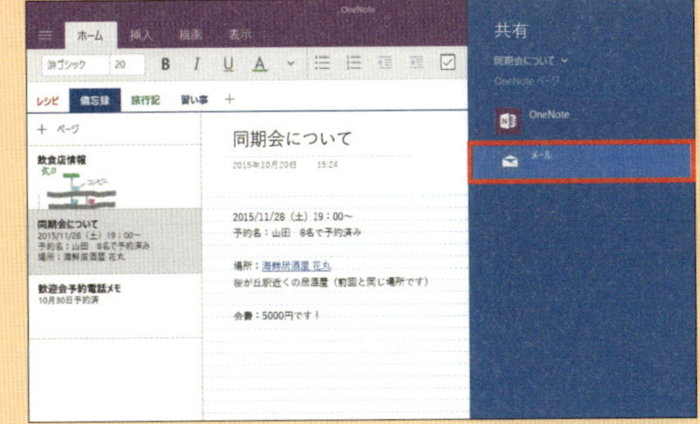

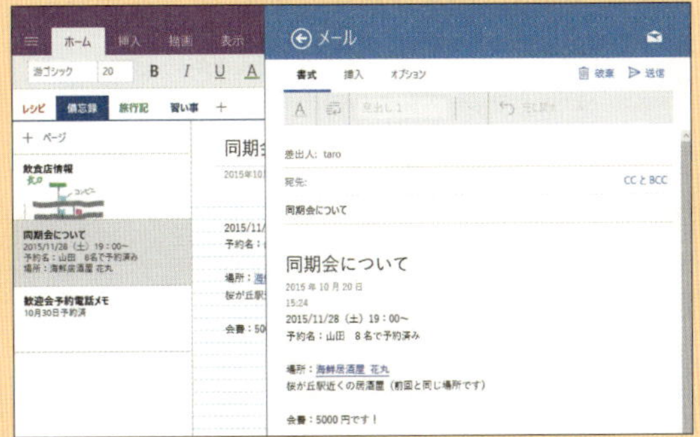

4 ここをクリックしてページの送信先を選択する。

5 ページタイトルを指定する。

6 ［送信］をクリックする。

➡ページが送信される。

7 送信先のノートを開く。

この章の15

➡新しいページが作成されてページの内容が表示される。

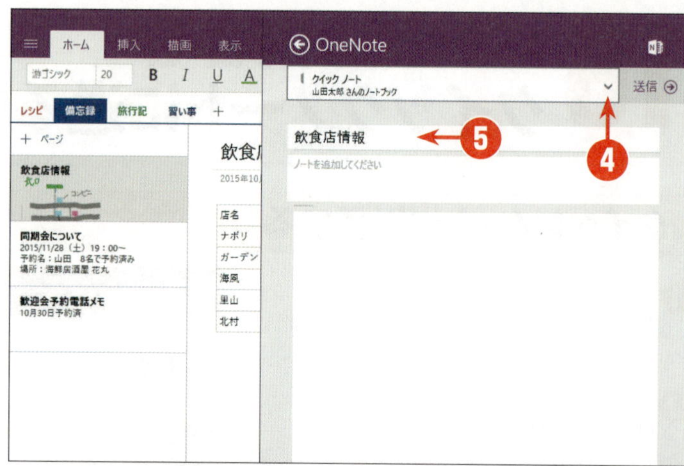

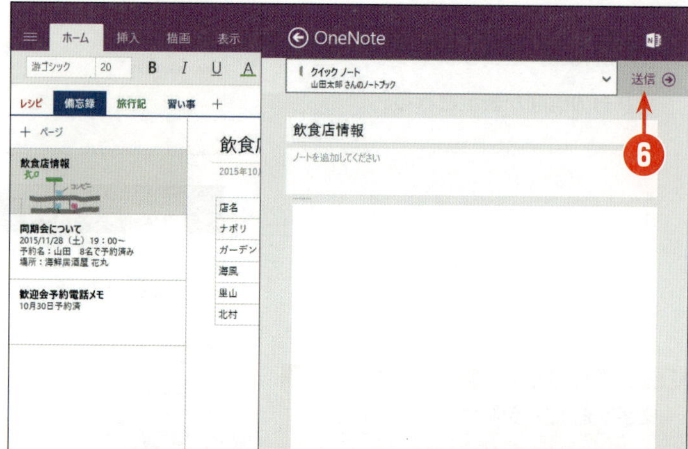

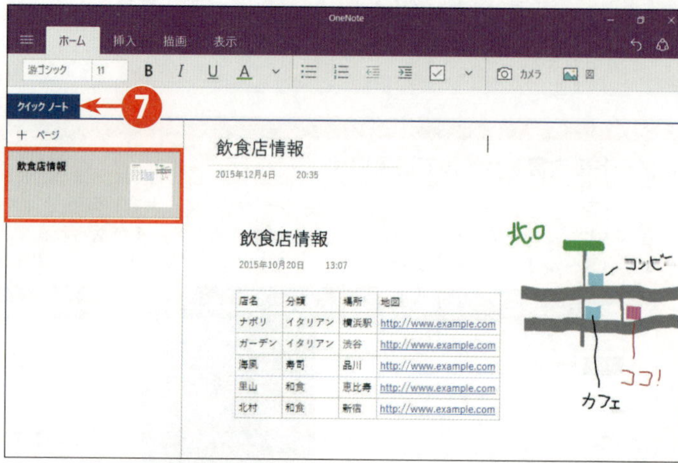

ヒント

同じセクションに送る

同じセクションに新しいページを作成してページの内容を送るには、ページの送信先を指定するときに、セクション名を選択します。

ヒント

ページを印刷する

ページを印刷するには、印刷するページを開き、ナビゲーションを表示して［印刷］をクリックします。表示される画面で印刷時の設定を行い、［印刷］をクリックします。

17 ノートの情報を検索するには

ノートの情報を検索する

❶ ナビゲーションを表示する。

この章の3を参照

❷ 検索キーワードを入力する。

❸ ［検索］をクリックする。

➡検索結果が表示される。

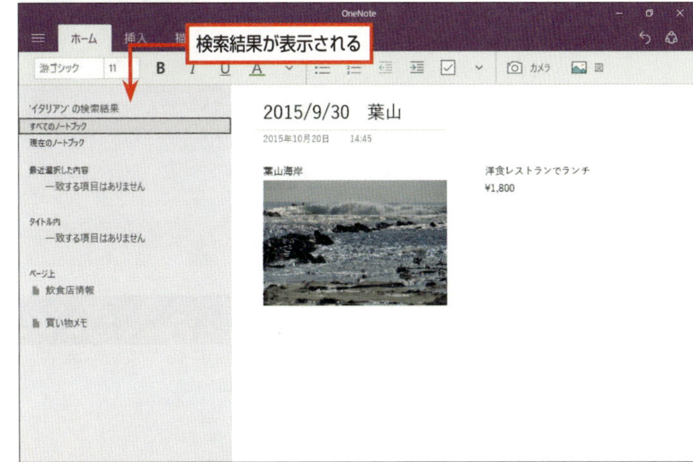

ヒント

現在のノートを検索する

現在見ているノートを検索対象にするには、検索結果の［現在のノートブック］をクリックします。すべてのノートを検索対象にするには、［すべてのノートブック］をクリックします。

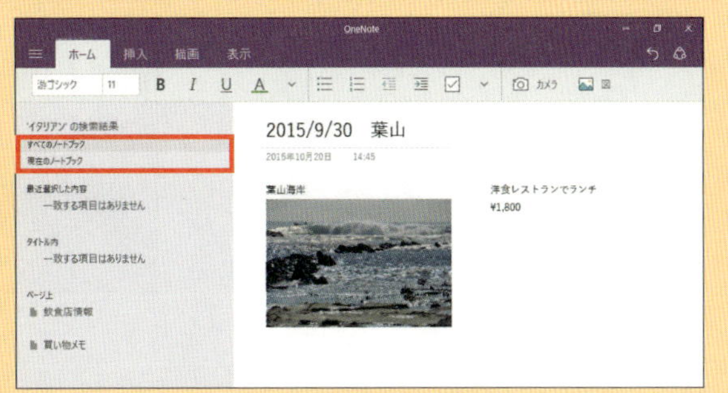

検索されたメモを表示する

❶ 検索結果から表示するページをクリックする。

➡ 選択したページが表示され、検索箇所が選択される。

❷ [▶] をクリックする。

➡ 次の検索結果が表示される。

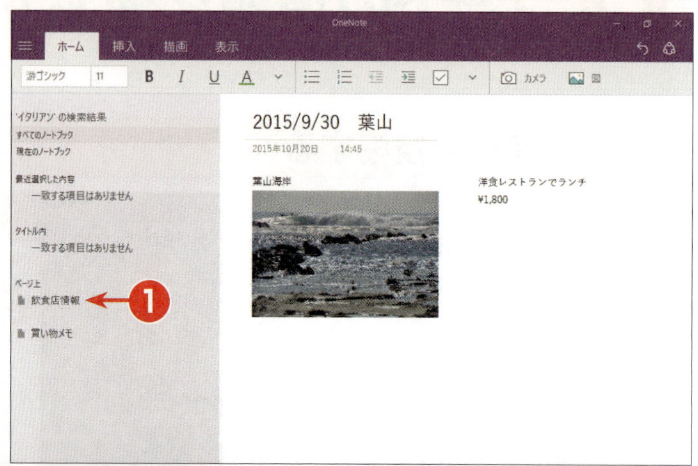

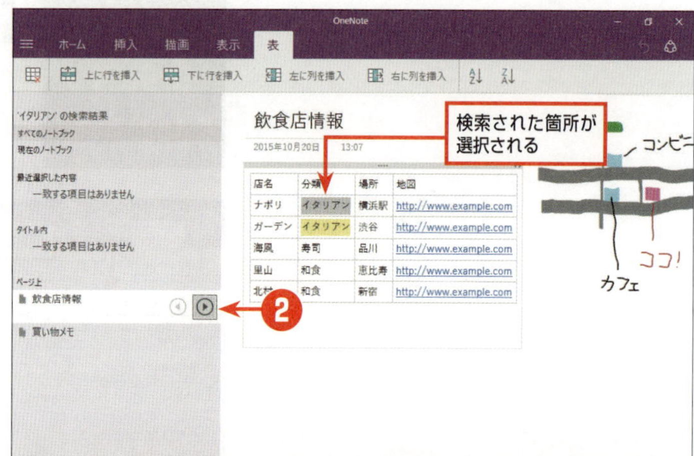

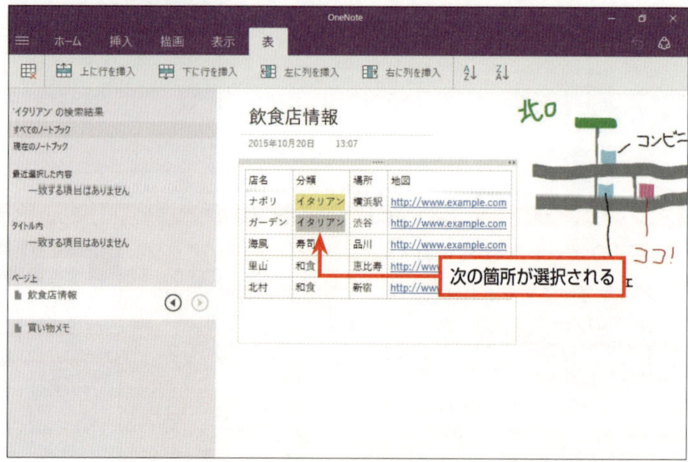

18 アプリの設定を確認するには

現在のアカウントを確認する

❶ ナビゲーションを表示する。

この章の3を参照

❷ [設定] をクリックする。

❸ [オプション] をクリックする。

➡現在使用しているMicrosoftアカウントが表示される。

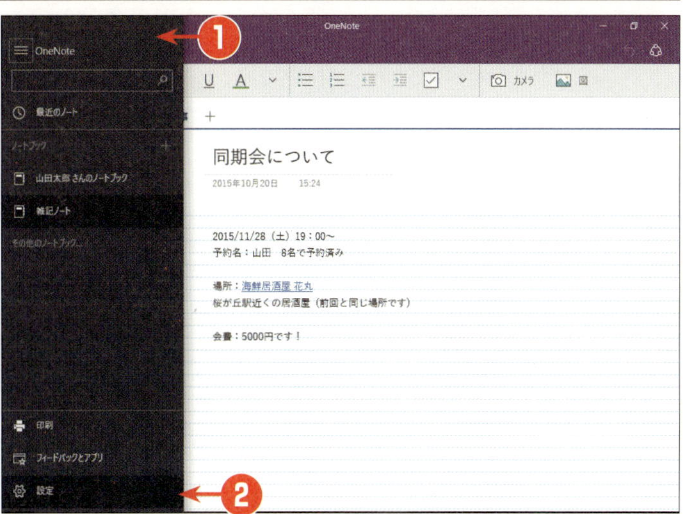

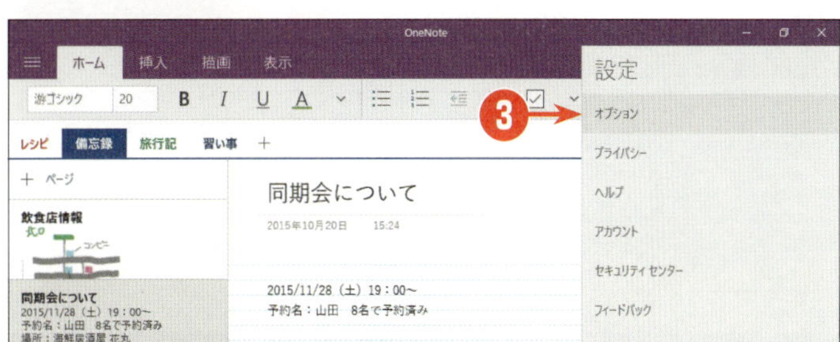

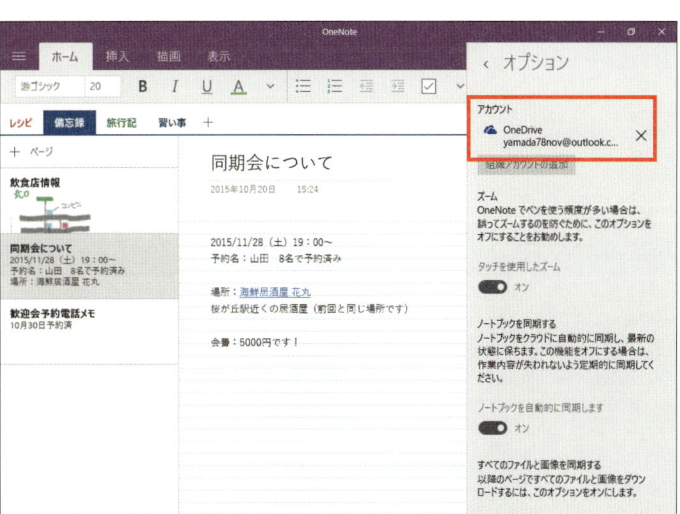

ヒント

アカウントを切り替える

別のMicrosoftアカウントでOneNoteアプリを起動するには、OneNoteアプリを起動後、ナビゲーションを表示し、[設定] をクリックし、[オプション] をクリックします。アカウント欄の [×] をクリックします。続いて表示されるメッセージの [アカウントの切り替え] をクリックします。続いて表示される画面でMicrosoftアカウントを入力します。

ヒント

自動同期をオフにする

OneNoteアプリでは、OneDriveのノートと自動的に同期がとられます。自動同期をオフにするには、[オプション] 画面で、[ノートブックを同期する] のつまみを左にドラッグして [オフ] にします。

スマホやiPadでノートを利用する

第10章

OneDriveに保存したノートは、スマホやiPadで見たり編集したりできます。それには、OneNoteアプリをスマホやiPadにインストールして利用します。OneNoteアプリは、無料でインストールできます。外出先や移動中などにスマホやiPadからノートを利用できるように、OneNoteアプリを使う準備をしましょう。

1 iPadでノートを見るには

OneNoteアプリをインストールする

❶ App Storeで［Microsoft OneNote for iPad］を検索して表示する。

❷ ［入手］をタップする。

❸ ［インストール］をタップする。

❹ サインイン画面が表示された場合は、Apple IDを入力する。［既存のApple IDを使用］をタップする。

このページのヒントを参照

❺ IDとパスワードを入力する。

❻ ［OK］をタップする。

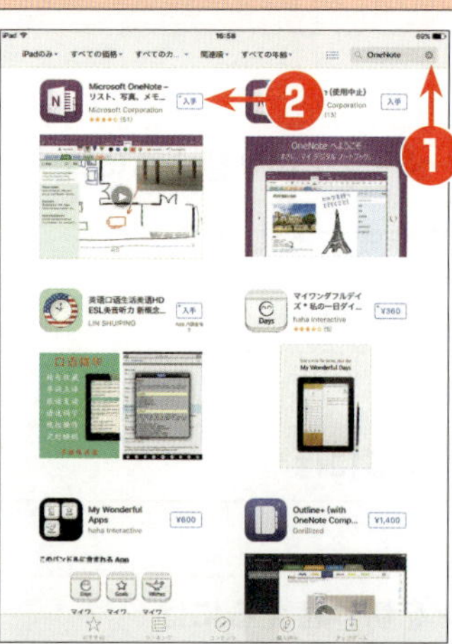

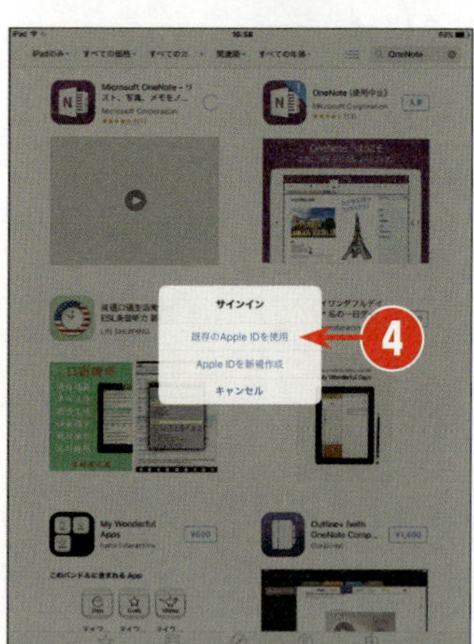

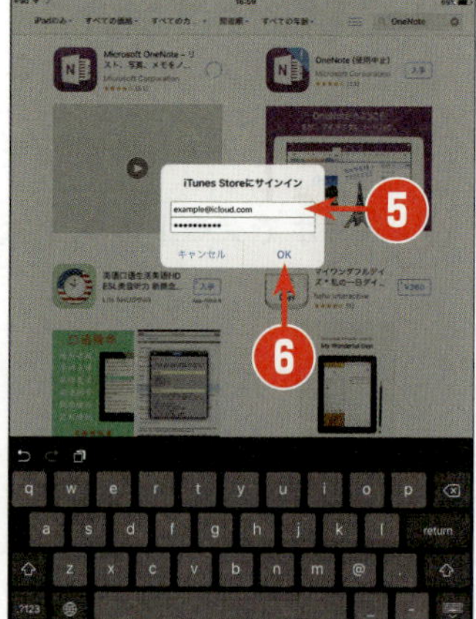

ヒント

iPad用OneNoteアプリ

iPad用OneNoteアプリは、iPadでOneDrive上のノートを見たり編集したりするときに使用するアプリです。無料で利用できます。

ヒント

OneNoteアプリの使用条件について

iPad用のOneNoteアプリをインストールするには、iOS8.0以降のバージョンのOSがインストールされている必要があります（2015年11月時点）。

ヒント

サインイン画面について

App Storeからアプリをダウンロードするには、Apple IDが必要です。アプリのインストール時にサインイン画面が表示された場合は、［既存のApple IDを使用］をタップし、Apple IDを入力します。Apple IDを持っていない場合は、Apple IDを取得してから操作します。

OneNoteアプリを起動する

❶ OneNoteアプリのアイコンをタップする。

❷ 画面を右から左にスワイプして進める。

➡何度か同じ操作を行い、最後の画面に進める。

❸ [サインイン] をタップする。

❹ Microsoftアカウントを入力する。

❺ [次へ] をタップする。

❻ パスワードを入力する。

❼ [サインイン] をタップする。

➡ノートが表示される。

❽ [OneNoteの使用開始] をタップする。

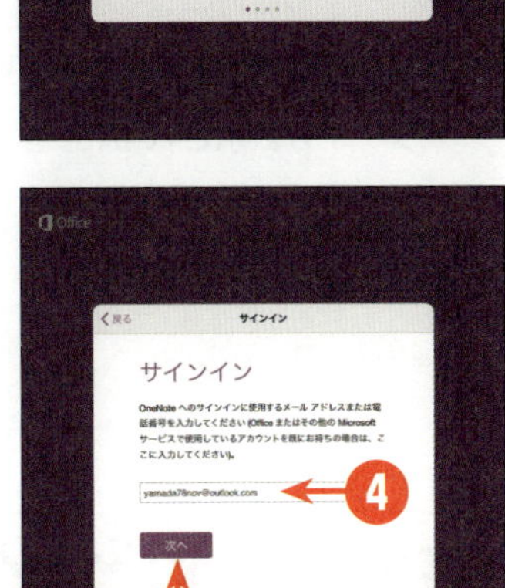

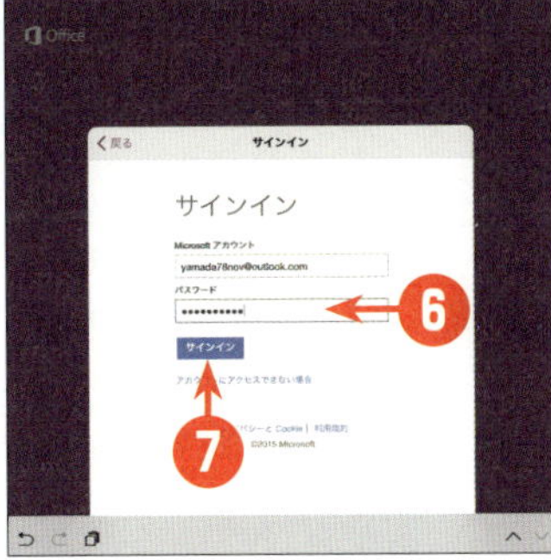

2 iPadでノート/セクション/ページを切り替えるには

ノートを切り替える

1

画面左上のハンバーガーボタン☰をタップする。

➡ノートの一覧が表示される。

2

表示するノートをクリックする。

➡ノートが表示される。

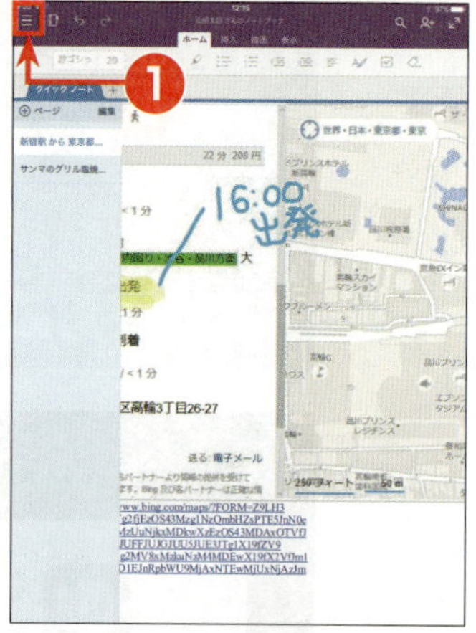

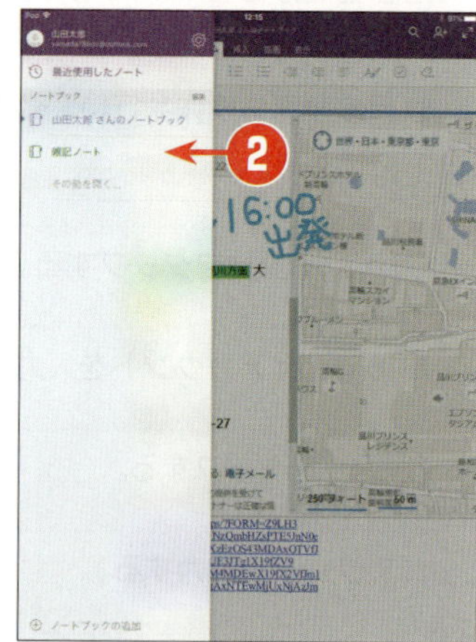

セクションやページを切り替える

1

表示するセクションタブをクリックする。

➡セクションが切り替わる。

2

見たいページのタブをクリックする。

➡ページが表示される。

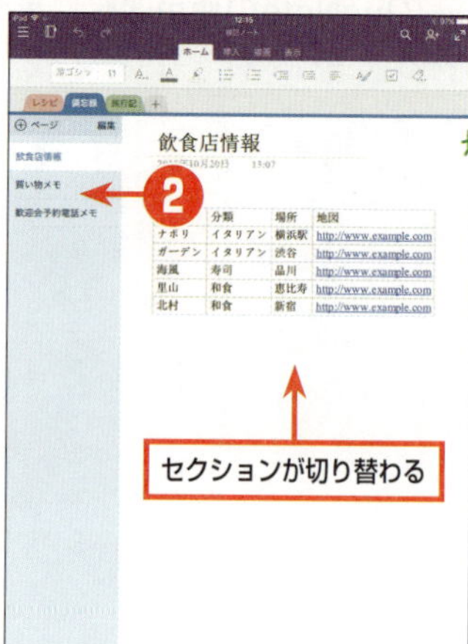

ヒント

ノートを作成するには

ノートを作成するには、ノート一覧を表示して画面下の［ノートブックの追加］をクリックします。

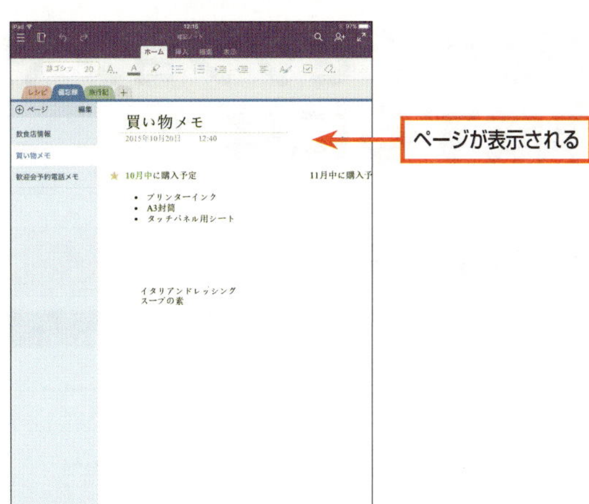

ヒント

メモを入力する

ページにメモを入力するには、メモを書く場所をタップします。すると、カーソルが表示されます。[ホーム] タブをクリックすると、文字の書式を設定したりするボタンが表示されます。

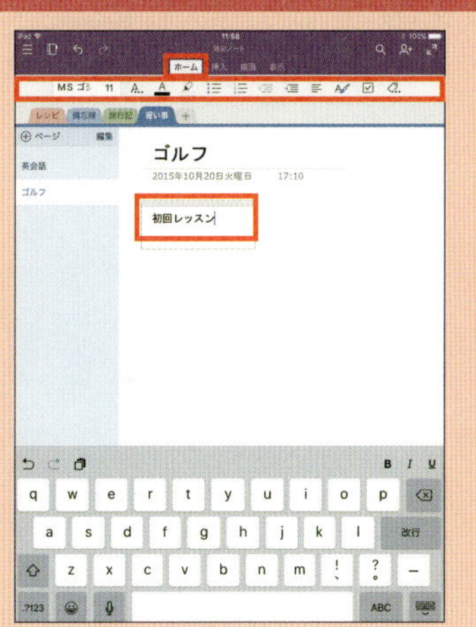

ヒント

画像や表・ファイルを添付する

ページに画像や表、ファイルなどを添付するときは、添付する場所を選択し、[挿入] タブから挿入するデータの種類を選択します。続いて、画面の指示に従って挿入する内容を指定します。

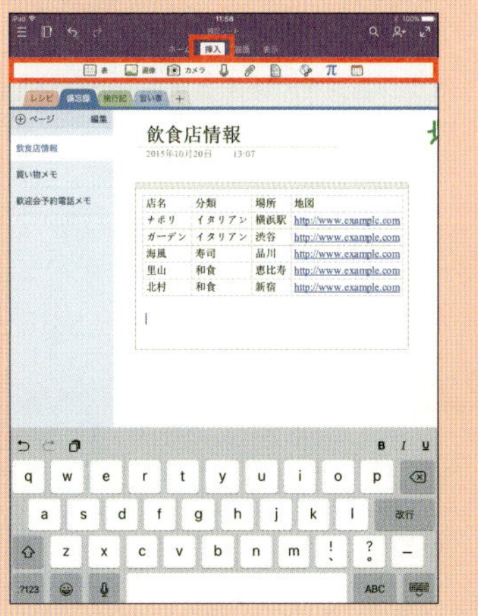

3 iPadでセクションやページを作成するには

セクションを作成する

❶ セクションを追加するノートを表示する。

❷ セクションタブの横の［+］をタップする。

➡セクションが追加された。

❸ セクションタブにセクション名を入力する。

➡セクションが追加される。

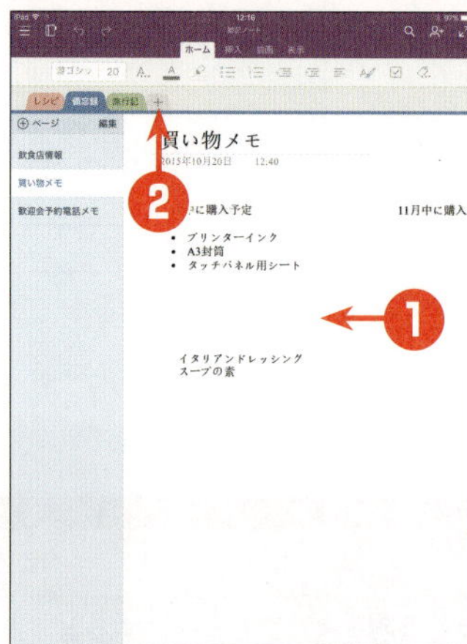

ヒント

セクションを削除する

セクションを削除するなど、セクションに対して指示をするには、対象となるセクションタブをタップし、もう一度タップします。表示されるメニューで指示内容をタップします。

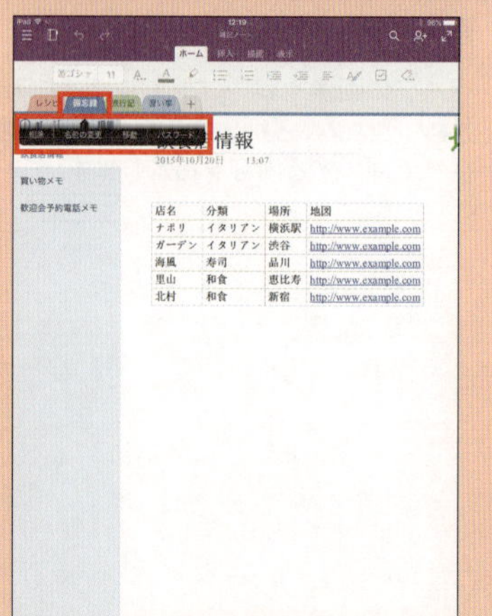

店名	分類	場所	地図
ナポリ	イタリアン	横浜駅	http://www.example.com
ガーデン	イタリアン	渋谷	http://www.example.com
海風	寿司	品川	http://www.example.com
里山	和食	恵比寿	http://www.example.com
北村	和食	新宿	http://www.example.com

ページを作成する

❶ ページタイトルをクリックする。

❷ タイトルを入力する。

➡ ページタイトルが表示される。

❸ ページタブ上部の［+］をクリックする。

➡ ページが作成される。

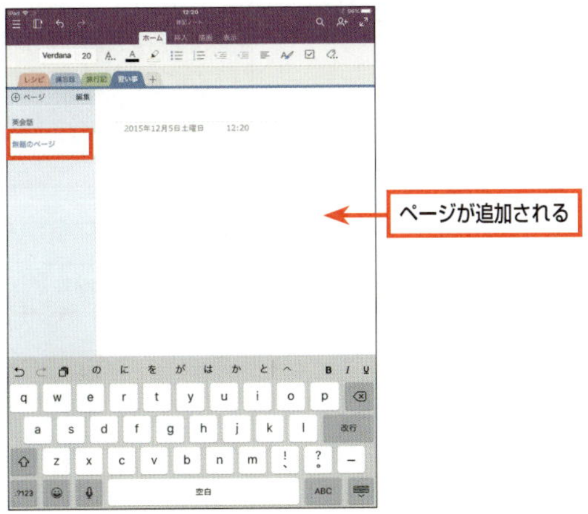

ヒント

ページを削除する

ページを削除するには、ページタブ上部の［編集］をタップします。続いて表示される画面で削除するページを選択し、🗑 をタップします。

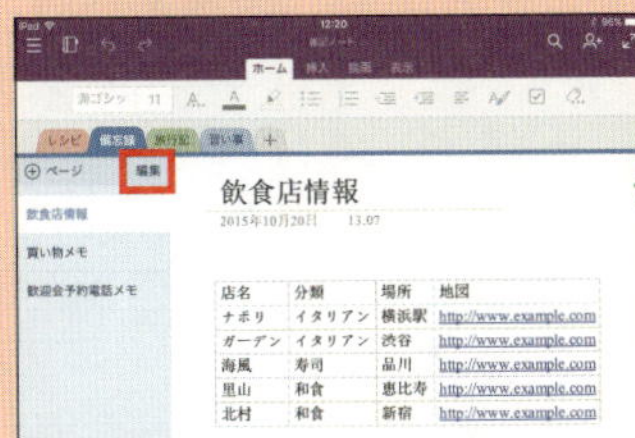

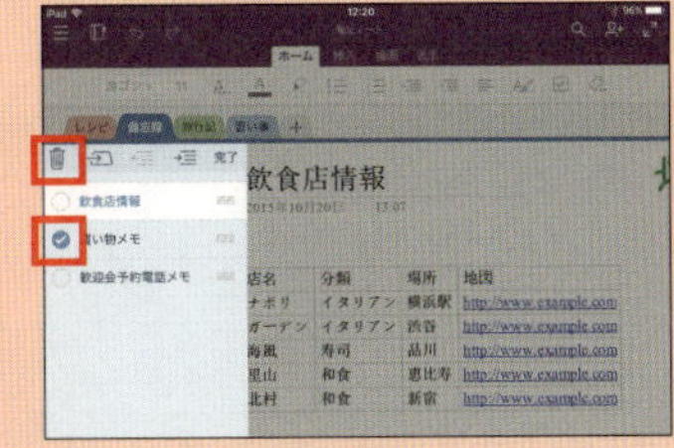

4 iPadでノートの情報を検索するには

ノートの情報を検索する

❶ 🔍をタップする。

❷ 検索キーワードを入力する。

➡検索結果が表示される。

❸ 表示するページをタップする。

➡メモの内容が表示され、検索結果が強調される。

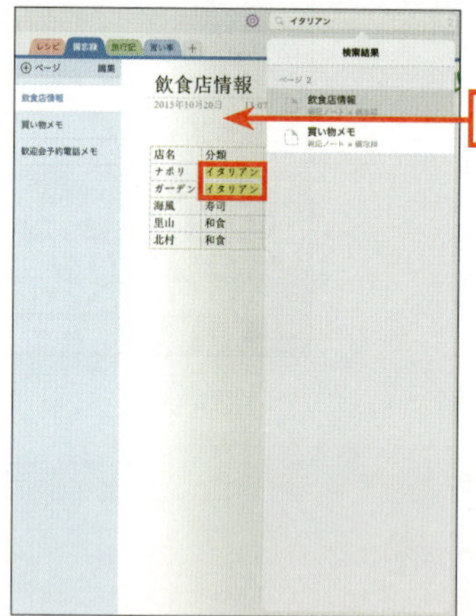

ヒント

検索場所を指定するには

検索する対象を指定するには、［オプション］をタップして検索対象を選択します。

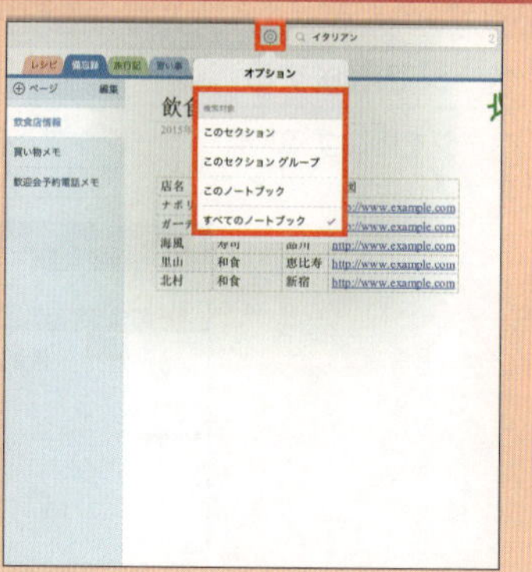

iPadでノートの同期をとるには

ノートの同期をとる

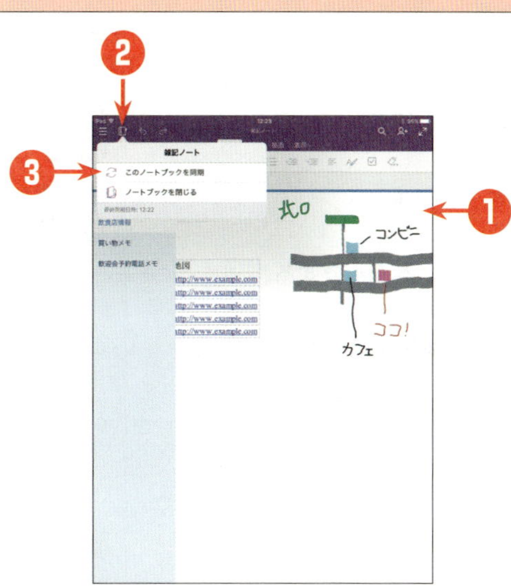

1. 同期をとるノートを表示する。
2. をタップする。
3. [このノートブックを同期]をタップする。
   - 同期がとられる。

ヒント

同期について

iPad用のアプリでは、OneDrive上のノートと自動的に同期がとられます。手動で同期をとることもできます。

ヒント

Wi-Fi接続時にのみ同期する

iPadやスマートフォンなどでOneNoteアプリを使用して、OneDrive上のノートにアクセスするとき、使用する通信回線によって通信料金がかかります。通信料金については、携帯電話会社との契約内容を確認してください。なお、iPadでWi-Fi接続時のみノートの同期をとるように設定するには、iPadの［設定］画面を開き、[モバイルデータ通信を使用］タップし、一覧から［OneNote］を探してモバイルデータ通信の設定をオフにします。

ヒント

サインアウトする

現在使用中のMicrosoftアカウントからサインアウトするには、ノート一覧画面を表示してアカウント名をタップします。続いてアカウント名をタップします。表示される画面で［アカウントの削除］をタップします。

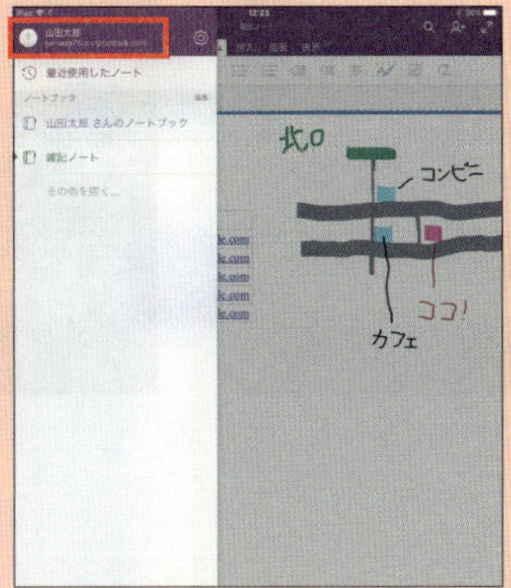

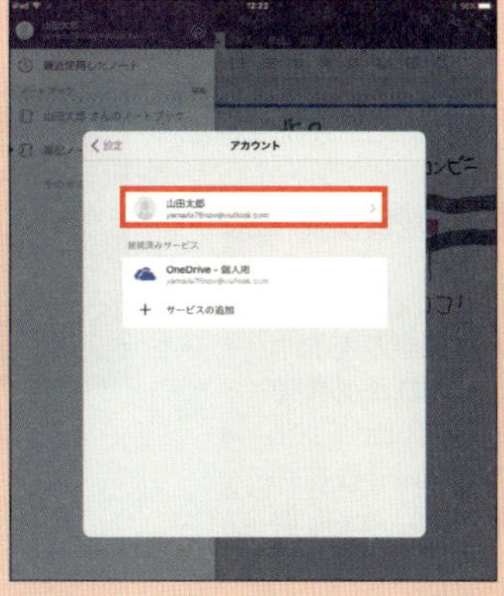

6 スマホでノートを使う準備をするには

アプリをインストールする（iPhoneの場合）

1. App Storeで［Microsoft OneNote for iPhone］を検索して表示する。
2. ［入手］をタップする。
3. ［インストール］をタップする。
4. サインイン画面が表示された場合は、Apple IDを入力する。［既存のApple IDを使用］をタップする。

このページのヒントを参照

5. IDとパスワードを入力する。
6. ［OK］をタップします。

➡OneNoteアプリがインストールされる。

➡インストールが完了したら画面を閉じる。

ヒント
サインイン画面について

iPhoneでApp Storeからアプリをダウンロードするには、Apple IDが必要です。アプリのインストール時にサインイン画面が表示された場合は、［既存のApple IDを使用］をタップし、Apple IDを入力します。

ヒント

iPhone版、Android版、Windows Phone版がある

スマートフォン用のOneNoteアプリには、iPhone版、Android版、Windows Phone版があります。これらのアプリは、それぞれ利用できる機能に若干の違いがあります。また、表示されるボタンの形や位置なども若干異なります。本書では、主にiPhoneのOneNoteアプリを例に操作を紹介しています。

ヒント

OneNoteアプリの使用条件について

iPhone版OneNoteアプリをインストールするには、iOS 8.0以降のバージョンのOSがインストールされている必要があります。また、Android版OneNoteアプリをインストールするには、Android 4.1以降のバージョンのOSがインストールされている必要があります（2015年11月時点）。

ヒント

Android版のOneNoteアプリについて

Android版のスマートフォンをお使いの場合は、Google Play Storeから「OneNote」アプリを検索してインストールします。

ヒント

Windows Phoneの場合は

Windows Phoneの場合は、あらかじめOneNoteアプリがインストールされています。すぐにOneNoteアプリを使い始められます。

7 スマホでノートを見るには

OneNote アプリを起動する

1. OneNoteアプリのアイコンをタップする。
2. 画面を右から左にスワイプして進める。
   - 何度か同じ操作を行い、最後の画面に進める。
   - 途中で表示される画面で［サインイン］をタップしてMicrosoftアカウントでサインインする。
3. 準備が完了する。
4. ［OneNoteの使用開始］をタップする。
   - ノートが表示される。

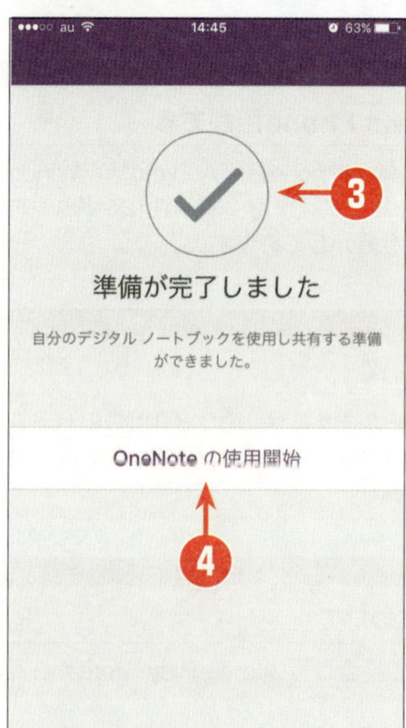

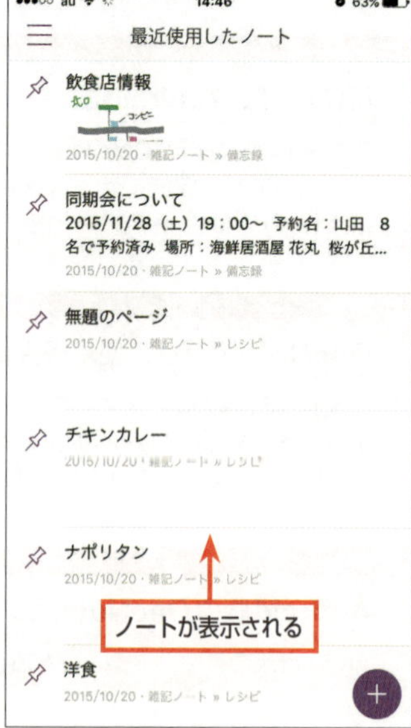

8 スマホでノートやセクションを切り替えるには

ノートを表示する

1 画面左上の☰をタップする。

2 ノート一覧が表示される。

3 表示するノートをタップする。

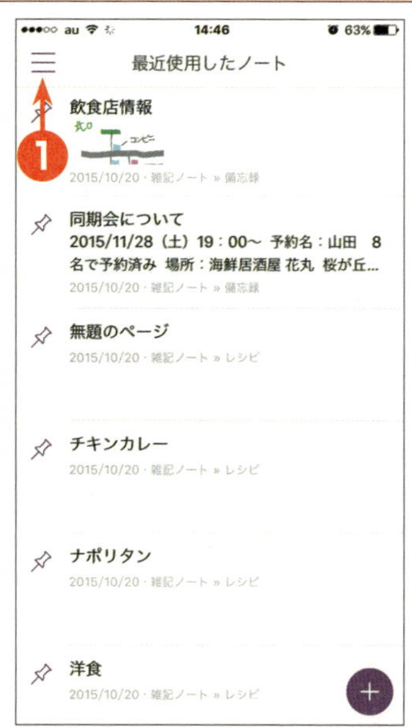

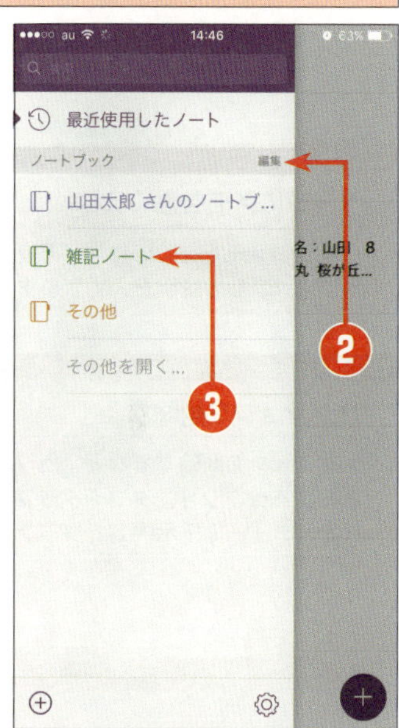

用語

iPhone用、Android用OneNoteアプリ

iPhone用、Android用OneNoteアプリは、iPhoneやAndroidスマートフォンでOneDrive上のノートを見たり編集したりするときに使用するアプリです。無料で利用できます。

セクションやページを切り替える

1 表示するセクションタブをタップする。

➡ セクションの内容が表示される。

2 見たいページをタップする。

➡ ページが表示される。

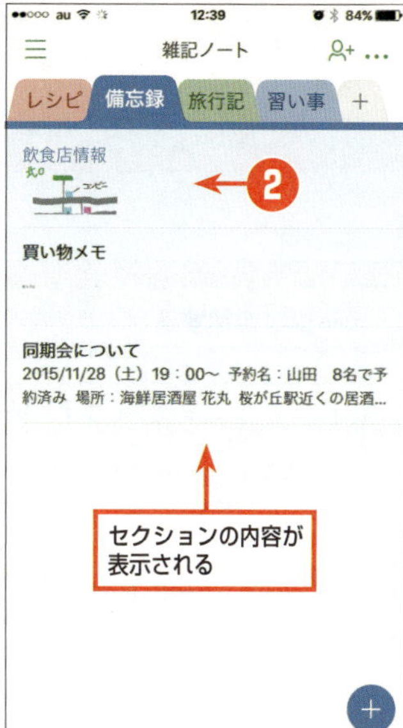

ヒント

セクションを追加する

セクションを追加するには、セクションタブの横の［＋］をタップします。

3 セクション名をタップする。

➡元の表示に戻る。

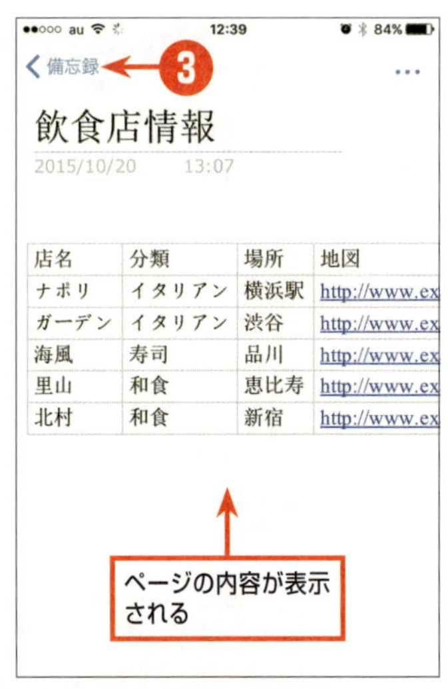

店名	分類	場所	地図
ナポリ	イタリアン	横浜駅	http://www.ex
ガーデン	イタリアン	渋谷	http://www.ex
海風	寿司	品川	http://www.ex
里山	和食	恵比寿	http://www.ex
北村	和食	新宿	http://www.ex

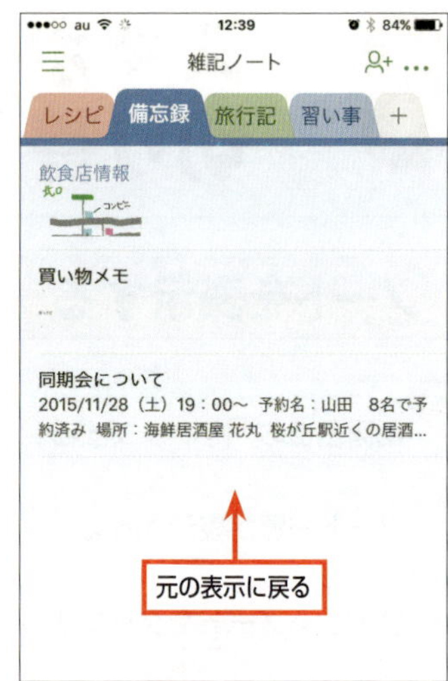

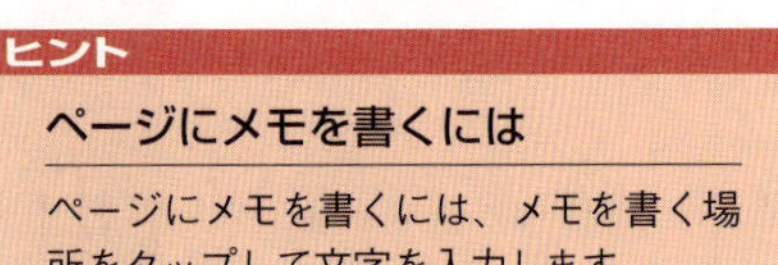

ヒント

ページにメモを書くには

ページにメモを書くには、メモを書く場所をタップして文字を入力します。

ヒント

セクションを削除する

セクションを削除するなど、セクションに対して指示をするには、対象となるセクションタブをタップし、もう一度タップします。表示されるメニューで指示内容をタップします。

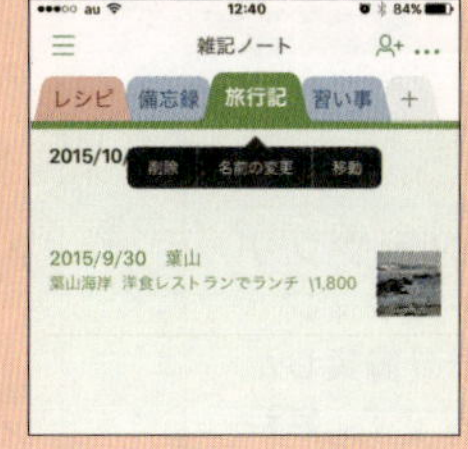

ヒント

ページを削除する

ページを削除するには、セクションタブをクリックしてページ一覧の上部の[編集]をタップします。続いて表示される画面で削除するページを選択し、🗑をタップします。

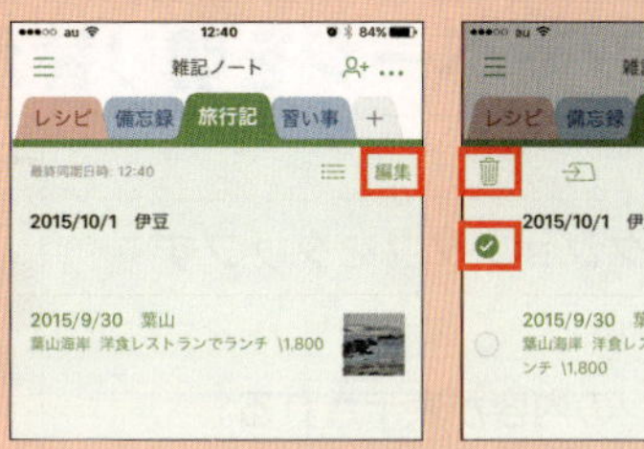

ヒント

ページを追加する

ページを追加するには、セクションタブをクリックしてページ一覧の右下の［+］をタップします。続いて、追加するページの内容を選択します。

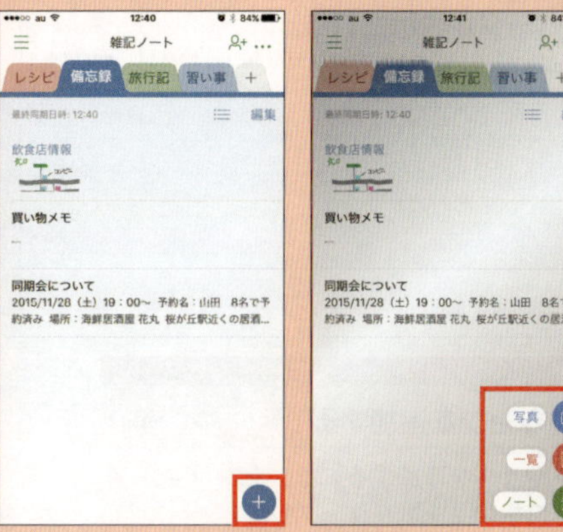

9 スマホで箇条書きでメモを書くには

箇条書きでメモを書く

1. 箇条書きの文字を書く場所をタップする。
2. ☰をタップする。
   ▶行頭に記号が表示される。
3. 項目を入力する。
4. 改行すると、次の行頭にも記号が表示される。
5. 続きの内容を入力する。

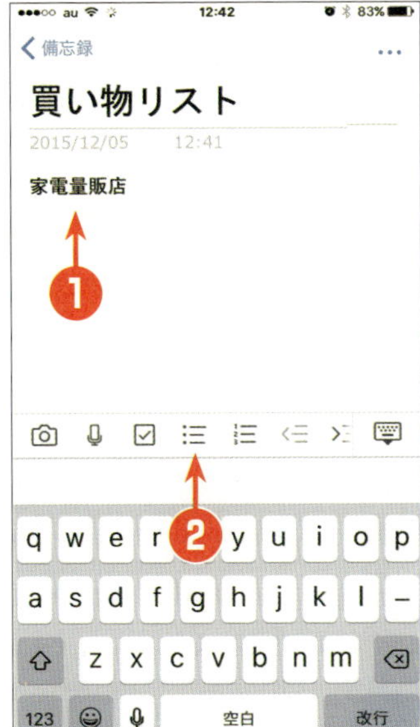

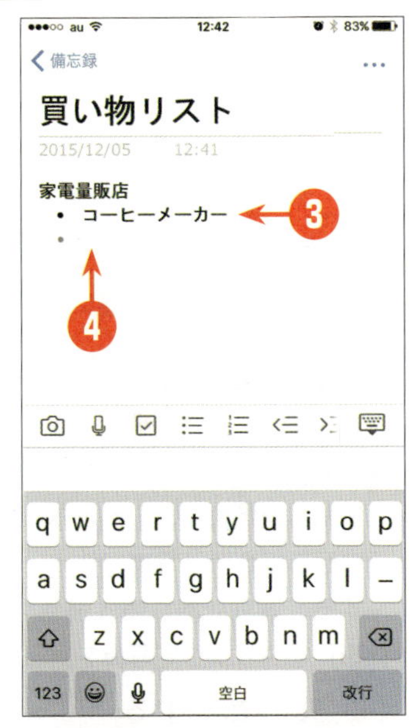

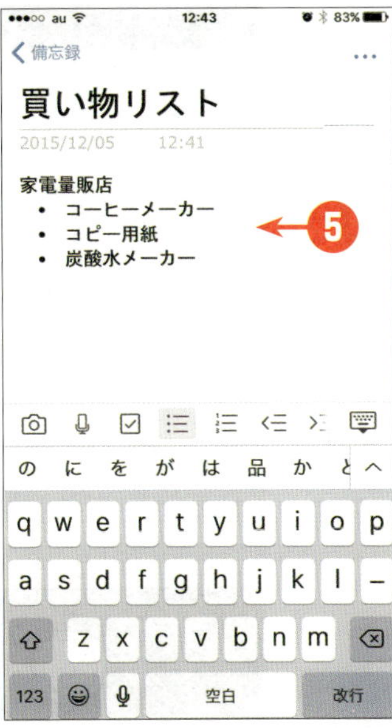
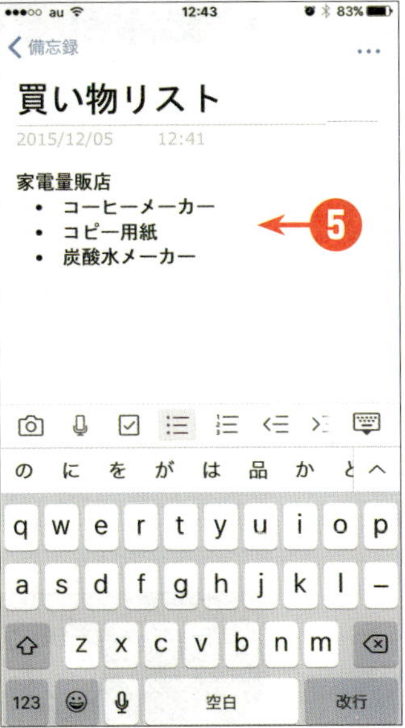

ヒント 行頭の記号を非表示にするには

箇条書き項目を入力したあと、改行すると、次の行の先頭に記号が表示されます。記号を表示する必要がない場合は、もう一度改行します。すると、行頭の記号が消えます。

ヒント 箇条書きの設定を解除するには

箇条書きの設定を解除するには、箇条書きの段落をタップして選択した後、☰をタップします。

ヒント タスクのシールを削除するには

タスクのシールを消すには、タスクの付いた場所をタップして、☑をタップします。

ヒント タスクのシールを貼るには

メモの横にタスクのシールを貼るには、タスクのシールを貼る場所をタップして、☑をタップします。タスクのシールは、タップしてチェックを入れられますので完了と未了をひと目で把握できます。

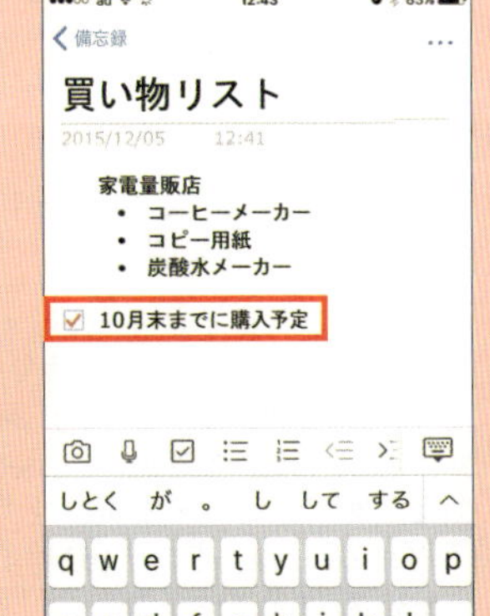

10 スマホでノートに写真を貼るには

写真を貼る

1 写真を貼る場所をタップする。

2 [カメラアイコン]をタップする。

3 [画像撮影] をタップする。

➡ 写真を撮影する状態になる。

4 カメラのボタンをタップして写真を撮影する。

5 撮影した写真が表示される。この写真を貼る場合は、[写真を使用] をタップする。写真を撮り直す場合は、[再撮影] をタップして写真を撮る。

➡ 写真が表示される。

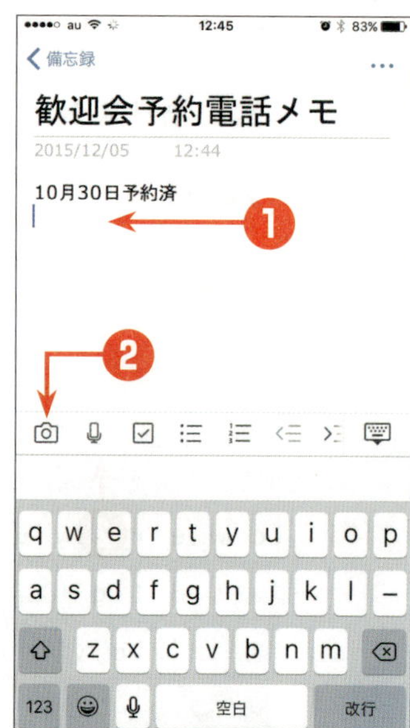

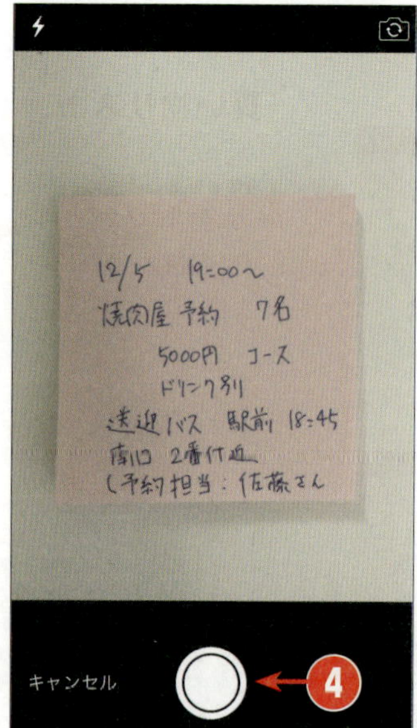

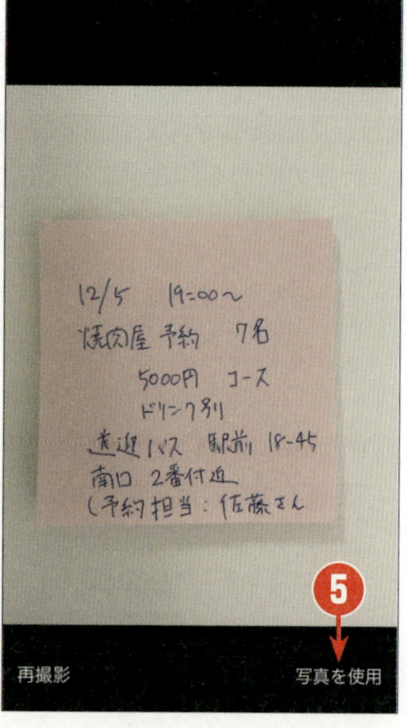

ヒント
アルバムから写真を選択する

ノートに貼る写真を指定するとき、iPhoneに入っている写真の中から選ぶ場合は、[カメラアイコン]をタップした後、写真の挿入画面で、[ライブラリから] をタップします。続いて表示される画面で貼り付ける写真を選択します。

ヒント
OneNoteアプリでOffice Lensのカメラアプリを使う

OneNoteアプリで写真を撮影するときも、Office Lensアプリを使用できます。それには、iPhoneの [設定] 画面を開き、[OneNote] を選択し、OneNoteの設定画面の [カメラの設定] をタップして [Office Lens] アプリを使用するかどうかを指定します。

用語

Office Lensアプリ

Office Lensアプリとは、Microsoft社が提供するカメラアプリです。ドキュメントや名刺、ホワイトボードなどの文字を撮影した画像を綺麗に調整してOneNoteに保存したり、文字の編集ができる形式に変換してWordの形式やPDF形式などで保存したりできる便利なアプリです。

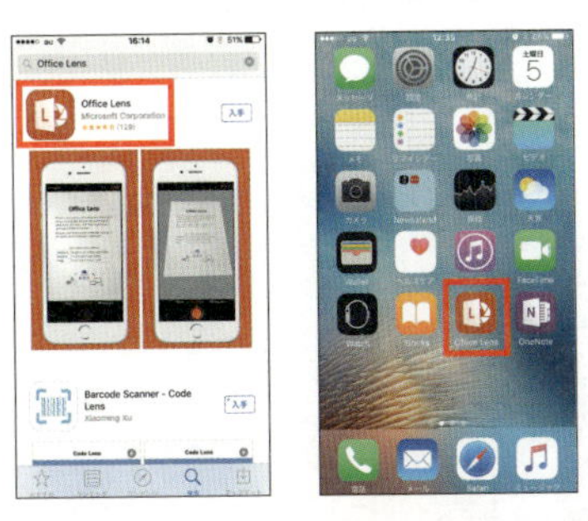

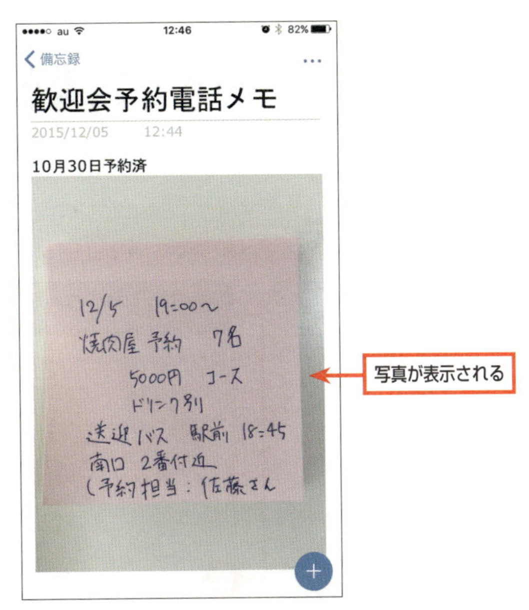

ヒント

ページをメールで送信するには

ページの内容をメールで送信するには、送信するページを表示した状態で、画面右上の…をタップします。続いて表示される画面で[ページをメールで送信]をタップします。メールの画面が表示されたら宛先、件名、内容などを指定して送信します。

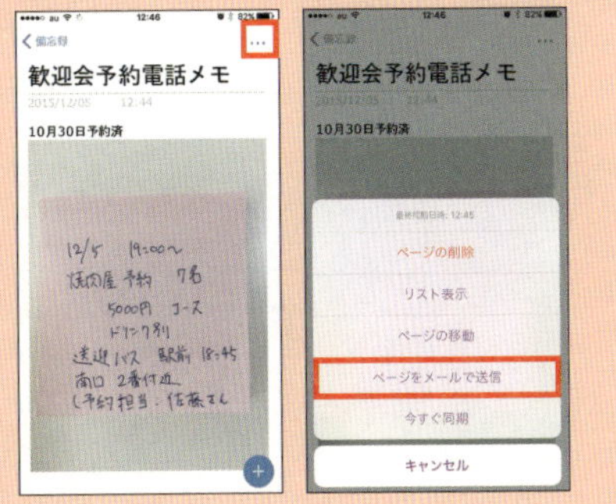

ヒント

Office LensアプリからOneNoteアプリにメモを送る

Office Lensアプリを起動すると、カメラの撮影モードになります。撮影するものを選択し、シャッターを押し、[完了] をタップすると、エクスポートする形式を選択できます。名刺として読み取った場合は、連絡先情報としてVCF形式で保存することなども可能です。ドキュメントとして撮影し、エクスポート先にOneNoteアプリに送ると、指定したセクションに撮影した内容が送られます。

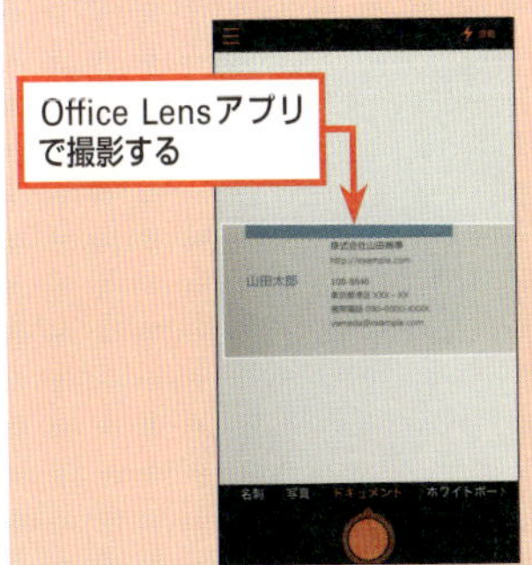

11 スマホでノートの情報を検索するには

ノートの情報を検索する

❶ ノート一覧の画面を表示する。

この章の8

❷ 検索欄をタップする。

❸ 検索キーワードを入力する。

➡検索結果が表示される。

❹ 表示するページをタップする。

➡ページの内容が表示される。

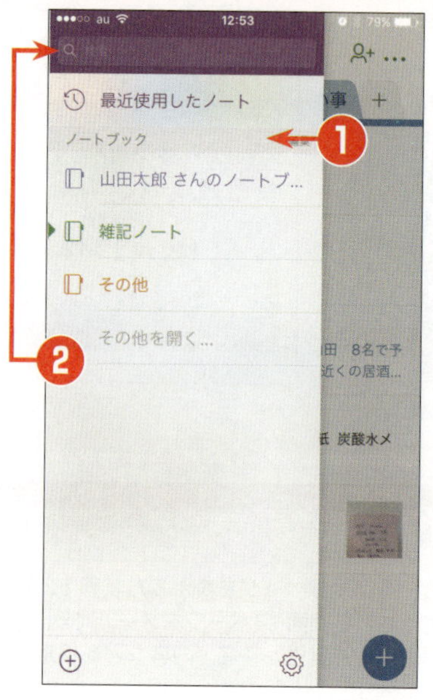

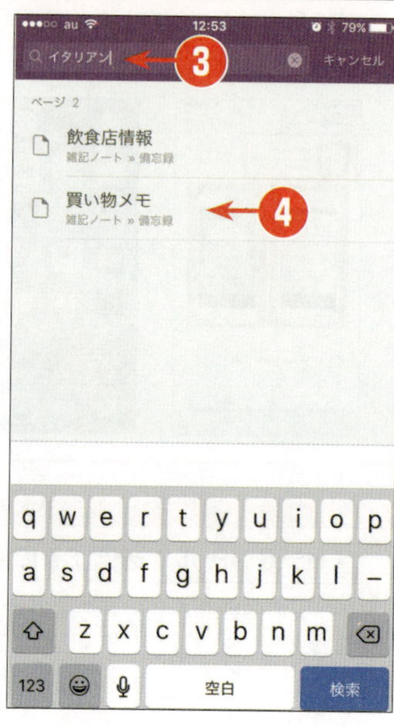

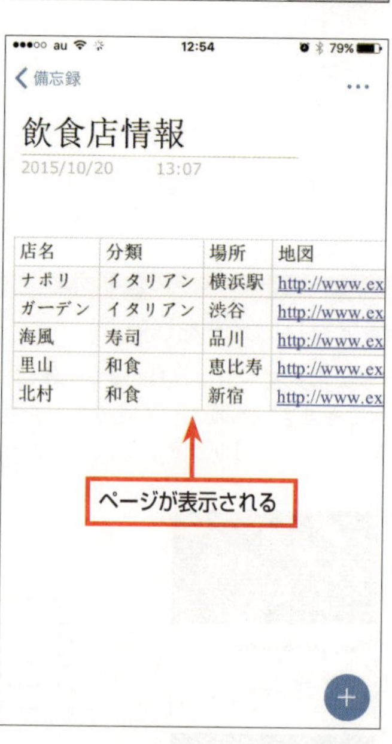

ヒント

最近見たページを表示するには

最近表示したページの一覧を表示するには、ノートの一覧画面を表示して、[最近使用したノート] をタップします。

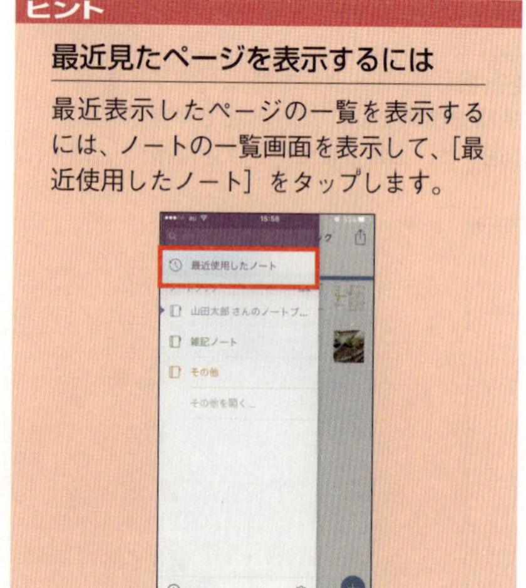

12 スマホでノートの同期状態を確認するには

ノートの同期をとる

❶ 同期をとるノートを表示する。

❷ 画面右上の[…]をタップする。

❸ ［今すぐ同期］をタップする。

➡同期がとられる。

ヒント

同期について

OneNoteアプリでは、OneDrive上のノートと自動的に同期がとられます。今すぐに同期をとるには、［今すぐ同期］をタップします。

ヒント

Wi-Fi接続時にのみ同期する

iPadやスマートフォンなどでOneNoteアプリを使用し、OneDrive上のノートにアクセスするとき、使用する通信回線によって通信料金がかかります。通信料金については、携帯電話会社との契約内容を確認してください。なお、iPhoneでWi-Fi接続時のみノートの同期をとるように設定するには、iPhoneの［設定］画面を開き、［OneNoteアプリ］を選択します。OneNoteの［設定］画面で［モバイルデータ通信］をオフにします。

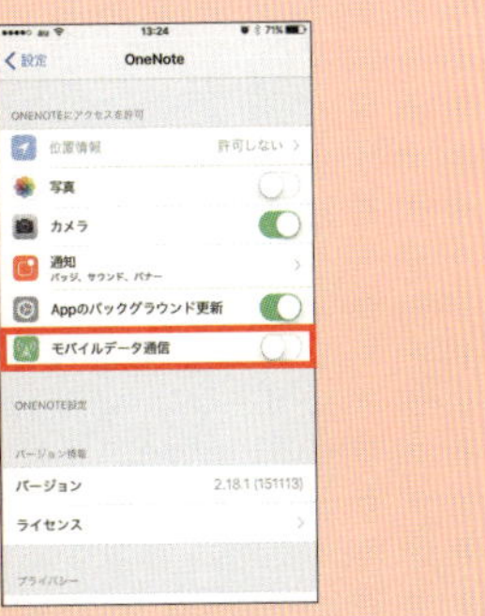

ヒント

サインアウトする

現在使用中のMicrosoftアカウントからサインアウトするには、ノートの一覧画面で⚙をタップします。続いてアカウント名をタップし、表示されるアカウント名をタップして［アカウントの削除］をタップします。

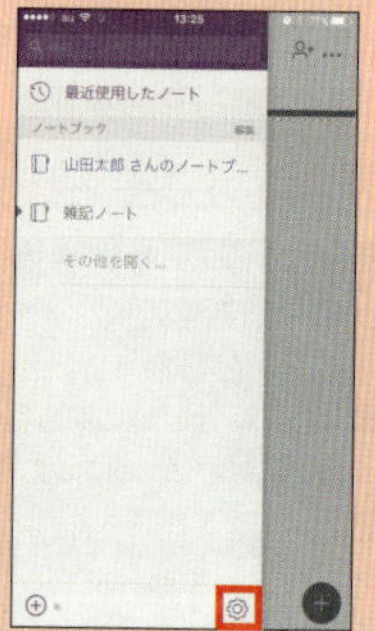

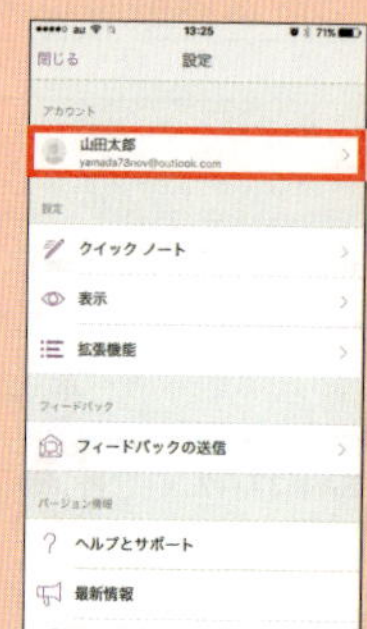

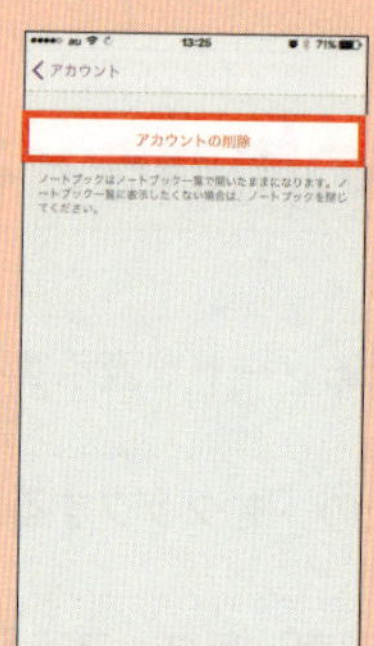

英字

あ

か

さ

た

●著者紹介

門脇 香奈子（かどわき かなこ）

東京都生まれ、神奈川県在住。企業向けのパソコン研修の講師などを経験後、マイクロソフトで企業向けのサポート業務に従事。現在は、「チーム・モーション」でテクニカルライターとして活動中。また、都内の大学で情報処理関連の非常勤講師を担当。

チーム・モーション http://www.team-motion.com

●本書についてのお問い合わせ方法、訂正情報、重要なお知らせについては、下記Webページをご参照ください。なお、本書の範囲を超えるご質問にはお答えできませんので、あらかじめご了承ください。

http://ec.nikkeibp.co.jp/nsp/

●ソフトウェアの機能や操作方法に関するご質問は、製品パッケージに同梱の資料をご確認のうえ、日本マイクロソフト株式会社またはソフトウェア発売元の製品サポート窓口へお問い合わせください。

ひと目でわかるOneNote 2016

2016年2月9日　初版発行

著　　者	門脇 香奈子
発 行 者	村上 広樹
編　　集	田部井 久
発　　行	日経BP社 東京都港区白金1-17-3　〒108-8646
発　　売	日経BPマーケティング 東京都港区白金1-17-3　〒108-8646
装　　丁	コミュニケーションアーツ株式会社
DTP制作	クニメディア株式会社
印刷・製本	図書印刷株式会社

ISBN978-4-8222-9862-3　Printed in Japan